제1회 서울교통공사 사무직

NCS 직업기초능력평가 +직무수행능력평가

〈문항 및 시험시간〉

평가영역	문항 수	시험시간	모바일 OMR 답안채점 / 성적분석 서비스
직업기초능력평가 + 직무수행능력평가 (행정학 / 경영학 / 법학 / 경제학)	80문항	100분	행정학 경영학 법학 경제학

서울교통공사 사무직 신입사원 필기시험

제1회 모의고사

문항 수 : 80문항
응시시간 : 100분

제 1 영역 직업기초능력평가

01 다음 문단을 논리적 순서대로 바르게 나열한 것은?

(가) '빅뱅 이전에 아무 일도 없었다.'는 말을 달리 해석하는 방법도 있다. 그것은 바로 빅뱅 이전에는 시간도 없었다고 해석하는 것이다. 그 경우 '빅뱅 이전'이라는 개념 자체가 성립하지 않으므로 그 이전에 아무 일도 없었던 것은 당연하다. 그렇게 해석한다면 빅뱅이 일어난 이유도 설명할 수 있게 된다. 즉 빅뱅은 '0년'을 나타내는 것이다. 시간의 시작은 빅뱅의 시작으로 정의되기 때문에 우주가 그 이전이든 이후이든 왜 탄생했느냐고 묻는 것은 이치에 닿지 않는다.

(나) 단지 지금 설명할 수 없다는 뜻이 아니라 설명 자체가 있을 수 없다는 뜻이다. 어떻게 설명이 가능하겠는가? 수도관이 터진 이유는 그전에 닥쳐온 추위로 설명할 수 있다. 공룡이 멸종한 이유는 그 전에 지구와 운석이 충돌했을 가능성으로 설명하면 된다. 바꿔 말해서, 우리는 한 사건을 설명하기 위해 그 사건 이전에 일어났던 사건에서 원인을 찾는다. 그러나 빅뱅의 경우에는 그 이전에 아무것도 없었으므로 어떠한 설명도 찾을 수 없는 것이다.

(다) 그런데 이런 식으로 사고하려면, 아무 일도 일어나지 않고 시간만 존재하는 것을 상상할 수 있어야 한다. 그것은 곧 시간을 일종의 그릇처럼 상상하고 그 그릇 안에 담긴 것과 무관하게 여긴다는 뜻이다. 시간을 이렇게 본다면 변화는 일어날 수 없다. 여기서 변화는 시간의 경과가 아니라 사물의 변화를 가리킨다. 이런 전제하에서 우리가 마주하는 문제는 이것이다. 어떤 변화가 생겨나기도 전에 영겁의 시간이 있었다면, 왜 우주가 탄생하게 되었는지를 설명할 수 없다.

(라) 우주론자들에 따르면 우주는 빅뱅으로부터 시작되었다고 한다. 빅뱅이란 엄청난 에너지를 가진 아주 작은 우주가 폭발하듯 갑자기 생겨난 사건을 말한다. 그게 사실이라면 빅뱅 이전에는 무엇이 있었느냐는 질문이 나오는 게 당연하다. 아마 아무것도 없었을 것이다. 그렇다면 빅뱅 이전에 아무것도 없었다는 말은 무슨 뜻일까? 영겁의 시간 동안 단지 진공이었다는 뜻이다. 움직이는 것도, 변화하는 것도 없었다는 것이다.

① (가) – (나) – (다) – (라)
② (가) – (다) – (나) – (라)
③ (가) – (라) – (나) – (다)
④ (라) – (가) – (나) – (다)
⑤ (라) – (다) – (나) – (가)

02 다음과 같이 일정한 규칙으로 수를 나열할 때, 빈칸에 들어갈 알맞은 수는?

-1 1 0 1 1 2 3 5 8 ( )

① 12
② 13
③ 14
④ 15
⑤ 16

03 다음 중 (가) ~ (다)의 문제해결방법을 바르게 연결한 것은?

> (가) 상이한 문화적 토양을 가지고 있는 구성원을 가정하고, 서로의 생각을 직설적으로 주장하고 논쟁이나 협상을 통해 서로의 의견을 조정해 가는 방법이다. 이때 논리, 즉 사실과 원칙에 근거한 토론이 중심적 역할을 한다.
> (나) 깊이 있는 커뮤니케이션을 통해 서로의 문제점을 이해하고 공감함으로써 창조적인 문제해결을 도모한다. 초기에 생각하지 못했던 창조적인 해결 방법이 도출되고, 동시에 구성원의 동기와 팀워크가 강화된다.
> (다) 조직구성원들을 같은 문화적 토양을 가지고 이심전심으로 서로를 이해하는 상황으로 가정한다. 무언가를 시사하거나 암시를 통하여 의사를 전달하고 기분을 서로 통하게 함으로써 문제해결을 도모하려고 한다.

	(가)	(나)	(다)
①	퍼실리테이션	하드 어프로치	소프트 어프로치
②	소프트 어프로치	하드 어프로치	퍼실리테이션
③	소프트 어프로치	퍼실리테이션	하드 어프로치
④	하드 어프로치	퍼실리테이션	소프트 어프로치
⑤	하드 어프로치	소프트 어프로치	퍼실리테이션

04 **S공사는 세종시에 지부를 신축할 예정이며 이에 따라 사업지원부, 투자조사부, 기획경영부, 자원관리부, 인사부 중에서 신축하는 지부로 이전할 부서를 결정하고자 한다. 다음 〈조건〉에 따라 이전할 부서를 결정한다고 할 때, 항상 옳은 것은?**

〈조건〉

- 투자조사부가 이전하지 않으면 자원관리부도 이전하지 않는다.
- 사업지원부가 이전하지 않으면 기획경영부도 이전하지 않는다.
- 자원관리부는 반드시 이전하여야 한다.
- 투자조사부와 사업지원부 중 한 부서만 이전한다.
- 사업지원부, 투자조사부, 기획경영부, 자원관리부, 인사부 중 적어도 3개의 부서가 이전하여야 한다.

① 투자조사부는 이전하지 않는다.
② 기획경영부는 이전한다.
③ 투자조사부는 이전하고, 기획경영부는 이전하지 않는다.
④ 총 4개의 부서가 이전한다.
⑤ 인사부는 이전하지 않는다.

05 **다음 중 직장 내 성희롱의 범위에 대한 설명으로 옳은 것은?**

① 직장이라는 공간에서 일어나는 일만 해당된다.
② 재직자 외 취업의사가 있는 사람은 해당되지 않는다.
③ 업무시간 외에는 해당되지 않는다.
④ 외부용역 근로자도 포함되지 않는다.
⑤ 성희롱 행위자에는 사업주, 상급자, 근로자 모두 해당된다.

06 다음 중 4차 산업혁명의 적용사례로 적절하지 않은 것은?

① 농사 기술에 ICT를 접목한 농장으로, 농작물 재배 시설의 온도·습도·햇볕량·토양 등을 분석하고, 그 결과에 따라 기계 등을 작동하여 적절한 상태로 변화시킨다.

② 프린터로 입체 모형의 물체를 뽑아내는 기술이다. 3차원 모델링 파일을 출력 소스로 활용하며 주로 경화성 소재를 사용하고 있다.

③ 인터넷 서버에 데이터를 저장하고 여러 IT 기기를 사용해 언제 어디서든 이용할 수 있는 컴퓨팅 환경으로 정보처리를 자신의 컴퓨터가 아닌 인터넷으로 연결된 다른 컴퓨터로 처리한다.

④ 인터넷에서 정보를 교환하는 시스템으로, 하이퍼텍스트 구조를 활용해서 인터넷 상의 정보들을 연결해 주는 서비스이다.

⑤ 사물에 센서를 부착해 실시간으로 데이터를 인터넷으로 주고받는 기술이나 환경으로, 세상 모든 유형·무형 객체들이 연결되어 새로운 서비스를 제공한다.

07 다음은 제품 생산에 소요되는 작업시간과 〈조건〉을 정리한 자료이다. 이에 대한 설명으로 옳은 것은?

〈제품 생산에 소요되는 작업시간〉

(단위 : 시간)

작업구분 / 제품	절삭 작업	용접 작업
a	2	1
b	1	2
c	3	3

〈조건〉

- a, b, c제품을 각 1개씩 생산한다.
- 주어진 기계는 절삭기 1대, 용접기 1대이다.
- 각 제품은 절삭 작업을 마친 후 용접 작업을 해야 한다.
- 총작업시간을 최소화하기 위해 제품의 제작 순서는 관계없다.

① 가장 적게 소요되는 총작업시간은 8시간이다.

② 가장 많이 소요되는 총작업시간은 12시간이다.

③ 총작업시간을 최소화하기 위해 b제품을 가장 늦게 만든다.

④ 총작업시간을 최소화하기 위해 a제품을 가장 먼저 만든다.

⑤ b → c → a 순서로 작업을 할 때 b제품 작업 후 1시간 동안 용접을 더 하면 작업시간이 늘어난다.

08 다음 중 철도안전법과 철도산업발전기본법을 이해한 내용으로 옳지 않은 것은?

〈철도안전법〉

정의(제2조)

이 법에서 사용하는 용어의 뜻은 다음과 같다.

1. 철도란 철도산업발전기본법(이하 기본법이라 한다) 제3조 제1호에 따른 철도를 말한다.
2. 전용철도란 철도사업법 제2조 제5호에 따른 전용철도를 말한다.
3. 철도시설이란 철도산업발전기본법 제3조 제2호에 따른 철도시설을 말한다.
4. 철도운영이란 철도산업발전기본법 제3조 제3호에 따른 철도운영을 말한다.
5. 철도차량이란 철도산업발전기본법 제3조 제4호에 따른 철도차량을 말한다.

5의2. 철도용품이란 철도시설 및 철도차량 등에 사용되는 부품·기기·장치 등을 말한다.

6. 열차란 선로를 운행할 목적으로 철도운영자가 편성하여 열차번호를 부여한 철도차량을 말한다.
7. 선로란 철도차량을 운행하기 위한 궤도와 이를 받치는 노반(路盤) 또는 인공구조물로 구성된 시설을 말한다.
8. 철도운영자란 철도운영에 관한 업무를 수행하는 자를 말한다.
9. 철도시설관리자란 철도시설의 건설 또는 관리에 관한 업무를 수행하는 자를 말한다.
10. 철도종사자란 다음 각 목의 어느 하나에 해당하는 사람을 말한다.
    가. 철도차량의 운전업무에 종사하는 사람(이하 운전업무종사자라 한다)
    나. 철도차량의 운행을 집중 제어·통제·감시하는 업무(이하 관제업무라 한다)에 종사하는 사람
    다. 여객에게 승무(乘務) 서비스를 제공하는 사람(이하 여객승무원이라 한다)
    라. 여객에게 역무(驛務) 서비스를 제공하는 사람(이하 여객역무원이라 한다)
    마. 철도차량의 운행선로 또는 그 인근에서 철도시설의 건설 또는 관리와 관련한 작업의 협의·지휘·감독·안전관리 등의 업무에 종사하도록 철도운영자 또는 철도시설관리자가 지정한 사람(이하 작업책임자라 한다)
    바. 철도차량의 운행선로 또는 그 인근에서 철도시설의 건설 또는 관리와 관련한 작업의 일정을 조정하고 해당 선로를 운행하는 열차의 운행일정을 조정하는 사람(이하 철도운행안전관리자라 한다)
    사. 그 밖에 철도운영 및 철도시설관리와 관련하여 철도차량의 안전운행 및 질서유지와 철도차량 및 철도시설의 점검·정비 등에 관한 업무에 종사하는 사람으로서 대통령령으로 정하는 사람
11. 철도사고란 철도운영 또는 철도시설관리와 관련하여 사람이 죽거나 다치거나 물건이 파손되는 사고를 말한다.
12. 운행장애란 철도차량의 운행에 지장을 주는 것으로서 철도사고에 해당되지 아니하는 것을 말한다.
13. 철도차량정비란 철도차량(철도차량을 구성하는 부품·기기·장치를 포함한다)을 점검·검사, 교환 및 수리하는 행위를 말한다.
14. 철도차량정비기술자란 철도차량정비에 관한 자격, 경력 및 학력 등을 갖추어 제24조의2에 따라 국토교통부장관의 인정을 받은 사람을 말한다.

〈철도산업발전기본법〉

정의(제3조)

이 법에서 사용하는 용어의 정의는 다음 각 호와 같다.

1. 철도라 함은 여객 또는 화물을 운송하는 데 필요한 철도시설과 철도차량 및 이와 관련된 운영・지원체계가 유기적으로 구성된 운송체계를 말한다.
2. 철도시설이라 함은 다음 각 목의 어느 하나에 해당하는 시설(부지를 포함한다)을 말한다.
   가. 철도의 선로(선로에 부대되는 시설을 포함한다), 역시설(물류시설・환승시설 및 편의시설 등을 포함한다) 및 철도운영을 위한 건축물・건축설비
   나. 선로 및 철도차량을 보수・정비하기 위한 선로보수기지, 차량정비기지 및 차량유치시설
   다. 철도의 전철전력설비, 정보통신설비, 신호 및 열차제어설비
   라. 철도노선 간 또는 다른 교통수단과의 연계운영에 필요한 시설
   마. 철도기술의 개발・시험 및 연구를 위한 시설
   바. 철도경영연수 및 철도전문인력의 교육훈련을 위한 시설
   사. 그 밖에 철도의 건설・유지보수 및 운영을 위한 시설로서 대통령령이 정하는 시설
3. 철도운영이라 함은 철도와 관련된 다음 각 목의 어느 하나에 해당하는 것을 말한다.
   가. 철도 여객 및 화물 운송
   나. 철도차량의 정비 및 열차의 운행관리
   다. 철도시설・철도차량 및 철도부지 등을 활용한 부대사업개발 및 서비스
4. 철도차량이라 함은 선로를 운행할 목적으로 제작된 동력차・객차・화차 및 특수차를 말한다.

① 철도시설의 건설과 관련하여 작업일정을 조절하는 사람은 철도운행안전관리자이다.

② 철도의 정보통신설비과 철도기술의 연구를 위한 시설은 철도시설이다.

③ 철도부지를 활용한 부대사업개발의 경우 철도운영에 해당된다.

④ 철도차량의 운행에 지장을 주는 운행장애는 철도사고에 해당되지 않는다.

⑤ 철도차량의 운행선로를 지휘・감독하는 사람은 철도차량정비기술자이다.

09 **서주임과 김대리는 공동으로 프로젝트를 끝내고 보고서를 제출하려 한다. 이 프로젝트를 혼자 할 때 서주임은 24일이 걸리고, 김대리는 16일이 걸린다. 처음 이틀은 같이 하고, 이후엔 김대리 혼자 프로젝트를 하다가 보고서 제출 하루 전에는 다시 같이 작업하였다. 보고서를 제출할 때까지 총 며칠이 걸렸는가?**

① 11일
② 12일
③ 13일
④ 14일
⑤ 15일

10 **다음은 예산관리의 필요성에 대한 자료이다. (가) ~ (다)에 따른 결과가 바르게 연결된 것은?**

예산은 사전적 의미로 보았을 때, 필요한 비용을 미리 헤아려 계산하는 것이나 그 비용을 의미한다. 넓은 범위에서 민간기업·공공단체 및 기타 조직체는 물론이고 개인의 수입·지출에 관한 것도 포함된다.
하지만 우리가 예산관리를 해야 하는 이유는 예산의 유한성에서 비롯된다. 하나의 사업이나 활동을 하기 위해 필요한 비용을 미리 계산하는 것을 예산이라 할 수 있지만, 대부분의 경우 정해진 예산 범위 내에서 그 계획을 세우게 된다.
이렇듯 어떤 활동을 하던 간에 활동에 지불할 수 있는 비용은 제한되기 마련이며, 이로 인해 같은 비용을 얼마나 효율적으로 사용하고 관리하느냐가 중요하게 되었다. 즉, 적은 돈으로 최대의 효과를 보는 것이 중요하다고 할 수 있다. 하지만 여기서 중요한 것은 무조건 비용을 적게 들이는 것이 좋은 것은 아니라는 점이다. 예산과 실제 비용의 차이에 따라 다음과 같은 결과가 나타날 수 있다.

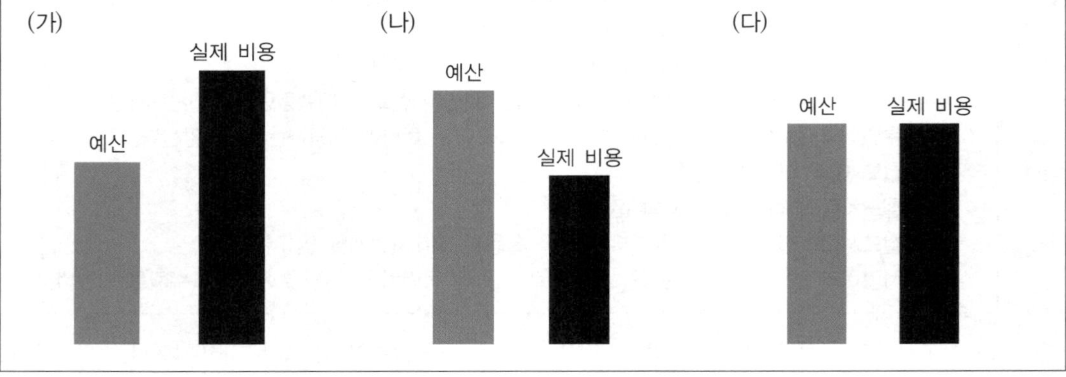

	(가)	(나)	(다)
①	적자 발생	경쟁력 손실	이상적 상태
②	적자 발생	이상적 상태	경쟁력 손실
③	경쟁력 손실	적자 발생	이상적 상태
④	경쟁력 손실	이상적 상태	적자 발생
⑤	이상적 상태	적자 발생	경쟁력 손실

11 S기업은 직원들에게 자기계발 교육비용을 일부 지원하기로 하였다. 총무인사팀의 A ~ E 5명 직원이 다음 자료와 같이 교육프로그램을 신청하였을 때, 기업에서 직원들에게 지원하는 총 교육비는 얼마인가?

〈자기계발 수강료 및 지원 금액〉

구분	영어회화	컴퓨터 활용능력	세무회계
수강료	7만 원	5만 원	6만 원
지원 금액 비율	50%	40%	80%

〈신청한 교육프로그램〉

구분	영어회화	컴퓨터 활용능력	세무회계
A	○		○
B	○	○	○
C		○	○
D	○		
E		○	

① 307,000원
② 308,000원
③ 309,000원
④ 310,000원
⑤ 311,000원

12 다음 〈보기〉 중 준법의 의미에 대한 설명으로 옳은 것을 모두 고르면?

〈보기〉

㉠ 준법은 민주 시민으로서 기본적으로 지켜야 하는 의무이며 생활 자세이다.
㉡ 민주 사회의 법과 규칙을 준수하는 것은 시민으로서의 자신의 권리를 보장받고, 다른 사람의 권리를 보호해 주며 사회 질서를 유지하는 역할을 한다.
㉢ 우리 사회는 민주주의와 시장경제를 지향하고 있으며, 그것이 제대로 정착될 만한 사회적·정신적 토대를 갖추고 있다.
㉣ 민주주의와 시장경제는 구성원들에게 많은 자유와 권리를 부여하지만, 동시에 규율의 준수와 그에 따르는 책임을 요구한다.
㉤ 준법의 사전적 의미는 말 그대로 법과 규칙을 준수하는 것으로, 준법의식이 해이해지면 사회적으로 부패가 싹트게 된다.

① ㉠, ㉡, ㉢, ㉣
② ㉠, ㉡, ㉣, ㉤
③ ㉠, ㉢, ㉣, ㉤
④ ㉡, ㉢, ㉣, ㉤
⑤ ㉠, ㉡, ㉢, ㉣, ㉤

13 다음 프로그램의 실행 결과로 옳은 것은?

```
#include <stdio.h>
void main() {
  int array[10] = { 1, 2, 3, 4, 5, 6, 7, 8, 9, 10 };
  int i;
  int num = 0;

  for (i = 0; i < 10; i += 2) {
    num += array[i];
  }
  printf("%d", num);
}
```

① 0
② 25
③ 35
④ 45
⑤ 55

14 다음 중 자기개발 설계 전략의 특징으로 옳지 않은 것은?

① 보통 장기목표라 하면 1~3년 정도의 목표를 의미한다.
② 인간관계를 고려한다.
③ 현 직무를 담당하는 데 필요한 능력과 적성들을 고려한다.
④ 명확하고 구체적으로 수립한다.
⑤ 개인에 따라 중요한 생애전환기를 기준으로 바뀔 수 있다.

※ 다음은 S공사의 전체 조직도의 일부이다. 이어지는 질문에 답하시오. [15~16]

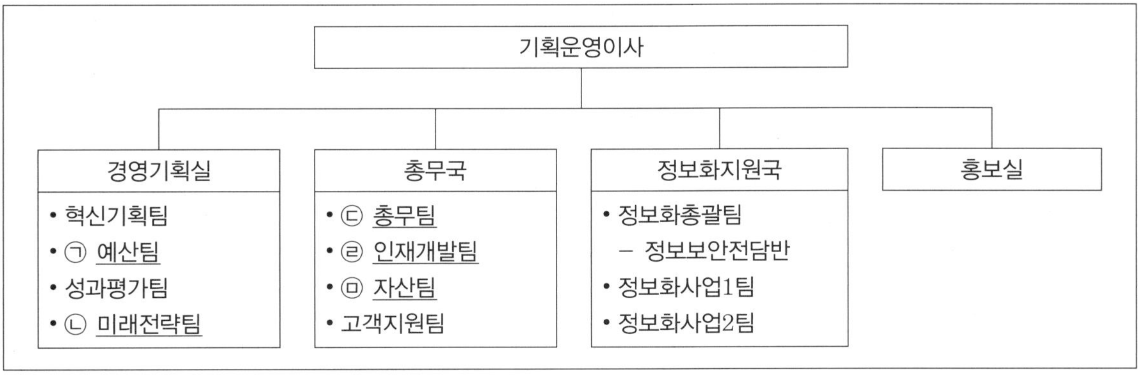

15 다음 중 S공사의 각 부서와 업무가 바르게 연결되지 않은 것은?

① ㉠ : 수입·지출 예산 편성 및 배정 관리
② ㉡ : 공사사업 관련 연구과제 개발 및 추진
③ ㉢ : 복무관리 및 보건·복리 후생
④ ㉣ : 임직원 인사, 상훈, 징계
⑤ ㉤ : 예산집행 조정, 통제 및 결산 총괄

16 개인정보보안에 대한 중요성이 증대됨에 따라 S공사는 정보보안전담반을 운영하여 개인정보보안 등에 대해 지속적이고 상시적인 모니터링을 실시한다. 다음 중 정보보안전담반의 업무로 적절하지 않은 것은?

① 정보보안기본지침 및 개인정보보호지침 제·개정 관리
② 직원 개인정보보호 의식 향상 교육
③ 개인정보종합관리시스템 구축·운영
④ 정보보안 및 개인정보보호 계획 수립
⑤ 자산정보관리시스템 구축·운영

17 재무팀에서는 주말 사무보조 직원을 채용하기 위해 공고문을 게재하였으며, 지원자 명단은 다음과 같다. 이를 참고할 때, 최소비용으로 가능한 많은 인원을 채용하고자 한다면 총 몇 명의 지원자를 채용할 수 있겠는가?(단, 급여는 지원자가 희망하는 금액으로 지급한다)

〈사무보조 직원 채용 공고문〉

- 업무내용 : 문서수발, 전화응대 등
- 지원자격 : 경력, 성별, 나이, 학력 무관
- 근무조건 : 장기(6개월 이상, 협의 불가) / 주말 11:00 ~ 22:00(협의 가능)
- 급여 : 협의 후 결정
- 연락처 : 02-000-0000

〈지원자 명단〉

성명	희망근무기간	근무가능시간	최소근무시간 (하루 기준)	희망임금 (시간당 / 원)
박소다	10개월	11:00 ~ 18:00	3시간	7,500
서창원	12개월	12:00 ~ 20:00	2시간	8,500
한승희	8개월	18:00 ~ 22:00	2시간	7,500
김병우	4개월	11:00 ~ 18:00	4시간	7,000
우병지	6개월	15:00 ~ 20:00	3시간	7,000
김래원	10개월	16:00 ~ 22:00	2시간	8,000
최지홍	8개월	11:00 ~ 18:00	3시간	7,000

※ 지원자 모두 주말 이틀 중 하루만 출근하기를 원함
※ 하루에 2회 이상 출근은 불가함

① 2명
② 3명
③ 4명
④ 5명
⑤ 6명

18 다음은 자아인식, 자기관리, 경력개발의 의미를 설명한 자료이다. 〈보기〉 중 자기관리에 해당하는 질문을 모두 고르면?

자아인식	직업생활과 관련하여 자신의 가치, 신념, 흥미, 적성, 성격 등을 통해 자신이 누구인지 아는 것이다.
자기관리	자신의 목표성취를 위해 자신의 행동 및 업무수행을 관리하고 조정하는 것이다.
경력개발	개인의 일과 관련된 경험에서 목표와 전략을 수립하고, 실행하며, 피드백하는 과정이다.

〈보기〉

(가) 자기관리 계획은 어떻게 수립하는 것일까?
(나) 나의 업무수행에 있어 장단점은 무엇인가?
(다) 나는 언제쯤 승진하고, 퇴직을 하게 될까?
(라) 나의 직업흥미는 무엇인가?
(마) 나의 업무에서 생산성을 높이기 위해서는 어떻게 해야 할까?
(바) 경력개발과 관련된 최근 이슈는 어떤 것이 있을까?
(사) 내가 설계하는 나의 경력은 무엇인가?
(아) 다른 사람과의 대인관계를 향상시키기 위한 방법은?
(자) 나의 적성은 무엇인가?

① (가), (마), (아)
② (나), (라), (바)
③ (다), (마), (사)
④ (라), (사), (자)
⑤ (마), (바), (아)

19 다음 사례에서 나타나는 협상전략으로 가장 적절한 것은?

사람들은 합리적인 의사결정보다 감성적인 의사결정을 하곤 한다. 소비에 있어서 이와 같은 현상을 쉽게 발견할 수 있는데, 사람들은 물건을 살 때 제품의 기능이나 가격보다는 다른 사람들의 판단에 기대어 결정하거나 브랜드의 위치를 따르는 소비를 하는 경우를 쉽게 볼 수 있는 것이다. 명품에 대한 소비나 1위 브랜드 제품을 선호하는 것 모두 이러한 현상 때문으로 볼 수 있다.

① 상대방 이해 전략
② 권위 전략
③ 희소성 해결 전략
④ 호혜 관계 형성 전략
⑤ 사회적 입증 전략

※ 다음 글을 읽고 이어지는 질문에 답하시오. [20~21]

18세기에는 열의 실체가 칼로릭(Caloric)이며, 칼로릭은 온도가 높은 쪽에서 낮은 쪽으로 흐르는 성질이 있고 질량이 없는 입자들의 모임이라는 생각이 받아들여지고 있었다. 이를 칼로릭 이론이라 부르는데, 이에 따르면 찬 물체와 뜨거운 물체를 접촉시켜 놓았을 때 두 물체의 온도가 같아지는 것은 칼로릭이 뜨거운 물체에서 차가운 물체로 이동하기 때문이라는 것이다. 이러한 상황에서 과학자들의 큰 관심사 중의 하나는 증기 기관과 같은 열기관의 열효율 문제였다.
열기관은 높은 온도의 열원에서 열을 흡수하고 낮은 온도의 대기와 같은 열기관 외부에 열을 방출하며 일을 하는 기관을 말하는데, 열효율은 열기관이 흡수한 열의 양 대비 한 일의 양으로 정의된다. 19세기 초에 카르노는 열기관의 열효율 문제를 칼로릭 이론에 기반을 두고 다루었다. 카르노는 물레방아와 같은 수력 기관에서 물이 높은 곳에서 낮은 곳으로 흐르면서 일을 할 때 물의 양과 한 일의 양의 비가 높이 차이에만 좌우되는 것에 주목하였다. 물이 높이 차에 의해 이동하는 것과 흡사하게 칼로릭도 고온에서 저온으로 이동하면서 일을 하게 되는데, 열기관의 열효율 역시 이러한 두 온도에만 의존한다는 것이었다.
한편 1840년대에 줄(Joule)은 일정량의 열을 얻기 위해 필요한 각종 에너지의 양을 측정하는 실험을 행하였다. 대표적인 것이 열의 일당량 실험이었다. 이 실험은 열기관을 대상으로 한 것이 아니라, 추를 낙하시켜 물속의 날개바퀴를 회전시키는 실험이었다. 열의 양은 칼로리(Calorie)로 표시되는데, 그는 역학적 에너지인 일이 열로 바뀌는 과정의 정밀한 실험을 통해 1kcal의 열을 얻기 위해서 필요한 일의 양인 열의 일당량을 측정하였다. 줄은 이렇게 일과 열은 형태만 다를 뿐 서로 전환이 가능한 물리량이므로 등가성이 있다는 것을 입증하였으며, 열과 일이 상호 전환될 때 열과 일의 에너지를 합한 양은 일정하게 보존된다는 사실을 알아내었다. 이후 열과 일뿐만 아니라 화학 에너지, 전기 에너지 등이 등가성이 있으며 상호 전환될 때에 에너지의 총량은 변하지 않는다는 에너지 보존 법칙이 입증되었다.
열과 일에 대한 이러한 이해는 카르노의 이론에 대한 과학자들의 재검토로 이어졌다. 특히 톰슨은 ㉠ <u>칼로릭 이론에 입각한 카르노의 열기관에 대한 설명이 줄의 에너지 보존 법칙에 위배된다고 지적하였다</u>. 카르노의 이론에 의하면, 열기관은 높은 온도에서 흡수한 열 전부를 낮은 온도로 방출하면서 일을 한다. 이것은 줄이 입증한 열과 일의 등가성과 에너지 보존 법칙에 어긋나는 것이어서 열의 실체가 칼로릭이라는 생각은 더 이상 유지될 수 없게 되었다. 하지만 열효율에 관한 카르노의 이론은 클라우지우스의 증명으로 유지될 수 있었다. 그는 카르노의 이론이 유지되지 않는다면 열은 저온에서 고온으로 흐르는 현상이 생길 수도 있을 것이라는 가정에서 출발하여, 열기관의 열효율은 열기관이 고온에서 열을 흡수하고 저온에 방출할 때의 두 작동 온도에만 관계된다는 카르노의 이론을 증명하였다.
클라우지우스는 자연계에서는 열이 고온에서 저온으로만 흐르고 그와 반대되는 현상은 일어나지 않는 것과 같이 경험적으로 알 수 있는 방향성이 있다는 점에 주목하였다. 또한, 일이 열로 전환될 때와는 달리 열기관에서 열 전부를 일로 전환할 수 없다는, 즉 열효율이 100%가 될 수 없다는 상호 전환 방향에 관한 비대칭성이 있다는 사실에 주목하였다. 이러한 방향성과 비대칭성에 대한 논의는 이를 설명할 수 있는 새로운 물리량인 엔트로피(Entropy)의 개념을 낳았다.

20 **다음 중 윗글을 통해 알 수 있는 내용으로 가장 적절한 것은?**

① 열기관은 외부로부터 받은 일을 열로 변환하는 기관이다.

② 수력 기관에서 물의 양과 한 일의 양의 비는 물의 온도 차이에 비례한다.

③ 칼로릭 이론에 의하면 차가운 쇠구슬이 뜨거워지면 쇠구슬의 질량은 증가하게 된다.

④ 칼로릭 이론에서는 칼로릭을 온도가 낮은 곳에서 높은 곳으로 흐르는 입자라고 본다.

⑤ 열기관의 열효율은 두 작동 온도에만 관계된다는 이론은 칼로릭 이론의 오류가 밝혀졌음에도 유지되었다.

21 **다음 중 밑줄 친 ㉠의 내용으로 가장 적절한 것은?**

① 열의 실체가 칼로릭이라면 열기관이 한 일을 설명할 수 없다는 점

② 화학 에너지와 전기 에너지는 서로 전환될 수 없는 에너지라는 점

③ 자연계에서는 열이 고온에서 저온으로만 흐르는 것과 같은 방향성이 있는 현상이 존재한다는 점

④ 열효율에 관한 카르노의 이론이 맞지 않는다면 열은 저온에서 고온으로 흐르는 현상이 생길 수 있다는 점

⑤ 열기관의 열효율은 열기관이 고온에서 열을 흡수하고 저온에 방출할 때의 두 작동 온도에만 관계된다는 점

22 다음은 국가별 4차 산업혁명 기반산업 R&D 투자 현황에 대한 자료이다. 이에 대한 설명으로 옳지 않은 것을 〈보기〉에서 모두 고르면?

〈국가별 4차 산업혁명 기반산업 R&D 투자 현황〉

(단위 : 억 달러)

국가	서비스				제조					
	IT서비스		통신 서비스		전자		기계장비		바이오·의료	
	투자액	상대수준	투자액	상대수준	투자액	상대수준	투자액	상대수준	투자액	상대수준
한국	3.4	1.7	4.9	13.1	301.6	43.1	32.4	25.9	16.4	2.3
미국	200.5	100.0	37.6	100.0	669.8	100.0	121.3	96.6	708.4	100.0
일본	30.0	14.9	37.1	98.8	237.1	33.9	125.2	100.0	166.9	23.6
독일	36.8	18.4	5.0	13.2	82.2	11.7	73.7	58.9	70.7	10.0
프랑스	22.3	11.1	10.4	27.6	43.2	6.2	12.8	10.2	14.2	2.0

※ 투자액은 기반산업별 R&D 투자액의 합계임

※ 상대수준은 최대 투자국의 R&D 투자액을 100으로 두었을 때의 상대적 비율임

〈보기〉

ㄱ. 한국의 IT서비스 부문 투자액은 미국 대비 1.7%이다.

ㄴ. 미국은 모든 산업의 상대수준 기준이다.

ㄷ. 한국의 전자 부문 투자액은 전자 외 부문 투자액을 모두 합한 금액의 6배 이상이다.

ㄹ. 일본과 프랑스의 부문별 투자액 순서는 동일하지 않다.

① ㄱ, ㄴ
② ㄴ, ㄷ
③ ㄴ, ㄹ
④ ㄷ, ㄹ
⑤ ㄱ, ㄷ, ㄹ

23 다음은 리더와 관리자의 차이점에 대한 설명이다. 이를 토대로 리더의 행동을 이해한 내용으로 옳지 않은 것은?

리더와 관리자는 다른 개념으로, 가장 큰 차이점은 비전이 있고 없음에 있다. 또한 관리자의 역할이 자원을 관리·분배하고 당면한 과제를 해결하는 것이라면, 리더는 비전을 선명하게 구축하고, 그 비전이 팀원들의 협력 아래 실현되도록 환경을 만들어 주는 것이다.

① 리더는 목표의 실현에 관련된 모든 사람들을 중시하며, 약속을 지켜 신뢰를 쌓는다.
② 리더는 변화하는 세계 속에서 현재의 현상을 유지함으로써 조직이 안정감을 갖도록 한다.
③ 리더는 멀리있는 목표를 바라보며, 즉시 대가를 얻을 수 없어도 동기를 계속 유지한다.
④ 리더는 매일 새로운 것을 익혀 변화하는 세계 속에서 의미를 찾도록 노력한다.
⑤ 리더는 자신다움을 소중히 하며, 자신의 브랜드 확립에 적극적으로 임한다.

24 다음 사례에서 나타난 물적자원관리의 방해요인이 잘못 연결된 것은?

- A는 손톱깎이를 사용한 뒤 항상 아무 곳에나 놓는다. 그래서 손톱깎이가 필요할 때마다 한참 동안 집 안 구석구석을 찾아야 한다.
- B는 길을 가다가 귀여운 액세서리를 발견하면 그냥 지나치지 못한다. 그래서 B의 화장대 서랍에는 액세서리가 쌓여 있다.
- C는 지난주에 휴대폰을 잃어버려 얼마 전에 새로 구입하였다. 그런데 오늘 또 지하철에서 새로 산 휴대폰을 잃어버리고 말았다.
- D는 작년에 친구로부터 선물 받은 크리스마스 한정판 화장품을 잃어버린 후 찾지 못했고, 다시 구입하려고 하니 이미 판매가 끝난 상품이라 구입할 수 없었다.
- E는 건조한 실내 공기에 작년에 사용하고 창고에 넣어 두었던 가습기를 찾았으나, 창고에서 꺼내 온 가습기는 곰팡이가 피어 작동하지 않았다.

① A – 보관 장소를 파악하지 못하는 경우
② B – 분명한 목적 없이 물건을 구입하는 경우
③ C – 물품을 분실한 경우
④ D – 보관 장소를 파악하지 못하는 경우
⑤ E – 물품이 훼손된 경우

25 다음 대화에서 K대리가 저지른 전화 예절의 실수로 가장 적절한 것은?

K대리 : 안녕하세요. S출판부 K대리입니다. 무엇을 도와드릴까요?
B부장 : 아, K대리! 나 영업부 B부장이네.
K대리 : (펜과 메모지를 준비한다) 네! B부장님 안녕하세요. 어떤 일로 전화 주셨습니까?
B부장 : 다음 달에 예정되어 있는 신간도서 계획서를 좀 보고 싶어서 말이야.
K대리 : 네, 부장님. 지금 바로 준비해서 갖다 드리겠습니다.
B부장 : 고맙네. 이따 보지.
K대리 : 네! 이만 전화 끊겠습니다.

① 언제나 펜과 메모지를 곁에 두어 메시지를 받아 적을 수 있도록 한다.
② 당신이 누구인지를 즉시 말한다.
③ 통화를 마칠 때, 전화를 건 상대방에게 감사의 표시를 한다.
④ 천천히 명확하게 예의를 갖추고 말한다.
⑤ 말을 할 때 상대방의 이름을 함께 사용한다.

26 다음 대화 내용을 참고할 때 A팀장과 B사원이 함께 시장조사를 갈 수 있는 가장 적절한 시간은 언제인가? (단, 근무시간은 09:00 ~ 18:00, 점심시간은 12:00 ~ 13:00이다)

> A팀장 : B씨, 저번에 우리가 함께 진행했던 제품이 오늘 출시된다고 하네요. 시장에서 어떤 반응이 있는지 조사하러 가야 할 것 같아요.
> B사원 : 네, 팀장님. 그런데 오늘 갈 수 있을지 의문입니다. 우선 오후 4시에 사내 정기강연이 예정되어 있고 초청강사가 와서 시간관리 강의를 한다고 합니다. 아마 두 시간 정도 걸릴 것 같은데, 저는 강연준비 때문에 30분 정도 일찍 가야 할 것 같습니다. 그리고 부서장님께서 요청하셨던 기획안도 오늘 퇴근 전까지 제출해야 하는데, 팀장님 검토시간까지 고려하면 두 시간 정도 소요될 것 같습니다.
> A팀장 : 오늘도 역시 할 일이 참 많네요. 지금이 11시니까 열심히 업무를 하면 한 시간 정도는 시장에 다녀올 수 있겠네요. 먼저 기획안부터 마무리 짓도록 합시다.
> B사원 : 네, 알겠습니다. 팀장님, 오늘 점심은 된장찌개 괜찮으시죠? 바쁘니까 예약해 두겠습니다.

① 11:00 ~ 12:00
② 13:00 ~ 14:00
③ 14:00 ~ 15:00
④ 15:00 ~ 16:00
⑤ 16:00 ~ 17:00

27 다음 글을 읽고 자기개발이 필요한 이유로 옳지 않은 것은?

> 자기개발이 필요한 이유를 살펴보면 다음과 같다. 먼저 우리는 자기개발을 통해 동일한 업무의 목표에 대하여 더 높은 성과를 가져올 수 있다. 만약 본인이 컴퓨터 활용능력을 향상시켰다면, 이를 통해 업무의 질과 속도가 향상될 수 있는 것이다. 또한 우리를 둘러싸고 있는 환경은 끊임없이 변화하고 있으며, 그 변화의 속도가 점점 빨라지고 있음을 볼 때, 우리는 가지고 있는 지식이나 기술이 과거의 것이 되지 않도록 지속적인 자기개발을 할 필요가 있다. 다음으로 자기개발을 통해 자신의 내면을 관리하고, 시간을 관리하며, 생산성을 높이게 되면 원만한 인간관계의 형성과 유지의 기반이 될 수 있다. 자신의 업무를 훌륭히 해내는 직원을 싫어할 사람은 없기 때문이다. 나아가 자기개발을 통해 자신감을 얻게 되고, 삶의 질이 향상되어 보다 보람된 삶을 살 수 있다. 자기개발을 위해서는 자신의 비전을 발견하고, 장단기 목표를 설정하는 일이 선행되어야 한다. 이로 인해 자신의 비전을 위한 자기개발의 필요성을 인식하고, 자기개발의 방향과 방법을 설정할 수 있는 것이다.

① 변화하는 환경에 적응하기 위해서 필요하다.
② 주변 사람들과 긍정적인 인간관계를 형성하기 위해서 필요하다.
③ 자신의 직위와 직급을 향상시키기 위해서 필요하다.
④ 자신이 달성하고자 하는 목표를 성취하기 위해서 필요하다.
⑤ 개인적으로 보람된 삶을 살기 위해서 필요하다.

28 다음과 같이 하나의 셀에 두 줄 이상의 데이터를 입력하려고 할 때, '컴퓨터'를 입력한 후 줄을 바꾸기 위하여 사용해야 하는 키로 옳은 것은?

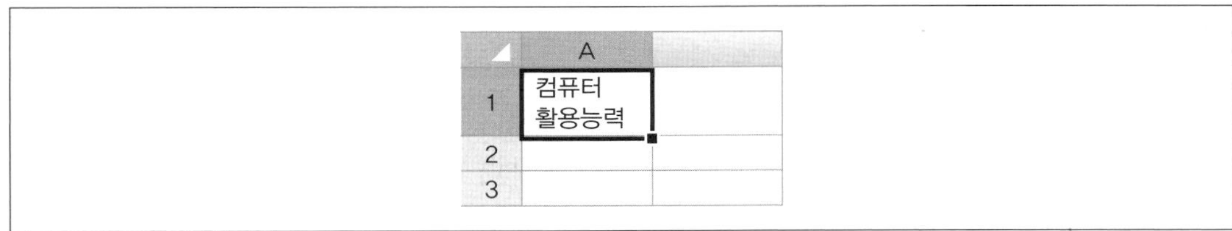

① 〈Ctrl〉+〈Enter〉
② 〈Ctrl〉+〈Shift〉+〈Enter〉
③ 〈Alt〉+〈Enter〉
④ 〈Shift〉+〈Enter〉
⑤ 〈Alt〉+〈Shift〉+〈Enter〉

29 다음 중 자진해서 하는 근면의 사례를 〈보기〉에서 모두 고르면?

〈보기〉

(가) 영희는 미국 여행을 위해 아침 일찍 일어나 30분씩 영어 공부를 하고 있다.
(나) K사에 근무 중인 A씨는 팀장의 요청으로 3일 동안 야근 중이다.
(다) 자동자 세일즈맨으로 일하고 있는 B씨는 성과에 따라 보수가 결정되기 때문에 누구보다 열심히 성과를 높이기 위해 노력중이다.
(라) 영희의 할아버지는 뒤늦게 공부에 재미를 느껴 현재 만학도로 공부에 전력하고 계신다.
(마) 진수는 어머니의 성화에 못 이겨 자기 방으로 들어가 공부에 매진하고 있다.

① (가), (라)
② (나), (다)
③ (가), (다), (라)
④ (나), (라), (마)
⑤ (다), (라), (마)

30 다음은 중국에 진출한 프렌차이즈 커피전문점에 대해 SWOT 분석을 한 자료이다. 〈보기〉의 (가) ~ (라)에 들어갈 전략을 순서대로 바르게 나열한 것은?

S(강점)	W(약점)
• 풍부한 원두커피의 맛 • 독특한 인테리어 • 브랜드 파워 • 높은 고객 충성도	• 낮은 중국 내 인지도 • 높은 시설비 • 비싼 임대료
O(기회)	**T(위협)**
• 중국 경제 급성장 • 서구문화에 대한 관심 • 외국인 집중 • 경쟁업체 진출 미비	• 중국의 차 문화 • 유명 상표 위조 • 커피 구매 인구의 감소

〈보기〉

(가)	(나)
• 브랜드가 가진 미국 고유문화 고수 • 독특하고 차별화된 인테리어 유지 • 공격적 점포 확장	• 외국인이 많은 곳에 점포 개설 • 본사 직영으로 인테리어
(다)	**(라)**
• 고품질 커피로 상위 소수고객에 집중	• 녹차 향 커피 • 개발 상표 도용 감시

	(가)	(나)	(다)	(라)
①	SO전략	ST전략	WO전략	WT전략
②	WT전략	ST전략	WO전략	SO전략
③	SO전략	WO전략	ST전략	WT전략
④	ST전략	WO전략	SO전략	WT전략
⑤	WT전략	WO전략	ST전략	SO전략

31 **다음 밑줄 친 부분과 같은 의미로 쓰인 것은?**

> 소비자의 관심과 자동차 업계의 육성 전략으로 향후 20년간 자율주행차가 빠르게 보급될 것으로 예상된다. 한 시장조사업체의 보고서에 따르면 향후 20년간 자율주행 자동차는 매년 3,300만 대가 보급될 것으로 예측되었다. 이는 한 해에 생산되는 신차 가운데 26%에 해당하는 것으로, 자율주행차로 인한 신규시장도 조만간 자리를 <u>잡아</u> 7조 달러의 거대 시장으로 성장할 전망이다. 자율주행차의 보급으로 졸음운전과 같은 운전자의 부주의로 인한 교통사고도 90 ~ 94% 줄어 매년 3만 명의 생명을 구할 것으로 조사되었다.

① 기업의 비리를 밝힐 결정적인 단서를 <u>잡았다</u>.

② 경기에서 선제공격을 통해 주도권을 먼저 <u>잡는</u> 것이 중요하다.

③ 우리 회사는 경쟁 업체의 부진으로 시장 점유율 확대의 기회를 <u>잡을</u> 수 있었다.

④ 아직 구체적인 여름휴가 일정을 <u>잡지</u> 못했어.

⑤ 치솟는 서민 물가를 <u>잡기</u> 위해서는 정부의 강력한 대책이 시급하다.

32 **다음 사례에서 알 수 있는 효과적인 팀의 특징으로 가장 적절한 것은?**

> A ~ C가 운영 중인 커피전문점은 현재 매출이 꾸준히 상승하고 있다. 매출 상승의 원인을 살펴보면 우선, A ~ C는 각자 자신이 해야할 일이 무엇인지 정확하게 알고 있다. A는 커피를 제조하고 있으며, B는 디저트를 담당하고 있다. 그리고 C는 계산 및 매장관리를 전반적으로 맡고 있다. A는 고객들이 다시 생각나게 할 수 있는 독창적인 커피 맛을 위해 커피 블렌딩을 연구하고 있으며, B는 커피와 적합하고, 고객들의 연령에 맞는 다양한 디저트를 개발 중이다. 그리고 C는 A와 B가 자신의 업무에 집중할 수 있도록 적극적으로 지원하고 있다. 이처럼 A ~ C는 서로의 업무를 이해하면서 즐겁게 일하고 있으며, 이것이 매출 상승의 원인으로 작용하고 있는 것이다.

① 의견의 불일치를 건설적으로 해결한다.

② 창조적으로 운영된다.

③ 결과에 초점을 맞춘다.

④ 역할을 명확하게 규정한다.

⑤ 개인의 강점을 활용한다.

※ 다음은 행정안전부의 '행정업무운영 실무 매뉴얼' 중 일부이다. 이어지는 질문에 답하시오. **[33~34]**

※ 공문서(公文書)
행정기관 또는 공무원이 그 직무상 작성한 문서 또는 시행되는 문서 및 접수한 문서를 말한다.

행정 효율과 협업 촉진에 관한 규정 제4조에서는 문서의 성질에 따라 법규문서 · 지시문서 · 공고문서 · 비치문서 · 민원문서와 일반문서의 6종으로 구분하고 있다.

(가) 법규문서
주로 법규사항을 규정하는 문서로, 헌법 · 법률 · 대통령령 · 총리령 · 부령 · 조례 및 규칙 등을 말한다.

(나) 지시문서
행정기관이 그 하급기관 또는 소속 공무원에 대하여 일정한 사항을 지시하는 문서로, 훈령 · 지시 · 예규 및 일일명령 등을 말한다. 지시문서는 행정법에서는 행정규칙 또는 행정명령이란 용어로 사용하고 있다.

(1) 훈령
상급기관이 하급기관 또는 소속 공무원에 대하여 상당한 장기간에 걸쳐 그 권한의 행사를 일반적으로 지시하기 위하여 발하는 명령을 말한다.

(2) 지시
상급기관이 직권 또는 하급기관의 문의에 의하여 하급기관에 개별적 · 구체적으로 발하는 명령을 말한다.

(3) 예규
행정업무의 통일을 기하기 위하여 반복적 행정업무의 처리기준을 제시하는 법규문서 외의 문서를 말한다.

(4) 일일명령
당직 · 출장 · 시간외근무 · 휴가 등 일일업무에 관한 명령을 말한다.

(다) 공고문서
행정기관이 일정한 사항을 일반에게 알리기 위한 문서로, 고시 · 공고 등이 이에 해당된다.

(1) 고시 : 민원사무처리기준표처럼 법령이 정하는 바에 따라 일정한 사항을 일반에게 알리는 문서로, 일단 고시된 사항은 개정이나 폐지가 없는 한 효력이 계속된다.

(2) 공고 : 입찰, 시험공고 등 일정한 사항을 일반에게 알리는 문서로, 그 내용의 효력이 단기적이거나 일시적인 것을 말한다.

(라) 문서의 번호

문서의 번호		작성 형식 및 문서 번호
법규문서		조문 형식, 누년 일련번호 사용 예 법률 제1234호
지시문서	훈령, 예규	조문 또는 시행문 형식, 누년 일련번호 사용 예 훈령 제5호, 예규 제5호
	지시	시행문 형식, 연도 표시 일련번호 사용 예 지시 제2018 - 5호
	일일명령	시행문 또는 회보 형식, 연도별 일련번호 사용 예 일일명령 제5호

<table>
<tr><td>공고문서</td><td>고시 / 공고</td><td>연도 표시 일련번호 사용 예 고시 제2018 – 5호</td></tr>
<tr><td colspan="2">민원문서</td><td rowspan="2">시행문 또는 서식 형식, 생산등록번호 또는 접수등록번호 사용
예 정보공개정책과 – 123)</td></tr>
<tr><td rowspan="3">일반문서</td><td>일반문서</td></tr>
<tr><td>회보</td><td>회보 형식, 연도별 일련번호 사용 예 회보 제5호</td></tr>
<tr><td>보고서</td><td>기안문 형식, 생산등록번호 사용 예 정보공개정책과 – 123)</td></tr>
</table>

※ 일련번호 구분

- 누년 일련번호 : 연도 구분과 관계없이 누년 연속되는 일련번호
- 연도별 일련번호 : 연도별로 구분하여 매년 새로 시작되는 일련번호로, 연도 표시가 없는 번호
- 연도 표시 일련번호 : 연도 표시와 연도별 일련번호를 붙임표(–)로 이은 번호

※ 문서 작성 시 표시방법

- 글자 : 문서는 「국어기본법」 제3조 제3호에 따른 어문규범에 맞게 한글로 작성하되, 뜻을 정확하게 전달하기 위하여 필요한 경우에는 괄호 안에 한자나 그 밖의 외국어를 함께 적을 수 있으며, 특별한 사유가 없으면 가로로 쓴다.
  예 법규문서는 조문형식(條文形式)에 의하여…
- 문안 : 문서의 내용은 간결하고 명확하게 표현하고 일반화되지 않은 약어와 전문용어 등의 사용을 피하여 이해하기 쉽게 작성하여야 한다.
- 숫자 : 아라비아 숫자로 쓴다.
- 연호 : 서기연호를 쓰되, '서기'는 표시하지 않는다.
- 날짜 : 숫자로 표기하되 년, 월, 일의 글자는 생략하고 그 자리에 마침표를 찍어 표시한다.
  예 연월일 : 2024. 1. 5. / 연월 : 2024. 1.
- 시간 : 시 · 분은 24시각제에 따라 숫자로 표기하되, 시 · 분의 글자는 생략하고 그 사이에 쌍점(:)을 찍어 구분한다.
  예 오후 3시 20분(×) → 15:20(○)
- 금액 : 금액을 표시할 때에는 아라비아 숫자로 쓰되, 숫자 다음에 괄호를 하고 한글로 기재한다(규칙 제2조 제2항).
  예 금 113,560원(금 일십일만삼천오백육십원)

33 **다음 중 일련번호의 예시가 바르게 분류된 것은?**

	누년 일련번호	연도별 일련번호	연도 표시 일련번호
①	지시, 고시, 공고	법규문서, 훈령, 예규	일일명령
②	법규문서, 훈령, 예규	일일명령	지시, 고시, 공고
③	훈령, 예규	지시, 고시	법규문서, 공고
④	고시, 공고	일일명령, 지시	법규문서
⑤	법규문서	훈령, 예규	지시, 고시, 공고

34 **다음 중 문서 작성 시 표시 방법으로 가장 적절한 것은?**

① 금액을 표시할 때는 한글로 기재한다.
② 숫자는 아라비아 숫자로 쓴다.
③ 연호는 서기연호를 쓰며, '서기'를 표시한다.
④ 날짜는 숫자로 표기하되 년, 월, 일의 글자를 쓰고, 그 자리에 마침표를 찍어 표시한다.
⑤ 시간은 시·분은 24시각제에 따라 숫자로 표기하되, 시·분의 글자는 생략하고 그 사이에 쌍반점(;)을 찍어 구분한다.

35 **다음 시트에서 [B7] 셀에 수식 「=SUM(B2:CHOOSE(2,B3,B4,B5))」을 입력하였을 때 표시되는 결괏값으로 옳은 것은?**

	A	B
1	성명	점수
2	김진영	23
3	이은설	45
4	장영실	12
5	김지현	10
6		
7	부분합계	

① 23
② 68
③ 80
④ 90
⑤ 100

36 **최근 회사 생활을 하면서 대인관계에 어려움을 겪고 있는 A사원은 같은 팀 B대리에게 조언을 구하고자 면담을 신청하였다. 다음 중 B대리가 A사원에게 해 줄 조언으로 적절하지 않은 것은?**

> A사원 : 지난달 팀 프로젝트를 진행하면서 같은 팀원인 C사원이 업무적으로 힘들어하는 것 같아서 C사원의 업무를 조금 도와줬습니다. 그 뒤로 타 부서 직원인 D사원의 업무 협조 요청도 거절하지 못해 함께 업무를 진행했습니다. 그러다 보니 막상 제 업무는 제시간에 끝내지 못했고, 결국에는 늘 야근을 해야만 했습니다. 앞으로는 제 업무에만 전념하기로 다짐하면서 지난주부터는 다른 직원들의 부탁을 모두 거절하였습니다. 그랬더니 동료들로부터 제가 냉정하고 업무에 비협조적이라는 이야기를 들었습니다. 이번 달에는 정말 제가 당장 처리해야 할 업무가 많아 도움을 줄 수 없는 상황입니다. 동료들의 부탁을 어떻게 거절해야 동료들이 저를 이해해 줄까요?
>
> B대리 : ______________________________

① 부탁을 거절할 때는 인간관계를 해치지 않도록 신중하게 거절하는 것이 중요합니다.

② 도움이 필요한 상대 동료의 상황을 충분히 이해하고 있음을 드러내야 합니다.

③ 현재 도움을 줄 수 없는 A사원의 상황이나 이유를 분명하게 설명해야 합니다.

④ 도움을 주지 못해 아쉬운 마음을 함께 표현해야 합니다.

⑤ 상대 동료가 미련을 갖지 않도록 단번에 거절해야 합니다.

37 **최근 3개의 시에 있는 거래처와 판매계약을 추진하고 있는 J사원은 오늘 16시 전까지 신제품을 각 거래처에 샘플로 전달해야 한다. 그런데 업무상 바쁜 관계로 터미널에 가서 정확히 같은 시간에 3개의 시에 고속버스 화물 택배로 보내게 되었다. 고속버스 터미널 지원센터에 알아본 결과 3개의 시로 가는 고속버스는 45분 전인 10시 30분에 동시 출발했으며, 배차간격은 각각 14분, 18분, 21분이라고 한다. 또한 택배발송 업무는 12시부터 13시까지 점심시간으로 잠시 중단된다고 한다. 터미널에서의 화물 택배의뢰 업무가 최대 15분이 소요된다고 할 때, J사원이 한 번에 3개의 시에 택배를 보내기 위해 터미널에 도착해야 하는 최소 시간은?**

① 14시 27분

② 15시 00분

③ 15시 10분

④ 15시 27분

⑤ 15시 37분

38 **A대리는 사내 체육대회의 추첨에서 당첨된 직원들에게 나누어줄 경품을 선정하고 있다. 〈조건〉이 모두 참일 때, 다음 중 반드시 참인 것은?**

〈조건〉

- A대리는 펜, 노트, 가습기, 머그컵, 태블릿PC, 컵받침 중 3종류의 경품을 선정한다.
- 머그컵을 선정하면 노트는 경품에 포함하지 않는다.
- 노트는 반드시 경품에 포함된다.
- 태블릿PC를 선정하면, 머그컵을 선정한다.
- 태블릿PC를 선정하지 않으면, 가습기는 선정되고 컵받침은 선정되지 않는다.

① 가습기는 경품으로 선정되지 않는다.
② 머그컵과 가습기 모두 경품으로 선정된다.
③ 컵받침은 경품으로 선정된다.
④ 태블릿PC는 경품으로 선정된다.
⑤ 펜은 경품으로 선정된다.

39 **다음 중 K씨에게 해줄 수 있는 조언으로 가장 적절한 것은?**

현재 군인이 되기 위해 준비 중인 K씨는 요즘 들어 고민에 빠져 있다. 자신의 윤리적 입장에서 생각해 보았을 때 타인에 대한 물리적 행사(폭력)는 절대 금지되어 있다고 생각되지만, 군인의 입장에서는 필요한 경우 물리적 행사가 허용된다는 점이 마음에 걸리는 것이다.

① 업무수행상 모든 행동에 있어 개인의 양심에 따라 행동하는 것이 중요해.
② 군인은 하나의 직업인이기 때문에 기본적인 윤리기준은 무시할 필요가 있어.
③ 도덕적인 원리를 사회 제도가 아니라 개인의 생활에 적용하는 것이 중요해.
④ 업무 중 상대방의 입장에서 생각해 보고 너의 행동을 결정하는 것이 어떨까?
⑤ 업무수행상 개인윤리와 직업윤리가 충돌할 경우 직업윤리를 우선하여야 해.

40 S회사에 입사한 귀하는 시스템 모니터링 및 관리 업무를 담당하게 되었다. 다음을 참고할 때, 〈보기〉의 빈칸에 들어갈 코드로 옳은 것은?

다음 모니터에 나타나는 정보를 이해하고 시스템 상태를 판독하여 적절한 코드를 입력하는 방식을 파악하시오.

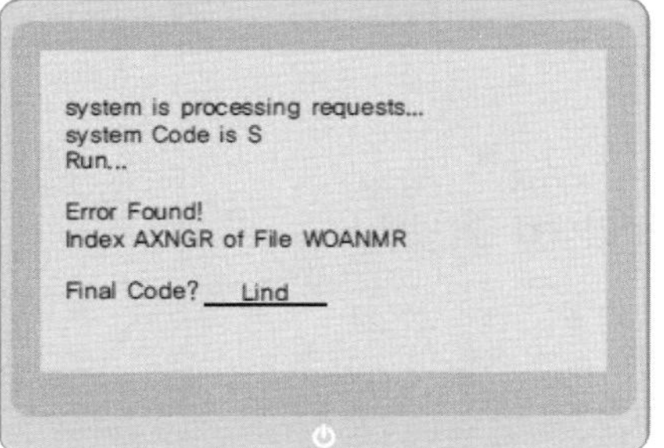

항목	세부사항
Index ◇◇◇ of File ◇◇◇	• 오류 문자 : Index 뒤에 나타나는 문자 • 오류 발생 위치 : File 뒤에 나타나는 문자
Error Value	• 오류 문자와 오류 발생 위치를 의미하는 문자에 사용된 알파벳을 비교하여 일치하는 알파벳의 개수를 확인
Final Code	• Error Value를 통하여 시스템 상태 판단

판단 기준	Final Code
일치하는 알파벳의 개수=0	Svem
0<일치하는 알파벳의 개수≤1	Atur
1<일치하는 알파벳의 개수≤3	Lind
3<일치하는 알파벳의 개수≤5	Nugre
일치하는 알파벳의 개수>5	Qutom

〈보기〉

system is processing requests...
system Code is S
Run...

Error Found!
Index SOPENTY of File ATONEMP

Final Code? ________

① Svem
② Atur
③ Lind
④ Nugre
⑤ Qutom

| 01 | 행정학

01 다음 중 대표관료제에 대한 설명으로 옳지 않은 것은?

① 관료의 행정에 출신배경이 고려되므로 합리적 행정이 저해될 수 있다.
② 행정의 합리성보다는 민주성이 강조되는 제도이다.
③ 공직임용에 소외된 계층에 대한 균형인사가 가능하다.
④ 대표관료제는 실적주의에 입각한 제도이다.
⑤ 사회주체에 의한 외적 통제가 강화된 형태이다.

02 다음 중 예산총계주의에 대한 설명으로 옳은 것을 〈보기〉에서 모두 고르면?

〈보기〉

ㄱ. 예산총계주의는 수입과 지출 내역, 용도를 명확히 하고 예산을 합리적으로 분류하여 명료하게 관리해야 한다는 원칙이다.
ㄴ. 한 회계연도의 모든 수입을 세입으로 하고, 모든 지출은 세출로 한다.
ㄷ. 지방자치단체가 현물로 출자하는 경우는 예외사항에 해당된다.

① ㄱ
② ㄴ
③ ㄱ, ㄷ
④ ㄴ, ㄷ
⑤ ㄱ, ㄴ, ㄷ

03 다음 중 지방자치법상 지방의회의 의결사항에 해당하지 않는 것은?

① 조례의 제정 · 개정 및 폐지
② 재의요구권
③ 기금의 설치 · 운용
④ 대통령령으로 정하는 중요 재산의 취득 · 처분
⑤ 청원의 수리와 처리

04 다음 중 우리나라의 지방재정조정제도에 대한 설명으로 옳지 않은 것은?

① 지방교부세의 재원은 내국세의 19.24%에 해당하는 금액과 종합부동산세 전액으로 구성된다.
② 중앙정부가 지방자치단체별로 지방교부세를 교부할 때 사용하는 기준지표는 지방재정자립도이다.
③ 지방교부세는 용도가 정해져 있지 않다는 점에서 국고보조금과 다르다.
④ 재정자립도를 산정할 때 지방교부세는 지방자치단체의 의존재원에 속한다.
⑤ 국고보조금은 행정서비스의 구역외 확산에 대처할 수 있지만 지역 간 재정력 격차 및 불균형을 심화시키기도 한다.

05 다음 중 정책의제의 설정에 영향을 미치는 요인에 대한 설명으로 옳지 않은 것은?

① 일상화된 정책문제보다는 새로운 문제가 보다 쉽게 정책의제화된다.
② 정책 이해관계자가 넓게 분포하고 조직화 정도가 낮은 경우에는 정책의제화가 상당히 어렵다.
③ 사회 이슈와 관련된 행위자가 많고, 이 문제를 해결하기 위한 정책의 영향이 많은 집단에 영향을 미치거나 정책으로 인한 영향이 중요한 것일 경우 상대적으로 쉽게 정책의제화된다.
④ 국민의 관심 집결도가 높거나 특정 사회 이슈에 대해 정치인의 관심이 큰 경우에는 정책의제화가 쉽게 진행된다.
⑤ 정책문제가 상대적으로 쉽게 해결될 것으로 인지되는 경우에는 쉽게 정책의제화된다.

06 **다음 중 발생주의 회계의 특징으로 옳은 것은?**

① 현금의 유출입 발생 시 회계 장부에 기록하는 방법을 의미한다.
② 실질적 거래의 발생을 회계처리에 정확히 반영할 수 있다는 장점이 있다.
③ 회계연도 내 경영활동과 성과에 대해 정확히 측정하기 어렵다는 한계가 있다.
④ 재화나 용역의 인수 및 인도 시점을 기준으로 장부에 기입한다.
⑤ 수익과 비용이 대응되지 않는다는 한계가 있다.

07 **다음 중 정책네트워크에 대한 설명으로 옳지 않은 것은?**

① 하위정부모형은 의회 상임위원회, 정부관료, 이익집단에 의해 정책적 의사결정이 이루어진다고 본다.
② 이슈네트워크는 참여자의 범위에 제한을 두지 않아 개방적 의견수렴이 가능하다.
③ 정책공동체는 동일한 목표를 공유하는 사회주체들에 의해 정책적 의사결정이 이루어진다.
④ 정책공동체는 일정 기준을 충족하는 주체에 한해 정책네트워크 참여가 가능하다.
⑤ 정책공동체는 하위정부모형에 비해 정책참여자의 범위가 더 제한적이다.

08 **성과의 측정은 투입(Input)지표, 산출(Output)지표, 성과(Outcome)지표, 영향(Impact)지표 등을 통하여 이루어진다. 다음 사례에서 성과지표에 해당하는 것은?**

고용노동부에서는 2023년도에 10억 원의 예산을 투입하여 강사 50명을 채용하고, 200명의 교육생에게 연 300시간의 직업교육을 실시하였다. 교육 이수 후 200명 중에서 50명이 취업하였으며, 이를 통하여 국가경쟁력이 3% 제고되었다.

① 10억 원의 예산
② 200명의 교육생
③ 연 300시간의 교육
④ 50명의 취업
⑤ 3%의 국가경쟁력 제고

09 다음 중 수평적 인사이동에 해당하지 않는 것을 〈보기〉에서 모두 고르면?

〈보기〉

ㄱ. 강임
ㄴ. 승진
ㄷ. 전보
ㄹ. 전직

① ㄱ, ㄴ
② ㄱ, ㄷ
③ ㄴ, ㄷ
④ ㄴ, ㄹ
⑤ ㄷ, ㄹ

10 다음 중 행정통제에 대한 설명으로 옳은 것을 〈보기〉에서 모두 고르면?

〈보기〉

ㄱ. 행정통제는 통제시기의 적시성과 통제내용의 효율성이 고려되어야 한다.
ㄴ. 옴부즈만 제도는 공무원에 대한 국민의 책임 추궁의 창구 역할을 하며 입법・사법통제의 한계를 보완하는 제도이다.
ㄷ. 외부통제는 선거에 의한 통제와 이익집단에 의한 통제를 포함한다.
ㄹ. 입법통제는 합법성을 강조하므로 위법행정보다 부당행정이 많은 현대행정에서는 효율적인 통제가 어렵다.

① ㄱ, ㄴ
② ㄴ, ㄹ
③ ㄱ, ㄴ, ㄷ
④ ㄱ, ㄷ, ㄹ
⑤ ㄴ, ㄷ, ㄹ

11 다음 중 롤스(J. Rawls)의 사회 정의 원리에 대한 설명으로 옳지 않은 것은?

① 원초상태(Original Position)에서 합의되는 일련의 법칙이 곧 사회정의의 원칙으로써 계약 당사자들의 사회협동체를 규제하게 된다.
② 정의의 제1원리는 기본적 자유의 평등원리로, 모든 사람은 다른 사람의 유사한 자유와 상충되지 않는 한도 내에서 최대한의 기본적 자유에의 평등한 권리를 인정하는 것이다.
③ 정의의 제2원리의 하나인 차등원리(Difference Principle)는 가장 불우한 사람들의 편익을 최대화해야 한다는 원리이다.
④ 정의의 제2원리의 하나인 기회균등의 원리는 사회・경제적 불평등은 그 모체가 되는 모든 직무와 지위에 대한 기회균등이 공정하게 이루어진 조건하에서 직무나 지위에 부수해 존재해야 한다는 원리이다.
⑤ 정의의 제1원리가 제2원리에 우선하고, 제2원리 중에서는 차등원리가 기회균등의 원리에 우선되어야 한다.

12 **다음 중 국가재정법상 예산제도에 대한 설명으로 옳은 것을 〈보기〉에서 모두 고르면?**

〈보기〉

ㄱ. 기획재정부장관은 국가회계법에서 정하는 바에 따라 회계연도마다 작성하여 대통령의 승인을 받은 국가결산보고서를 다음 연도 4월 10일까지 감사원에 제출하여야 한다.
ㄴ. 차관물자대(借款物資貸)의 경우 전년도 인출 예정분의 부득이한 이월 또는 환율 및 금리의 변동으로 인하여 세입이 그 세입예산을 초과하게 되는 때에는 그 세출예산을 초과하여 지출할 수 없다.
ㄷ. 정부는 예산이 여성과 남성에게 미칠 영향을 미리 분석한 보고서를 작성하여야 한다.
ㄹ. 각 중앙관서의 장은 예산 요구서를 제출할 때에 다음 연도 예산의 성과계획서 및 전년도 예산의 성과보고서를 기획재정부장관에게 함께 제출하여야 한다.

① ㄱ, ㄴ
② ㄱ, ㄹ
③ ㄱ, ㄴ, ㄷ
④ ㄱ, ㄷ, ㄹ
④ ㄴ, ㄷ, ㄹ

13 **다음 중 정책참여자 간 관계에 대한 설명으로 옳은 것을 〈보기〉에서 모두 고르면?**

〈보기〉

ㄱ. 정책공동체는 일시적이고 느슨한 형태의 집합체라는 점에서 이슈네트워크와 공통점을 가진다.
ㄴ. 다원주의에서의 정부는 집단들 간에 조정자 역할 또는 심판자의 역할을 할 것으로 기대된다.
ㄷ. 이슈네트워크는 참여자 간의 상호의존성이 낮고 불안정하며, 상호간의 불평등 관계가 존재하기도 한다.
ㄹ. 국가조합주의는 이익집단과 자율적 결성과 능동적 참여를 보장한다.

① ㄱ, ㄴ
② ㄱ, ㄷ
③ ㄴ, ㄷ
④ ㄴ, ㄹ
⑤ ㄷ, ㄹ

14 **다음 중 연구조사방법론에서 사용하는 타당성(Validity)에 대한 설명으로 옳지 않은 것은?**

① 기준타당성(Criterion-related validity)은 하나의 측정도구를 이용하여 측정한 결과와 다른 기준을 적용하여 측정한 결과를 비교했을 때 도출된 연관성의 정도이다.
② 구성타당성(Construct validity)은 연구에서 이용된 이론적 구성개념과 이를 측정하는 측정수단 간에 일치하는 정도를 의미한다.
③ 내용타당성(Content validity)은 측정도구를 구성하는 측정지표 간의 일관성이다.
④ 수렴적 타당성(Convergent validity)은 동일한 개념을 다른 측정 방법으로 측정했을 때 측정된 값 간의 상관관계를 의미한다.
⑤ 차별적 타당성(Discriminant validity)은 서로 다른 이론적 구성개념을 나타내는 측정지표 간의 관계를 의미하며, 서로 다른 구성개념을 측정하는 지표 간의 상관관계가 낮을수록 차별적 타당성이 높다.

15 다음 중 신공공관리론과 신공공서비스론의 특성에 대한 설명으로 옳지 않은 것은?

① 신공공관리론은 경제적 합리성에 기반하는 반면에 신공공서비스론은 전략적 합리성에 기반한다.

② 신공공관리론은 기업가 정신을 강조하는 반면에 신공공서비스론은 사회적 기여와 봉사를 강조한다.

③ 신공공관리론의 대상이 고객이라면 신공공서비스론의 대상은 시민이다.

④ 신공공서비스론이 신공공관리론보다 지역공동체 활성화에 더 적합한 이론이다.

⑤ 신공공관리론이 신공공서비스론보다 행정책임의 복잡성을 중시하며 행정재량권을 강조한다.

16 다음 중 성과평가시스템으로서의 균형성과표(BSC; Balanced Score Card)에 대한 설명으로 옳지 않은 것은?

① BSC는 추상성이 높은 비전에서부터 구체적인 성과지표로 이어지는 위계적인 체제를 가진다.

② 잘 개발된 BSC라 할지라도 조직구성원들에게 조직의 전략과 목적 달성에 필요한 성과가 무엇인지 알려주는 데 한계가 있기 때문에 조직전략의 해석지침으로는 적합하지 않다.

③ 내부프로세스 관점의 대표적인 지표들로는 의사결정과정에의 시민참여, 적법절차, 조직 내 커뮤니케이션 구조 등이 있다.

④ BSC를 공공부분에 적용할 때 재무적 관점은 국민이 요구하는 수준의 공공서비스를 제공할 수 있는 재정자원을 확보하여야 한다는 측면을 포함하며, 지원시스템의 예산부분이 이에 해당한다.

⑤ BSC를 공공부문에 적용할 때는 고객, 즉 국민의 관점을 가장 중시한다.

17 다음 중 시장실패 또는 정부실패를 야기하는 원인과 그에 대한 정부의 대응으로 옳은 것은?

① 공공재 – 정부보조 삭감

② 정보의 비대칭성 – 정부규제

③ 자연독점 – 규제완화

④ 관료의 사적 목표의 설정 – 공적유도

⑤ 정부개입에 의한 파생적 외부효과 – 공적공급

18 다음 중 규제 피라미드에 대한 설명으로 옳은 것은?

① 새로운 위험만 규제하다 보면 사회의 전체 위험 수준은 증가하는 상황이다.
② 규제가 또 다른 규제를 낳은 결과, 피규제자의 비용 부담이 점점 늘어나게 되는 상황이다.
③ 소득재분배를 위한 규제가 오히려 사회적으로 가장 어려운 사람들에게 해를 끼치게 되는 상황이다.
④ 과도한 규제를 무리하게 설정하다 보면 실제로는 규제가 거의 이루어지지 않게 되는 상황이다.
⑤ 기업체에게 상품 정보에 대한 공개 의무를 강화할수록 소비자들의 실질적인 정보량은 줄어들게 되는 상황이다.

19 다음 중 우리나라 책임운영기관에 대한 설명으로 옳지 않은 것은?

① 책임운영기관운영위원회는 위원장 및 부위원장 각 1명을 포함한 15명 이내의 위원으로 구성한다.
② 책임운영기관은 기관의 지위에 따라 소속책임운영기관과 중앙책임운영기관으로 구분된다.
③ 중앙책임운영기관의 장의 임기는 2년으로 하되, 한 차례만 연임할 수 있다.
④ 소속책임운영기관의 장의 채용기간은 2년의 범위에서 소속중앙행정기관의 장이 정한다.
⑤ 행정자치부장관은 5년 단위로 책임운영기관의 관리 및 운영 전반에 관한 기본계획을 수립하여야 한다.

20 다음 중 관료제의 병리와 역기능에 대한 설명으로 옳지 않은 것은?

① 굴드너(W. Gouldner)는 관료들의 무사안일주의적 병리현상을 지적한다.
② 관료들은 상관의 권위에 무조건적으로 의존하는 경향이 있다.
③ 관료들은 보수적이며, 변화와 혁신에 저항하는 경향이 있다.
④ 파킨슨의 법칙은 업무량과는 상관없이 기구와 인력을 팽창시키려는 역기능을 의미한다.
⑤ 셀즈닉(P. Selznik)에 따르면 최고관리자의 관료에 대한 지나친 통제가 조직의 경직성을 초래하여 관료제의 병리현상이 나타난다.

21 다음 중 균형성과표(Balanced Score Card)에서 강조하는 네 가지 관점으로 옳지 않은 것은?

① 재무적 관점
② 프로그램적 관점
③ 고객 관점
④ 내부프로세스 관점
⑤ 학습과 성장 관점

22 다음 〈보기〉 중 옳은 것을 모두 고르면?

〈보기〉

ㄱ. 인간관계론에서 조직 참여자의 생산성은 육체적 능력보다 사회적 규범에 의해 좌우된다.
ㄴ. 과학적 관리론은 과학적 분석을 통해 업무수행에 적용할 유일 최선의 방법을 발견할 수 있다고 전제한다.
ㄷ. 체제론은 비계서적 관점을 중시한다.
ㄹ. 발전행정론은 정치, 사회, 경제의 균형성장에 크게 기여하였다.

① ㄱ, ㄴ
② ㄱ, ㄹ
③ ㄴ, ㄷ
④ ㄴ, ㄹ
⑤ ㄷ, ㄹ

23 다음 중 베버(Weber)가 제시한 이념형 관료제에 대한 설명으로 옳지 않은 것은?

① 관료의 충원 및 승진은 전문적인 자격과 능력을 기준으로 이루어진다.
② 조직 내의 모든 결정행위나 작동은 공식적으로 확립된 법규체제에 따른다.
③ 하급자는 상급자의 지시나 명령에 복종하는 계층제의 원리에 따라 조직이 운영된다.
④ 민원인의 만족 극대화를 위해 업무처리 시 관료와 민원인과의 긴밀한 감정교류가 중시된다.
⑤ 조직 내의 모든 업무는 문서로 처리하는 것이 원칙이다.

24 다음 중 근무성적평정제도에서 다면평가제도의 장점으로 옳지 않은 것은?

① 직무수행 동기 유발
② 원활한 커뮤니케이션
③ 자기역량 강화
④ 미래 행동에 대한 잠재력 측정
⑤ 평가의 수용성 확보 가능

25 다음 중 시험이 특정한 직위의 의무와 책임에 직결되는 요소들을 어느 정도 측정할 수 있느냐에 대한 타당성의 개념은?

① 내용타당성
② 구성타당성
③ 개념타당성
④ 예측적 기준타당성
⑤ 동시적 기준타당성

26 다음 글의 빈칸 ㉠에 대한 설명으로 옳은 것은?

> ___㉠___이란 상대적으로 많이 가진 계층 또는 집단으로부터 적게 가진 계층 또는 집단으로 재산・소득・권리 등의 일부를 이전시키는 정책을 말한다. 이를테면 누진세 제도의 실시, 생활보호 대상자에 대한 의료보호, 영세민에 대한 취로사업, 무주택자에 대한 아파트 우선적 분양, 저소득 근로자들에게 적용시키는 근로소득보전세제 등의 정책이 이에 속한다.

① 정책 과정에서 이해당사자들 상호 간 이익이 되는 방향으로 협력하는 로그롤링(Log Rolling) 현상이 나타난다.
② 계층 간 갈등이 심하고 저항이 발생할 수 있어 국민적 공감대를 형성할 때 정책의 변화를 가져오게 된다.
③ 체제 내부를 정비하는 정책으로, 대외적 가치배분에는 큰 영향이 없으나 대내적으로는 게임의 법칙이 발생한다.
④ 대체로 국민 다수에게 돌아가지만 사회간접시설과 같이 특정지역에 보다 직접적인 편익이 돌아가는 경우도 많다.
⑤ 법령에서 제시하는 광범위한 기준을 근거로 국민들에게 강제적으로 특정한 부담을 지우는 것이다.

27 다음 중 정책결정 모형에 대한 설명으로 옳지 않은 것은?

① 사이먼(Simon)은 결정자의 인지능력의 한계, 결정상황의 불확실성 및 시간의 제약 때문에 결정은 제한적 합리성의 조건하에 이루어지게 된다고 주장한다.
② 점증모형은 이상적이고 규범적인 합리모형과는 대조적으로 실제의 결정상황에 기초한 현실적이고 기술적인 모형이다.
③ 혼합모형은 점증모형의 단점을 합리모형과의 통합으로 보완하려는 시도이다.
④ 쓰레기통모형에서 가정하는 결정상황은 불확실성과 혼란이 심한 상태로 정상적인 권위구조와 결정규칙이 작동하지 않는 경우이다.
⑤ 합리모형에서 말하는 합리성은 정치적 합리성을 의미한다.

28 다음 글에서 설명하는 이론으로 옳은 것은?

> 경제학적인 분석도구를 관료행태, 투표자 행태, 정당정치, 이익집단 등의 비시장적 분석에 적용함으로써 공공서비스의 효율적 공급을 위한 제도적 장치를 탐색한다.

① 과학적 관리론
② 공공선택론
③ 행태론
④ 발전행정론
⑤ 현상학

29 다음 중 갈등의 조성 전략에 대한 설명으로 옳지 않은 것은?

① 표면화된 공식적 및 비공식적 정보전달통로를 의식적으로 변경시킨다.
② 갈등을 일으킨 당사자들에게 공동으로 추구해야 할 상위목표를 제시한다.
③ 상황에 따라 정보전달을 억제하거나 지나치게 과장된 정보를 전달한다.
④ 조직의 수직적·수평적 분화를 통해 조직구조를 변경한다.
⑤ 단위부서들 간에 경쟁상황을 조성한다.

30 다음 중 기본권 존중주의에 대한 설명으로 옳지 않은 것은?

① 자유와 권리의 본질적 내용은 결코 침해되어서는 아니 된다.
② 사회적 국가원리도 기본권 존중주의의 기초가 된다.
③ 표현의 자유에 대한 사전 검열제는 금지되어야 한다.
④ 법률의 형식에 의하기만 한다면 얼마든지 기본권을 제한할 수 있다.
⑤ 우리나라는 헌법 제10조에서 기본권 존중주의를 규정하고 있다.

31 다음 중 매트릭스 조직에 대한 설명으로 옳지 않은 것은?

① 명령통일의 원리가 배제되고 이중의 명령 및 보고체제가 허용되어야 한다.
② 부서장들 간의 갈등해소를 위해 공개적이고 빈번한 대면기회가 필요하다.
③ 기능부서의 장들과 사업부서의 장들이 자원배분에 관한 권력을 공유할 수 있어야 한다.
④ 조직의 환경 영역이 단순하고 확실한 경우 효과적이다.
⑤ 조직의 성과를 저해하는 권력투쟁을 유발하기 쉽다.

32 다음 중 위원회 조직에 대한 설명으로 옳지 않은 것은?

① 의결위원회는 의사결정의 구속력과 집행력을 가진다.
② 자문위원회는 의사결정의 구속력이 없다.
③ 토론과 타협을 통해 운영되기 때문에 상호 협력과 조정이 가능하다.
④ 위원 간 책임이 분산되기 때문에 무책임한 의사결정이 발생할 수 있다.
⑤ 다양한 정책전문가들의 지식을 활용할 수 있으며 이해관계자들의 의견 개진이 비교적 용이하다.

33 다음 중 정책참여자 간의 관계에 대한 설명으로 옳지 않은 것은?

① 다원주의는 개인 차원에서 정책결정에 직접적 영향력을 행사하기가 수월하다.
② 조합주의(Corporatism)는 정책결정에서 정부의 보다 적극적인 역할을 인정하고 이익집단과의 상호협력을 중시한다.
③ 엘리트주의에서는 권력은 다수의 집단에 분산되어 있지 않으며 소수의 힘 있는 기관에 집중되고, 기관의 영향력 역시 일부 고위층에 집중되어 있다고 주장한다.
④ 하위정부(Subgovernment)는 철의 삼각과 같이 정부관료, 선출직 의원, 그리고 이익집단의 역할에 초점을 맞춘다.
⑤ 정책공동체는 일시적이고 느슨한 형태의 집합체가 아니라 안정적인 상호의존관계를 유지하는 공동체의 시각을 반영한다.

34 다음 〈보기〉 중 조직이론에 대한 설명으로 옳은 것을 모두 고르면?

〈보기〉

ㄱ. 베버(M. Weber)의 관료제론에 따르면, 규칙에 의한 규제는 조직에 계속성과 안정성을 제공한다.
ㄴ. 행정관리론에서는 효율적 조직관리를 위한 원리들을 강조한다.
ㄷ. 호손(Hawthorne)실험을 통하여 조직 내 비공식집단의 중요성이 부각되었다.
ㄹ. 조직군 생태이론(Population Ecology Theory)에서는 조직과 환경의 관계를 분석함에 있어 조직의 주도적·능동적 선택과 행동을 강조한다.

① ㄱ, ㄴ
② ㄱ, ㄴ, ㄷ
③ ㄱ, ㄴ, ㄹ
④ ㄱ, ㄷ, ㄹ
⑤ ㄴ, ㄷ, ㄹ

35 다음 〈보기〉 중 국회의 예산심의에 대한 설명으로 옳은 것을 모두 고르면?

〈보기〉

ㄱ. 상임위원회의 예비심사를 거친 예산안은 예산결산특별위원회에 회부된다.
ㄴ. 예산결산특별위원회의 심사를 거친 예산안은 본회의에 부의된다.
ㄷ. 예산결산특별위원회를 구성할 때에는 그 활동기한을 정하여야 한다. 다만, 본회의의 의결로 그 기간을 연장할 수 있다.
ㄹ. 예산결산특별위원회는 소관 상임위원회의 동의없이 새 비목을 설치할 수 있다.

① ㄱ, ㄴ
② ㄴ, ㄹ
③ ㄱ, ㄴ, ㄷ
④ ㄱ, ㄷ, ㄹ
⑤ ㄴ, ㄷ, ㄹ

36 다음 중 옴부즈만제도에 대한 설명으로 옳지 않은 것은?

① 1800년대 초반 스웨덴에서 처음으로 채택되었다.
② 옴부즈만은 입법기관에서 임명하는 옴부즈만이었으나 국회의 제청에 의해 행정수반이 임명하는 옴부즈만도 등장하게 되었다.
③ 우리나라 지방자치단체는 시민고충처리위원회를 둘 수 있는데 이는 지방자치단체의 옴부즈만이라고 할 수 있다.
④ 국무총리 소속으로 설치한 국민권익위원회는 행정체제 외의 독립통제기관이며, 대통령이 임명하는 옴부즈만의 일종이다.
⑤ 시정조치의 강제권이 없기 때문에 비행의 시정이 비행자의 재량에 달려 있는 경우가 많다.

37 정책집행에 대한 연구 중에서 하향적(Top – down) 접근방법이 중시하는 효과적 정책집행의 조건으로 옳은 것을 〈보기〉에서 모두 고르면?

〈보기〉

ㄱ. 일선관료의 재량권 확대
ㄴ. 지배기관들(Sovereigns)의 지원
ㄷ. 집행을 위한 자원의 확보
ㄹ. 명확하고 일관성 있는 목표

① ㄱ, ㄴ
② ㄱ, ㄷ
③ ㄴ, ㄹ
④ ㄱ, ㄷ, ㄹ
⑤ ㄴ, ㄷ, ㄹ

38 다음 중 윌슨(Wilson)이 주장한 규제정치모형에서 '감지된 비용은 좁게 집중되지만, 감지된 편익은 넓게 분산되는 경우'에 나타나는 유형은?

① 대중정치
② 이익집단정치
③ 고객정치
④ 기업가정치
⑤ 네트워크정치

39 다음 중 시민들의 가치관 변화가 행정조직 문화에 미친 영향으로 옳지 않은 것은?

① 시민들의 프로슈머(Prosumer) 경향화는 관료주의적 문화와 적절한 조화를 형성할 것이다.
② 개인의 욕구를 중시하는 개인주의적 태도는 공동체적 가치관과 갈등을 빚기 시작했다.
③ 시민들의 가치관과 태도의 다양화에도 불구하고 행정기관들은 아직도 행정조직 고유의 가치관과 행동양식을 강조하고 있다고 볼 수 있다.
④ 1990년대 이전까지는 경제성장과 국가안보라는 뚜렷한 국가 목표가 있었다고 볼 수 있다.
⑤ 공공서비스 공급에서 행정조직 간 경쟁, 민간화가 활성화되고 있다.

40 다음 중 사회자본에 대한 설명으로 옳지 않은 것은?

① 네트워크에 참여하는 당사자들이 공동으로 소유하는 자산이다.
② 한 행위자만이 배타적으로 소유권을 행사할 수 없다.
③ 협력적 행태를 촉진시키지만 혁신적 조직의 발전을 저해한다.
④ 행동의 효율성을 제고시킨다.
⑤ 사회적 관계에서 거래비용을 감소시켜 준다.

| 02 | 경영학

01 다음 설명에 해당하는 조직 구조는?

- 수평적 분화에 중점을 두고 있다.
- 각자의 전문분야에서 작업능률을 증대시킬 수 있다.
- 생산, 회계, 인사, 영업, 총무 등의 기능을 나누고 각 기능을 담당할 부서단위로 조직된 구조이다.

① 기능 조직
② 사업부 조직
③ 매트릭스 조직
④ 수평적 조직
⑤ 네트워크 조직

02 주식회사 설립 시 회사의 조직 및 운영을 위한 내부규칙을 규정하는 정관을 작성해야 한다. 다음 〈보기〉 중 반드시 기재해야만 하는 정관의 절대적 기재사항을 모두 고르면?

〈보기〉

가. 변태설립사항
나. 본점 소재지
다. 액면주식을 발행하는 경우 1주의 금액
라. 상호
마. 설립 시 발행 주식 수

① 가, 나, 다
② 나, 라, 마
③ 가, 다, 라, 마
④ 나, 다, 라, 마
⑤ 가, 나, 다, 라, 마

03 다음 중 BCG 매트릭스에서 최적 현금흐름의 방향으로 옳은 것은?

① 별 → 물음표
② 별 → 현금젖소
③ 현금젖소 → 물음표
④ 개 → 물음표
⑤ 개 → 별

04 다음 중 테일러(F. Taylor)의 과학적 관리의 특징으로 옳지 않은 것은?

① 과업관리
② 작업지도표 제도
③ 차별적 성과급제
④ 기능식 직장제도
⑤ 컨베이어 시스템

05 다음 중 자회사 주식의 일부 또는 전부를 소유해서 자회사 경영권을 지배하는 지주회사와 관련이 있는 기업결합은?

① 콘체른(Konzern)
② 카르텔(Cartel)
③ 트러스트(Trust)
④ 콤비나트(Kombinat)
⑤ 조인트 벤처(Joint Venture)

06 다음 중 생산합리화의 3S로 옳은 것은?

① 표준화(Standardization) – 단순화(Simplification) – 전문화(Specialization)
② 규격화(Specification) – 세분화(Segmentation) – 전문화(Specialization)
③ 단순화(Simplification) – 규격화(Specification) – 세분화(Segmentation)
④ 세분화(Segmentation) – 표준화(Standardization) – 단순화(Simplification)
⑤ 규격화(Specification) – 전문화(Specialization) – 표준화(Standardization)

07 **다음 중 소비자가 특정 상품을 소비하면 자신이 그것을 소비하는 계층과 같은 부류라는 생각을 가지게 되는 효과는 무엇인가?**

① 전시 효과
② 플라시보 효과
③ 파노플리 효과
④ 베블런 효과
⑤ 데킬라 효과

08 **다음 중 단위당 소요되는 표준작업시간과 실제작업시간을 비교하여 절약된 작업시간에 대한 생산성 이득을 노사가 각각 50 : 50의 비율로 배분하는 임금제도로 옳은 것은?**

① 임프로쉐어 플랜
② 스캔론 플랜
③ 메리트식 복률성과급
④ 테일러식 차별성과급
⑤ 러커 플랜

09 **다음 중 신제품을 가장 먼저 받아들이는 그룹에 이어 두 번째로 신제품의 정보를 수집하여 신중하게 수용하는 그룹으로 옳은 것은?**

① 조기수용자(Early Adopters)
② 혁신자(Innovators)
③ 조기다수자(Early Majority)
④ 후기다수자(Late Majority)
⑤ 최후수용자(Laggards)

10 **다음 중 학습조직(LO; Learning Organization)에 대한 설명으로 옳지 않은 것은?**

① Garvin은 학습조직을 '지식을 창출하고 획득하여 전달하는 데 능숙하며, 새로운 지식과 통찰력을 경영에 반영하기 위하여 기존의 행동방식을 바꾸는 데 능숙한 조직'으로 정의했다.
② 문제지향적 학습과정, 집단적 학습의 강조, 의식적 학습의 자극과 규칙, 통찰력과 병렬적 학습을 강조한다.
③ 학습의 기본단위는 정보이고, 조직적 차원에서 정보는 공유되어야 하기 때문에 조직은 정보관리시스템을 건설하고 정보의사소통을 지원해야 한다.
④ 학습조직을 위한 다섯 가지 훈련(Senge)은 자기완성, 사고의 틀, 공동의 비전, 집단적 학습, 시스템 중심의 사고로 볼 수 있다.
⑤ 학습조직의 구조는 조직기본단위를 개인으로 구성하고, 물질적 보상과 결과를 중시한다.

11 **다음 중 내용연수를 기준으로 초기에 비용을 많이 계상하는 감가상각방법으로 옳은 것은?**

① 정액법
② 정률법
③ 선입선출법
④ 후입선출법
⑤ 저가법

12 **다음 중 조직에서 권력을 강화하기 위한 전술로 옳지 않은 것은?**

① 목표관리
② 불확실한 영역에 진입
③ 의존성 창출
④ 희소자원 제공
⑤ 전략적 상황요인 충족

13 **다음 중 현금흐름표의 작성목적으로 옳지 않은 것은?**

① 기업의 현금유입과 현금유출에 관한 정보를 제공한다.
② 기업의 지급능력과 재무적 융통성에 관한 정보를 제공한다.
③ 기업의 미래현금 흐름을 평가하는 데 유용한 정보를 제공한다.
④ 회계연도의 기초시점과 기말시점에서의 재무상태에 관한 정보를 제공한다.
⑤ 영업성과에 대한 기업 간 비교를 용이하게 만든다.

14 **다음 중 델파이 기법에 대한 설명으로 옳지 않은 것은?**

① 전문가들을 두 그룹으로 나누어 진행한다.
② 많은 전문가들의 의견을 취합하여 재조정 과정을 거친다.
③ 의사결정 및 의견 개진 과정에서 타인의 압력이 배제된다.
④ 전문가들을 공식적으로 소집하여 한 장소에 모이게 할 필요가 없다.
⑤ 미래의 불확실성에 대한 의사결정 및 장기예측에 좋은 방법이다.

15 **다음 중 기업의 사회적 책임(CSR; Corporate Social Responsibility)의 내용으로 옳지 않은 것은?**

① 기업의 유지 및 발전에 대한 책임
② 기업의 후계자 육성에 대한 책임
③ 기업 주주의 부(Wealth)의 극대화에 대한 책임
④ 기업의 다양한 이해 조정에 대한 책임
⑤ 정부에 대한 책임

16 **다음 중 사업부제 조직에 대한 설명으로 옳지 않은 것은?**

① 인원 · 신제품 · 신시장의 추가 및 삭감이 신속하고 신축적이다.
② 사업부제 조직의 형태로는 제품별 사업부제, 지역별 사업부제, 고객별 사업부제 등이 있다.
③ 사업부는 기능조직과 같은 형태를 취하고 있으며, 회사 내의 회사라고 볼 수 있다.
④ 사업부 간 과당경쟁으로 조직전체의 목표달성 저해를 가져올 수 있는 단점이 있다.
⑤ 기능조직이 점차 대규모화됨에 따라 제품이나 지역, 고객 등을 대상으로 해서 조직을 분할하고 이를 독립 채산제로 운영하는 방법이다.

17 **다음 중 재고자산에 대한 설명으로 옳지 않은 것은?**

① 후입선출법은 실제 재고자산흐름을 충실히 표현하지 못하여 한국채택국제회계기준에서 인정하지 않는다.
② 물가 상승의 경우 선입선출법에 의한 재고자산의 평가는 평균법에 의할 때보다 작은 당기순이익을 계상한다.
③ 위탁판매의 경우 수탁자가 판매한 날에 위탁자의 재고자산에서 감소시켜야 한다.
④ 매입운임은 매입한 상품의 원가에 가산한다.
⑤ 유동자산 중 상품이나 제품과 같이 재고조사에 의해 실재하는 현 재고를 확인할 수 있는 자산이다.

18 다음 중 조직설계에 대한 설명으로 옳은 것을 〈보기〉에서 모두 고르면?

〈보기〉

가. 환경의 불확실성이 높을수록 조직 내 부서의 분화 정도는 높아진다.
나. 많은 수의 제품을 생산하는 기업은 사업부 조직(Divisional Structure)이 적절하다.
다. 기업의 조직 구조는 전략에 영향을 미친다.
라. 대량생산 기술을 사용하는 기업은 효율성을 중시하는 유기적 조직으로 설계하는 것이 적절하다.
마. 조직 내 부서 간 상호의존성이 증가할수록 수평적 의사소통의 필요성은 증가한다.

① 가, 나, 마
② 가, 다, 라
③ 가, 다, 마
④ 나, 다, 라
⑤ 나, 라, 마

19 다음 중 자본자산가격결정모형(CAPM)의 가정으로 옳지 않은 것은?

① 투자자는 위험회피형 투자자이며, 기대효용 극대화를 추구한다.
② 무위험자산이 존재하며, 무위험이자율로 무제한 차입 또는 대출이 가능하다.
③ 세금과 거래비용이 존재하는 불완전 자본시장이다.
④ 투자자는 평균－분산 기준에 따라 포트폴리오를 선택한다.
⑤ 모든 투자자는 투자대상의 미래 수익률의 확률분포에 대하여 동질적 예측을 한다.

20 다음 중 마이클 포터가 제시한 경쟁우위 전략에 대한 설명으로 옳지 않은 것은?

① 원가우위 전략은 경쟁기업보다 낮은 비용에 생산하여 저렴하게 판매하는 것을 의미한다.
② 차별화 전략은 경쟁사들이 모방하기 힘든 독특한 제품을 판매하는 것을 의미한다.
③ 집중화 전략은 원가우위에 토대를 두거나 차별화우위에 토대를 둘 수 있다.
④ 원가우위 전략과 차별화 전략은 일반적으로 대기업에서 많이 수행된다.
⑤ 마이클 포터는 기업이 성공하기 위해서는 한 제품을 통하여 원가우위 전략과 차별화 전략 두 가지 전략을 동시에 추구해야 한다고 보았다.

21 **다음 중 투자안 분석기법으로서의 순현가(NPV)법에 대한 설명으로 옳은 것은?**

① 순현가는 투자의 결과 발생하는 현금유입의 현재가치에서 현금유입의 미래가치를 차감한 것이다.
② 순현가법에서는 수익과 비용에 의하여 계산한 회계적 이익을 사용한다.
③ 순현가법에서는 투자안의 내용연수 동안 발생할 미래의 모든 현금흐름을 반영한다.
④ 순현가법에서는 현금흐름을 최대한 큰 할인율로 할인한다.
⑤ 순현가법에서는 투자의 결과 발생하는 현금유입이 투자안의 내부수익률로 재투자될 수 있다고 가정한다.

22 **다음 중 인사평가 측정결과의 검증기준에서 타당성에 대한 설명으로 옳은 것은?**

① 얼마나 일관되게 측정하였는가를 나타낸다.
② 평가제도에 대한 구성원들의 신뢰도를 나타낸다.
③ 직무성과와 관련성이 있는 내용을 측정한다.
④ 평가항목을 구체적이고 명확하게 구성하였는지를 평가한다.
⑤ 평가제도의 도입 및 운영비용보다 그로 인해 얻는 효익이 더 큰지를 나타낸다.

23 **다음 중 마이클 포터(Michael E. Porter)의 가치사슬 모형(Value Chain Model)에 대한 설명으로 옳지 않은 것은?**

① 기업이 가치를 창출하는 활동을 본원적 활동과 지원 활동으로 구분하였다.
② 물류 투입 및 산출 활동은 본원적 활동에 해당한다.
③ 마케팅 활동은 지원 활동에 해당한다.
④ 기술 개발은 지원 활동에 해당한다.
⑤ 지원 활동에 해당하는 활동도 기업의 핵심 역량이 될 수 있다.

24 다음 중 용어의 개념에 대한 설명으로 옳지 않은 것은?

① 주식회사 : 주식회사란 주식을 소유하고 있는 주주가 그 회사의 주인이 되는 형태이다.
② 유한회사 : 유한회사의 주인은 사원으로, 이때 사원은 출자액의 한도 내에서만 회사의 채무에 대해 변제 책임을 진다.
③ 합자회사 : 무한책임사원으로 이루어지는 회사로, 무한책임사원이 경영하고 사업으로부터 생기는 이익의 분배에 참여하는 회사이다.
④ 합명회사 : 가족 또는 친척이나 친구와 같이 극히 친밀한 사람들이 공동으로 사업을 하기에 적합한 회사이다.
⑤ 협동조합 : 협동조합은 경제활동으로 지역사회에 이바지하기 위해 설립된 단체이다.

25 다음 중 콘체른(Konzern)에 대한 설명으로 옳지 않은 것은?

① 콘체른은 생산콘체른, 판매콘체른 및 금융콘체른으로 분류할 수 있다.
② 독일에 흔한 기업 집단이다.
③ 법률적으로 독립되어 있으나, 경제적으로는 통일된 지배를 받는 기업집단이다.
④ 금융적 방법에 의하여 형성되는 집중형태로, 대부관계와 주식보유 두 가지 방법이 있다.
⑤ 콘체른의 결합형태는 동종 업종에만 결합 가능하다.

26 다음 중 자원기반관점(RBV)에 대한 설명으로 옳지 않은 것은?

① 기업이 경쟁우위를 획득하고 장기간의 탁월한 성과를 이끌어 내는 것은 기업이 보유한 자원이다.
② 기업이란 여러 생산적인 경영자원(인적, 물적자원)의 집약체이며, 좋은 기업은 양질의 자원집약체라고 볼 수 있다는 관점이다.
③ 경쟁우위를 제공하는 자원들을 VRIN 자원이라고 부르기도 한다.
④ 경쟁우위의 원천이 되는 자원은 이질성(Heterogeneous)과 비이동성(Immobile)을 가진다.
⑤ 자원기반관점은 기업 경쟁력의 원천을 기업의 내부가 아닌 외부에서 찾는 관점이다.

27 다음은 인사관리제도 중 승진에 대한 설명이다. 역직승진에 대한 설명으로 옳은 것은?

① 책임, 직무의 승진 없이 보수와 지위만 승진하는 형식적 승진으로, 이는 인사체증과 사기저하를 방지하기 위해 활용된다.

② 직무에 따른 승진이라기보다는 조직운영의 원리에 의한 승진방식으로, 이 경우 직무내용의 전문성이나 높은 수준의 직무를 추구하려는 노력이 상실될 위험이 있다.

③ 종업원이 갖추고 있는 직무수행능력을 기준으로 승진시키는 것으로, '직능자격제도'라고도 하며 종업원의 능력신장을 인정하여 승진정체로 인한 유능한 인재의 이직을 막기 위하여 도입되었다.

④ 직무 중심적 능력주의에 입각한 것으로, 종업원이 상위직급으로 이동하며, 승진정체현상이 발생될 우려가 있다.

⑤ 승진대상에 비해 직위가 부족한 경우, 조직변화를 통해 구성원의 활동영역을 확대하여 승진시키는 제도이다.

28 다음 중 시장지향적 마케팅에 대한 설명으로 옳지 않은 것은?

① 고객지향적 사고의 장점을 포함하면서 그 한계점을 극복하기 위한 포괄적 마케팅이다.

② 기업이 최종고객들과 원활한 교환을 통하여 최상의 가치를 제공하기 위함을 목표로 한다.

③ 오직 기존 사업시장에 집중하며 경쟁우위를 점하기 위한 마케팅이다.

④ 다양한 시장구성요소들이 원만하게 상호작용하며 마케팅 전략을 구축한다.

⑤ 기존 사업시장뿐만 아니라 외부사업시장이나 이익 기회들을 확인하며, 때에 따라 기존 사업시장을 포기하기도 한다.

29 다음 중 MRP 시스템의 특징에 대한 설명으로 옳지 않은 것은?

① 고객에 대한 서비스가 개선된다.

② 설비가동능률이 증진된다.

③ 생산차질, 외주 입고 차질 및 예측과 실제 수요와의 괴리 발생 시에 빈번한 계획 수정이 요구된다.

④ 데이터 산출에 따른 의사결정에 대한 빈도수가 증가하여 수동적인 관리가 가능하다.

⑤ 정확하지 않은 방식으로 산출된 안전 재고를 유지하기보다는 일정 계획을 재수립할 수 있는 신축성이 있기 때문에 재고를 줄일 수 있다.

30 **다음 중 목표설정이론 및 목표관리(MBO)에 대한 설명으로 옳지 않은 것은?**

① 목표는 구체적이고 도전적으로 설정하는 것이 바람직하다.
② 목표는 지시적 목표, 자기설정 목표, 참여적 목표로 구분된다.
③ 목표를 설정하는 과정에 부하직원이 함께 참여한다.
④ 조직의 목표를 구체적인 부서별 목표로 전환하게 된다.
⑤ 성과는 경영진이 평가하여 부하직원 개개인에게 통보한다.

31 **다음 중 개인형 퇴직연금제도(IRP; Individual Retirement Pension)에 대한 설명으로 옳지 않은 것은?**

① 계좌관리 수수료로 연평균 0.3～0.4%가 부과된다.
② 운용기간 중 발생한 수익에 대해서는 퇴직급여 수급 시까지 과세가 면제된다.
③ 연간 1,800만 원까지 납입할 수 있으며, 최대 700만 원까지 세액공제 대상이 된다.
④ IRP계좌는 MMA계좌와 같이 입출금이 자유롭다는 장점이 있다.
⑤ 근로자가 재직 중 자율로 가입하거나 퇴직 시 받은 퇴직급여를 계속해서 적립・운용할 수 있는 퇴직연금제도이다.

32 **다음 사례에 해당하는 브랜드 개발 전략은?**

> 바나나맛 우유는 1974년 출시된 이후 꾸준히 인기를 끌고 있는 장수 제품이다. 빙그레는 최근 기존의 바나나맛 우유에서 벗어나 멜론의 달콤한 향을 더한 메론맛 우유를 내놓았는데, 그로 인해 사람들은 기존 제품에서 벗어난 신선함에 관심을 가졌고, 바나나맛 우유라는 상표를 다시금 사람들의 머릿속에 기억시키는 전략적 성과를 거두었다.

① 카테고리 확장
② 라인 확장
③ 시장침투 전략
④ 생산라인 확대
⑤ 푸쉬(Push) 전략

33 **다음과 같은 특징을 가진 리더십 유형은?**

• 지적자극	• 카리스마
• 장기 비전 제시에 따른 구성원의 태도 변화	• 개별적 배려

① 변혁적 리더십
② 슈퍼 리더십
③ 서번트 리더십
④ 카리스마적 리더십
⑤ 거래적 리더십

34 **다음 사례에서 A팀원의 행동을 설명하는 동기부여이론은?**

> A팀원은 작년도 목표 대비 업무실적을 100% 달성하였다. 이에 반해 같은 팀 동료인 B팀원은 동일 목표 대비 업무실적이 10% 부족하였지만, A팀원과 동일한 인센티브를 받았다. 이 사실을 알게 된 A팀원은 팀장에게 추가 인센티브를 요구하였으나 받아들여지지 않자 결국 이직하였다.

① 기대이론
② 공정성이론
③ 욕구단계이론
④ 목표설정이론
⑤ 인지적평가이론

35 **다음 중 인사평가방법에서 피평가자의 능력, 태도, 작업, 성과 등에 대한 표준행동들을 제시하고 평가자가 해당 서술문을 대조하여 평가하는 방법은?**

① 서열법
② 평정척도법
③ 체크리스트법
④ 중요사건기술법
⑤ 목표관리법

36 다음 중 기업이 사업 다각화를 추진하는 목적으로 옳지 않은 것은?

① 기업의 지속적인 성장 추구
② 사업위험 분산
③ 유휴자원의 활용
④ 시장지배력 강화
⑤ 기업의 수익성 강화

37 다음 설명에 해당하는 인사고과의 오류는 무엇인가?

- 다른 말로 고정관념이라고 한다.
- 대상이 속한 집단의 특성에 따라 대상을 판단하는 것을 말한다.
- 대상에 대한 편견을 가지게 하기도 하지만, 대상 간 관계의 복잡성을 줄여주는 기능도 한다.

① 헤일로 효과
② 상동적 태도
③ 항상오차
④ 논리오차
⑤ 대비오차

38 다음 중 고전적 경영이론에 대한 설명으로 옳지 않은 것은?

① 고전적 경영이론은 인간의 행동이 합리적이고 경제적인 동기에 의해 이루어진다고 가정한다.
② 차별 성과급제, 기능식 직장제도는 테일러의 과학적 관리법을 기본이론으로 한다.
③ 포드의 컨베이어 벨트 시스템은 표준화를 통한 대량생산방식을 설명한다.
④ 베버는 조직을 합리적이고 법적인 권한으로 운영하는 관료제 조직이 가장 합리적이라고 주장한다.
⑤ 페이욜은 기업활동을 기술활동, 영업활동, 재무활동, 회계활동 4가지 분야로 구분하였다.

39 다음 중 경영전략과 경영조직에 대한 설명으로 옳은 것은?

① 기계적 조직은 유기적 조직에 비해 집권화 정도와 공식화 정도가 모두 강하다.

② BCG 매트릭스에서는 시장의 성장률과 절대적 시장 점유율을 기준으로 사업을 평가한다.

③ 포터의 가치사슬 모형에 의하면 마케팅, 재무관리, 생산관리, 인적자원관리는 본원적 활동이다.

④ 대량생산기술을 적용할 때에는 유기적 조직이 적합하며, 소량주문생산기술을 적용할 때에는 기계적 조직이 적합하다.

⑤ 제조업체에서 부품의 안정적 확보를 위해 부품회사를 인수하는 것은 전방통합에 해당하며, 제품 판매를 위해 유통회사를 인수하는 것은 후방통합에 해당한다.

40 다음 설명에 해당하는 노동조합 숍(Shop) 제도가 바르게 연결된 것은?

㉠ 근로자를 고용할 때 근로자가 노동조합의 조합원인 경우에만 채용이 가능한 제도이다. ㉡ 노동조합의 조합원 여부와 관계없이 근로자를 고용하는 것이 가능한 제도이다. ㉢ 고용된 근로자의 경우 일정 기간 내에 노동조합의 조합원이 되어야 하는 제도이다.

	㉠	㉡	㉢
①	오픈 숍	클로즈드 숍	프레퍼렌셜 숍
②	오픈 숍	에이전시 숍	클로즈드 숍
③	오픈 숍	유니온 숍	메인테넌스 숍
④	클로즈드 숍	에이전시 숍	메인테넌스 숍
⑤	클로즈드 숍	오픈 숍	유니온 숍

| 03 | 법학

01 **다음 중 법의 적용 및 해석에 대한 설명으로 옳은 것은?**

① 문리해석은 유권해석의 한 유형이다.
② 법률 용어로 사용되는 선의와 악의는 일정한 사항에 대해 모르는 것과 아는 것을 의미한다.
③ 유사한 두 가지 사항 중 하나에 대해 규정이 있으면 명문규정이 없는 다른 쪽에 대해서도 같은 취지의 규정이 있는 것으로 해석하는 것을 준용이라 한다.
④ 간주란 법이 사실의 존재 · 부존재를 법 정책적으로 확정하되, 반대사실의 입증이 있으면 번복되는 것이다.
⑤ 추정이란 나중에 반증이 나타나도 이미 발생된 효과를 뒤집을 수 없는 것을 말한다.

02 **다음 중 대한민국 헌법의 개정 방식에 대한 설명으로 옳은 것은?**

① 제헌헌법에 따르면 헌법개정은 국회재적의원 3분의 1 이상의 동의로 제안될 수 없다.
② 제2차 개정헌법에 따르면 민의원선거권자 50만 명 이상은 헌법개정을 제안할 수 없다.
③ 제3차 개정헌법에 따르면 대통령은 헌법개정을 제안할 수 없다.
④ 제5차 개정헌법에 따르면 대통령은 헌법개정을 제안할 수 없다.
⑤ 제7차 개정헌법에 따르면 헌법개정은 국회재적의원 3분의 1 이상의 발의로 제안될 수 있다.

03 **헌법 제8조에 따르면 정당의 목적이나 활동이 민주적 기본질서에 위배될 때에는 정부는 헌법재판소에 그 해산을 제소할 수 있다. 이는 헌법상의 어느 원리가 구체화된 것인가?**

① 자유민주주의
② 국민주권의 원리
③ 방어적 민주주의
④ 사회적 시장경제주의
⑤ 권력 분립의 원리

04 **다음 중 기본권에 대한 설명으로 옳지 않은 것은?**

① 기본권의 주체에는 미성년자나 정신병자, 수형자 등도 포함된다.
② 성질상 법인이 누릴 수 없는 기본권이 있다.
③ 외국인에게는 자유권적 기본권의 대부분이 제한된다.
④ 외국인에게는 사회적 기본권이 원칙적으로 보장되지 않는다.
⑤ 외국인에게는 내국인과 같이 형사보상청구권이 인정된다.

05 **다음 중 공무원의 헌법상 지위에 대한 설명으로 옳은 것은?**

① 공무원은 국민대표기관인 국회에 대하여 책임을 진다.
② 공무원에 대하여 근로자의 권리를 제한하는 것은 위헌이다.
③ 국민 전체에 대한 봉사자라는 뜻은 국민주권의 원리에 입각하여 국민에 대한 책임을 진다는 것을 말한다.
④ 공무원은 특정 정당에 대한 봉사자가 될 수 있다.
⑤ 공무원은 특별한 경우에 한해 기본권 행사가 제한된다.

06 **다음 중 행정주체가 국민에 대하여 명령·강제하고, 권리나 이익(利益)을 부여하는 등 법을 집행하는 행위는 무엇인가?**

① 행정조직
② 행정처분
③ 행정구제
④ 행정강제
⑤ 행정소송

07 **다음 중 권리의 주체와 분리하여 양도할 수 없는 권리는?**

① 실용신안권
② 초상권
③ 법정지상권
④ 분묘기지권
⑤ 채권자대위권

08 **다음 중 소멸시효에 대한 설명으로 옳지 않은 것은?(단, 다툼이 있는 경우 판례에 따른다)**

① 건물소유권은 소멸시효에 걸리지 않는다.
② 채권자대위소송의 상대방은 채권자의 채무자에 대한 피보전채권이 시효로 소멸하였음을 원용할 수 있음이 원칙이다.
③ 1개월 단위로 지급되는 집합건물의 관리비채권은 3년의 단기소멸시효에 걸린다.
④ 가등기담보권이 설정된 부동산의 제3취득자는 그 피담보채권에 대한 소멸시효를 독자적으로 원용할 수 있다.
⑤ 소멸시효가 완성된 채권이 그 완성 전에 상계할 수 있었던 것이면 그 채권자는 상계할 수 있다.

09 **다음 중 재단법인에 대한 설명으로 옳은 것은?(단, 다툼이 있는 경우 판례에 따른다)**

① 재단법인은 유언으로 설립할 수 없다.
② 재단법인이 기본재산을 처분할 경우 주무관청의 허가를 얻어야 한다.
③ 재단법인의 출연자는 착오를 이유로 출연의 의사표시를 취소할 수 없다.
④ 재단법인의 출연자가 출연재산과 그 목적을 정하지 않고 사망한 때에는 주무관청이 이를 정한다.
⑤ 재단법인의 목적을 달성할 수 없는 경우, 이사는 설립자의 동의가 있으면 주무관청의 허가 없이 그 목적을 변경할 수 있다.

10 **다음 중 법의 분류에 대한 설명으로 옳지 않은 것은?**

① 대한민국 국민에게 적용되는 헌법은 특별법이다.
② 당사자의 의사와 관계없이 강제적으로 적용되는 법은 강행법이다.
③ 국가의 조직과 기능 및 공익작용을 규율하는 행정법은 공법이다.
④ 당사자가 법의 규정과 다른 의사표시를 한 경우 그 법의 규정을 배제할 수 있는 법은 임의법이다.
⑤ 부동산 등기에 대한 사항을 규정하기 위하여 제정된 부동산등기법은 절차법이다.

11 다음 중 신의성실의 원칙에 대한 설명으로 옳은 것은?(단, 다툼이 있는 경우 판례에 따른다)

① 인지 청구권의 포기는 허용되지 않지만, 인지 청구권에는 실효의 법리가 적용될 수 있다.
② 임대차계약 당사자가 차임을 증액하지 않기로 약정한 경우, 사정변경의 원칙에 따라 차임을 증액할 수 없다.
③ 신의성실의 원칙에 반한다는 것을 당사자가 주장하지 않더라도 법원은 직권으로 판단할 수 있다.
④ 취득 시효완성 후 그 사실을 모르고 권리를 주장하지 않기로 하였다가 후에 시효주장을 하는 것은 특별한 사정이 없는 한 신의칙상 허용된다.
⑤ 강행법규를 위반한 약정을 한 사람이 스스로 그 약정의 무효를 주장하는 것은 신의칙상 허용되지 않는다.

12 다음 중 제한능력자에 대한 설명으로 옳지 않은 것은?

① 미성년자가 법정대리인으로부터 허락을 얻은 특정한 영업에 관하여는 성년자와 동일한 행위능력이 있다.
② 가정법원은 성년후견개시의 심판을 할 때 본인의 의사를 고려하여야 한다.
③ 특정후견은 본인의 의사에 반하여 할 수 없다.
④ 가정법원이 피성년후견인에 대하여 한정후견개시의 심판을 할 때에는 종전의 성년후견의 종료 심판을 한다.
⑤ 가정법원은 질병, 장애, 노령, 그 밖의 사유로 인한 정신적 제약으로 사무를 처리할 능력이 부족한 사람에 대하여 일정한 자의 청구로 성년후견개시의 심판을 한다.

13 다음 중 부재자 재산관리인에 대한 설명으로 옳지 않은 것은?(단, 다툼이 있는 경우 판례에 따른다)

① 부재자가 재산관리인을 정한 경우에 부재자의 생사가 분명하지 않은 때에는 법원은 재산관리인을 개임할 수 있다.
② 법원은 재산관리인의 과거의 처분행위를 추인하는 허가도 할 수 있다.
③ 법원이 선임한 재산관리인의 권한은 부재자가 사망하면 선임결정이 취소되지 않더라도 소멸한다.
④ 법원이 선임한 재산관리인은 관리할 재산목록을 작성하여야 한다.
⑤ 부재자의 생사가 분명하지 않은 경우, 법원은 부재자가 정한 재산관리인에게 재산의 관리 및 반환에 관하여 상당한 담보를 제공하게 할 수 있다.

14 **다음 중 행정심판법 및 행정소송법상의 집행정지에 대한 설명으로 옳지 않은 것은?**

① 행정심판청구와 취소소송의 제기는 모두 처분의 효력이나 그 집행 또는 절차의 속행에 영향을 주지 아니한다.

② 공공복리에 중대한 영향을 미칠 우려가 있을 때에는 행정심판법 및 행정소송법상의 집행정지가 모두 허용되지 아니한다.

③ 행정소송법은 집행정지결정에 대한 즉시항고에 관하여 규정하고 있는 반면, 행정심판법은 집행정지결정에 대한 즉시항고에 관하여 규정하고 있지 아니하다.

④ 행정심판법은 위원회의 심리·결정을 갈음하는 위원장의 직권결정에 관한 규정을 두고 있는 반면, 행정소송법은 법원의 결정에 갈음하는 재판장의 직권결정에 관한 규정을 두고 있지 아니하다.

⑤ 행정소송법이 집행정지의 요건 중 하나로 중대한 손해가 생기는 것을 예방할 필요성에 관하여 규정하고 있는 반면, 행정심판법은 집행정지의 요건 중 하나로 회복하기 어려운 손해를 예방할 필요성에 관하여 규정하고 있다.

15 **다음 중 민법상 법인에 대한 설명으로 옳지 않은 것은?**

① 법인은 이사를 두어야 한다.

② 사단법인의 사원의 지위는 양도 또는 상속할 수 없다.

③ 법인은 정관 또는 총회의 결의로 감사를 둘 수 있다.

④ 주무관청은 이해관계인의 청구에 의하여 임시이사를 선임할 수 있다.

⑤ 이사의 대표권에 대한 제한은 등기하지 않으면 제3자에게 대항하지 못한다.

16 **다음 중 민법 제104조의 불공정한 법률행위에 대한 설명으로 옳은 것은?(단, 다툼이 있는 경우 판례에 따른다)**

① '무경험'이란 일반적인 생활체험의 부족이 아니라 어느 특정영역에서의 경험부족을 의미한다.

② 급부와 반대급부 사이의 '현저한 불균형'은 당사자의 주관적 가치가 아닌 거래상의 객관적 가치에 의하여 판단한다.

③ '궁박'에는 정신적 또는 심리적 원인에 기인한 것은 포함되지 않는다.

④ 불공정한 법률행위가 성립하기 위해서는 피해자에게 궁박, 경솔, 무경험 요건이 모두 구비되어야 한다.

⑤ 법률행위가 현저하게 공정을 잃은 경우, 그 행위는 궁박, 경솔, 무경험으로 이루어진 것으로 추정된다.

17 다음 중 법의 해석방법의 하나인 유추해석 방법에 대한 설명으로 옳은 것은?

① 서로 반대되는 두 개의 사실 중 하나의 사실에 관해서만 규정이 되어 있을 때 다른 하나에 관해서는 법문과 반대의 결과를 인정하는 해석 방법이다.

② 법규의 문자가 가지는 사전적 의미에 따라서 법규의 의미를 확정하는 해석 방법이다.

③ 두 개의 유사한 사실 중 법규에서 어느 하나의 사실에 관해서만 규정하고 있는 경우에 나머지 다른 사실에 대해서도 마찬가지의 효과를 인정하는 해석 방법이다.

④ 법규의 내용에 포함되는 개념을 문자 자체의 보통의 뜻보다 확장해서 효력을 인정함으로써 법의 타당성을 확보하려는 해석 방법이다.

⑤ 법문에 일정한 사항을 정하고 있을 때 그 이외의 사항에 관해서도 사물의 성질상 당연히 그 규정에 포함되는 것으로 보는 해석 방법이다.

18 다음 중 법률행위의 조건에 대한 설명으로 옳지 않은 것은?(단, 다툼이 있는 경우 판례에 따른다)

① 정지조건이 법률행위 당시 이미 성취된 경우에는 그 법률행위는 무효이다.

② 해제조건이 있는 법률행위는 조건을 성취한 때로부터 그 효력을 잃는다.

③ 조건의 성취가 미정한 권리의무는 일반규정에 의하여 처분, 상속, 보존 또는 담보로 할 수 있다.

④ 당사자가 합의한 경우에는 조건성취의 효력을 소급시킬 수 있다.

⑤ 정지조건부 법률행위에서 조건성취의 사실은 권리를 취득하는 자가 증명책임을 진다.

19 다음 중 손해배상액의 예정에 대한 설명으로 옳은 것은?(단, 다툼이 있는 경우 판례에 따른다)

① 특별손해는 예정액을 초과하더라도 원칙적으로 청구할 수 있다.

② 계약체결 시 손해배상액 예정을 한 경우, 그 예정은 그 계약과 관련된 불법행위로 인한 손해배상까지 예정한 것으로 볼 수 있다.

③ 손해배상 예정액이 부당하게 과다한 경우에는 법원은 당사자의 주장이 없더라도 직권으로 이를 감액할 수 있다.

④ 채권자가 예정된 손해배상액을 청구하기 위하여 손해배상액을 증명할 필요는 없으나 적어도 손해의 발생은 증명하여야 한다.

⑤ 손해배상액 예정이 있어도 손해의 발생에 있어서 채권자의 과실이 있으면, 공평의 원칙상 과실상계를 한다.

20 **甲은 乙에게 변제기가 도래한 1억 원의 금전채권을 가지고 있다. 乙은 현재 무자력 상태에 있고 丙에 대하여 변제기가 도래한 5,000만 원의 금전채권을 가지고 있다. 이에 대한 설명으로 옳지 않은 것은?(단, 다툼이 있는 경우 판례에 따른다)**

① 乙이 반대하는 경우에도 甲은 丙에 대하여 채권자대위권을 행사할 수 있다.
② 甲이 채권자대위권을 행사하는 경우에 丙은 乙에 대해 가지는 모든 항변사유로써 甲에게 대항할 수 있다.
③ 甲은 丙에게 5,000만 원을 乙에게 이행할 것을 청구할 수 있을 뿐만 아니라, 직접 자기에게 이행할 것을 청구할 수 있다.
④ 甲이 丙으로부터 5,000만 원을 대위수령한 경우, 甲은 상계적상에 있는 때에는 상계함으로써 사실상 우선변제를 받을 수 있다.
⑤ 甲이 丙에게 채권자대위소송을 제기한 경우, 乙은 소송당사자가 아니므로 乙의 丙에 대한 채권은 소멸시효가 중단되지 않는다.

21 **다음 중 반의사불벌죄에 해당하지 않는 것은?**

① 횡령
② 폭행
③ 협박
④ 명예훼손
⑤ 과실치상

22 **다음 중 사권(私權)에 대한 설명으로 옳지 않은 것은?**

① 사원권이란 단체 구성원이 그 구성원의 자격으로 단체에 대하여 가지는 권리를 말한다.
② 타인의 작위·부작위 또는 인용을 적극적으로 요구할 수 있는 권리를 청구권이라 한다.
③ 취소권·해제권·추인권은 항변권이다.
④ 형성권은 권리자의 일방적 의사표시로 권리 변동의 효과를 발생시키는 권리이다.
⑤ 사권의 내용과 행사는 공공복리에 의하여 제한되고 이에 대한 위반은 권리의 남용으로 취급된다.

23 다음 중 탄핵소추에 대한 설명으로 옳지 않은 것은?

① 대통령이 그 직무집행에 있어서 헌법이나 법률을 위배한 때에는 탄핵소추의 대상이 된다.
② 대통령에 대한 탄핵소추는 국회 재적의원 3분의 2 이상의 찬성이 있어야 의결된다.
③ 대통령이 탄핵소추의 의결을 받은 때에는 국무총리, 법률이 정한 국무위원의 순서로 그 권한을 대행한다.
④ 탄핵결정으로 공직으로부터 파면되면 민사상의 책임은 져야 하나, 형사상의 책임은 면제된다.
⑤ 탄핵소추의 의결을 받은 공무원은 헌법재판소에 의한 탄핵결정이 있을 때까지 그 권한행사가 정지된다.

24 다음 중 우리 헌법에 있어서 제도적 보장의 성질을 띠고 있다고 볼 수 없는 것은?

① 복수정당제도
② 재산권의 보장
③ 교육의 자주성과 전문성
④ 재판청구권
⑤ 근로자의 근로3권

25 다음 중 노동법에 대한 설명으로 옳지 않은 것은?

① 노동기본권은 단결권, 단체교섭권, 단체행동권의 근로3권을 말한다.
② 집단적 노사관계법에는 노동조합 및 노동관계조정법 등이 있다.
③ 단결권은 근로자가 사용자와 대등한 교섭력을 갖기 위하여 단결해서 집단을 형성할 수 있는 권리이다.
④ 근로자가 할 수 있는 쟁의행위에 직장폐쇄는 포함되지 않는다.
⑤ 근로자의 실질적 평등과 자유를 보장함으로써 자본주의의 모순을 수정하기 위해서 생겨난 것이다.

26 다음 중 선거관리위원회에 대한 설명으로 옳지 않은 것은?

① 헌법상 필수기관이며, 합의제 행정관청이다.
② 9인의 위원으로 구성되며, 위원장은 위원 중에서 호선한다.
③ 선거와 국민투표, 정당에 대한 사무를 처리한다.
④ 재적위원 3분의 2 이상으로 개의하고 출석위원 과반수의 찬성으로 의결한다.
⑤ 위원의 임기는 6년이고, 정당에 가입하거나 정치에 관여할 수 없다.

27 **다음 중 민법이 규정하는 재단법인과 사단법인과의 차이에 대한 설명으로 옳지 않은 것은?**

① 사단법인에는 사원총회가 있으나 재단법인에는 없다.

② 양자는 모두 공익법인이다.

③ 재단법인의 기부행위는 반드시 서면으로 작성할 것을 요하지 않으나 사단법인의 정관은 반드시 서면으로 작성하지 않으면 안 된다.

④ 양자는 모두 설립에 있어서 주무관청의 허가를 필요로 한다.

⑤ 사단법인은 2인 이상의 사원으로 구성되며, 재단법인은 일정한 목적에 바쳐진 재산에 의해 구성된다.

28 **다음 중 채권자대위권에 대한 설명으로 옳은 것은?(단, 다툼이 있으면 판례에 따른다)**

① 채권자대위권 행사는 채무자의 무자력을 요하므로 소유권이전등기청구권은 피보전채권이 될 수 없다.

② 토지거래규제구역 내의 토지 매매의 경우, 매수인이 매도인에 대하여 가지는 토지거래허가신청 절차 협력 의무의 이행청구권도 채권자대위권 행사의 대상이 될 수 있다.

③ 채무자의 채권자대위권은 대위할 수 있지만, 채무자의 채권자취소권은 대위할 수 없다.

④ 조합원의 조합탈퇴권은 일신전속적 권리이므로 채권자대위권의 대상이 되지 못한다.

⑤ 피보전채권이 금전채권인 경우, 대위채권자는 채무자의 금전채권을 자신에게 직접 이행하도록 청구할 수 없다.

29 **다음 중 국가배상에 대한 설명으로 옳은 것은?**

① 도로건설을 위해 자신의 토지를 수용당한 개인은 국가배상청구권을 가진다.

② 공무원이 직무수행 중에 적법하게 타인에게 손해를 입힌 경우 국가가 배상책임을 진다.

③ 도로・하천 등의 설치 또는 관리에 하자가 있어 손해를 받은 개인은 국가가 배상책임을 진다.

④ 공무원은 어떤 경우에도 국가배상청구권을 행사할 수 없다.

⑤ 국가배상법에서 규정하고 있는 손해배상은 손실보상으로도 볼 수 있다.

30 다음에서 상법의 적용 순위를 순서대로 바르게 나열한 것은?

① 상법 → 민법 → 상관습법 → 민사특별법
② 민법 → 상법 → 민사특별법 → 상관습법
③ 민사특별법 → 상법 → 민법 → 상관습법
④ 상법 → 상관습법 → 민사특별법 → 민법
⑤ 민사특별법 → 민법 → 상관습법 → 상법

31 다음 중 직업선택의 자유에 대한 설명으로 옳지 않은 것은?

① 경제적 자유로서의 성격이 강하다.
② 바이마르헌법에서 최초로 규정되었으며 법인에게도 인정된다.
③ 헌법상 근로의 의무가 있으므로 무직업의 자유는 인정되지 않는다.
④ 그 내용으로는 직업결정의 자유, 직업수행의 자유, 영업의 자유가 포함된다.
⑤ 노동을 통한 인격발전과 관련하여 주관적 공권의 일종이라 할 수 있다.

32 다음 중 과태료부과처분에 대한 설명으로 옳지 않은 것은?

① 과태료부과에 대해서는 일반적으로 질서위반행위규제법이 적용되므로 그 부과처분에 대해 불복이 있을 때에는 법원에서 비송사건절차법을 준용하여 이에 대해 재판하고 과태료 부과처분에 대해 항고소송은 원칙적으로 허용되지 않는다.
② 질서위반행위규제법상의 과태료를 부과하기 위해서는 위반행위자에게 반드시 고의나 과실이 있어야 한다.
③ 지방자치법 제34조 조례 위반에 대한 과태료의 경우에는 질서위반행위규제법이 적용되지 않으므로 그에 대한 불복이 있으면 항고소송을 제기할 수 있다.
④ 지방자치법 제156조 제2항 및 제3항에 따라 사기나 그 밖의 부정한 방법으로 사용료·수수료 또는 분담금의 징수를 면한 자, 그리고 공공시설을 부정사용한 자에 대한 과태료 부과에는 질서위반행위규제법이 적용된다.
⑤ '수도조례' 및 '하수도사용조례'에 기한 과태료의 부과 여부 및 그 당부는 최종적으로 질서위반행위규제법에 의한 절차에 의하여 판단되어야 하므로 그 과태료부과처분은 행정청을 피고로 하는 행정소송의 대상이 되는 처분이라고 할 수 없다.

33 **다음 중 전세권에 대한 설명으로 옳은 것을 〈보기〉에서 모두 고르면?(단, 다툼이 있는 경우 판례에 따른다)**

〈보기〉

ㄱ. 전세권은 전세권의 양도나 상속에 의해서도 취득할 수 있다.
ㄴ. 전세권자와 인지소유자 사이에는 상린관계에 관한 민법 규정이 준용된다.
ㄷ. 동일한 건물에 저당권이 전세권보다 먼저 설정된 경우, 전세권자가 경매를 신청하여 매각되면 전세권과 저당권은 모두 소멸한다.
ㄹ. 임대인과 임차인이 임대차계약을 체결하면서 임차보증금을 전세금으로 하는 전세권설정계약을 체결하고 전세권설정등기를 경료한 경우, 다른 약정이 없는 한 임차보증금 반환의무와 전세권설정등기 말소의무는 동시이행관계에 있다.

① ㄱ, ㄴ
② ㄷ, ㄹ
③ ㄱ, ㄴ, ㄷ
④ ㄴ, ㄷ, ㄹ
⑤ ㄱ, ㄴ, ㄷ, ㄹ

34 **다음 중 지명채권의 양도에 대한 설명으로 옳지 않은 것은?(단, 다툼이 있는 경우 판례에 따른다)**

① 임차인은 임차보증금반환채권을 임차권과 분리하여 제3자에게 양도할 수 있다.
② 채권매매에 따른 지명채권의 양도는 준물권행위로서의 성질을 가진다.
③ 당사자 사이에 양도금지의 특약이 있는 채권이더라도 전부명령에 의하여 전부될 수 있다.
④ 채권이 확정일자 있는 증서에 의해 이중으로 양도된 경우, 양수인 상호 간의 우열은 통지에 붙여진 확정일자의 선후를 기준으로 정한다.
⑤ 소유권이전등기청구권을 양도받은 양수인은 특별한 사정이 없는 한 채무자의 동의나 승낙을 받아야 대항력이 생긴다.

35 **다음 중 채권자가 그의 채권을 담보하기 위하여 채무의 변제기까지 채무자로부터 인도받은 동산을 점유·유치하기로 채무자와 약정하고, 채무의 변제가 없는 경우에 그 동산의 매각대금으로부터 우선변제 받을 수 있는 담보물권은?**

① 질권
② 유치권
③ 저당권
④ 양도담보권
⑤ 임차권

36 **다음 중 법률행위의 무효와 취소에 대한 설명으로 옳지 않은 것은?(단, 다툼이 있는 경우 판례에 따른다)**

① 매매계약은 취소되면 소급하여 무효가 된다.
② 불공정한 법률행위로서 무효인 경우, 추인에 의하여 무효인 법률행위가 유효로 될 수 없다.
③ 취소된 법률행위에 기하여 이미 이행된 급부는 부당이득으로 반환되어야 한다.
④ 취소할 수 있는 법률행위는 취소권자의 추인이 있으면 취소하지 못한다.
⑤ 취소할 수 있는 법률행위에서 법정대리인은 취소의 원인이 소멸한 후에만 추인할 수 있다.

37 **다음 중 지방자치제도에 대한 설명으로 옳지 않은 것을 〈보기〉에서 모두 고르면?(단, 다툼이 있는 경우 판례에 따른다)**

〈보기〉

ㄱ. 자치권이 미치는 관할구역의 범위에는 육지는 물론 바다도 포함되는 바 지방자치단체의 영토고권이 인정된다.
ㄴ. 법률에 의한 지방자치단체의 폐치와 분합은 헌법 소원의 대상이 되지만, 반드시 주민투표에 의한 주민의사 확인절차를 거쳐야 하는 것은 아니다.
ㄷ. 지방자치단체의 장의 계속 재임을 3기로 제한함에 있어 폐지나 통합되는 지방자치단체의 장으로 재임한 것까지 포함시키는 것은 해당 기본권 주체의 공무담임권과 평등권을 침해한 것이다.
ㄹ. 조례에 대한 법률의 위임은 법규명령에 대한 법률의 위임과 같이 반드시 구체적으로 범위를 정하여 할 필요가 없으며 포괄적인 것으로 족하지만, 벌칙 규정은 법률의 위임이 필요하다.
ㅁ. 감사원은 지방자치단체의 자치사무에 대해 합법성과 합목적성 감사를 할 수 있으므로 특정한 위법행위가 확인되었거나 위법행위가 있었다는 합리적 의심이 가능한 경우에는 사전적·포괄적 감사가 예외적으로 허용된다.

① ㄱ, ㄴ, ㄷ
② ㄱ, ㄷ, ㅁ
③ ㄱ, ㄹ, ㅁ
④ ㄴ, ㄷ, ㄹ
⑤ ㄴ, ㄹ, ㅁ

38 **다음 중 상법상 보험자의 면책사유에 해당하지 않는 것은?**

① 보험사고가 보험계약자의 고의로 발생한 경우
② 보험사고가 피보험자의 실수로 발생한 경우
③ 보험사고가 보험계약자의 중대한 과실로 발생한 경우
④ 보험사고가 전쟁 기타의 변란으로 발생한 경우
⑤ 보험사고가 보험수익자의 과실로 발생한 경우

39 **다음 중 헌법상 통치구조에 대한 설명으로 옳지 않은 것은?**

① 법원의 재판에 이의가 있는 자는 헌법재판소에 헌법소원심판을 청구할 수 있다.
② 헌법재판소는 지방자치단체 상호 간의 권한의 범위에 대한 분쟁에 대하여 심판한다.
③ 행정법원은 행정소송사건을 담당하기 위하여 설치된 것으로, 3심제로 운영된다.
④ 법원의 재판에서 판결 선고는 항상 공개하여야 하지만 심리는 공개하지 않을 수 있다.
⑤ 헌법재판소는 국회의 탄핵소추에 따라 해당 공무원을 탄핵할 것인지 아닌지를 재판할 수 있다.

40 **다음 중 행정법상 행정작용에 대한 설명으로 옳지 않은 것은?**

① 기속행위는 행정주체에 대하여 재량의 여지를 주지 않고 그 법규를 집행하도록 하는 행정행위를 말한다.
② 특정인에게 새로운 권리나 포괄적 법률관계를 설정해 주는 특허는 형성적 행정행위이다.
③ 의사표시 이외의 정신작용 등의 표시를 요소로 하는 행위는 준법률행위적 행정행위이다.
④ 개인에게 일정한 작위의무를 부과하는 하명은 형성적 행정행위이다.
⑤ 특정한 사실 또는 법률관계의 존재를 공적으로 증명하는 공증은 준법률행위적 행정행위이다.

| 04 | 경제학

01 다음 사례에서 설명하는 효과로 옳은 것은?

> 영국 정부는 1696년에 주택에 달린 창문의 개수에 따라 세금을 내는 창문세를 도입한 적이 있다. 당시 영국인들은 개인의 소득에 대해서 세금을 부과하는 것은 정부의 지나친 간섭이며 개인의 자유에 대한 잠재적 위협이라고 생각하였다. 이에 따라 정부는 소득세 대신 사생활을 침해하지 않으면서도 외부에서 쉽게 관측하여 부과할 수 있는 창문세를 선택했던 것이다. 그러나 영국 정부는 그 정책이 가져올 결과를 미처 고려하지 못하였다. 영국인들은 세금을 회피하고자 주택의 창문을 막고 어두운 실내에서 사는 생활을 선택하였다. 사람들이 경제적 유인에 반응한다는 경제 원리를 고려하지 못한 세금 부과는 국민으로부터 빛과 공기를 차단해 버림으로써 애초 의도와는 달리 삶의 질을 악화시켰다.

① 속물 효과
② 간접 효과
③ 베블런 효과
④ 밴드왜건 효과
⑤ 기저 효과

02 수제 햄버거 전문점의 햄버거 생산비용이 다음과 같다고 할 때, 이에 대한 설명으로 옳지 않은 것은?

햄버거(개)	총비용(원)	햄버거(개)	총비용(원)
0	2,500	3	9,000
1	4,000	4	13,000
2	6,000	5	18,000

① 햄버거 생산을 위한 고정비용은 2,500원이다.
② 햄버거를 5개 생산하는 데 드는 평균비용은 3,600원이다.
③ 햄버거 2개를 생산하는 데 드는 평균비용은 햄버거 3개를 생산할 경우와 같다.
④ 햄버거를 4개째 생산하는 데 드는 한계비용은 4,000원이다.
⑤ 3개의 햄버거를 생산할 때의 평균비용은 3개째 햄버거의 한계비용보다 작다.

03 다음 〈보기〉 중 평균비용곡선과 한계비용곡선에 대한 설명으로 옳지 않은 것을 모두 고르면?(단, 평균비용곡선과 한계비용곡선은 모두 U자형이다)

〈보기〉

㉠ 장기평균비용곡선(LAC)은 단기평균비용(SAC)의 포락선(Envelope Curve)이다.
㉡ 장기한계비용곡선(LMC)은 단기한계비용곡선(SMC)보다 항상 가파른 기울기를 가진다.
㉢ 장기평균비용곡선(LAC)의 최저점에서는 단기평균비용(SAC), 단기한계비용(SMC), 장기한계비용(LMC)이 모두 같다.
㉣ 단기한계비용곡선(SMC)은 항상 단기평균비용곡선(SAC)이 최저가 되는 생산량 수준에서 장기평균비용곡선(LAC)과 만난다.

① ㉠, ㉡
② ㉠, ㉢
③ ㉡, ㉢
④ ㉡, ㉣
⑤ ㉢, ㉣

04 소득 불평등 정도를 나타내는 그래프로, 산업화 과정에 있는 국가의 불평등 정도는 처음에 증가하다가 산업화가 일정 수준을 지나면 다시 감소하는 역U자형 형태를 보이는 것으로 알려졌으나, 최근 『21세기 자본』의 저자 토마 피케티나 『왜 우리는 불평등해졌는가』를 쓴 브랑코 밀라노비치 뉴욕시립대 교수가 이를 비판하면서 이슈가 됐다. 다음 중 이 그래프로 옳은 것은?

① 로렌츠 곡선
② 필립스 곡선
③ 굴절수요 곡선
④ 로지스틱 곡선
⑤ 쿠즈네츠 곡선

05 다음은 소비의 결정요인에 대한 이론이다. 이 가설로 옳은 것은?

소비는 오직 현재 소득(처분가능소득)에 의해서만 결정된다. 타인의 소비행위와는 독립적이다. 소득이 증가하면 소비가 늘어나고, 소득이 감소하면 소비도 줄어든다. 따라서 정부의 재량적인 조세정책이 경기부양에 매우 효과적이다.

① 절대소득가설
② 항상소득가설
③ 상대소득가설
④ 생애주기가설
⑤ 리카도의 동등성정리

06 다음 S국의 경제 상황을 참고할 때, S국 정부나 중앙은행이 시행할 가능성이 낮은 정책은?

S국의 국민들은 인플레이션에 대해서는 관대하지만 높은 실업률은 혐오한다. S국 경제엔 단기 필립스 곡선이 적용된다. S국 정부는 통화 및 재정 정책을 구상하고 있다.

① 법인세 인하
② 지급준비율 인하
③ R&D 세액공제 확대안 추진
④ 추가경정예산 재편성
⑤ SOC 예산 축소

07 다음 〈보기〉 중 아담 스미스(A. Smith)의 보상적 임금격차의 요인으로 옳은 것을 모두 고르면?

〈보기〉

ㄱ. 노동의 난이도
ㄴ. 작업의 쾌적도
ㄷ. 임금의 불안정성
ㄹ. 요구되는 교육·훈련의 차이

① ㄱ, ㄴ
② ㄴ, ㄷ
③ ㄱ, ㄴ, ㄹ
④ ㄴ, ㄷ, ㄹ
⑤ ㄱ, ㄴ, ㄷ, ㄹ

08 다음은 비확률 표본추출(Non－Probability Sampling)에 해당하는 표본추출법에 대한 설명이다. 이에 해당하는 표본추출법으로 옳은 것은?

조사자의 주관에 따라 표본의 대상을 선정하며, 이때 표본은 모집단의 특성을 반영할 수 있는 사람들로 구성이 되어야 하고, 이를 위해서 조사자의 주관적 견해가 중요한 기준으로 작용한다. 적은 수의 표본만으로도 모집단의 특성을 대표할 수 있다는 장점이 있다.

① 단순무작위표본추출법
② 층화 표본추출법
③ 편의 표본추출법
④ 판단 표본추출법
⑤ 할당 표본추출법

09 다음 〈보기〉 중 총수요-총공급 이론에 대한 설명으로 옳은 것을 모두 고르면?

〈보기〉

가. 국제유가 상승은 총공급곡선을 왼쪽으로 이동시킨다.
나. 신기술 개발은 총공급곡선을 왼쪽으로 이동시킨다.
다. 정부지출 감소는 총수요곡선을 오른쪽으로 이동시킨다.
라. 정부조세 감소는 총수요곡선을 오른쪽으로 이동시킨다.

① 가, 다　② 가, 라
③ 나, 다　④ 나, 라
⑤ 다, 라

10 다음 중 인플레이션에 대한 설명으로 옳지 않은 것은?

① 수요견인 인플레이션은 총수요의 증가가 인플레이션의 주요한 원인이 되는 경우이다.
② 정부가 화폐공급량 증가를 통해 얻게 되는 추가적인 재정수입을 화폐발행이득(Seigniorage)이라고 한다.
③ 물가상승과 불황이 동시에 나타나는 현상을 스태그플레이션이라고 한다.
④ 예상하지 못한 인플레이션은 채권자에게서 채무자에게로 소득재분배를 야기한다.
⑤ 예상한 인플레이션의 경우에는 메뉴비용(Menu Cost)이 발생하지 않는다.

11 현물환율이 1,000원/달러, 선물환율이 1,200원/달러, 한국의 이자율이 3%, 미국의 이자율이 2%이고, 이자율 평가설이 성립할 때, 〈보기〉 중 옳지 않은 것을 모두 고르면?

〈보기〉

가. 한국의 이자율이 상승할 것이다.
나. 미국의 이자율이 상승할 것이다.
다. 현물환율이 상승할 것이다.
라. 현재 한국에 투자하는 것이 유리하다.

① 가, 나　② 가, 다
③ 나, 다　④ 나, 라
⑤ 다, 라

12 다음 중 자료 1과 자료 2의 상황에 가장 어울리는 현상은?

> [자료 1]
> 평소 대형 SUV 차량에 관심이 많았던 형진은 신차 구매에 앞서 현대자동차의 팰리세이드와 기아자동차의 모하비 등 비슷한 크기의 다양한 차종들 사이에서 망설이고 있었다. 그러던 어느 날, 군대 동기 우성이 출시와 동시에 구매한 2022년식 더 뉴 팰리세이드를 출고 받아 현재 상당히 만족해하고 있다는 소식을 들었다. 우성의 소식을 들은 형진은 팰리세이드를 구매하기로 마음먹었다.

> [자료 2]
> 자동차 업계에 따르면 지난달 현대자동차는 국내 시장에서 지난해 같은 기간보다 6.4% 증가한 5만 3,406대를 팔았다. 반면, 기아자동차는 판매량이 10.2% 줄어든 3만 2,222대를 기록했다. 현대자동차의 판매량을 이끈 것은 그랜저(7,720대)와 싼타페(7,023대)에 새로 출시된 대형 SUV 팰리세이드(5,769대)가 더해졌기 때문이다. 이 세 모델만 해도 전체 판매량의 38%에 달한다.

① 펭귄 효과
② 디드로 효과
③ 스놉 효과
④ 베블런 효과
⑤ 립스틱 효과

13 다음 〈보기〉 중 상장지수펀드에 대한 설명으로 옳은 것을 모두 고르면?

> 〈보기〉
> 가. 인덱스펀드의 일종이다.
> 나. 일반적으로 코스피지수가 오르면 국내 상장지수펀드의 가격은 내려간다.
> 다. 하나의 상장지수펀드에 투자하는 경우 분산투자 효과는 '0'이다.
> 라. 국내 상장지수펀드 매도 시 증권거래세는 면제된다.

① 가
② 가, 나
③ 가, 라
④ 나, 라
⑤ 나, 다, 라

14 두 재화 X와 Y를 소비하여 효용을 극대화하는 소비자 A의 효용함수는 $U=X+2Y$이고, X재 가격이 2, Y재 가격이 1이다. X재 가격이 1로 하락할 때 소비량의 변화로 옳은 것은?

① X재, Y재 소비량 모두 불변
② X재, Y재 소비량 모두 증가
③ X재 소비량 감소, Y재 소비량 증가
④ X재 소비량 증가, Y재 소비량 감소
⑤ X재 소비량 증가, Y재 소비량 불변

15 **다음 중 정부실패(Government Failure)의 원인으로 옳지 않은 것은?**

① 이익집단의 개입
② 정책당국의 제한된 정보
③ 정책당국의 인지시차 존재
④ 민간부문의 통제 불가능성
⑤ 정책 실행시차의 부재

16 **철수는 조그마한 가게를 운영해 매달 240만 원의 소득을 얻는다. 하지만 이번 달은 감기로 인해 가게를 며칠 열지 못하는 바람에 소득이 180만 원으로 줄었다. 이때 항상소득가설에 따른 철수의 소비로 옳은 것은?**

① 소득이 60만 원 줄었지만, 소비는 변함이 없다.
② 소득이 60만 원 줄었지만, 소비는 오히려 증가한다.
③ 소득이 60만 원 줄었으므로 소비도 60만 원 줄어든다.
④ 소득이 60만 원 줄었지만, 소비는 60만 원 이상 줄어든다.
⑤ 소득과 소비는 항상 관련이 없다.

17 **다음 중 과점시장에 대한 설명으로 옳지 않은 것은?**

① 쿠르노(Cournot) 과점시장에서는 기업 수가 많아질수록 시장전체의 산출량은 증가한다.
② 죄수의 딜레마(Prisoner's Dilemma) 모형을 통해 과점기업들이 공동행위를 통한 독점 이윤을 누리기 어려운 이유를 잘 설명할 수 있다.
③ 쿠르노(Cournot) 모형에서는 산출량의 추측된 변화가 0이라고 가정한다.
④ 베르트랑(Bertrand) 모형에서는 가격의 추측된 변화가 1이라고 가정한다.
⑤ 스위지(Sweezy)의 굴절수요곡선 모형에서는 가격인하를 시도할 경우 가격의 추측된 변화는 양의 값을 갖는다.

18 다음 중 디플레이션(Deflation)에 대한 설명으로 옳은 것을 〈보기〉에서 모두 고르면?

〈보기〉

가. 명목금리가 마이너스(−)로 떨어져 투자수요와 생산 감소를 유발할 수 있다.
나. 명목임금의 하방경직성이 있는 경우 실질임금의 하락을 초래한다.
다. 기업 명목부채의 실질상환 부담을 증가시킨다.
라. 기업의 채무불이행 증가로 금융기관 부실화가 초래될 수 있다.

① 가, 나
② 가, 다
③ 나, 다
④ 나, 라
⑤ 다, 라

19 초기 노동자 10명이 생산에 참여할 때 1인당 평균생산량은 30단위였다. 노동자를 한 사람 더 고용하여 생산하니 1인당 평균생산량이 28단위로 줄었다. 이때, 추가된 노동자의 한계생산량은?

① 2단위
② 8단위
③ 10단위
④ 28단위
⑤ 30단위

20 다음 중 통화정책 및 재정정책에 대한 케인스와 통화주의자의 견해로 옳지 않은 것은?

① 케인스는 투자의 이자율 탄력성이 매우 크다고 주장한다.
② 케인스는 통화정책의 외부 시차가 길다는 점을 강조한다.
③ 통화주의자는 k% 준칙에 따른 통화정책을 주장한다.
④ 케인스에 따르면 이자율이 매우 낮을 때 화폐시장에 유동성 함정이 존재할 수 있다.
⑤ 동일한 재정정책에 대해서 통화주의자가 예상하는 구축효과는 케인스가 예상하는 구축효과보다 크다.

21 A근로자의 연봉이 올해 1,500만 원에서 1,650만 원으로 150만 원 인상되었다. 이 기간에 인플레이션율이 12%일 때, A근로자의 임금변동에 대한 설명으로 옳은 것은?

① 2% 명목임금 증가
② 2% 명목임금 감소
③ 2% 실질임금 증가
④ 2% 실질임금 감소
⑤ 4% 명목임금 증가

22 **다음 중 물가지수에 대한 설명으로 옳지 않은 것은?**

① 소비자물가지수는 소비재를 기준으로 측정하고, 생산자물가지수는 원자재 혹은 자본재 등을 기준으로 측정하기 때문에 두 물가지수는 일치하지 않을 수 있다.

② 소비자물가지수는 상품가격 변화에 대한 소비자의 반응을 고려하지 않는다.

③ GDP 디플레이터는 국내에서 생산된 상품만을 조사 대상으로 하기 때문에 수입상품의 가격동향을 반영하지 못한다.

④ 물가수준 그 자체가 높다는 것과 물가상승률이 높다는 것은 다른 의미를 가진다.

⑤ 물가지수를 구할 때 모든 상품의 가중치를 동일하게 반영한다.

23 **다음 중 수요공급 곡선의 이동에 대한 설명으로 옳은 것을 〈보기〉에서 모두 고르면?**

〈보기〉

㉠ 생산비용이 줄어들거나 생산기술이 발전하면 공급곡선이 오른쪽으로 이동한다.

㉡ 정상재의 경우 수입이 증가하면 수요곡선은 왼쪽으로 이동한다.

㉢ A와 B가 대체재인 경우 A의 가격이 높아지면 B의 수요곡선은 오른쪽으로 이동한다.

㉣ 상품의 가격이 높아질 것으로 예상되면 공급곡선은 오른쪽으로 이동한다.

① ㉠, ㉡

② ㉠, ㉢

③ ㉡, ㉢

④ ㉡, ㉣

⑤ ㉢, ㉣

24 **다음 중 단기에 고정비용과 가변비용이 존재할 때 생산비용에 대한 설명으로 옳지 않은 것은?**

① 평균고정비용은 생산량이 증가함에 따라 감소한다.

② 평균총비용이 감소하는 영역에서는 한계비용이 평균총비용보다 작다.

③ 한계비용이 생산량과 상관없이 일정하면 평균총비용도 마찬가지로 일정하다.

④ 평균가변비용이 최저가 되는 생산량에서 평균가변비용은 한계비용과 일치한다.

⑤ 한계비용이 증가하더라도 평균총비용은 감소할 수 있다.

25 **다음 중 역선택에 대한 설명으로 옳은 것은?**

① 자동차 보험에 가입한 운전자일수록 안전운전을 하려고 한다.
② 화재보험에 가입한 건물주가 화재예방을 위한 비용 지출을 줄인다.
③ 사고의 위험이 높은 사람일수록 상해보험에 가입할 가능성이 높아진다.
④ 공기업 채용 시 도덕적 해이 문제를 해결하기 위해 구직자의 자격증 보유 사항 기입을 금지한다.
⑤ 고용시장에서 역선택 문제를 해결하기 위해 감시 감독을 강화하거나 보수지급을 연기하기도 한다.

26 **다음 그래프는 A와 B상품에 대한 무차별곡선이다. 이에 대한 설명으로 옳은 것은?**

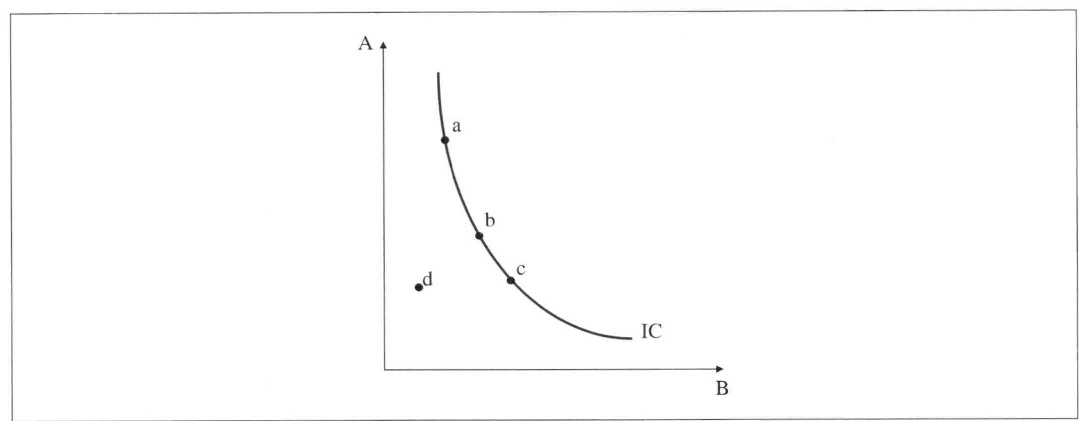

① a점은 c점에 비해 만족도가 더 크다.
② a점은 c점보다 더 많은 비용을 써야 한다.
③ d점은 a, b, c점 중 하나와 무차별할 수 있다.
④ a점에서는 A재 소비보다 B재 소비에서 더 큰 한계효용을 얻을 수 있다.
⑤ 만일 소비자의 선호가 b점에서 c점으로 이동한다면 그는 A재 소비의 감소 없이 B재 소비를 늘릴 수 있다.

27 현재 한국경제가 단기 필립스 곡선 SP_1 상의 점 A에 위치한다고 가정하자. 원자재 가격이 폭등할 경우 단기에서 장기까지 한국 경제의 예상 이동경로로 옳은 것은?(단, U_N은 자연 실업률 수준을 나타낸다)

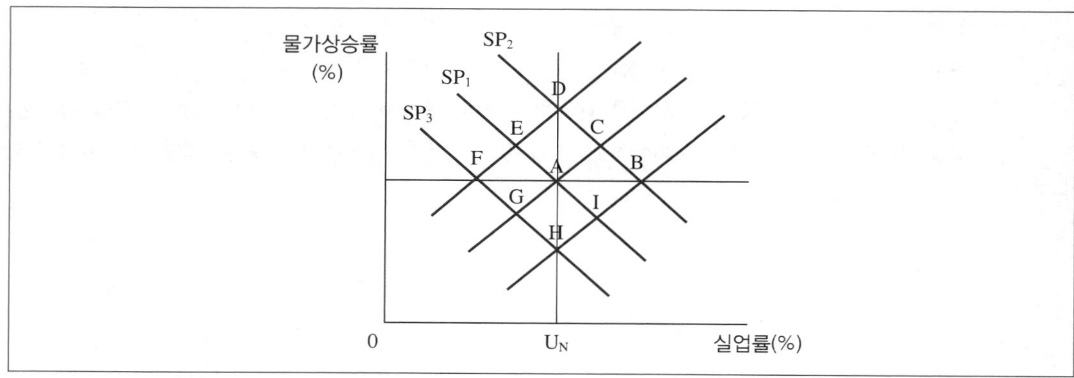

① A → C → A
② A → C → D
③ A → E → D
④ A → G → H
⑤ C → D → H

28 다음 중 국제유가 상승과 같은 공급 충격이 우리나라 경제에 미치는 영향에 대한 설명으로 옳은 것은?

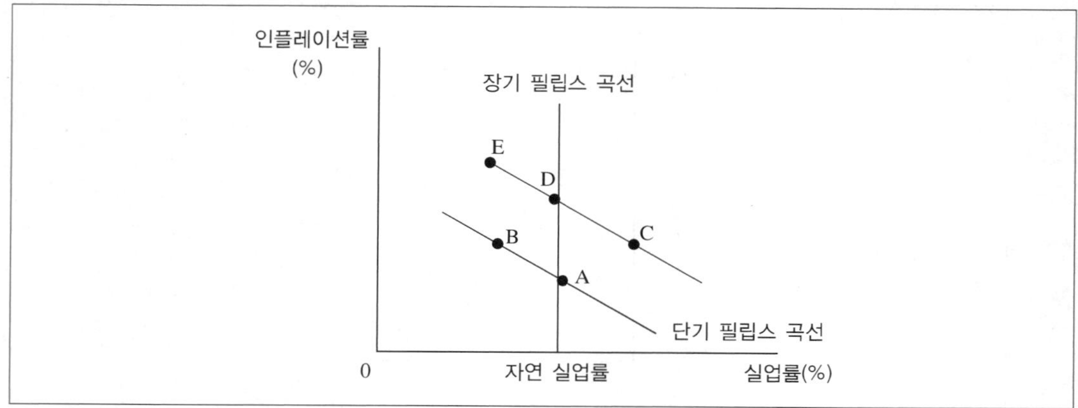

① 경제가 A → B → D로 움직일 것이다.
② 경제가 A → C → A로 움직일 것이다.
③ 경제가 D → B → A로 움직일 것이다.
④ 경제가 D → C → A로 움직일 것이다.
⑤ 경제가 D → E → B로 움직일 것이다.

29 다음 중 경제활동인구에 포함되는 사람을 〈보기〉에서 모두 고르면?

〈보기〉

가. 실망실업자
나. 파트타임 일자리를 구하고 있는 주부
다. 중소기업에 취업한 장애인
라. 건강상 이유로 1년간 휴직한 취업자
마. 부모가 운영하는 식당에서 주당 2시간 유급으로 일한 대학생

① 가, 나, 다
② 나, 라, 마
③ 다, 라, 마
④ 나, 다, 라, 마
⑤ 가, 나, 다, 라, 마

30 다음은 생산자 보조금 지급과 사회후생의 변화에 대한 그래프이다. 이에 대한 설명으로 옳지 않은 것은?(단, S_1 : 원래의 공급곡선, S_2 : 보조금 지급 이후의 공급곡선, D : 수요곡선, E_1 : 원래의 균형점, E_2 : 보조금 지급 이후의 균형점, P : 가격, Q : 수량을 나타낸다)

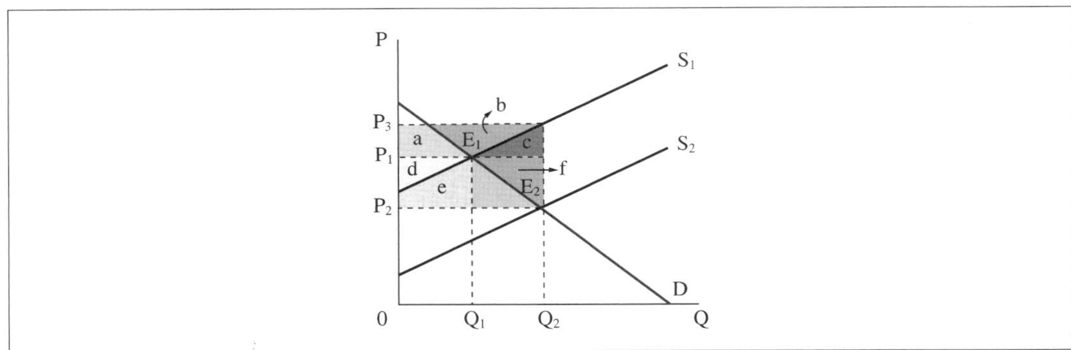

① 보조금 지급 후 생산자가 최종적으로 수취하는 가격은 P_3이다.
② 보조금 지급으로 인한 생산자 잉여의 증가분은 a+b이다.
③ 낭비된 보조금의 크기는 c+f이다.
④ 보조금의 크기는 a+b+d+e이다.
⑤ 보조금 지급으로 인한 소비자 잉여의 증가분은 d+e이다.

31 자동차와 오토바이 두 재화만을 생산하는 S국이 있다. 각 재화의 생산량과 가격이 다음과 같을 때, 2022년 가격을 기준으로 S국의 GDP를 계산한 결과로 옳은 것은?

연도	자동차		오토바이	
	생산량	가격	생산량	가격
2023년	16	4	12	2
2022년	20	2	10	4

① S국의 2022년 GDP 디플레이터는 150이다.
② S국의 2022년 명목 GDP는 100이다.
③ S국의 2023년 실질 GDP는 80이다.
④ S국의 2023년 명목 GDP는 80이다.
⑤ S국의 2023년 GDP 디플레이터 상승률은 전년 대비 5%이다.

32 완전경쟁기업 S의 X재 생산의 이윤극대화 생산량이 100단위이고, 현재 생산량 수준에서 평균비용이 24원, 평균고정비용이 10원, 한계비용이 40원일 때, 준지대의 크기는 얼마인가?

① 2,000원
② 2,300원
③ 2,600원
④ 2,900원
⑤ 3,200원

33 다음은 S나라에서 1년 동안 발생한 모든 경제활동을 기록한 자료이다. 이에 대한 설명으로 옳지 않은 것은?

> 총 100개 빵 생산, 이 가운데 50개 빵 수출, 50통 우유 수입
> (빵 국내 수출 가격 : 개당 3달러, 우유 국내 수입 가격 : 통당 1달러)

① GDP는 300달러이다.
② 총수요는 200달러이다.
③ 국내소비는 200달러이다.
④ 경상수지는 100달러 흑자이다.
⑤ 국내 경제주체들의 수요는 200달러이다.

34 다음은 S국의 생산가능인구와 취업자 그리고 비경제활동인구에 대한 자료이다. S국의 실업률과 고용률을 순서대로 나열한 것은?

> • 만 15세 이상 인구(생산가능인구) 2,500만 명
> • 비경제활동인구 500만 명
> • 취업자 1,800만 명

① 8%, 65%
② 10%, 72%
③ 12%, 45%
④ 14%, 65%
⑤ 16%, 80%

35 다음 중 독점적 경쟁시장의 장기균형에 대한 설명으로 옳지 않은 것은?(단, P는 가격, SAC는 단기평균비용, LAC는 장기평균비용, SMC는 단기한계비용을 의미한다)

① $P=SAC$가 성립한다.
② $P=LAC$가 성립한다.
③ $P=SMC$가 성립한다.
④ 균형생산량은 SAC가 최소화되는 수준보다 작다.
⑤ 기업의 장기 초과이윤은 0이다.

36 다음 자료를 읽고 이자율 평가설(IRP)에 따라 대출 조건이 동일해지는 1년 후 예상환율로 옳은 것은?

> A씨는 S은행에서 100만 원을 1년간 대출 받을 계획이며, 2가지의 대출 조건이 존재한다. 대출 조건은 아래와 같다.
> • 원화로 대출받을 경우의 대출금리 : 21%
> • 엔화로 대출받을 경우의 대출금리 : 10%(단, 대출금은 반드시 엔화로 상환해야 함)
> A씨는 현재 원화와 엔화 사이의 환율은 100엔당 1,000원이며, A씨는 두 대출 조건이 같다고 생각한다.

① 1,000원/100엔
② 1,100원/100엔
③ 1,200원/100엔
④ 1,500원/100엔
⑤ 2,000원/100엔

37 독점기업 S는 이윤을 극대화하기 위해 제품의 가격을 단위당 100으로 책정하였으며, 이 가격에서 수요의 가격탄력성은 2이다. 이때 독점기업 S의 한계비용은?

① 25
② 50
③ 100
④ 150
⑤ 200

38 S사가 1/4분기에 K사와 협업하는 단기 프로젝트에서 1,000만 원을 투자하고, 2, 3분기에 각각 600만 원씩 현금수입이 들어올 때 순현재가치(NPV)로 옳은 것은?(단, 시중이자율은 10%이다)

① 30만 원
② 35만 원
③ 39만 원
④ 40만 원
⑤ 41만 원

39 S유통업체에서는 A상품을 연간 19,200개 정도 판매할 수 있을 것으로 예상하고 있다. A상품의 1회 주문비가 150원, 연간 재고유지비는 상품당 16원이라고 할 때 경제적주문량(EOQ)으로 옳은 것은?

① 600개
② 650개
③ 700개
④ 750개
⑤ 800개

40 S기업의 비용함수가 $TC(Q)=50+25(Q)$로 주어져 있을 때, 이에 대한 설명으로 옳지 않은 것은?

① 규모의 경제가 존재한다.
② 평균비용은 생산량이 늘어날수록 증가한다.
③ 한계비용은 항상 일정하다.
④ 생산활동에 고정비용이 소요된다.
⑤ 생산량이 10일 때 평균비용은 30이다.

2권

제2회 서울교통공사 사무직

NCS 직업기초능력평가 +직무수행능력평가

〈문항 및 시험시간〉

평가영역	문항 수	시험시간	모바일 OMR 답안채점 / 성적분석 서비스
직업기초능력평가 + 직무수행능력평가 (행정학 / 경영학 / 법학 / 경제학)	80문항	100분	행정학 경영학 법학 경제학

서울교통공사 사무직 신입사원 필기시험

제2회 모의고사

문항 수 : 80문항
응시시간 : 100분

제 1 영역 직업기초능력평가

01 다음 글의 내용으로 가장 적절한 것은?

> 극의 진행과 등장인물의 대사 및 감정 등을 관객에게 설명했던 변사가 등장한 것은 1900년대이다. 미국이나 유럽에서도 변사가 있었지만, 그 역할은 미미했을뿐더러 그마저도 자막과 반주 음악이 등장하면서 점차 소멸하였다. 하지만 주로 동양권, 특히 한국과 일본에서는 변사의 존재가 두드러졌다. 한국에서 변사가 본격적으로 등장한 것은 극장가가 형성된 1910년부터인데, 한국 최초의 변사는 우정식으로, 단성사를 운영하던 박승필이 내세운 인물이었다. 그 후 김덕경, 서상호, 김영환, 박응면, 성동호 등이 변사로 활약했으며 당시 영화흥행의 성패를 좌우할 정도로 그 비중이 컸었다. 단성사, 우미관, 조선 극장 등의 극장은 대개 5명 정도의 변사를 전속으로 두었으며, 2명 또는 3명이 교대로 무대에 올라 한 영화를 담당하였다. 4명 또는 8명의 변사가 한 무대에 등장하여 영화의 대사를 교환하는 일본과는 달리, 한국에서는 한 명의 변사가 영화를 설명하는 방식을 취하였으며, 영화가 점점 장편화되면서부터는 2명 또는 4명이 번갈아 무대에 등장하는 방식으로 바뀌었다. 변사는 악단의 행진곡을 신호로 무대에 등장하였으며, 소위 전설(前說)을 하였는데 전설이란 활동사진을 상영하기 전에 그 개요를 앞서 설명하는 것이었다. 전설이 끝나면 활동사진을 상영하고 해설을 시작하였다. 변사는 전설과 해설 이외에도 막간극을 공연하기도 했는데 당시 영화관에는 영사기가 대체로 한 대밖에 없었기 때문에 필름을 교체하는 시간을 이용하여 코믹한 내용을 공연하였다.

① 한국과 달리 일본에서는 변사가 막간극을 공연했다.
② 한국에 극장가가 형성되기 시작한 것은 1900년경이었다.
③ 한국은 영화의 장편화로 무대에 서는 변사의 수가 늘어났다.
④ 자막과 반주 음악의 등장으로 변사의 중요성이 더욱 높아졌다.
⑤ 한국 최초의 변사는 단성사를 운영하던 박승필이다.

02 KTX와 새마을호가 서로 마주 보며 오고 있다. 속도는 7 : 5의 비로 운행하고 있으며, 현재 두 열차 사이의 거리는 6km이다. 두 열차가 서로 만났을 때 새마을호가 이동한 거리는?

① 2km
② 2.5km
③ 3km
④ 3.5km
⑤ 4km

03 P사원은 지하철을 타고 출근하는데, 속력이 60km/h인 지하철에 갑자기 이상이 생겨 평소 속력의 0.4배로 운행하게 되었다. 지하철이 평소보다 45분 늦게 도착하였다면, P사원이 출발하는 역부터 도착하는 역까지 지하철의 이동거리는 얼마인가?

① 20km
② 25km
③ 30km
④ 35km
⑤ 40km

04 다음 중 A사원에게 해 줄 수 있는 조언으로 가장 적절한 것은?

> 제약회사의 영업팀에 근무 중인 A사원은 성장세를 보이고 있는 타사에 비해 자사의 수익과 성과가 지나치게 적다는 것을 알았다. 그 이유에 대해 알아보기 위해 타사에 근무하고 있는 친구에게 물어본 결과 친구의 회사에서는 영업사원을 대상으로 판매 교육을 진행한다는 것을 알게 되었다. A사원은 이를 바탕으로 개선 방향에 대한 보고서를 제출하였으나, A사원의 상사는 구체적인 문제해결방법이 될 수 없다며 A사원의 보고서를 반려하였다.

① 문제와 해결방안이 상위 시스템과 어떻게 연결되어 있는지 생각하는 전략적 사고가 필요합니다.
② 전체를 각각의 요소로 나누어 요소마다 의미를 도출한 후 구체적인 문제해결방법을 실행하는 분석적 사고가 필요합니다.
③ 기존에 가지고 있는 인식의 틀을 전환하여 새로운 관점에서 세상과 사물을 바라보는 발상의 전환이 필요합니다.
④ 문제해결에 필요한 기술, 재료, 방법 등 필요한 자원 확보 계획을 수립하고, 내・외부자원을 효과적으로 활용해야 합니다.
⑤ 문제해결방법에 대한 기본 지식이 부족하므로 체계적인 교육을 통해 문제해결을 위한 기본 지식과 스킬을 습득해야 합니다.

05 K사원은 핸드폰을 새롭게 마련하게 되어 S통신사의 상품에 가입하려고 한다. S통신사는 5가지의 통신 상품을 판매하고 있으며 각각의 통화, 데이터, 문자의 제한된 양은 다음과 같다. K사원이 통화 420분, 데이터 7GB, 문자 125통을 사용한다고 했을 때, 요금이 가장 저렴한 요금제는 무엇인가?(단, 부족분의 통화·데이터·문자는 추가요율에 의해 요금이 부과되며, 잉여분이 남더라도 요금이 환급되지는 않고, 무제한의 경우는 추가적인 과금이 없다)

〈S통신사의 통신상품〉

요금제	통화(분)	데이터(GB)	문자(통)	요금(원)
A	450	10	무제한	75,000
B	350	5	무제한	60,000
C	410	3	100	50,000
D	300	7	120	60,000
E	400	6	30	50,000

〈S통신사 통신상품의 추가 요율〉

구분	통화	데이터	문자
추가요율	120원/분	5,000원/GB	220원/통

① A요금제
② B요금제
③ C요금제
④ D요금제
⑤ E요금제

06 다음 상황에서 S대학교의 문제해결을 위한 대안으로 가장 적절한 것은?

S대학교는 현재 학생 관리 프로그램, 교수 관리 프로그램, 성적 관리 프로그램의 3개의 응용 프로그램을 갖추고 있다. 학생 관리 프로그램은 학생 정보를 저장하고 있는 파일을 이용하고, 교수 관리 프로그램은 교수 정보 파일을 이용하며, 성적 관리 프로그램은 성적 정보 파일을 이용한다. 즉, 다음과 같이 각각의 응용 프로그램들은 개별적인 파일을 이용한다.
이런 경우의 파일에는 많은 정보가 중복 저장되어 있다. 그렇기 때문에 중복된 정보가 수정되면 관련된 모든 파일을 수정해야 하는 불편함이 있다. 예를 들어 한 학생이 자퇴하게 되면 학생 정보 파일뿐만 아니라 교수 정보 파일, 성적 정보 파일도 수정해야 하는 것이다.

① 데이터베이스 구축
② 유비쿼터스 구축
③ RFID 구축
④ NFC 구축
⑤ 와이파이 구축

07 다음 글을 읽고 이해한 내용으로 가장 적절한 것은?

> 최근 환경오염의 주범이었던 화학회사들이 환경 보호 정책을 표방하고 나섰다. 기업의 분위기가 변하면서 대학의 엔지니어뿐만 아니라 기업에 고용된 엔지니어들도 점차 대체기술, 환경기술, 녹색 디자인 등을 추구하는 방향으로 전환해 가고 있는 것이다. 또한, 최근 각광받고 있는 3R의 구호[줄이고(Reduce), 재사용하고(Reuse), 재처리하자(Recycle)]는 엔지니어들로 하여금 미래 사회를 위한 자신들의 역할에 대해 방향을 제시해 주고 있다.

① 개발이라는 이름으로 행해지는 개발독재의 사례로 볼 수 있다.
② 자연과학기술에 대한 연구개발의 사례로 적절하다.
③ 균형과 조화를 위한 지속가능한 개발의 사례로 볼 수 있다.
④ 기술이나 자금을 위한 개발수입의 사례이다.
⑤ 기업의 생산능률을 위한 조직개발의 사례로 볼 수 있다.

08 팀을 생산적으로 만들기 위해서는 팀워크를 촉진시키는 것이 매우 중요하며, 이를 위해서는 다음과 같은 행동이 필요하다. 이를 이해한 내용으로 옳지 않은 것은?

> 〈팀워크를 촉진시키기 위한 행동〉
>
> • 동료 피드백 장려하기
> • 갈등을 해결하기
> • 창의력 조성을 위해 협력하기
> • 참여적으로 의사결정하기
> • 양질의 결정 내리기
> • 구성원들의 동참 구하기

① 아이디어에 대해 아무런 제약을 가하지 않는 환경을 조성할 때 성공적인 팀워크를 달성할 수 있다.
② 조직 현장에서 팀원들에게 업무 재량을 위임하고, 자주적이고 주체적인 결정을 내릴 수 있도록 권한을 부여해야 한다.
③ 모든 팀원들이 결정에 동의하였는지 확인하고, 결정을 실행함에 있어 각자의 역할을 이해하고 있는지 확인해야 한다.
④ 팀 목표 달성에 대하여 동료의 잘못된 행동을 발견할 시 즉각적인 피드백을 제공해야 한다.
⑤ 팀원 사이의 갈등을 발견할 경우 제3자로서 개입하기보다는 둘이 스스로 원만하게 풀기를 기다린다.

09 다음 문단을 논리적 순서대로 바르게 나열한 것은?

(가) 좋은 체력은 하루 이틀 사이에 이루어지지 않으며 이를 위해서는 공부, 식사, 수면, 운동의 개인별 특성에 맞는 규칙적인 생활관리와 알맞은 영양공급이 필수적이다. 또한, 이 시기는 신체적으로도 급격한 성장과 성숙이 이루어지는 중요한 시기로, 좋은 영양상태를 유지하는 것은 수험을 위한 체력의 기반을 다지는 것뿐만 아니라 건강하고 활기찬 장래를 위한 준비가 된다는 점을 간과해서는 안 된다.

(나) 우리나라의 중·고교생들은 많은 수가 입시전쟁을 치러야 하는 입장에 있다. 입시 준비 기간이라는 어려운 기간을 잘 이겨내어 각자가 지닌 목표를 달성하려면 꾸준한 노력과 총명한 두뇌가 중요하지만 마지막 승부수는 체력일 것이다.

(다) 그러나 학생들은 많은 학습량, 수험으로 인한 스트레스, 밤새우기 등 불규칙한 생활을 하기도 하고, 식생활에 있어서도 아침을 거르고, 제한된 도시락 반찬으로 인한 불충분한 영양소 섭취, 잦은 야식, 미용을 위하여 무리하게 식사를 거르거나 절식을 하여 건강을 해치기도 한다. 또한 집 밖에서 보내는 시간이 많아 주로 패스트푸드, 편의식품점, 자동판매기를 통해 식사를 대체하고 있다.

① (가) – (나) – (다)
② (가) – (다) – (나)
③ (나) – (가) – (다)
④ (나) – (다) – (가)
⑤ (다) – (가) – (나)

10 다음은 S회사의 직무전결표의 일부분이다. 이에 따라 문서를 처리하였을 경우 옳지 않은 것은?

직무 내용	대표이사	위임 전결권자		
		전무	이사	부서장
정기 월례 보고				○
각 부서장급 인수인계		○		
3천만 원 초과 예산 집행	○			
3천만 원 이하 예산 집행		○		
각종 위원회 위원 위촉	○			
해외 출장			○	

① 인사부장의 인수인계에 관하여 전무에게 결재받은 후 시행하였다.
② 인사징계위원회 위원을 위촉하기 위하여 대표이사 부재중에 전무가 전결하였다.
③ 영업팀장의 해외 출장을 위하여 이사에게 결재를 받았다.
④ 3천만 원에 해당하는 물품 구매를 위하여 전무 전결로 처리하였다.
⑤ 정기 월례 보고서를 작성한 후 부서장의 결재를 받았다.

11 K씨는 향후 자동차 구매자금을 마련하고자 한다. 이를 위해 자산관리담당자와 상담을 한 결과, 다음 자료의 3가지 금융상품에 2천만 원을 투자하기로 하였다. 6개월이 지난 후 K씨가 받을 수 있는 금액은?

〈포트폴리오 상품내역〉

상품명	종류	기대수익률(연)	투자비중
A	주식	10%	40%
B	채권	4%	30%
C	예금	2%	30%

※ 상품거래에서 발생하는 수수료 등 기타비용은 없다고 가정

※ $(\text{투자수익})=(\text{투자원금})+(\text{투자원금})\times(\text{기대수익률})\times\frac{(\text{투자월 수})}{12}$

① 2,012만 원
② 2,028만 원
③ 2,058만 원
④ 2,078만 원
⑤ 2,125만 원

12 다음은 S공사에서 직원들의 평균 통화시간을 조사한 자료이다. 평균 통화시간이 6분 초과 9분 이하인 여자 사원 수는 12분 초과인 남자 사원 수에 비해 몇 배 많은가?

〈직원 평균 통화시간〉

평균 통화시간	남자	여자
3분 이하	33%	26%
3분 초과 6분 이하	25%	21%
6분 초과 9분 이하	18%	18%
9분 초과 12분 이하	14%	16%
12분 초과	10%	19%
대상 인원수	600명	400명

① 1.1배
② 1.2배
③ 1.3배
④ 1.4배
⑤ 1.5배

13 다음 글을 참고할 때 외부경영활동으로 볼 수 있는 것은?

경영활동은 외부경영활동과 내부경영활동으로 구분하여 볼 수 있다. 외부경영활동은 조직외부에서 조직의 효과성을 높이기 위해 이루어지는 활동이다. 반면, 내부경영활동은 조직내부에서 자원들을 관리하는 것이다.

① 마케팅 활동
② 직원 부서 배치
③ 직원 채용
④ 직원 교육훈련
⑤ 사내행사 진행

14 다음 자기개발의 특징에 대한 설명을 읽고 이해한 내용으로 옳지 않은 것은?

〈자기개발의 특징〉

- 자기개발에서 개발의 주체는 타인이 아니라 자신이다.
- 자기개발은 개별적인 과정으로, 자기개발을 통해 지향하는 바와 선호하는 방법 등은 사람마다 다르다.
- 자기개발은 평생에 걸쳐서 이루어지는 과정이다.
- 자기개발은 일과 관련하여 이루어지는 활동이다.
- 자기개발은 생활 가운데 이루어져야 한다.
- 자기개발은 모든 사람이 해야 하는 것이다.

① 자기개발은 보다 보람되고 나은 삶을 영위하고자 노력하는 사람이라면 누구나 해야 하는 것이다.
② 개인은 대부분 일과 관련하여 인간관계를 맺으며, 자신의 능력을 발휘하기 때문에 자기개발은 일과 관련하여 이루어져야 한다.
③ 개인은 자신의 이해를 바탕으로, 자신에게 앞으로 닥칠 환경변화를 예측하고, 자신에게 적합한 목표를 설정함으로써, 자신에게 알맞은 자기개발 전략이나 방법을 선정하여야 한다.
④ 자기개발의 객체는 자신이므로 스스로 자신의 능력, 적성, 특성 등을 이해하고, 목표성취를 위해 자신을 관리하며 개발하여야 한다.
⑤ 자기개발은 교육기관에서 이루어지는 교육이며, 특정한 사건과 요구가 있을 경우 이루어지는 과정이다.

15 신입사원 J씨는 A ~ E과제 중 어떤 과제를 먼저 수행하여야 하는지를 결정하기 위해 평가표를 작성하였다. 다음 중 J씨가 가장 먼저 수행할 과제는?(단, 평가 항목 최종 합산 점수가 가장 높은 과제부터 수행한다)

〈과제별 평가표〉

(단위 : 점)

구분	A	B	C	D	E
중요도	84	82	95	90	94
긴급도	92	90	85	83	92
적용도	96	90	91	95	83

※ 과제당 다음과 같은 가중치를 별도로 부여하여 계산한다.
[(중요도)×0.3]+[(긴급도)×0.2]+[(적용도)×0.1]
※ 항목당 최하위 점수에 해당하는 과제는 선정하지 않는다.

① A
② B
③ C
④ D
⑤ E

16 다음 시트에서 [B9] 셀에 [B2:C8] 영역의 평균을 계산하고 자리올림을 하여 천의 자리까지 표시하려고 할 때, 입력해야 하는 함수식으로 옳은 것은?

	A	B	C
1	1분기	2분기	3분기
2	91,000	91,000	91,000
3	81,000	82,000	83,000
4	71,000	72,000	73,000
5	61,000	62,000	63,000
6	51,000	52,000	53,000
7	41,000	42,000	43,000
8	91,000	91,000	91,000
9			

① =ROUNDUP(AVERAGE(B2:C8), −3)
② =ROUND(AVERAGE(B2:C8), −3)
③ =ROUNDUP(AVERAGE(B2:C8), 3)
④ =ROUND(AVERAGE(B2:C8), 3)
⑤ =ROUND(AVERAGE(B2:C8), −1)

17 **다음 기사에 나타난 문제 유형에 대한 설명으로 옳은 것은?**

> 도색이 완전히 벗겨진 차선과 지워지기 직전의 흐릿한 차선이 서울 강남의 도로 여기저기서 발견되고 있다. 알고 보니 규격 미달의 불량 도료 때문이었다. 시공 능력이 없는 업체들이 서울시가 발주한 도색 공사를 따낸 뒤, 브로커를 통해 전문 업체에 공사를 넘겼고, 이 과정에서 수수료를 떼인 전문 업체들은 손해를 만회하기 위해 값싼 도료를 사용한 것이다. 차선용 도료에 값싼 일반용 도료를 섞다 보니 야간에 차선이 잘 보이도록 하는 유리알이 제대로 붙어있지 못해 차선 마모는 더욱 심해졌다. 지난 4년간 서울 전역에서는 74건의 부실 시공이 이뤄졌고, 총 공사 대금은 183억 원에 달하는 것으로 밝혀졌다.

① 발생형 문제로, 이탈 문제에 해당한다.
② 발생형 문제로, 미달 문제에 해당한다.
③ 탐색형 문제로, 잠재문제에 해당한다.
④ 탐색형 문제로, 예측문제에 해당한다.
⑤ 탐색형 문제로, 발견문제에 해당한다.

18 **A가 혼자 컴퓨터 조립을 하면 2시간이 걸리고, B가 혼자 컴퓨터 조립을 하면 3시간이 걸린다. 먼저 A가 혼자 컴퓨터를 조립하다가 중간에 일이 생겨 나머지를 B가 완성했는데, 걸린 시간은 총 2시간 15분이었다. 이때 A가 혼자 일한 시간은?**

① 1시간 25분
② 1시간 30분
③ 1시간 35분
④ 1시간 40분
⑤ 1시간 45분

※ 다음 글을 읽고 이어지는 질문에 답하시오. [19~20]

4차 산업혁명은 인공지능(AI) 등의 정보통신기술(ICT)이 기존의 산업에 융합되어 일어나는 혁신을 가리킨다. 따라서 산업의 기술적 변화를 가리키는 '4차 산업혁명'은 산업 분류에서의 '4차 산업'과 다른 개념을 의미한다.
4차 산업혁명은 생산능력과 효율성에 큰 향상을 불러올 것으로 예상된다. 4차 산업혁명의 키워드라 불리는 인공지능, 빅데이터, 3D프린팅, 드론, VR, 사물인터넷 등 기술의 융・복합은 단순한 노동구조의 변화를 넘어 기획과 창조의 영역까지 인간을 대체할 것으로 보이며, 생산이라는 패러다임의 변화를 가져올 것으로 예상된다.
특히 제조업에서는 '아이디어를 구체화하는 인공지능 시스템', '즉각적인 고객 맞춤형 생산', '자원효율성과 제품 수명주기를 ㉠ 관장하는 가상생산 시스템' 등이 현실화될 것으로 보인다. 이를 제조업의 디지털화・서비스화・스마트화라 한다.
이러한 4차 산업혁명의 변화는 우리의 삶을 더욱 풍족하게 하겠지만, 한편으로는 사람들의 일자리가 줄어 대량실업 사태가 발생할 수 있다는 우려도 꾸준히 제기된다.

19 다음 중 윗글에 이어질 내용으로 가장 적절한 것은?

① 4차 산업혁명의 긍정적 영향
② 4차 산업혁명의 부정적 영향
③ 4차 산업혁명의 정의 및 유형
④ 4차 산업혁명과 4차 산업의 차이점
⑤ 4차 산업혁명에 따른 신산업 트렌드

20 다음 중 밑줄 친 ㉠과 의미가 유사한 것은?

① 처리하다
② 방관하다
③ 장관하다
④ 권장하다
⑤ 장권하다

21 다음 중 워드프로세서의 커서 이동키에 대한 설명으로 옳은 것은?

① 〈Home〉 : 커서를 현재 문서의 맨 처음으로 이동시킨다.

② 〈End〉 : 커서를 현재 문단의 맨 마지막으로 이동시킨다.

③ 〈Back Space〉 : 커서를 화면의 맨 마지막으로 이동시킨다.

④ 〈Page Down〉 : 커서를 한 화면 단위로 하여 아래로 이동시킨다.

⑤ 〈Alt〉+〈Page Up〉 : 커서를 파일의 맨 처음으로 이동시킨다.

22 다음 빈칸에 들어갈 내용으로 옳은 것은?

> 강사 : 안녕하세요. 오늘은 산업재해의 기본적 원인에 대해 알아보려고 합니다. 산업재해의 기본적 원인으로는 교육적 원인, 기술적 원인, 작업 관리상의 원인과 같이 크게 3가지 유형으로 구분할 수 있다고 저번 강의 때 말씀드렸는데요. 오늘은 이전 시간에 배웠던 교육적 원인 다음으로 기술적 원인에 대해 알아보고자 합니다. 산업재해의 기술적 원인의 사례로는 건물·기계 장치의 설계 불량, ______________, 재료의 부적합, 생산 공정의 부적당 등을 볼 수 있습니다.

① 안전 지식의 불충분

② 인원 배치 및 작업 지시 부적당

③ 점검·정비·보존의 불량

④ 유해 위험 작업교육 불충분

⑤ 안전 관리 조직의 결함

23 다음은 S기업 신입사원 간의 대화이다. 일반적인 직업의 의미를 참고할 때 잘못 이야기한 사람은 누구인가?

① 예솔 : 나는 S기업에 들어와서 너무 행복해. 월급을 안 받아도 여기서 직업을 유지하고 싶어.

② 대영 : S기업 사원은 나에게 첫 직업이야. 직업을 위해 모든 노력을 다 하겠어.

③ 종우 : 지금까지 내가 가진 직업은 너무 짧은 시간동안 해왔던 거라서 직업이라고 말하기 어려워. 이제는 S기업에서 지속적으로 내 직업을 유지하고 싶어.

④ 다연 : 내 직업이 나뿐만 아니라 우리 사회를 위해서도 활용되었으면 좋겠어.

⑤ 미림 : 내 능력을 활용하여 가족의 생계를 책임지고 있어. 앞으로도 계속 하고 싶어.

24 다음 경력개발이 필요한 이유 중 환경변화의 분류에 속하지 않는 것은?

① 지식정보의 빠른 변화
② 삶의 질 추구
③ 능력주의 문화
④ 중견사원 이직 증가
⑤ 인력난 심화

25 다음 〈조건〉을 만족할 때, 항상 옳은 것은?

〈조건〉

- A사와 B사는 동일 제품을 동일 가격에 판다.
- 어제는 A사와 B사의 판매수량의 비가 4 : 3이었다.
- 오늘 A사는 동일 가격에 판매하고, B사는 20%를 할인해서 팔았다.
- 오늘 A사는 어제와 같은 수량을 팔았고, B사는 어제보다 150개를 더 팔았다.
- 오늘 A사와 B사의 전체 판매액은 동일하다.

① A사는 어제, 오늘 제품을 2천 원에 팔았다.
② 오늘 A사는 어제 B사보다 제품 80개를 더 팔았다.
③ B사는 오늘 375개의 제품을 팔았다.
④ 오늘 A사와 B사의 판매수량의 비는 동일하다.
⑤ 오늘 B사는 600원을 할인했다.

26 기획팀의 A대리는 같은 팀의 B대리와 동일한 업무를 진행함에도 불구하고 항상 업무 마감 기한을 제대로 지키지 못해 어려움을 겪고 있다. B대리의 업무 처리 과정을 지켜본 결과 B대리는 업무 처리에 소요되는 시간을 미리 계획하여 일정을 여유 있게 조절하는 것을 알 수 있었다. 다음 중 A대리가 B대리의 업무 처리 과정을 따라 실천한다고 할 때, 얻을 수 있는 효과로 적절하지 않은 것은?

① A대리의 업무 스트레스가 줄어들 것이다.
② 기업의 생산성 향상에 도움을 줄 수 있을 것이다.
③ A대리는 다양한 역할 수행을 통해 균형적인 삶을 살 수 있을 것이다.
④ A대리의 업무 목표를 달성할 수 있을 것이다.
⑤ A대리는 앞으로 가시적인 업무에 전력을 다할 수 있을 것이다.

27 다음 중 [A1:A2] 영역을 선택한 후 채우기 핸들을 아래쪽으로 드래그했을 때 [A5] 셀에 입력될 값으로 옳은 것은?

A1 ▾ f_x 월요일

	A	B	C	D	D	E
1	월요일					
2	수요일					
3						
4						
5						

① 월요일
② 화요일
③ 수요일
④ 목요일
⑤ 금요일

28 다음 조직 구조에 대한 설명에 해당하는 조직 유형은?

의사결정 권한이 조직의 상층부에 집중되어 있다. 조직의 규모가 작거나 신설 조직이며 조직의 활동에 많은 예산이 필요할 때, 조직이 위기에 처하거나 직원들의 능력이 부족할 때 장점을 가지게 되는 구조로, 행정의 통일성, 빠른 결정 등이 가능하다.

① 분권화
② 집권화
③ 수평적
④ 공식성
⑤ 유기적

※ 다음은 A ~ D사원의 6월 근태 현황 중 일부를 나타낸 자료이다. 이어지는 질문에 답하시오. **[29~30]**

〈6월 근태 현황〉

(단위 : 회)

구분	A사원	B사원	C사원	D사원
지각	1			1
결근				
야근				2
근태 총점수(점)	0	−4	−2	0

〈6월 근태 정보〉

- 근태는 지각(−1), 결근(−1), 야근(+1)으로 이루어져 있다.
- A, B, C, D사원의 근태 총점수는 각각 0점, −4점, −2점, 0점이다.
- A, B, C사원은 지각, 결근, 야근을 각각 최소 1회, 최대 3회 하였고 각 근태 횟수는 모두 달랐다.
- A사원은 지각을 1회 하였다.
- A, B, C, D사원 중 A사원이 야근을 가장 많이 했다.
- 지각은 B사원이 C사원보다 적게 했다.

29 다음 중 항상 옳은 것은?

① 지각을 제일 많이 한 사람은 C사원이다.
② B사원은 결근을 2회 했다.
③ C사원은 야근을 1회 했다.
④ A사원은 결근을 3회 했다.
⑤ 결근을 가장 적게 한 사람은 A사원이다.

30 다음 중 지각보다 결근을 많이 한 사람은?

① A사원, B사원
② A사원, C사원
③ B사원, C사원
④ B사원, D사원
⑤ C사원, D사원

31 S사에는 직원들의 편의를 위해 휴게실에 전자레인지가 구비되어 있고, E사원은 회사의 기기를 관리하는 업무를 맡고 있다. 어느 날, 동료 사원들로부터 전자레인지를 사용할 때 가끔씩 불꽃이 튀고 음식이 잘 데워지지 않는다는 이야기를 들었다. 다음 제품 설명서를 토대로 서비스를 접수하기 전에 점검할 사항이 아닌 것은?

〈전자레인지 사용 설명서〉

증상	원인	조치 방법
전자레인지가 작동하지 않는다.	• 전원 플러그가 콘센트에 바르게 꽂혀 있습니까? • 문이 확실히 닫혀 있습니까? • 배전판 퓨즈나 차단기가 끊어지지 않았습니까? • 조리방법을 제대로 선택하셨습니까? • 혹시 정전은 아닙니까?	• 전원 플러그를 바로 꽂아 주십시오. • 문을 다시 닫아 주십시오. • 끊어졌으면 교체하고 연결시켜 주십시오. • 취소를 누르고 다시 시작하십시오.
동작 시 불꽃이 튄다.	• 조리실 내벽에 금속 제품 등이 닿지 않았습니까? • 금선이나 은선으로 장식된 그릇을 사용하고 계십니까? • 조리실 내에 찌꺼기가 있습니까?	• 벽에 닿지 않도록 하십시오. • 금선이나 은선으로 장식된 그릇은 사용하지 마십시오. • 깨끗이 청소해 주십시오.
조리 상태가 나쁘다.	• 조리 순서, 시간 등 사용 방법을 잘 선택하셨습니까?	• 조리법을 다시 확인하고 사용해 주십시오.
회전 접시가 불균일하게 돌거나 돌지 않는다.	• 회전 접시와 회전 링이 바르게 놓여 있습니까?	• 각각을 정확한 위치에 놓아 주십시오.
불의 밝기나 동작 소리가 불균일하다.	• 출력의 변화에 따라 일어난 현상이니 안심하고 사용하셔도 됩니다.	

① 조리실 내 위생 상태 점검
② 사용 가능 용기 확인
③ 사무실, 전자레인지 전압 확인
④ 조리실 내벽 확인
⑤ 조리 순서, 시간 확인

32 **다음 중 산업재해에 해당되는 사례가 아닌 것은?**

① 산업활동 중의 사고로 인해 사망하는 경우
② 근로자가 휴가 기간 중 사고로 부상당한 경우
③ 회사에 도보로 통근을 하는 도중 교통사고를 당하는 경우
④ 일용직, 계약직, 아르바이트생이 산업활동 중 부상당하는 경우
⑤ 유해 물질에 의한 중독 등으로 직업성 질환에 걸리거나 신체적 장애를 가져오는 경우

33 **다음 중 기술과 관련된 용어에 대한 설명으로 옳지 않은 것은?**

① 노하우(Know-how)는 어떤 일을 오래 하면서 자연스럽게 터득한 방법이나 요령이다.
② 노와이(Know-why)는 원인과 결과를 알아내고 파악하는 것을 말한다.
③ OJT(On the Job Training)는 국가에서 직원을 집합하여 교육하는 기본적인 훈련 방법이다.
④ 벤치마킹(Benchmarking)은 기업에서 경쟁력을 키우기 위한 방법으로 경쟁 회사의 비법을 배우면서 혁신하는 기법이다.
⑤ 매뉴얼(Manual)은 제품 및 시스템을 사용하는 데 도움이 되는 서식이다.

34 **지하철이 A역에는 3분마다 오고, B역에는 2분마다 오고, C역에는 4분마다 온다. 지하철이 오전 4시 30분에 첫 번째로 A, B, C역에 동시에 도착했다면, 세 지하철역에서 지하철이 다섯 번째로 동시에 도착하는 시각은?**

① 오전 4시 45분
② 오전 4시 52분
③ 오전 5시 15분
④ 오전 5시 18분
⑤ 오전 5시 24분

35 **조직의 유지와 발전에 책임을 지는 조직의 경영자는 다양한 역할을 수행해야 한다. 다음 중 조직 경영자의 역할로 적절하지 않은 것은?**

① 대외적으로 조직을 대표한다.
② 대외적 협상을 주도한다.
③ 조직 내에서 발생하는 분쟁을 조정한다.
④ 외부 변화에 대한 정보를 수용한다.
⑤ 제한된 자원을 적재적소에 배분한다.

36 다음 중 윤리적 가치에 대한 설명으로 옳지 않은 것을 〈보기〉에서 모두 고르면?

〈보기〉

ㄱ. 윤리적 규범을 지키는 것은 어떻게 살 것인가에 대한 가치관의 문제와도 관련이 있다.
ㄴ. 모두가 자신의 이익만을 위하여 행동한다면 사회질서는 유지될 수 있지만, 최선의 결과를 얻기는 어렵다.
ㄷ. 개인의 행복뿐만 아니라 모든 사람의 행복을 보장하기 위하여 윤리적 가치가 필요하다.
ㄹ. 윤리적 행동의 당위성은 윤리적 행동을 통해 얻을 수 있는 경제적 이득에 근거한다.

① ㄱ, ㄴ
② ㄱ, ㄷ
③ ㄴ, ㄷ
④ ㄴ, ㄹ
⑤ ㄷ, ㄹ

37 다음 중 자기개발 요소에 대한 설명으로 옳지 않은 것을 〈보기〉에서 모두 고르면?

〈보기〉

ㄱ. 자기개발은 크게 자아인식, 자기관리, 자원확충, 경력개발로 이루어진다.
ㄴ. 자신의 특성에 대한 정확한 인식이 있어야 적절한 자기개발이 가능하다.
ㄷ. 경력개발은 자신의 일정을 수립하고 조정하여 자기관리를 수행하고, 이를 반성하여 피드백하는 과정으로 이루어진다.
ㄹ. 자기관리란 일생에 걸쳐서 지속적으로 이루어지는 일과 관련된 경험에 대하여 목표와 전략을 수립하고 실행하며 피드백하는 과정이다.

① ㄱ
② ㄴ
③ ㄱ, ㄴ
④ ㄴ, ㄹ
⑤ ㄱ, ㄷ, ㄹ

38 다음 중 옵트인 방식을 도입하자는 주장에 대한 근거로 적절하지 않은 것은?

> 스팸 메일 규제와 관련한 논의는 스팸 메일 발송자의 표현의 자유와 수신자의 인격권 중 어느 것을 우위에 둘 것인가를 중심으로 전개되어 왔다. 스팸 메일의 규제 방식은 옵트인(Opt-in) 방식과 옵트아웃(Opt-out) 방식으로 구분된다. 전자는 광고성 메일을 금지하지는 않되 수신자의 동의를 받아야만 발송할 수 있게 하는 방식으로, 영국 등 EU 국가들에서 시행하고 있다. 그러나 이 방식은 수신 동의 과정에서 발송자와 수신자 양자에게 모두 비용이 발생하며, 시행 이후에도 스팸 메일이 줄지 않았다는 조사 결과도 나오고 있어 규제 효과가 크지 않을 수 있다.
>
> 반면, 옵트아웃 방식은 일단 스팸 메일을 발송할 수 있게 하되 수신자가 이를 거부하면 이후에는 메일을 재발송할 수 없도록 하는 방식으로, 미국에서 시행되고 있다. 그런데 이러한 방식은 스팸 메일과 일반적 광고 메일의 선별이 어렵고, 수신자가 수신 거부를 하는 데 따르는 불편과 비용을 초래하며 불법적으로 재발송되는 메일을 통제하기 힘들다. 또한 육체적·정신적으로 취약한 청소년들이 스팸 메일에 무차별적으로 노출되어 피해를 입을 수 있다.

① 옵트아웃 방식을 사용한다면 수신자가 수신 거부를 하는 것이 더 불편해질 것이다.
② 옵트인 방식은 수신에 동의하는 데 따르는 수신자의 경제적 손실을 막을 수 있다.
③ 옵트아웃 방식을 사용한다면 재발송 방지가 효과적으로 이루어지지 않을 것이다.
④ 옵트인 방식은 수신자 인격권 보호에 효과적이다.
⑤ 날로 수법이 교묘해져가는 스팸 메일을 규제하기 위해서는 수신자 사전 동의를 받아야 하는 옵트인 방식을 채택하는 것이 효과적이다.

39 중소기업의 생산 관리팀에서 근무하고 있는 귀하는 총생산비용의 감소율을 30%로 설정하려고 한다. 1단위 생산 시 단계별 부품 단가가 다음과 같을 때 ⓐ+ⓑ의 값으로 옳은 것은?

단계	부품 1단위 생산시 투입비용(원)	
	개선 전	개선 후
1단계	4,000	3,000
2단계	6,000	ⓐ
3단계	11,500	ⓑ
4단계	8,500	7,000
5단계	10,000	8,000

① 4,000
② 6,000
③ 8,000
④ 10,000
⑤ 12,000

40 다음 글에 대한 분석으로 옳은 것을 〈보기〉에서 모두 고르면?

> 식탁을 만드는 데에는 노동과 자본만 투입된다. 노동자 1명의 시간당 임금은 8,000원이다. 노동자 1명이 투입되어 A기계 또는 B기계를 사용하여 식탁을 생산한다. A기계를 사용하면 10시간이 걸리고, B기계를 사용하면 7시간이 걸린다. 식탁 1개의 시장가격은 100,000원이다. A기계의 임대료는 식탁 1개를 생산하는 경우 10,000원이고, B기계는 20,000원이다.
> A, B기계 중 어떤 것을 사용해도 생산된 식탁의 품질은 같다고 하면 기업들은 어떤 기계를 사용할 것인가? (단, 작업 환경·물류비 등 다른 조건은 고려하지 않는다)

〈보기〉

ㄱ. 기업은 B기계보다는 A기계를 선택할 것이다.
ㄴ. '어떻게 생산할 것인가?'와 관련된 경제 문제이다.
ㄷ. 합리적인 선택을 했다면 식탁 1개당 24,000원의 이윤을 기대할 수 있다.
ㄹ. A기계를 사용하는 경우 식탁 1개를 만드는 데 드는 비용은 70,000원이다.

① ㄱ, ㄴ
② ㄱ, ㄷ
③ ㄴ, ㄷ
④ ㄴ, ㄹ
⑤ ㄷ, ㄹ

제2영역 직무수행능력평가

| 01 | 행정학

01 **다음 중 정책결정과 관련된 이론에 대한 설명으로 옳지 않은 것은?**

① 쿠바 미사일 사태에 대한 사례 분석인 앨리슨(Allison) 모형은 정부의 정책결정 과정은 합리모형보다는 조직과정모형과 정치모형으로 설명하는 것이 더 바람직하다고 주장한다.

② 드로(Dror)가 주장한 최적모형은 기존의 합리적 결정 방식이 지나치게 수리적 완벽성을 추구해 현실성을 잃었다는 점을 지적하고 합리적 분석뿐만 아니라 결정자의 직관적 판단도 중요한 요소로 간주한다.

③ 쓰레기통 모형은 문제, 해결책, 선택 기회, 참여자의 네 요소가 독자적으로 흘러 다니다가 어떤 계기로 만나게 될 때 결정이 이루어진다고 설명한다.

④ 에치오니(Etzioni)의 혼합탐사모형에 의하면 결정은 근본적 결정과 세부적 결정으로 나누어질 수 있으며, 합리적 의사결정모형과 점진적 의사결정모형을 보완적으로 사용할 수 있다.

⑤ 사이먼(Simon)의 만족모형에 의하면 정책담당자들은 경제인과 달리 최선의 합리성을 추구하기보다는 시간과 공간, 재정적 측면에서의 여러 요인을 고려해 만족할 만한 수준에서 정책을 결정하게 된다.

02 **다음 중 조직구성원의 인간관에 따른 조직관리와 동기부여에 대한 설명으로 옳은 것을 〈보기〉에서 모두 고르면?**

〈보기〉

ㄱ. 허즈버그의 욕구충족요인 이원론에 의하면, 불만요인을 제거해야 조직원의 만족감을 높이고 동기가 유발된다.

ㄴ. 로크의 목표설정이론에 의하면 동기 유발을 위해서는 구체성이 높고 난이도가 높은 목표가 채택되어야 한다.

ㄷ. 합리적・경제적 인간관은 테일러의 과학적 관리론, 맥그리거의 X이론, 아지리스의 미성숙인 이론의 기반을 이룬다.

ㄹ. 자아실현적 인간관은 호손실험을 바탕으로 하여 비공식적 집단의 중요성을 강조하며, 자율적으로 문제를 해결하도록 한다.

① ㄱ, ㄴ ② ㄴ, ㄷ

③ ㄱ, ㄴ, ㄹ ④ ㄴ, ㄷ, ㄹ

⑤ ㄱ, ㄴ, ㄷ, ㄹ

03 **다음 중 예산제도에 대한 설명으로 옳지 않은 것은?**

① 계획 예산제도(PPBS)는 기획, 사업구조화, 예산을 연계시킨 시스템적 예산제도이다.

② 계획 예산제도(PPBS)의 단점으로는 의사결정이 지나치게 집권화되고 전문화되어 외부통제가 어렵다는 점과 대중적인 이해가 쉽지 않아 정치적 실현가능성이 낮다는 점이 있다.

③ 품목별 예산제도(LIBS)는 정부의 지출을 체계적으로 구조화한 최초의 예산제도로, 지출대상별 통제를 용이하게 할 뿐 아니라 지출에 대한 근거를 요구하고 확인할 수 있다.

④ 성과 예산제도(PBS)는 사업별, 활동별로 예산을 편성하고, 성과평가를 통하여 행정통제를 합리화할 수 있다.

⑤ 품목별 예산제도(LIBS)는 왜 돈을 지출해야 하는지, 무슨 일을 하는지에 대하여 구체적인 정보를 제공한다는 장점이 있다.

04 **다음 중 국회의 승인이나 의결을 얻지 않아도 되는 것은?**

① 명시이월
② 예비비 사용
③ 예산의 이용
④ 계속비
⑤ 예산의 이체

05 **다음 중 신공공관리론에 대한 설명으로 옳은 것을 〈보기〉에서 모두 고르면?**

〈보기〉

ㄱ. 기업경영의 논리와 기법을 정부에 도입·접목하려는 노력이다.
ㄴ. 정부 내의 관리적 효율성에 초점을 맞추고, 규칙중심의 관리를 강조한다.
ㄷ. 거래비용이론, 공공선택론, 주인 – 대리인이론 등을 이론적 기반으로 한다.
ㄹ. 중앙정부의 감독과 통제의 강화를 통해 일선공무원의 책임성을 강화시킨다.
ㅁ. 효율성을 지나치게 강조하는 과정에서 민주주의의 책임성이 결여될 수 있다는 한계가 있다.

① ㄱ, ㄴ, ㄷ
② ㄱ, ㄷ, ㄹ
③ ㄱ, ㄷ, ㅁ
④ ㄴ, ㄷ, ㅁ
⑤ ㄴ, ㄹ, ㅁ

06 **다음 중 제도화된 부패의 특징으로 옳지 않은 것은?**

① 부패저항자에 대한 보복
② 비현실적 반부패 행동규범의 대외적 발표
③ 부패행위자에 대한 보호
④ 공식적 행동규범의 준수
⑤ 부패의 타성화

07 **다음 중 제시된 사례와 정책대상집단에 대한 순응확보전략을 바르게 짝지은 것은?**

ㄱ. 황무지를 초지로 개간하여 조사료(Bulky Food)를 재배하는 축산농가에 대해서는 개간한 초지면적당 일정액의 보조금을 지급할 예정입니다.
ㄴ. 작업장에서의 안전장비 착용에 대한 중요성을 홍보하는 TV광고를 발주하도록 하겠습니다.
ㄷ. 일반용 쓰레기봉투에 재활용품을 담아서 배출하는 경우 해당 쓰레기봉투는 수거하지 않도록 하겠습니다.
ㄹ. 이번에 추진하는 신규사업에 보다 많은 주민들이 지원할 수 있도록 선발기준을 명료하게 명시한 안내문을 발송하고 필요시 직원들이 직접 찾아가서 관련 서류를 구비하는 것을 지원하도록 하겠습니다.

	설득전략	촉진전략	유인전략	규제전략
①	ㄴ	ㄱ	ㄹ	ㄷ
②	ㄴ	ㄷ	ㄱ	ㄹ
③	ㄴ	ㄹ	ㄱ	ㄷ
④	ㄹ	ㄱ	ㄴ	ㄷ
⑤	ㄹ	ㄱ	ㄷ	ㄴ

08 **다음 중 현재 행정각부와 그 소속 행정기관으로 옳은 것을 〈보기〉에서 모두 고르면?**

〈보기〉

ㄱ. 산업통상자원부 – 관세청
ㄴ. 행정안전부 – 경찰청
ㄷ. 중소벤처기업부 – 특허청
ㄹ. 환경부 – 산림청
ㅁ. 기획재정부 – 조달청
ㅂ. 해양수산부 – 해양경찰청

① ㄱ, ㄴ, ㅁ
② ㄱ, ㄷ, ㄹ
③ ㄱ, ㄹ, ㅁ
④ ㄴ, ㄷ, ㅁ
⑤ ㄴ, ㅁ, ㅂ

09 지식을 암묵지(Tacit Knowledge)와 형식지(Explicit Knowledge)로 구분할 경우, 암묵지에 해당하는 것을 〈보기〉에서 모두 고르면?

〈보기〉

ㄱ. 업무매뉴얼
ㄴ. 조직의 경험
ㄷ. 숙련된 기술
ㄹ. 개인적 노하우(Know-how)
ㅁ. 컴퓨터 프로그램
ㅂ. 정부 보고서

① ㄱ, ㄴ, ㄷ
② ㄴ, ㄷ, ㄹ
③ ㄴ, ㄷ, ㅁ
④ ㄷ, ㄹ, ㅂ
⑤ ㄹ, ㅁ, ㅂ

10 정책을 규제정책, 분배정책, 재분배정책, 추출정책으로 분류할 때, 저소득층을 위한 근로장려금 제도는 어느 정책으로 분류하는 것이 타당한가?

① 규제정책
② 분배정책
③ 재분배정책
④ 추출정책
⑤ 구성정책

11 다음 중 신고전적 조직이론에 대한 설명으로 옳지 않은 것은?

① 메이요(Mayo) 등에 의한 호손(Hawthorne)공장 실험에서 시작되었다.
② 공식조직에 있는 자생적, 비공식적 집단을 인정하고 수용한다.
③ 인간의 사회적 욕구와 사회적 동기유발 요인에 초점을 맞춘다.
④ 조직은 거래비용을 감소하기 위한 장치로 기능한다고 본다.
⑤ 사회적 능력과 사회적 규범에 의해 생산성이 결정된다고 보았다.

12 다음 중 신공공관리론(NPM)의 오류에 대한 반작용으로 대두된 신공공서비스론(NPS)에서 주장하는 원칙에 해당하는 것은?

① 지출보다는 수익 창출
② 노젓기보다는 방향잡기
③ 서비스 제공보다 권한 부여
④ 고객이 아닌 시민에 대한 봉사
⑤ 시장기구를 통한 변화 촉진

13 다음 중 합리적 정책결정 과정에서 정책문제를 정의할 때의 주요 요인으로 보기 어려운 것은?

① 관련 요소 파악
② 관련된 사람들이 원하는 가치에 대한 판단
③ 정책대안의 탐색
④ 관련 요소 간의 인과관계 파악
⑤ 관련 요소 간의 역사적 맥락 파악

14 다음 중 정책집행에 대한 설명으로 옳지 않은 것은?

① 정책의 희생집단보다 수혜집단의 조직화가 강하면 정책집행이 곤란하다.
② 집행은 명확하고 일관되게 이루어져야 한다.
③ 규제정책의 집행과정에서도 갈등은 존재한다고 본다.
④ 정책집행 유형은 집행자와 결정자와의 관계에 따라 달라진다.
⑤ 정책집행에는 환경적 요인도 작용한다.

15 다음 중 책임운영기관에 대한 설명으로 옳지 않은 것은?

① 책임운영기관은 집행기능 중심의 조직이다.
② 책임운영기관의 성격은 정부기관이며, 구성원은 공무원이다.
③ 책임운영기관은 융통성과 책임성을 조화시킬 수 있다.
④ 책임운영기관은 공공성이 강하고 성과관리가 어려운 분야에 적용할 필요가 있다.
⑤ 책임운영기관은 정부팽창의 은폐수단 혹은 민영화의 회피수단으로 사용될 가능성이 있다.

16 다음 중 조직 구조에 대한 설명으로 옳은 것은?

① 매트릭스 조직은 수평적인 팀제와 유사하다.
② 정보통신기술의 발달로 통솔의 범위는 과거보다 좁아졌다고 판단된다.
③ 기계적 조직 구조는 직무의 범위가 넓다.
④ 유기적인 조직은 안정적인 행정환경에서의 성과가 상대적으로 높다.
⑤ 수평적 전문화 수준이 높을수록 업무는 단순해진다.

17 다음 근무성적평정상의 오류 중 '어떤 평정자가 다른 평정자들보다 언제나 좋은 점수 또는 나쁜 점수를 주게 됨'으로써 나타나는 것은?

① 집중화 경향
② 관대화 경향
③ 시간적 오류
④ 총계적 오류
⑤ 규칙적 오류

18 다음 중 다면평가제도의 장점에 대한 설명으로 옳지 않은 것은?

① 평가의 객관성과 공정성 제고에 기여할 수 있다.
② 계층제적 문화가 강한 사회에서 조직 간 화합을 제고해 준다.
③ 피평가자가 자기의 역량을 강화할 수 있는 기회를 제공해 준다.
④ 조직 내 상하 간, 동료 간, 부서 간 의사소통을 촉진할 수 있다.
⑤ 팀워크가 강조되는 현대 사회의 새로운 조직 유형에 부합한다.

19 다음 중 예산개혁의 경향이 시대에 따라 변화해 온 순서대로 바르게 나열한 것은?

① 통제 지향 – 관리 지향 – 기획 지향 – 감축 지향 – 참여 지향
② 통제 지향 – 감축 지향 – 기획 지향 – 관리 지향 – 참여 지향
③ 관리 지향 – 감축 지향 – 통제 지향 – 기획 지향 – 참여 지향
④ 관리 지향 – 기획 지향 – 통제 지향 – 감축 지향 – 참여 지향
⑤ 기획 지향 – 감축 지향 – 통제 지향 – 관리 지향 – 참여 지향

20 다음 중 특별지방행정기관에 대한 설명으로 옳은 것은?

① 국가적 통일성보다는 지역의 특수성을 중요시하여 설치한다.
② 지방자치의 발전에 기여한다.
③ 지방자치단체와 명확한 역할 배분이 이루어져 행정의 효율성을 높일 수 있다.
④ 지역별 책임행정을 강화할 수 있다.
⑤ 주민들의 직접 통제와 참여가 용이하지 않다.

21 다음 〈보기〉 중 정부의 역할에 관한 입장에 대한 설명으로 옳은 것을 모두 고르면?

〈보기〉

ㄱ. 진보주의 정부관에 따르면 정부에 대한 불신이 강하고 정부실패를 우려한다.
ㄴ. 공공선택론은 정부를 공공재의 생산자로 규정하고 대규모 관료제에 의한 행정의 효율성을 높이는 것이 중요하다고 본다.
ㄷ. 보수주의 정부관은 자유방임적 자본주의를 옹호한다.
ㄹ. 신공공서비스론에 따르면 정부의 역할은 시민들로 하여금 공유된 가치를 창출하고 충족시킬 수 있도록 봉사하는 데 있다.
ㅁ. 행정국가 시대에는 '최대의 봉사가 최선의 정부'로 받아들여졌다.

① ㄱ, ㄴ, ㄷ
② ㄱ, ㄷ, ㄹ
③ ㄴ, ㄷ, ㄹ
④ ㄴ, ㄹ, ㅁ
⑤ ㄷ, ㄹ, ㅁ

22 다음 중 국무총리 직속의 위원회가 아닌 것은?

① 공정거래위원회
② 금융위원회
③ 국민권익위원회
④ 원자력안전위원회
⑤ 방송통신위원회

23 다음 빈칸에 들어갈 내용이 바르게 짝지어진 것은?

정부회계의 '발생주의'는 정부의 수입은 ___㉠___ 시점으로, 정부의 지출은 ___㉡___ 시점으로 계산하는 방식을 의미한다.

	㉠	㉡
①	현금수취	현금지불
②	현금수취	지출원인행위
③	납세고지	현금지불
④	납세고지	지출원인행위
⑤	납세고지	지출발생행위

24 다음은 정책과정을 바라보는 이론적 관점들 중 하나이다. 이에 대한 설명으로 옳은 것은?

> 사회의 현존 이익과 특권적 분배 상태를 변화시키려는 요구가 표현되기도 전에 질식·은폐되거나 그러한 요구가 국가의 공식 의사결정단계에 이르기 전에 소멸되기도 한다.

① 정책은 많은 이익집단의 경쟁과 타협의 산물이다.
② 정책 연구는 모든 행위자들이 이기적인 존재라는 기본 전제하에서 경제학적인 모형을 적용한다.
③ 실제 정책과정은 기득권의 이익을 수호하려는 보수적인 성격을 나타낼 가능성이 높다.
④ 정부가 단독으로 정책을 결정·집행하는 것이 아니라 시장 및 시민사회 등과 함께 한다.
⑤ 정부는 정책과정에 대한 적극적인 시민참여의식을 촉진시키는 역할을 한다.

25 다음 중 베버(Weber)의 관료제 모형에 대한 설명으로 옳지 않은 것은?

① 상관의 권위에 대한 의존성 증가 및 무사안일이 초래되는 구조이다.
② 직위의 권한과 관할범위는 법규에 의하여 규정된다.
③ 인간적 또는 비공식적 요인의 중요성을 간과하였다.
④ 관료제의 긍정적인 측면으로 목표대치 현상을 강조하였다.
⑤ 조직이 바탕으로 삼는 권한의 유형을 전통적 권한, 카리스마적 권한, 법적·합리적 권한으로 나누었다.

26 다음 중 자본 예산제도의 장점으로 옳지 않은 것은?

① 자본 예산제도는 자본적 지출에 대한 특별한 분석과 예산사정을 가능하게 한다.
② 자본 예산제도에 수반되는 장기적인 공공사업 계획은 조직적인 자원의 개발 및 보존을 위한 수단이 될 수 있다.
③ 계획과 예산 간의 불일치를 해소하고 이들 간에 서로 밀접한 관련성을 갖게 한다.
④ 경제적 불황기 내지 공황기에 적자예산을 편성하여 유효수요와 고용을 증대시킴으로써 불황을 극복하는 유용한 수단이 될 수 있다.
⑤ 국가 또는 지방자치단체의 순자산 상황의 변동과 사회간접자본의 축적·유지의 추이를 나타내는 데 사용할 수 있다.

27 다음 행정이론들을 시기 순서대로 바르게 나열한 것은?

> (가) 최소의 노동과 비용으로 최대의 능률을 올릴 수 있는 표준적 작업절차를 정하고 이에 따라 예정된 작업량을 달성하기 위한 가장 좋은 방법을 발견하려는 이론이다.
> (나) 기존의 거시적인 제도나 구조가 아닌 개인의 표출된 행태를 객관적·실증적으로 분석하는 이론이다.
> (다) 조직구성원들의 사회적·심리적 욕구와 조직 내 비공식집단 등을 중시하며, 조직의 목표와 조직구성원들의 목표 간의 균형 유지를 지향하는 민주적·참여적 관리 방식을 처방하는 이론이다.
> (라) 시민적 담론과 공익에 기반을 두고 시민에게 봉사하는 정부의 역할을 강조하는 이론이다.

① (가) – (나) – (다) – (라)
② (가) – (다) – (나) – (라)
③ (가) – (다) – (라) – (나)
④ (나) – (다) – (가) – (라)
⑤ (나) – (라) – (다) – (가)

28 다음 중 광역행정의 방식에 대한 설명으로 옳지 않은 것은?

① 공동처리 방식은 둘 이상의 지방자치단체가 상호 협력관계를 형성하여 광역적 행정사무를 공동으로 처리하는 방식이다.
② 연합 방식은 둘 이상의 지방자치단체가 독립적인 법인격을 그대로 유지하면서 연합단체를 새로 창설하여 광역행정에 관한 사무를 그 연합단체가 처리하게 하는 방식이다.
③ 연합 방식은 새로 창설된 연합단체가 기존 자치단체의 독립성을 존중하면서 스스로 사업의 주체가 된다는 점에서 공동처리 방식과 구별된다.
④ 통합 방식은 일정한 광역권 안에 여러 자치단체를 포괄하는 단일의 정부를 설립하여 그 정부의 주도로 광역사무를 처리하는 방식이다.
⑤ 통합 방식은 각 자치단체의 개별적 특수성을 반영함으로써 지방분권화를 촉진하고 주민참여를 용이하게 하는 장점이 있어 발전도상국보다 선진국가에서 많이 채택하고 있다.

29 다음 중 행정의 특성에 대한 설명으로 옳지 않은 것은?

① 행정은 합리적 기준과 절차에 따라 이루어져야 한다.
② 행정은 특정 집단의 사익이 아닌 공공의 이익을 추구해야 한다.
③ 행정은 국민의 요구와 필요를 충족시키기 위한 고객 지향적 성격을 지닌다.
④ 행정은 공익의 목적을 위하여 개개인의 의사와 상관없이 획일적으로 규율한다.
⑤ 윌슨의 정치행정이원론에 따르면 행정은 법과 규제에 기반을 두어야 한다는 점에서 비정치성을 갖는다.

30 **다음 중 시장실패에 따른 정부의 대응에 대한 설명으로 옳지 않은 것은?**

① 공공재에 대한 무임승차 현상 발생 시 정부는 공적공급을 통해 해결할 수 있다.
② 외부효과가 발생할 때는 규제를 통한 부정적 외부효과 제한만이 문제를 해결할 수 있다.
③ 정보 비대칭 발생 시 공적규제를 통해 사회주체 간 정보격차를 완화할 수 있다.
④ 불완전경쟁 문제를 해결하기 위해서는 공적규제를 시행하는 것이 효과적이다.
⑤ 자연독점에 따른 시장실패 발생 시 정부에 의한 공급뿐만 아니라 규제를 통해서도 해결할 수 있다.

31 **다음 중 정부실패의 원인으로 옳지 않은 것을 〈보기〉에서 모두 고르면?**

〈보기〉

㉠ 정부가 민간주체보다 정보에 대한 접근성이 높기 때문에 발생한다.
㉡ 공공부문의 불완전경쟁으로 인해 발생한다.
㉢ 정부행정이 사회적 필요에 비해 장기적 관점에서 추진되어 발생한다.
㉣ 정부의 공급은 공공재라는 성격을 가지기 때문에 발생한다.

① ㉠, ㉡ ② ㉠, ㉢
③ ㉡, ㉢ ④ ㉡, ㉣
⑤ ㉢, ㉣

32 **다음 중 예산심의와 관련된 법령에 대한 설명으로 옳은 것을 〈보기〉에서 모두 고르면?**

〈보기〉

ㄱ. 세목 또는 세율과 관계있는 법률의 제정 또는 개정을 전제로 하여 미리 제출된 세입예산안은 소관 상임위원회에서 심사한다.
ㄴ. 국회는 정부의 동의 없이 정부가 제출한 지출예산 각 항의 금액을 증가하거나 새 비목을 설치할 수 없다.
ㄷ. 예산결산특별위원회는 소관 상임위원회에서 삭감한 세출예산 각 항의 금액을 증가하게 할 경우에는 소관 상임위원회의 동의를 얻어야 한다.
ㄹ. 예산결산특별위원회는 그 활동기한을 1년으로 한다.
ㅁ. 의원이 예산 또는 기금상의 조치를 수반하는 의안을 발의하는 경우에는 그 의안의 시행에 수반될 것으로 예상되는 비용에 대한 재정소요를 추계하여야 한다.

① ㄱ, ㄴ, ㄷ ② ㄱ, ㄴ, ㄹ
③ ㄱ, ㄷ, ㅁ ④ ㄴ, ㄷ, ㅁ
⑤ ㄴ, ㄹ, ㅁ

33 다음 〈보기〉의 행정의 가치 중 수단적 가치가 아닌 것을 모두 고르면?

〈보기〉

㉠ 공익
㉡ 자유
㉢ 합법성
㉣ 민주성
㉤ 복지

① ㉠, ㉡, ㉣
② ㉠, ㉡, ㉤
③ ㉠, ㉢, ㉣
④ ㉡, ㉣, ㉤
⑤ ㉢, ㉣, ㉤

34 다음 설명에 해당하는 용어가 바르게 연결된 것은?

㉠ 공직을 분류함에 있어서 직무의 종류, 곤란도, 책임도가 상당히 비슷한 직위를 한데 모아놓은 개념이며, 원칙적으로 이것이 동일한 직위에 대해서는 임용자격, 시험, 보수, 기타 인사행정에 있어서 동일하게 취급한다.
㉡ 공직분류에 있어서 직무의 종류나 성질은 유사하나, 직무 수행상의 책임도와 곤란도가 다른 직급의 무리이며, 이것이 동일한 직급의 직무분야는 서로 같고, 승진계통도 이에 따라 정해진다.

	㉠	㉡
①	직군	직류
②	직급	직군
③	직급	직렬
④	직류	직렬
⑤	직류	직군

35 다음 중 국민경제활동의 구성과 수준에 미치는 영향을 파악하고, 고위정책결정자들에게 유용한 정보를 제공해 주는 예산의 분류로 옳은 것은?

① 기능별 분류
② 품목별 분류
③ 경제성질별 분류
④ 활동별 분류
⑤ 사업계획별 분류

36 다음 중 한국의 행정개혁에 대한 내용을 시대적 순서대로 바르게 나열한 것은?

ㄱ. 정보통신정책과 국가정보화를 전담하여 추진하던 정보통신부를 폐지하고, 방송통신 융합을 주도할 방송통신위원회를 설치했다. ㄴ. 대통령 소속의 중앙인사위원회를 설치해 대통령의 인사권 행사를 강화했다. ㄷ. 부총리제가 부활하고 외교통상부의 통상 교섭 기능이 산업통상자원부로 이관됐다. ㄹ. 법제처와 국가보훈처를 장관급 기구로 격상하고, 소방방재청을 신설했다.

① ㄱ－ㄹ－ㄴ－ㄷ
② ㄴ－ㄱ－ㄹ－ㄷ
③ ㄴ－ㄹ－ㄱ－ㄷ
④ ㄹ－ㄱ－ㄴ－ㄷ
⑤ ㄹ－ㄴ－ㄱ－ㄷ

37 다음 중 우리나라의 행정정보공개제도에 대한 설명으로 옳지 않은 것은?

① 국정에 대한 국민의 참여와 국정 운영의 투명성 확보를 목적으로 한다.
② 정보의 공개를 청구하는 자는 공공기관에 정보의 공개를 청구할 수 있다.
③ 정보의 공개 및 우송 등에 드는 비용은 실비 범위에서 청구인이 부담한다.
④ 정보공개 청구는 말로써도 할 수 있으나 외국인은 청구할 수 없다.
⑤ 중앙행정기관의 경우 전자적 형태의 정보 중 공개대상으로 분류된 정보는 공개청구가 없더라도 공개하여야 한다.

38 다음 〈보기〉에서 엽관주의와 실적주의에 대한 설명으로 옳은 것을 모두 고르면?

〈보기〉

ㄱ. 엽관주의는 실적 이외의 요인을 고려하여 임용하는 방식으로, 정치적 요인, 혈연, 지연 등이 포함된다.
ㄴ. 엽관주의는 정실임용에 기초하고 있기 때문에 초기부터 민주주의의 실천원리와는 거리가 멀었다.
ㄷ. 엽관주의는 정치지도자의 국정지도력을 강화함으로써 공공정책의 실현을 용이하게 해 준다.
ㄹ. 실적주의는 정치적 중립에 집착하여 인사행정을 소극화·형식화시켰다.
ㅁ. 실적주의는 국민에 대한 관료의 대응성을 높일 수 있다는 장점이 있다.

① ㄱ, ㄷ
② ㄴ, ㄹ
③ ㄴ, ㅁ
④ ㄷ, ㄹ
④ ㄷ, ㅁ

39 다음 중 '사회자본(Social Capital)'이 형성되는 모습으로 보기 어려운 것은?

① 지역주민들의 소득이 지속적으로 증가하고 있다.
② 많은 사람들이 알고 지내는 관계를 유지하는 가운데 대화·토론하면서 서로에게 도움을 준다.
③ 이웃과 동료에 대한 기본적인 믿음이 존재하며 공동체 구성원들이 서로 신뢰한다.
④ 지역 구성원들이 삶과 세계에 대한 도덕적·윤리적 규범을 공유하고 있다.
⑤ 다양한 매체를 활용하여 사람들 간의 관계를 맺고 대화 및 정보를 공유하며 서로 도움이 된다.

40 다음 중 정부의 각 기관에 배정될 예산의 지출한도액은 중앙예산기관과 행정수반이 결정하고 각 기관의 장에게는 그러한 지출한도액의 범위 내에서 자율적으로 목표달성 방법을 결정하는 자율권을 부여하는 예산관리모형은 무엇인가?

① 총액배분 자율편성 예산제도
② 목표관리 예산제도
③ 성과주의 예산제도
④ 결과기준 예산제도
⑤ 계획 예산제도

| 02 | 경영학

01 **다음 중 인사고과에 대한 설명으로 옳지 않은 것은?**

① 인사고과란 종업원의 능력과 업적을 평가하여 그가 보유하고 있는 현재적 및 잠재적 유용성을 조직적으로 파악하는 방법이다.

② 인사고과의 수용성은 종업원이 인사고과 결과가 정당하다고 느끼는 정도이다.

③ 인사고과의 타당성은 고과내용이 고과목적을 얼마나 잘 반영하고 있느냐에 관한 것이다.

④ 후광효과(Halo Effect)는 피고과자의 어느 한 면을 기준으로 다른 것까지 함께 평가하는 경향을 말한다.

⑤ 대비오류(Contrast Error)는 피고과자의 능력을 실제보다 높게 평가하는 경향을 말한다.

02 **다음 중 GE / 맥킨지 매트릭스에서 시장 지위를 유지하며 집중 투자를 고려해야 하는 위치는?**

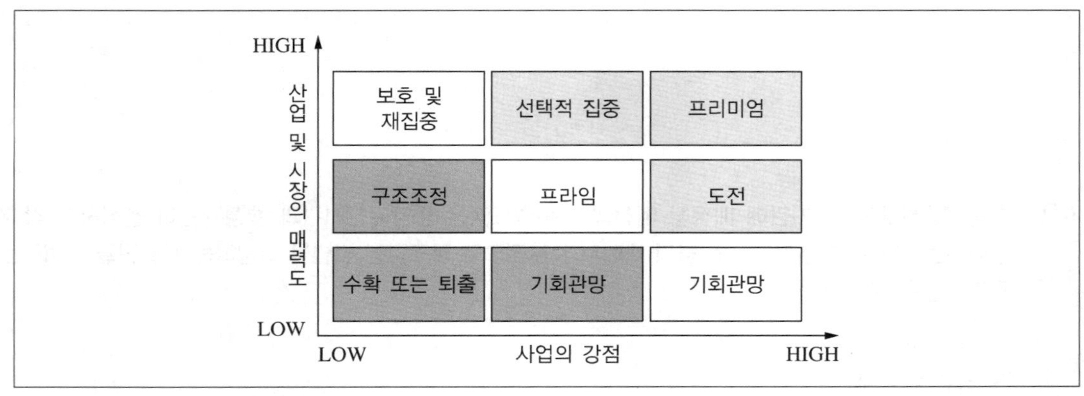

① 보호 및 재집중

② 구조조정

③ 선택적 집중

④ 수확 또는 퇴출

⑤ 프리미엄

03 다음 〈보기〉 중 리더십이론에 대한 설명으로 옳은 것은?

〈보기〉

ㄱ. 변혁적 리더십을 발휘하는 리더는 부하에게 이상적인 방향을 제시하고 임파워먼트(Empowerment)를 실시한다.
ㄴ. 거래적 리더십을 발휘하는 리더는 비전을 통한 단결, 비전의 전달과 신뢰의 확보를 강조한다.
ㄷ. 카리스마 리더십을 발휘하는 리더는 부하에게 높은 자신감을 보이며 매력적인 비전을 제시하지만 위압적이고 충성심을 요구하는 측면이 있다.
ㄹ. 슈퍼 리더십을 발휘하는 리더는 부하를 강력하게 지도하고 통제하는 데 역점을 둔다.

① ㄱ, ㄷ
② ㄱ, ㄹ
③ ㄴ, ㄷ
④ ㄴ, ㄹ
⑤ ㄷ, ㄹ

04 다음 중 프린터를 저렴하게 판매한 후, 그 프린터의 토너를 비싼 가격으로 결정하는 전략은?

① 종속제품 가격결정(Captive Product Pricing)
② 묶음 가격결정(Bundle Pricing)
③ 단수 가격결정(Odd Pricing)
④ 침투 가격결정(Penetration Pricing)
⑤ 스키밍 가격결정(Skimming Pricing)

05 다음 중 제지생산 회사가 인도네시아의 산림을 확보하여 사업 확장을 도모하는 것은 어느 전략에 해당하는가?

① 다운사이징 전략
② 후방통합 전략
③ 전방통합 전략
④ 관련다각화 전략
⑤ 비관련다각화 전략

06 **다음 중 가격 전략에 대한 설명으로 옳지 않은 것은?**

① 관습가격 : 소비자들이 관습적으로 느끼는 가격으로, 제품가격을 높이면 매출이 감소하고 가격을 낮게 책정하더라도 매출이 크게 증가하지 않는다.

② 촉진가격 : 고객의 유인을 위하여 특정 품목의 가격을 대폭 낮게 설정하는 것을 말한다.

③ 명성가격 : 가격 – 품질 연상효과를 이용하여 가격을 설정하며, 가격이 낮을수록 매출이 증가한다.

④ 유보가격 : 구매자가 어떤 상품에 대해 지불할 용의가 있는 최고가를 말한다.

⑤ 유인가격 : 기회비용을 고려하여 특정제품의 가격을 낮춰 판매하고, 이를 통해 고객을 불러들여 호객하는 것을 말한다.

07 **다음 중 인사평가제도에서 상대평가에 해당하는 기법은?**

① 평정척도법
② 체크리스트법
③ 중요사건기술법
④ 연공형 승진제도
⑤ 강제할당법

08 **다음 중 인간관계론에 대한 설명으로 옳은 것은?**

① 과학적 관리법과 유사한 이론이다.
② 인간 없는 조직이란 비판을 들었다.
③ 심리요인과 사회요인은 생산성에 영향을 주지 않는다.
④ 비공식집단을 인식했으나 그 중요성을 낮게 평가했다.
⑤ 메이요(E. Mayo)와 뢰슬리스버거(F. Roethlisberger)를 중심으로 호손실험을 거쳐 정리되었다.

09 **다음 중 동기부여이론에서 과정이론에 해당하는 이론은 무엇인가?**

① 매슬로(Maslow)의 욕구단계설
② 앨더퍼(Alderfer)의 ERG 이론
③ 브룸(Vroom)의 기대이론
④ 허즈버그(Herzberg)의 2요인 이론
⑤ 맥그리거(McGregor)의 X이론 – Y이론

10 다음 중 평정척도법에 대한 설명으로 옳은 것은?

① 통계적 분포에 따라 인원을 강제적으로 할당하여 피평가자를 배열하고 서열을 정한다.
② 고과에 적당한 표준 행동을 평가 항목에 배열해 놓고 해당 항목을 체크하여 책정한다.
③ 일상생활에서 보여준 특별하게 효과적이거나 비효과적인 행동을 기록하여 활용한다.
④ 피평가자의 능력과 업적 등을 일련의 연속척도 또는 비연속척도로 평가한다.
⑤ 평소 부하직원의 직무 관련 행동에서 나타나는 강점과 약점을 기술한다.

11 다음 중 노사관계에 대한 설명으로 옳지 않은 것은?

① 좁은 의미의 노사관계는 집단적 노사관계를 의미한다.
② 메인테넌스 숍(Maintenance Shop)은 조합원이 아닌 종업원에게도 노동조합비를 징수하는 제도이다.
③ 우리나라 노동조합의 조직형태는 기업별 노조가 대부분이다.
④ 사용자는 노동조합의 파업에 대응하여 직장을 폐쇄할 수 있다.
⑤ 채용 이후 일정한 기간 내에 노동조합에 가입하는 제도는 유니온 숍(Union Shop)이다.

12 다음은 MOT의 중요성에 대한 설명이다. 빈칸에 들어갈 내용으로 옳은 것은?

진실의 순간은 서비스 전체에서 어느 한 순간만은 아니며, 고객과 만나는 직간접의 순간순간들이 진실의 순간이 될 수 있으며, 어느 한 순간만 나빠도 고객을 잃게 되는 ＿＿＿＿＿＿이 적용된다.

① 덧셈의 법칙
② 뺄셈의 법칙
③ 곱셈의 법칙
④ 나눗셈의 법칙
⑤ 제로섬의 원칙

13 다음 중 토빈의 Q-비율에 대한 설명으로 옳지 않은 것은?(단, 다른 조건이 일정하다고 가정한다)

① 특정 기업이 주식 시장에서 어떤 평가를 받고 있는지 판단할 때 종종 토빈의 Q-비율(Tobin's Q-ratio)을 활용한다.
② 한 기업의 Q-비율이 1보다 높을 경우 투자를 증가하는 것이 바람직하다.
③ 한 기업의 Q-비율이 1보다 낮을 경우 투자를 감소하는 것이 바람직하다.
④ 이자율이 상승하면 Q-비율은 하락한다.
⑤ 토빈의 Q-비율은 실물자본의 대체비용을 주식시장에서 평가된 기업의 시장가치로 나눠서 구한다.

14 다음 중 직무현장훈련(OJT)에 대한 설명으로 옳지 않은 것은?

① 실습장 훈련, 인턴사원, 경영 게임법 등이 이에 속한다.
② 실제 현장에서 실제로 직무를 수행하면서 이루어지는 현직훈련이다.
③ 훈련내용의 전이정도가 높고 실제 업무와 직결되어 경제적인 장점을 가진다.
④ 훈련방식의 역사가 오래되며, 생산직에서 보편화된 교육방식이라 할 수 있다.
⑤ 지도자의 높은 자질이 요구되고, 교육훈련 내용의 체계화가 어렵다.

15 영업레버리지도가 2, 재무레버리지도가 1.5일 때 결합레버리지도를 구하면?

① 0.75
② 1.5
③ 2
④ 3
⑤ 5

16 다음 중 재무상태표에서 비유동자산에 해당하는 계정과목은?

① 영업권
② 매입채무
③ 매출채권
④ 자기주식
⑤ 법정적립금

17 다음 중 수익성 지수에 대한 설명으로 옳지 않은 것은?

① 수익성 지수는 투자 금액 대비 회수할 수 있는 금액에 대한 비율로, 지수가 1보다 크면 경제성이 있어 투자할 가치가 있다고 본다.

② 수익성 지수는 단일 투자안이 있을 때 그 투자안이 경제성이 있는지 판단하기 위해 쓰인다.

③ 수익성 지수는 투자기간 전체의 현금흐름을 고려하고 화폐의 현재가치를 반영하므로 투자의 효율성을 직관적으로 판단할 수 있다는 장점이 있다.

④ 투자안에 대해 미래의 가치를 현재의 가치로 환산하는 할인율의 결정이 쉽지 않아 투자 및 회수금액의 현재가치를 산출할 때 어려움이 있을 수 있다.

⑤ 수익성 지수는 현금유입액의 현재가치를 총 투자액의 현재가치로 나누어 계산한다.

18 다음 중 경영전략의 수준에 따라 전략을 구분할 때, 경영전략과 그에 해당하는 예시가 바르게 연결되지 않은 것은?

	경영전략 수준	예시
①	기업 전략(Corporate Strategy)	성장 전략
②	기업 전략(Corporate Strategy)	방어 전략
③	기능별 전략(Functional Strategy)	차별화 전략
④	기능별 전략(Functional Strategy)	생산 전략
⑤	사업 전략(Business Strategy)	원가우위 전략

19 다음 중 주식공개매수에 대한 설명으로 옳은 것은?

① 주식공개매수는 회사의 경영권을 확보하거나 강화하기 위하여 특정 다수인으로부터 주식을 장외에서 매수하는 형태이다.

② 주식취득의 경우에는 주식을 보유하고 있지만 기업경영에 직접 관여하지 않고 있는 주주들로부터 주식을 매입하여 기업을 인수한다.

③ 주식공개매수를 추진하는 인수기업은 대상기업의 주식 수, 매수기간, 매수가격 및 방법 등을 공개하지 않고, 이에 허락하는 주주에 한해 대상회사의 주식을 취득하게 된다.

④ 공개매수에서 매수가격은 대상기업의 주주들의 주식을 확보하기 위한 것이므로 현재의 시장가격보다 대부분 낮게 요구되는 것이 특징이다.

⑤ 대상기업의 기업지배권이 부실하고 경영도 제대로 되지 않아 주식이 하락된 대상기업의 경우, 인수기업은 대상기업과 우호적인 방식으로 주식공개매수를 협상한다.

20 **다음 중 숍 제도에서 기업에 대한 노동조합의 통제력이 강력한 순서대로 나열한 것은?**

① 오픈 숍 – 클로즈드 숍 – 유니언 숍
② 클로즈드 숍 – 오픈 숍 – 유니언 숍
③ 유니언 숍 – 오픈 숍 – 클로즈드 숍
④ 클로즈드 숍 – 유니언 숍 – 오픈 숍
⑤ 유니언 숍 – 클로즈드 숍 – 오픈 숍

21 **다음 중 경제성장에 대한 설명으로 옳은 것은?**

① 교육의 질을 높이는 정책은 인적자본을 축적시켜 경제성장에 기여한다.
② 자본축적은 자본의 한계생산성이 체감하므로 경제성장의 원동력이 아니다.
③ 솔로우 경제성장모형에서 저축률은 내생적으로 결정된다.
④ 솔로우 경제성장모형에서 기술진보는 경제성장에 영향을 주지 않는다.
⑤ 솔로우 경제성장모형에서 인구증가율이 높아지면 총국민소득은 감소한다.

22 **다음 중 STP 전략의 목표시장선정(Targeting) 단계에서 집중화 전략에 대한 설명으로 옳지 않은 것은?**

① 단일제품으로 단일화된 세부시장을 공략하여 니치마켓에서 경쟁력을 가질 수 있는 창업 기업에 적합한 전략이다.
② 자원이 한정되어 있을 때 자원을 집중화하고 시장 안에서의 강력한 위치를 점유할 수 있다.
③ 대기업 경쟁사의 진입이 쉬우며 위험이 분산되지 않을 경우 시장의 불확실성으로 높은 위험을 감수해야 한다.
④ 세분시장 내 소비자 욕구의 변화에 민감하게 반응하여야 위험부담을 줄일 수 있다.
⑤ 대량생산 및 대량유통, 대량광고 등을 통해 규모의 경제로 비용을 최소화할 수 있다.

23 다음 중 원인과 결과를 설명하고 예측하려는 이론을 단순화하여 표현한 연구모형은 무엇인가?

① 인과모형
② 브레인스토밍법
③ 델파이법
④ 시계열분석법
⑤ 상관분석법

24 S회사는 2023년 1월 1일에 내용연수 5년, 잔존가치 ₩200,000으로 추정되는 제빵기 1대를 ₩2,000,000에 구입하였다. 제빵기는 1차 연도에 10,000개의 빵을 생산한 이후 매년 1,000개씩 생산량이 감소한다고 할 때, 생산량비례법을 이용하여 1차 연도의 감가상각비를 계산하면 얼마인가?

① ₩340,000
② ₩360,000
③ ₩420,000
④ ₩450,000
⑤ ₩500,000

25 다음 자료를 이용하여 계산한 재고자산평가손익으로 옳은 것은?(단, 재고자산감모손실은 없다)

• 기초재고액	₩9,000
• 당기매입액	₩42,000
• 매출원가	₩45,000
• 기말재고(순실현가능가치)	₩4,000

① 평가손실 ₩2,000
② 평가손실 ₩3,000
③ 평가이익 ₩2,000
④ 평가이익 ₩3,000
⑤ 평가이익 ₩4,000

26 **다음 중 제품의 마케팅조사에 있어서 신뢰성에 대한 설명으로 옳지 않은 것은?**

① 신뢰성이란 동일한 조건에서 동일한 대상에게 동일한 개념에 대하여 반복 측정하였을 때 같은 값을 나타내는 정도를 의미한다.

② 신뢰도를 측정하는 방법으로는 재검사법, 동형 검사법이 있다.

③ 내적 일관성법은 가능한 모든 반분 신뢰도의 평균값으로 신뢰성을 추정하는 방법이다.

④ 마케팅 조사의 신뢰도를 측정하는 방법으로 크론바흐 알파계수를 이용하기도 한다.

⑤ 체계적 오차는 측정 도구와 관계없이 측정상황에 따라 발생하는 오차이며, 체계적 오차가 적다는 것은 신뢰성이 높다고 볼 수 있다.

27 **다음 〈보기〉 중 무형자산에 해당하는 계정을 모두 고르면?**

〈보기〉

ㄱ. 건설 중인 공장시설	ㄴ. 선박
ㄷ. 라이센스	ㄹ. 영업권
ㅁ. 기계장치	ㅂ. 개발비

① ㄱ, ㄴ, ㅁ

② ㄴ, ㄷ, ㄹ

③ ㄷ, ㄹ, ㅂ

④ ㄹ, ㅁ, ㅂ

⑤ ㄱ, ㄹ, ㅁ, ㅂ

28 **다음 중 조직 설계에 대한 설명으로 옳지 않은 것은?**

① 조직의 과업다양성이 높을수록 조직의 전반적인 구조는 유기적인 것이 바람직하다.

② 집권화의 수준은 유기적 조직에 비해 기계적 조직의 경우가 높다.

③ 조직의 규모가 커지고 더 많은 부서가 생겨남에 따라 조직구조의 복잡성은 증가한다.

④ 조직의 공식화 정도가 높을수록 직무담당자의 재량권은 줄어든다.

⑤ 전문화 수준이 높아질수록 수평적 분화의 정도는 낮아진다.

29 **다음 중 주로 자원이 한정된 중소기업에서 많이 사용하는 마케팅 전략은?**

① 마케팅믹스 전략
② 무차별적 마케팅 전략
③ 집중적 마케팅 전략
④ 차별적 마케팅 전략
⑤ 비차별적 마케팅 전략

30 **다음 중 유용한 재무정보의 질적 특성에 대한 설명으로 옳은 것은?**

① 목적적합성과 충실한 표현은 보강적 질적 특성이다.
② 동일한 경제적 현상에 대해 대체적인 회계처리방법을 허용하면 비교 가능성이 감소한다.
③ 재무정보가 예측가치를 갖기 위해서는 제공되는 정보 그 자체가 예측치 또는 예상치이어야 한다.
④ 재무정보의 제공자와는 달리 이용자의 경우에는 제공된 정보를 분석하고 해석하는 데 원가가 발생하지 않는다.
⑤ 재무정보가 과거 평가를 확인하거나 변경시킨다면 예측가치를 갖는다.

31 **다음 중 근로소득세가 노동공급에 미치는 영향으로 옳은 것은?**

① 여가가 정상재일 때, 비례소득세 부과로 인한 대체효과가 소득효과보다 크면 노동공급은 늘어난다.
② 여가가 정상재일 때, 비례소득세와 동일한 조세수입을 가져다주는 비왜곡적인 정액세를 부과하는 경우 노동공급에 미치는 효과는 동일하다.
③ 여가가 열등재일 때, 비례소득세 부과로 인한 대체효과가 소득효과보다 크면 노동공급은 늘어난다.
④ 여가가 열등재일 때, 비례소득세와 동일한 조세수입을 가져다주는 비왜곡적인 정액세를 부과하는 경우 노동공급에 미치는 효과는 동일하다.
⑤ 여가가 열등재일 때, 비왜곡적인 정액세를 부과하는 경우 소득효과만 존재하여 노동공급은 감소한다.

32 다음 중 실물적 경기변동이론(Real Business Cycle Theory)에 대한 설명으로 옳지 않은 것은?

① 기술진보와 같은 실물적 충격에 의한 실업과 같이 불균형상태가 균형상태로 수렴하는 과정에서 경기변동이 발생하게 된다.
② 정부의 경제개입은 최소한으로 이루어져야 한다.
③ 경기의 동태성은 거시경제일반균형의 변동현상이다.
④ 경기변동은 실질변수가 동태적으로 변동하는 현상이다.
⑤ 예상된 화폐공급량 변화는 상대가격의 변화를 유발하지 못하므로 실물경제에 영향을 미치지 않는다.

33 다음 글에서 설명하는 용어로 옳은 것은?

이 전략의 대표적인 예로는 전기, 전화, 수도 등의 공공요금 및 택시요금, 놀이공원 등이 있다.

① 2부제 가격 전략
② 부산품 전략
③ 묶음가격
④ 가격계열화
⑤ 심리적가격

34 다음 중 다른 기업에게 수수료를 받는 대신 자사의 기술이나 상품 사양을 제공하고 그 결과로 생산과 판매를 허용하는 것은?

① 아웃소싱(Outsourcing)
② 합작투자(Joint Venture)
③ 라이선싱(Licensing)
④ 턴키프로젝트(Turn – key Project)
⑤ 그린필드투자(Green Field Investment)

35 다음 중 제품 – 시장 매트릭스에서 기존시장에 그대로 머물면서 신제품으로 매출을 늘려 시장 점유율을 높여가는 성장전략은?

① 시장침투 전략
② 신제품개발 전략
③ 시장개발 전략
④ 다각화 전략
⑤ 신시장 전략

36 다음 〈보기〉의 사례들을 역선택(Adverse Selection)과 도덕적 해이(Moral Hazard)의 개념에 따라 바르게 구분한 것은?

〈보기〉

가. 자동차 보험 가입 후 더 난폭하게 운전한다.
나. 건강이 좋지 않은 사람이 민간 의료보험에 더 많이 가입한다.
다. 실업급여를 받게 되자 구직 활동을 성실히 하지 않는다.
라. 사망 확률이 낮은 건강한 사람이 주로 종신연금에 가입한다.
마. 의료보험제도가 실시된 이후 사람들의 의료수요가 현저하게 증가하였다.

	역선택	도덕적 해이
①	가, 나	다, 라, 마
②	나, 라	가, 다, 마
③	다, 마	가, 나, 라
④	나, 다, 라	가, 마
⑤	다, 라, 마	가, 나

37 정부가 소득세 감면, 정부 부채 증가 등의 재정정책을 시행하여 경기를 진작시켰다고 한다. 다음 중 확대 재정정책의 효과가 커질 수 있는 조건으로 옳은 것은?

① 소득에 대한 한계소비성향이 낮다.
② 정부 부채 증가가 이자율 상승을 초래한다.
③ 소비자가 미래 중심으로 소비에 임한다.
④ 신용제약에 걸려 은행으로부터 차입하기 어려운 소비자들이 존재한다.
⑤ 소비자들이 정부 부채 증가를 미래에 조세 증가로 메울 것으로 기대한다.

38 다음 중 자연독점하의 공기업 공공요금 결정에 대한 설명으로 옳은 것은?

① 규모의 경제를 활용하여 평균비용을 낮추기 위해 하나가 아닌 여러 공기업에서 생산하는 것이 바람직하다.
② 민간기업이 생산하고 가격을 규제하지 않으면 사회적 최적생산량 달성이 가능하다.
③ 이부가격제도(Two－part Tariff)를 도입하면 생산량 자체는 효율적이다.
④ 한계비용가격 설정을 사용하는 경우 해당 공기업의 경제적 이윤이 0이 된다.
⑤ 평균비용가격 설정을 사용하는 경우 사회적 최적 생산량을 달성할 수 있다.

39 다음 글에서 설명하고 있는 시장세분화의 요건은?

> 장애인들은 버튼조작만으로 운전할 수 있는 승용차를 원하고 있지만, 그러한 시장의 규모가 경제성을 보증하지 못한다면 세분시장의 가치가 적은 것이다.

① 측정가능성
② 유지가능성
③ 접근가능성
④ 실행가능성
⑤ 기대가능성

40 다음은 유통경로의 설계전략에 대한 설명이다. ㉠~㉢에 들어갈 용어를 바르게 짝지은 것은?

> • ___㉠___ 유통은 가능한 많은 중간상들에게 자사의 제품을 취급하도록 하는 것으로, 과자, 저가 소비재 등과 같이 소비자들이 구매의 편의성을 중시하는 품목에서 채택하는 방식이다.
> • ___㉡___ 유통은 제품의 이미지를 유지하고 중간상들의 협조를 얻기 위해 일정 지역 내에서의 독점 판매권을 중간상에게 부여하는 방식이다.
> • ___㉢___ 유통은 앞의 두 유통대안의 중간 형태로, 지역별로 복수의 중간상에게 자사의 제품을 취급할 수 있도록 하는 방식이다.

	㉠	㉡	㉢
①	전속적	집약적	선택적
②	집약적	전속적	선택적
③	선택적	집약적	전속적
④	전속적	선택적	집약적
⑤	집약적	선택적	전속적

| 03 | 법학

01 **다음 중 법체계에 대한 설명으로 옳지 않은 것은?**

① 일반적으로 승인된 국제법규는 국내법과 같은 효력을 가진다.
② 대통령의 긴급명령은 법률과 같은 효력을 가진다.
③ 민법이 사법이므로 민사소송법도 사법에 속한다.
④ 민법과 상법은 실체법이다.
⑤ 형사소송법은 절차법이다.

02 **다음 중 형법상 위법성 조각사유에 대한 설명으로 옳지 않은 것은?**

① 자구행위는 사후적 긴급행위이다.
② 정당방위에 대해 정당방위를 할 수 있다.
③ 긴급피난에 대해 긴급피난을 할 수 있다.
④ 정당행위는 위법성이 조각된다.
⑤ 피해자의 승낙에 의해 위법성이 조각된다.

03 **다음 중 행정입법에 대한 설명으로 옳지 않은 것은?(단, 다툼이 있는 경우 판례에 따른다)**

① 국회규칙은 법규명령이다.
② 대통령령은 총리령 및 부령보다 우월한 효력을 가진다.
③ 총리령으로 제정된 법인세법 시행규칙에 따른 '소득금액조정합계표 작성요령'은 법령을 보충하는 법규사항으로서 법규명령의 효력을 가진다.
④ '학교장·교사 초빙제 실시'는 행정조직 내부에서만 효력을 가지는 행정상의 운영지침을 정한 것으로서 국민이나 법원을 구속하는 효력이 없는 행정규칙에 해당한다.
⑤ 건강보험심사평가원이 보건복지가족부 고시인 '요양급여비용 심사·지급업무 처리기준'에 근거하여 제정한 심사지침인 '방광내압 및 요누출압 측정 시 검사방법'은 내부적 업무처리 기준으로서 행정규칙에 불과하다.

04 **다음 중 법원(法源)에 대한 설명으로 옳지 않은 것은?**

① 법관이 재판을 할 때 있어서 적용하여야 할 기준이다.
② 죄형법정주의에 따라 관습형법은 인정되지 않는다.
③ 대통령령은 헌법에 근거를 두고 있다.
④ 민사에 관하여 법률에 규정이 없으면 관습법에 의하고, 관습법이 없으면 조리에 의한다.
⑤ 영미법계 국가에서는 판례의 법원성이 부정된다.

05 **다음 법의 이념 중 "법은 함부로 변경되어서는 안 된다."는 명제와 직접적으로 관련된 것은?**

① 정의
② 형평성
③ 합목적성
④ 법적 안정성
⑤ 합리성

06 **다음 중 위법 · 부당한 행정행위로 인하여 권익을 침해당한 자가 행정기관에 그 시정을 구하는 절차는 무엇인가?**

① 행정소송
② 행정심판
③ 행정상 손해배상제도
④ 행정상 손실보상제도
⑤ 행정상 즉시강제제도

07 **다음 중 정당에 대한 국고보조금 지급과 관련된 설명으로 옳지 않은 것은?**

① 보조금 계상의 기준이 되는 선거는 최근 실시한 임기만료에 의한 '대통령 선거'이다.
② 경상보조금과 선거보조금은 동일 정당의 소속의원으로 교섭단체를 구성하지 못하는 정당으로서 5석 이상의 의석을 가진 정당에 대하여는 100분의 5씩을 배분 · 지급한다.
③ 경상보조금을 지급받은 정당은 경상보조금 총액의 100분의 10 이상을 시 · 도당에 배분 · 지급하여야 한다.
④ 중앙선거관리위원회는 보조금을 지급받은 정당이 보조금에 관한 회계보고를 허위로 한 경우 허위에 해당하는 금액의 2배에 상당하는 금액을 이후 감액하여 지급할 수 있다.
⑤ 보조금을 지급받은 정당이 해산된 경우 정당은 보조금 가운데 잔액이 있는 때에는 이를 중앙선거관리위원회에 반환하여야 한다.

08 다음 글에 대한 설명으로 옳지 않은 것은?(단, 다툼이 있는 경우 판례에 따른다)

> 甲은 녹지지역의 용적률 제한을 충족하지 못한다는 점을 숨기고 마치 그 제한을 충족하는 것처럼 가장하여 관할 행정청 A에게 건축허가를 신청하였고, A는 사실관계에 대하여 명확한 확인을 하지 아니한 채 甲에게 건축허가를 하였다. 그 후 A는 甲의 건축허가신청이 위와 같은 제한을 충족하지 못한다는 사실을 알게 되자 甲에 대한 건축허가를 직권으로 취소하였다.

① A의 건축허가취소는 강학상 철회가 아니라 직권취소에 해당한다.

② 甲이 건축허가에 관한 자신의 신뢰이익을 원용하는 것은 허용되지 아니한다.

③ 건축관계법령상 명문의 취소근거규정이 없다고 하더라도 그 점만을 이유로 A의 건축허가 취소가 위법하게 되는 것은 아니다.

④ 만약 甲으로부터 건축허가신청을 위임받은 乙이 건축허가를 신청한 경우라면, 사실은폐나 기타 사위의 방법에 의한 건축허가 신청행위가 있었는지 여부는 甲과 乙 모두를 기준으로 판단하여야 한다.

⑤ A는 甲의 신청내용에 구애받지 아니하고 조사 및 검토를 거쳐 관련 법령에 정한 기준에 따라 허가조건의 충족 여부를 제대로 따져 허가 여부를 결정하여야 함에도 불구하고 자신의 잘못으로 건축허가를 한 것이므로 A의 건축허가 취소는 위법하다.

09 다음 중 무권대리행위의 추인에 대한 설명으로 옳지 않은 것은?(단, 다툼이 있는 경우 판례에 따른다)

① 추인은 제3자의 권리를 해하지 않는 한 다른 의사표시가 없으면 계약시에 소급하여 그 효력이 생긴다.

② 무권대리행위의 일부에 대한 추인은 상대방의 동의를 얻지 못하는 한 무효이다.

③ 추인은 무권대리행위로 인한 권리 또는 법률관계의 승계인에게도 할 수 있다.

④ 본인이 무권대리인에게 추인한 경우, 상대방은 추인이 있었음을 주장할 수 있다.

⑤ 무권대리행위가 범죄가 되는 경우에 본인이 그 사실을 알고도 장기간 형사고소를 하지 않은 것만으로 묵시적 추인이 된다.

10 다음 중 준법률행위적 행정행위에 해당하는 것은?

① 하명
② 특허
③ 승인
④ 공증
⑤ 면제

11 다음 중 사회법에 속하는 것은?

① 산업재해보상보험법
② 수표법
③ 상법
④ 가등기담보 등에 대한 법률
⑤ 특정범죄 가중처벌 등에 대한 법률

12 다음 중 행정상 정보공개에 대한 설명으로 옳은 것은?(단, 다툼이 있는 경우 판례에 따른다)

① 국회는 공공기관의 정보공개에 관한 법률상 공공기관에 해당하지만 동법이 적용되는 것이 아니라 국회정보공개규칙이 적용된다.
② 국내에 일정한 주소를 두고 있는 외국인은 오로지 상대방을 괴롭힐 목적으로 정보공개를 구하고 있다는 등의 특별한 사정이 없는 한 한국방송공사(KBS)에 대하여 정보공개를 청구할 수 있다.
③ 독립유공자서훈 공적심사위원회의 심의·의결과정 및 그 내용을 기재한 회의록은 독립유공자 등록에 관한 신청당사자의 알 권리 보장과 공정한 업무수행을 위해서 공개되어야 한다.
④ 정보공개에 관한 정책 수립 및 제도 개선에 관한 사항을 심의·조정하기 위하여 국무총리 소속으로 정보공개위원회를 둔다.
⑤ 행정안전부장관은 정보공개에 관하여 필요할 경우에 국회사무총장에게 정보공개 처리 실태의 개선을 권고할 수 있고 전년도의 정보공개 운영에 관한 보고서를 매년 국정감사 시작 30일 전까지 국회에 제출하여야 한다.

13 다음 중 고위공무원단에 대한 설명으로 옳지 않은 것은?

① 일부 개방형 직위는 공직 밖에서도 충원이 가능하다.
② 미국의 고위공무원단 제도에는 엽관주의적 요소가 혼재되어 있다.
③ 우리나라의 경우 이명박 정부 시기인 2008년 7월 1일에 고위공무원단 제도를 도입하였다.
④ 미국에서는 고위공무원단 제도를 카터 행정부 시기인 1978년에 공무원제도개혁법 개정으로 도입하였다.
⑤ 우리나라에서 고위공무원이 되기 위해서는 고위공무원 후보자과정을 이수해야 하고, 역량평가를 통과해야 한다.

14 **다음 중 상업사용인의 의무에 대한 설명으로 옳지 않은 것은?**

① 상호의 양도는 대항요건에 불과하여 등기하지 않으면 제3자에게 대항하지 못한다.
② 영업과 상호를 양수하였다고 하여 양도인의 채권·채무도 양수한 것으로 볼 수는 없다.
③ 영업과 함께 또는 영업을 폐지할 때 양도할 수 있다.
④ 상호의 양도는 재산적 가치가 인정되어 상속도 가능하다.
⑤ 상호의 양도는 상호의 양도인과 상호양수인과의 합의에 의해서 효력이 생긴다.

15 **다음 중 행정행위에 취소사유가 있다고 하더라도 당연무효가 아닌 한 권한 있는 기관에 의해 취소되기 전에는 유효한 것으로 통용되는 것은 행정행위의 어떠한 효력 때문인가?**

① 강제력
② 공정력
③ 불가변력
④ 형식적 확정력
⑤ 불가쟁력

16 **다음 중 행정쟁송의 제소기간에 대한 설명으로 옳지 않은 것은?(단, 다툼이 있는 경우 판례에 따른다)**

① 제소기간의 요건은 처분의 상대방이 소송을 제기하는 경우는 물론이고 법률상 이익이 침해된 제3자가 소송을 제기하는 경우에도 적용된다.
② 부작위위법확인의 소는 부작위상태가 계속되는 한 그 위법의 확인을 구할 이익이 있다고 보아야 하므로 제소기간의 제한이 없음이 원칙이나 행정심판 등 전심절차를 거친 경우에는 제소기간의 제한이 있다.
③ 당사자가 적법한 제소기간 내에 부작위위법확인의 소를 제기한 후 동일한 신청에 대하여 소극적 처분이 있다고 보아 처분취소소송으로 소를 교환적으로 변경한 후 부작위위법확인의 소를 추가적으로 병합한 경우 제소기간을 준수한 것으로 볼 수 있다.
④ 소극적 처분과 부작위에 대한 의무이행심판은 처분이 있음을 알게 된 날부터 90일 이내에 청구하여야 한다.
⑤ 행정처분의 당연무효를 선언하는 의미에서 그 취소를 구하는 행정소송을 제기하는 경우에는 취소소송의 제소기간을 준수하여야 한다.

17 **다음 중 행정법의 기본원칙에 대한 설명으로 옳지 않은 것은?(단, 다툼이 있는 경우 판례에 따른다)**

(가) 어떤 행정목적을 달성하기 위한 수단은 그 목적 달성에 유효・적절하고, 가능한 한 최소한의 침해를 가져오는 것이어야 하며 아울러 그 수단의 도입으로 인한 침해가 의도하는 공익을 능가하여서는 아니 된다.
(나) 행정기관은 행정결정에 있어서 동종의 사안에 대하여 이전에 제3자에게 행한 결정과 동일한 결정을 하도록 스스로 구속당한다.
(다) 개별국민이 행정기관의 어떤 언동의 정당성 또는 존속성을 신뢰한 경우 그 신뢰가 보호받을 가치가 있는 한 그러한 귀책사유 없는 신뢰는 보호되어야 한다.
(라) 행정주체가 행정작용을 함에 있어서 상대방에게 이와 실질적인 관련이 없는 의무를 부과하거나 그 이행을 강제하여서는 아니 된다.

① 자동차를 이용하여 범죄행위를 한 경우 범죄의 경중에 상관없이 반드시 운전면허를 취소하도록 한 규정은 (가) 원칙을 위반한 것이다.
② 반복적으로 행하여진 행정처분이 위법한 것일 경우 행정청은 (나) 원칙에 구속되지 않는다.
③ 고속국도 관리청이 고속도로 부지와 접도구역에 송유관 매설을 허가하면서 상대방과 체결한 협약에 따라 송유관 시설을 이전하게 될 경우, 그 비용을 상대방에게 부담하도록 한 부관은 (라) 원칙에 반하지 않는다.
④ 선행조치의 상대방에 대한 신뢰보호의 이익과 제3자의 이익이 충돌하는 경우에는 (다) 원칙이 우선한다.
⑤ 판례는 (라) 원칙의 적용을 긍정하고 있다.

18 **다음 중 대집행에 대한 설명으로 옳은 것을 〈보기〉에서 모두 고르면?(단, 다툼이 있는 경우 판례에 따른다)**

〈보기〉

ㄱ. 대집행을 통한 건물철거의 경우 건물의 점유자가 철거의무자인 때에는 부수적으로 건물의 점유자에 대한 퇴거 조치를 할 수 있다.
ㄴ. 대집행에 의한 건물철거 시 점유자들이 위력을 행사하여 방해하는 경우라도 경찰의 도움을 받을 수 없다.
ㄷ. 대집행 시에 대집행계고서에 대집행의 대상물 등 대집행 내용이 특정되지 않으면 다른 문서나 기타 사정을 종합하여 특정될 수 있다 하더라도 그 대집행은 위법하다.
ㄹ. 한 장의 문서에 철거명령과 계고처분을 동시에 기재하여 처분할 수 있다.

① ㄱ, ㄴ
② ㄱ, ㄹ
③ ㄴ, ㄷ
④ ㄴ, ㄹ
⑤ ㄷ, ㄹ

19 **다음 중 법률행위의 부관에 대한 설명으로 옳은 것은?(단, 다툼이 있는 경우 판례에 따른다)**

① 기성조건이 해제조건이면 조건 없는 법률행위로 한다.

② 불능조건이 정지조건이면 조건 없는 법률행위로 한다.

③ 불법조건이 붙어 있는 법률행위는 불법조건만 무효이며, 법률행위 자체는 무효로 되지 않는다.

④ 기한의 효력은 기한 도래시부터 생기며, 당사자가 특약을 하더라도 소급효가 없다.

⑤ 어느 법률행위에 어떤 조건이 붙어 있었는지 여부는 법률행위 해석의 문제로서 당사자가 주장하지 않더라도 법원이 직권으로 판단한다.

20 **다음 중 현행 헌법상의 신체의 자유에 대한 설명으로 옳은 것은?**

① 법률과 적법한 절차에 의하지 아니하고는 강제노역을 당하지 아니한다.

② 누구든지 체포·구금을 받을 때에는 그 적부의 심사를 법원에 청구할 수 없다.

③ 체포, 구속, 수색, 압수, 심문에는 검사의 신청에 의하여 법관이 발부한 영장이 제시되어야 한다.

④ 법관에 대한 영장신청은 검사 또는 사법경찰관이 한다.

⑤ 특별한 경우 형사상 자기에게 불리한 진술을 강요받을 수 있다.

21 **다음 중 헌법재판에 대한 설명으로 옳은 것은?**

① 헌법은 헌법재판소장의 임기를 5년으로 규정한다.

② 헌법재판의 전심절차로서 행정심판을 거쳐야 한다.

③ 헌법재판소는 지방자치단체 상호 간의 권한쟁의심판을 관장한다.

④ 탄핵 인용결정을 할 때에는 재판관 5인 이상의 찬성이 있어야 한다.

⑤ 헌법재판소 재판관은 연임할 수 없다.

22 **다음 중 회사의 권리능력에 대한 설명으로 옳지 않은 것은?**

① 회사는 유증(遺贈)을 받을 수 있다.

② 회사는 상표권을 취득할 수 있다.

③ 회사는 다른 회사의 무한책임사원이 될 수 있다.

④ 회사는 명예권과 같은 인격권의 주체가 될 수 있다.

⑤ 회사는 합병을 할 수 있다.

23 **다음 중 부동산 매매계약의 합의해제(해제계약)에 대한 설명으로 옳은 것은?(단, 다툼이 있는 경우 판례에 따른다)**

① 합의해제는 당사자 쌍방의 묵시적 합의로 성립할 수 없다.

② 합의해제의 소급효는 해제 전에 매매목적물에 대하여 저당권을 취득한 제3자에게 영향을 미친다.

③ 합의해제 시에 손해배상에 관한 특약 등을 하지 않았더라도 매도인은 채무불이행으로 인한 손해배상을 청구할 수 있다.

④ 합의해제에 따른 매도인의 원상회복청구권은 소유권에 기한 물권적 청구권으로서 소멸시효의 대상이 되지 않는다.

⑤ 다른 약정이 없으면 합의해제로 인하여 반환할 금전에 그 받은 날로부터 이자를 가산하여야 할 의무가 있다.

24 **다음 중 대한민국 헌정사에 대한 설명으로 옳지 않은 것은?**

① 1954년 제2차 개정헌법은 민의원선거권자 50만 인 이상의 찬성으로도 헌법개정을 제안할 수 있다고 규정하였다.

② 1962년 제5차 개정헌법은 국회의원 정수의 하한뿐 아니라 상한도 설정하였다.

③ 1969년 제6차 개정헌법은 대통령에 대한 탄핵소추요건을 제5차 개정헌법과 다르게 규정하였다.

④ 1972년 제7차 개정헌법은 개헌안의 공고기간을 30일에서 20일로 단축하였다.

⑤ 1980년 제8차 개정헌법은 대통령선거 및 국회의원선거에서 후보자가 필수적으로 정당의 추천을 받도록 하는 조항을 추가하였다.

25 **다음 중 근로3권에 대한 설명으로 옳지 않은 것은?(단, 다툼이 있는 경우 대법원 및 헌법재판소 판례에 따른다)**

① 노동조합으로 하여금 행정관청이 요구하는 경우 결산결과와 운영상황을 보고하도록 하고 그 위반 시 과태료에 처하도록 하는 것은 노동조합의 단결권을 침해하는 것이 아니다.

② 근로자에게 보장된 단결권의 내용에는 단결할 자유뿐만 아니라 노동조합을 결성하지 아니할 자유나 노동조합에 가입을 강제당하지 아니할 자유, 그리고 가입한 노동조합을 탈퇴할 자유도 포함된다.

③ 국가비상사태하에서라도 단체교섭권・단체행동권이 제한되는 근로자의 범위를 구체적으로 제한함이 없이 그 허용 여부를 주무관청의 조정결정에 포괄적으로 위임하고 이에 위반할 경우 형사처벌하도록 규정하는 것은 근로3권의 본질적인 내용을 침해하는 것이다.

④ 노동조합 및 노동관계조정법상의 근로자성이 인정되는 한, 출입국관리 법령에 의하여 취업활동을 할 수 있는 체류자격을 얻지 아니한 외국인 근로자도 노동조합의 결성 및 가입이 허용되는 근로자에 해당된다.

⑤ 하나의 사업 또는 사업장에 두 개 이상의 노동조합이 있는 경우 단체교섭에 있어 그 창구를 단일화하도록 하고 교섭대표가 된 노동조합에게만 단체교섭권을 부여한 교섭창구단일화제도는 교섭대표노동조합이 되지 못한 노동조합의 단체교섭권을 침해하는 것이 아니다.

26 **다음 중 불법행위에 대한 설명으로 옳은 것은?(단, 다툼이 있는 경우 판례에 따른다)**

① 민법 제758조의 공작물의 소유자책임은 과실책임이다.

② 불법행위에서 고의 또는 과실의 증명책임은 원칙적으로 가해자가 부담한다.

③ 여럿이 공동의 불법행위로 타인에게 손해를 가한 때에는 분할하여 그 손해를 배상할 책임이 있다.

④ 중과실의 불법행위자는 피해자에 대한 채권을 가지고 피해자의 손해배상채권을 상계할 수 있다.

⑤ 명예훼손의 경우, 법원은 피해자의 청구가 없더라도 직권으로 명예회복에 적합한 처분을 명할 수 있다.

27 **다음 중 행정상 강제집행에 대한 설명으로 옳지 않은 것은?(단, 다툼이 있는 경우 판례에 따른다)**

① 관계 법령상 행정대집행의 절차가 인정되어 행정청이 행정대집행의 방법으로 건물 철거 등 대체적 작위의무의 이행을 실현할 수 있는 경우에는 따로 민사소송의 방법으로 그 의무의 이행을 구할 수 없다.

② 건축법에 위반된 건축물의 철거를 명하였으나 불응하자 이행강제금을 부과・징수한 후, 이후에도 철거를 하지 않자 다시 행정대집행계고처분을 한 경우 그 계고처분은 유효하다.

③ 한국자산공사의 공매통지는 공매의 요건이 아니라 공매사실 자체를 체납자에게 알려주는 데 불과한 것으로서 행정처분에 해당한다고 할 수 없다.

④ 건축법상 이행강제금은 의무자에게 심리적 압박을 주어 시정명령에 따른 의무이행을 간접적으로 강제하는 강제집행수단이 아니라 시정명령의 불이행이라는 과거의 위반행위에 대한 금전적 제재에 해당한다.

⑤ 위법건축물에 대한 철거명령 및 계고처분에 불응하여 제2차, 제3차로 계고처분을 한 경우에 제2차, 제3차의 후행 계고처분은 행정처분에 해당하지 아니한다.

28 다음 중 행정주체가 아닌 것은?

① 한국은행
② 서울특별시
③ 대한민국
④ 경찰청장
⑤ 산림조합

29 다음 중 민법상 법인에 대한 설명으로 옳지 않은 것은?(단, 다툼이 있는 경우 판례에 따른다)

① 정관에 다른 규정이 없는 경우, 법인은 정당한 이유 없이도 이사를 언제든지 해임할 수 있다.
② 대표권이 없는 이사는 법인의 대표기관이 아니기 때문에 그의 행위로 인하여 법인의 불법행위가 성립하지 않는다.
③ 법인의 대표이사가 그 대표권의 범위 내에서 한 행위는 자기의 이익을 도모할 목적으로 그 권한을 남용한 것이라 할지라도, 특별한 사정이 없는 한 법인의 행위로서 유효하다.
④ 비법인사단의 대표자가 직무에 관하여 타인에게 손해를 가한 경우, 그 비법인사단은 그 손해를 배상하여야 한다.
⑤ 후임 이사가 유효하게 선임되었다고 하더라도 그 선임의 효력을 둘러싼 다툼이 있다면, 그 다툼이 해결되기 전까지는 구(舊) 이사만이 직무수행권한을 가진다.

30 권리와 의무는 서로 대응하는 것이 보통이나, 권리만 있고 그에 대응하는 의무가 없는 경우도 있다. 이에 해당하는 권리는 무엇인가?

① 친권
② 특허권
③ 채권
④ 취소권
⑤ 재산권

31 다음 중 법의 적용에 대한 설명으로 옳지 않은 것은?

① 법을 적용하기 위한 사실의 확정은 증거에 의한다.
② 확정의 대상인 사실이란 자연적으로 인식한 현상 자체를 말한다.
③ 사실의 추정은 확정되지 못한 사실을 그대로 가정하여 법률효과를 발생시키는 것이다.
④ 간주는 법이 의제한 효과를 반증에 의해 번복할 수 없다.
⑤ 입증책임은 그 사실의 존부를 주장하는 자가 부담한다.

32 **다음 중 민법상 물건에 대한 설명으로 옳지 않은 것은?**

① 건물 임대료는 천연과실이다.
② 관리할 수 있는 자연력은 동산이다.
③ 건물은 토지로부터 독립한 부동산으로 다루어질 수 있다.
④ 토지 및 그 정착물은 부동산이다.
⑤ 물건의 사용대가로 받는 금전 기타의 물건은 법정과실이다.

33 **다음 중 행정행위에 대한 설명으로 옳지 않은 것은?**

① 내용이 명확하고 실현가능하여야 한다.
② 법률상 절차와 형식을 갖출 필요는 없다.
③ 법률의 규정에 위배되지 않아야 한다.
④ 정당한 권한을 가진 자의 행위이어야 한다.
⑤ 법률에 근거를 두어야 한다.

34 **다음 중 조례에 대한 설명으로 옳지 않은 것은?(단, 다툼이 있는 경우 판례에 따른다)**

① 조례가 법률 등 상위법령에 위배되면 비록 그 조례를 무효라고 선언한 대법원의 판결이 선고되지 않았더라도 그 조례에 근거한 행정처분은 당연무효가 된다.
② 시(市)세의 과세 또는 면제에 관한 조례가 납세의무자에게 불리하게 개정된 경우에 있어서 개정 조례 부칙에서 종전의 규정을 개정 조례 시행 후에도 계속 적용한다는 경과규정을 두지 아니한 이상, 다른 특별한 사정이 없는 한 법률불소급의 원칙상 개정 전후의 조례 중에서 납세의무가 성립한 당시에 시행되는 조례를 적용하여야 할 것이다.
③ 시・도의회에 의하여 재의결된 사항이 법령에 위반된다고 판단되면 주무부장관은 시・도지사에게 대법원에 제소를 지시하거나 직접 제소할 수 있다. 다만 재의결된 사항이 둘 이상의 부처와 관련되거나 주무부장관이 불분명하면 행정안전부장관이 제소를 지시하거나 직접 제소할 수 있다.
④ 법률이 주민의 권리의무에 관한 사항에 관하여 구체적으로 범위를 정하지 않은 채 조례로 정하도록 포괄적으로 위임한 경우에도 지방자치단체는 법령에 위반되지 않는 범위 내에서 주민의 권리의무에 관한 사항을 조례로 제정할 수 있다.
⑤ 조례안 재의결 내용 전부가 아니라 일부가 법령에 위반되어 위법한 경우에도 대법원은 재의결 전부의 효력을 부인하여야 한다.

35 다음 중 관할행정청 甲이 乙의 경비업 허가신청에 대해 거부처분을 한 경우, 이에 불복하는 乙이 제기할 수 있는 행정심판은 무엇인가?

① 당사자심판
② 부작위위법확인심판
③ 거부처분부당확인심판
④ 의무이행심판
⑤ 특허심판

36 다음 중 손해배상과 손실보상의 가장 본질적인 구별기준은?

① 침해의 위법·적법성 여부
② 고의·과실
③ 공무원 직무행위
④ 손해액수
⑤ 손해범위

37 다음 중 형사소송법에 대한 설명으로 옳은 것은?

① 법관이 제척사유가 있는데도 불구하고 재판에 관여하는 경우 당사자의 신청에 의하여 그 법관을 직무집행에서 탈퇴시키는 제도를 회피라 한다.
② 형사사건으로 국가기관의 수사를 받는 자를 피고인이라 하며, 확정판결을 받은 수형자와 구별된다.
③ 수사기관은 주관적으로 범죄의 혐의가 있다고 판단하는 때에는 객관적 혐의가 없을 경우에도 수사를 개시할 수 있다.
④ 형사절차의 개시와 심리가 소추기관이 아닌 법원의 직권에 의하여 행해지는 것을 직권주의라고 한다.
⑤ 판결은 반드시 구두변론에 의거해야 하고, 결정 또는 명령은 구두변론에 의거하지 아니 할 수 있다.

38 다음 중 법의 효력에 대한 설명으로 옳지 않은 것은?

① 법률의 시행기간은 시행일부터 폐지일까지이다.
② 법률은 특별한 규정이 없는 한 공포일로부터 30일을 경과하면 효력이 발생한다.
③ 범죄 후 법률의 변경이 피고인에게 유리한 경우에는 소급적용이 허용된다.
④ 외국에서 범죄를 저지른 한국인에게 우리나라 형법이 적용되는 것은 속인주의에 따른 것이다.
⑤ 일반적으로 타당성과 실효성 두 가지로 이루어진다.

39 **다음 중 근대 사법이 공법화 경향을 나타내고 있는 이유로 옳지 않은 것은?**

① 계약자유의 범위 확대
② 공공복리의 실현
③ 사회보장제도의 확충
④ 사권(私權)의 의무화
⑤ 경제적 약자의 보호

40 **다음 중 민법상 과실(果實)에 해당하지 않는 것은?**

① 지상권의 지료
② 특허권의 사용료
③ 임대차에서의 차임
④ 젖소로부터 짜낸 우유
⑤ 과수원에서 재배한 사과

| 04 | 경제학

01 **다음 중 환율이론에 대한 설명으로 옳지 않은 것은?**

① 구매력평가설은 환율이 양국통화의 구매력에 의하여 결정된다는 이론이다.
② 구매력평가설이 성립되기 위해서는 일물일가의 법칙이 전제되어야 한다.
③ 구매력평가설에 따르면 양국의 물가상승률 차이만큼 환율변화가 이루어진다.
④ 이자율평가설은 양국 간의 명목이자율 차이와 환율의 기대변동률과의 관계를 설명하는 이론이다.
⑤ 이자율평가설이 성립하기 위해서는 국가 간 자본이동이 제한되어야 하며, 거래비용과 조세가 존재하지 않아야 한다.

02 **다음 자료를 참고할 때, 엥겔지수는 얼마인가?**

- 독립적인 소비지출 : 100만 원
- 한계소비성향 : 0.6
- 가처분소득 : 300만 원
- 식비지출 : 70만 원

① 0.2
② 0.25
③ 0.3
④ 0.35
⑤ 0.4

03 **다음 〈보기〉 중 장·단기 비용함수에 대한 설명으로 옳은 것을 모두 고르면?**

〈보기〉

가. 기업은 단기에 주어진 시설규모하에서 산출량만 조정할 수 있다.
나. 장기에는 시설규모의 조정이 가능하므로 동일한 생산량을 최소한의 비용으로 생산할 수 있는 규모와 생산량을 동시에 결정할 수 있다.
다. 장기비용은 단기비용보다 높을 수 없으므로 장기총비용곡선은 단기총비용곡선의 포락선이 된다.
라. 장기한계비용곡선도 단기한계비용곡선의 포락선이 된다.

① 가, 나
② 가, 다
③ 가, 나, 다
④ 나, 다, 라
⑤ 가, 나, 다, 라

04 다음 중 공공재의 특성에 대한 설명으로 옳은 것은?

① 한 사람의 소비가 다른 사람의 소비를 감소시킨다.
② 소비에 있어서 경합성 및 배제성의 원리가 작용한다.
③ 무임승차 문제로 과소 생산의 가능성이 있다.
④ 공공재는 민간이 생산하거나 공급할 수 없다.
⑤ 시장에 맡기면 사회적으로 적절한 수준보다 과대 공급될 우려가 있다.

05 다음 중 노동수요의 임금탄력성에 대한 설명으로 옳지 않은 것은?

① 노동수요의 임금탄력성은 단기보다 장기에서 더 크다.
② 노동수요의 임금탄력성은 총 생산비 중 노동비용이 차지하는 비중에 의해 영향을 받는다.
③ 노동을 대체할 수 있는 다른 생산요소로의 대체가능성이 클수록 동일한 임금상승에 대하여 고용감소는 작아진다.
④ 노동수요는 노동을 생산요소로 사용하는 최종생산물 수요의 가격탄력성에 영향을 받는다.
⑤ 노동수요의 임금탄력성은 노동수요량의 변화율을 임금변화율로 나눈 것이다.

06 다음 중 가치의 역설(Paradox of Value)에 대한 설명으로 옳은 것은?

① 다이아몬드의 한계효용은 물의 한계효용보다 크다.
② 다이아몬드는 필수재이고, 물은 사치재이다.
③ 물은 항상 다이아몬드보다 가격이 낮다.
④ 상품의 가격은 총효용에 의해 결정된다.
⑤ 총효용이 낮아지면 상품의 가격도 낮아진다.

07 **S국의 통화량은 현금통화가 150, 예금통화가 450이며, 지급준비금은 90이라고 할 때, 통화승수는?(단, 현금통화비율과 지급준비율은 일정하다)**

① 2.5
② 3
③ 4.5
④ 5
⑤ 6.5

08 **다음 중 국내 물가를 안정시키기 위한 정책으로 옳지 않은 것은?(단, 해외원자재 가격 상승과 국내 물가가 치솟은 상황을 가정한다)**

① 기준금리를 인상하여 인플레이션을 억제시킨다.
② 한국은행은 통화안정증권을 시중은행에 매각한다.
③ 정부가 재정지출을 축소한다.
④ 기업은 중복투자를 억제한다.
⑤ 원화 가치의 하락세를 유도한다.

09 **다음 중 담합행위에 대한 설명으로 옳지 않은 것은?**

① 담합행위에 참여한 기업들은 담합으로 얻은 이윤을 동일하게 분할하여 나눠 갖는다.
② 담합행위가 발생하면 가격은 높아지고 균형거래량은 줄어든다.
③ 정부에서는 담합행위의 구체적 사실을 밝혀내기 어렵기 때문에 리니언시 제도를 도입했다.
④ 리니언시 제도는 카르텔의 불안정성을 이용한 제도이다.
⑤ 담합행위는 과점기업들이 독점 이득을 취하기 위한 행위로, 사회적 순후생 손실을 초래한다.

10 **다음 중 등량곡선에 대한 설명으로 옳지 않은 것은?(단, 투입량의 증가에 따라 산출량의 증가를 가져오는 표준적인 두 종류의 생산요소를 가정한다)**

① 등량곡선이 원점에 대해 볼록한 이유는 한계기술대체율을 체감하기 때문이다.
② 등량곡선이 원점으로 접근할수록 더 적은 산출량을 의미한다.
③ 기술진보가 이루어진다면 같은 생산량을 갖는 등량곡선은 원점으로부터 멀어진다.
④ 동일한 등량곡선상에서의 이동은 생산요소 결합비율의 변화를 의미한다.
⑤ 등량곡선은 서로 교차하지 않는다.

11 개방경제하의 S소국에서 수입관세를 부과하였다. 이때 나타나는 효과로 옳지 않은 것은?

① 국내가격이 상승한다.
② 소비량이 감소한다.
③ 생산량이 감소한다.
④ 사회적 후생손실이 발생한다.
⑤ 교역조건은 변하지 않는다.

12 1950년대 이후 선진국 간의 무역이 크게 증가하였다. 다음 중 이러한 선진국 간의 무역 증가를 가장 잘 설명한 것은?

① 리카도의 비교우위론
② 헥셔－올린 정리
③ 요소가격균등화 정리
④ 레온티에프의 역설
⑤ 규모의 경제

13 다음 중 보상적 임금격차에 대한 설명으로 옳지 않은 것은?

① 오염된 지역이나 물가가 비싼 지역에서 근무할 경우 보상적 임금은 양(＋)의 값을 나타낼 것이다.
② 보상적 임금격차 개념에 기초할 때 높은 승진 가능성이 있는 직업에서는 낮은 임금이 형성될 가능성이 크다.
③ 비슷한 교육수준에도 불구하고 대학 교수들이 의사나 변호사에 비해 낮은 임금을 받는 것은 보상적 임금격차로 설명할 수 있다.
④ 비금전적 측면에서 매우 매력적인 직업일수록 보상적 임금은 음(－)의 값을 갖게 된다.
⑤ 대기업의 근로자들은 중소기업의 근로자들보다 좋은 환경에서 근무하므로 보상적 임금은 음(－)의 값을 가질 것이다.

14 다음 중 지니계수에 대한 설명으로 옳지 않은 것을 〈보기〉에서 모두 고르면?

〈보기〉

가. 지니계수의 크기는 0과 2 사이에 있다.
나. 지니계수의 크기는 로렌츠 곡선으로부터 도출할 수 있다.
다. 지니계수가 0에 가까울수록 소득분배가 균등하다.
라. 지니계수는 경제성장률과 항상 반비례의 관계를 갖는다.

① 가, 다
② 가, 라
③ 나, 다
④ 나, 라
⑤ 다, 라

15 다음 중 공공재 및 시장실패에 대한 설명으로 옳지 않은 것은?

① 긍정적인 외부효과가 있는 재화의 경우 시장에서 사회적 최적 수준에 비해 과소 생산된다.
② 공유지의 비극(Tragedy of the Commons)은 배제성은 없으나 경합성이 있는 재화에서 발생한다.
③ 일단 공공재가 공급되고 나면, 비용을 부담하지 않더라도 소비에서 배제시킬 수 없다.
④ 거래비용 없이 협상할 수 있다면 당사자들이 자발적으로 외부효과로 인한 비효율성을 줄일 수 있다.
⑤ 공공재의 경우 개인들의 한계편익을 합한 것이 한계비용보다 작다면 공공재 공급을 증가시키는 것이 바람직하다.

16 다음 중 정부지출 증가의 효과가 가장 크게 나타나게 되는 상황은 언제인가?

① 한계저축성향이 낮은 경우
② 한계소비성향이 낮은 경우
③ 정부지출의 증가로 물가가 상승한 경우
④ 정부지출의 증가로 이자율이 상승한 경우
⑤ 정부지출의 증가로 인해 구축효과가 나타난 경우

17 다음 〈보기〉 중 GDP가 증가하는 경우는 모두 몇 개인가?

〈보기〉

ㄱ. 대한민국 공무원 연봉이 전반적으로 인상되었다.
ㄴ. 중국인 관광객들 사이에서 한국의 명동에서 쇼핑하는 것이 유행하고 있다.
ㄷ. 대한민국 수도권 신도시에 거주하는 A씨의 주택가격이 전년도 대비 20% 상승하였다.
ㄹ. 한국에서 생산된 중간재가 미국에 수출되었다.

① 1개
② 2개
③ 3개
④ 4개
⑤ 없음

18 다음은 (가)국과 (나)국의 지니계수 추이를 나타낸 자료이다. 이에 대한 설명으로 옳지 않은 것은?

구분	2021년	2022년	2023년
(가)	0.310	0.302	0.295
(나)	0.405	0.412	0.464

① (가)국과 (나)국의 지니계수는 0과 1 사이의 값을 가진다.
② (가)국은 소득불평등도가 줄어드는 반면 (나)국은 소득불평등도가 심화되고 있다.
③ (나)국은 소득불평등도를 줄이기 위해 교육과 건강에 대한 보조금 정책을 도입할 필요가 있다.
④ (나)국의 로렌츠 곡선은 45도 대각선에 점차 가까워질 것이다.
⑤ 소득재분배를 위해 과도하게 누진세를 도입할 경우 저축과 근로 의욕을 저해할 수 있다.

19 다음 중 경제지표를 산출할 때 시점의 상대적 위치에 따라 실제 경제 상황보다 위축되거나 부풀려지는 현상은 무엇인가?

① 피셔 효과(Fisher Effect)
② 기저 효과(Based Effect)
③ 베블런 효과(Veblen Effect)
④ 부메랑 효과(Boomerang Effect)
⑤ 승수 효과(Multiplier Effect)

20 X재의 가격이 5% 상승할 때 X재의 소비지출액은 전혀 변화하지 않은 반면, Y재의 가격이 10% 상승할 때 Y재의 소비지출액은 10% 증가하였다. 이때, 두 재화에 대한 수요의 가격탄력성은?

	X재	Y재
①	완전탄력적	단위탄력적
②	단위탄력적	완전탄력적
③	단위탄력적	완전비탄력적
④	완전비탄력적	비탄력적
⑤	완전비탄력적	단위탄력적

21 다음 사례에서 공통으로 나타나는 현상으로 옳은 것은?

> • 물은 사용가치가 크지만 교환가치가 작은 반면, 다이아몬드는 사용가치가 작지만 교환가치는 크게 나타난다.
> • 한계효용이 작을수록 교환가치가 작으며, 한계효용이 클수록 교환가치가 크다.

① 매몰비용의 오류
② 감각적 소비
③ 보이지 않는 손
④ 가치의 역설
⑤ 희소성

22 다음 중 독점적 경쟁시장에 대한 설명으로 옳지 않은 것은?

① 독점적 경쟁시장은 완전경쟁시장과 독점시장의 중간 형태이다.
② 대체성이 높은 제품의 공급자가 시장에 다수 존재한다.
③ 시장진입과 퇴출이 자유롭다.
④ 독점적 경쟁기업의 수요곡선은 우하향하는 형태를 나타낸다.
⑤ 비가격경쟁보다 가격경쟁이 활발히 진행된다.

23 어느 대학생이 노트북을 100만 원에 구매하려고 하는데, 현재 노트북 가격은 80만 원이다. 만약 노트북에 대한 물품세가 1대당 30만 원이 부과되어 노트북의 가격이 110만 원으로 상승하였을 경우 옳은 것을 〈보기〉에서 모두 고르면?

〈보기〉

가. 세금이 부과되기 전 소비자 잉여는 20만 원이다.
나. 세금이 부과되고 나면 소비자 잉여는 발생하지 않는다.
다. 세금이 부과되고 나면 사회적 순손실은 20만 원만큼 발생한다.
라. 세금이 부과되고 나면 사회적 순손실은 30만 원만큼 발생한다.
마. 세금이 부과되고 나면 사회적 순손실은 80만 원만큼 발생한다.

① 가, 나
② 나, 마
③ 가, 나, 다
④ 가, 나, 라
⑤ 다, 라, 마

24 다음 중 조세정책에 대한 설명으로 옳지 않은 것은?

① 조세정책은 정부가 경제영역 중 분배영역에 개입할 수 있는 중요한 수단 중 하나이다.
② 정부는 기업의 고용 및 투자를 촉진하기 위한 수단으로 소득세, 법인세 감면 등을 시행한다.
③ 조세정책을 시행하는 곳은 한국은행이다.
④ 세율을 높이면 세수입이 늘어나지만 일정 수준 이상의 세율에서는 오히려 세금이 줄어드는 현상이 나타난다.
⑤ 조세정의 실현을 위해 지하경제 양성화, 역외탈세 근절 등이 매우 중요하다.

25 다음 중 토지공급의 가격탄력성이 완전히 비탄력적일 때, 토지공급에 세금을 부과할 경우 미치는 영향에 대한 설명으로 옳은 것은?(단, 토지 수요의 가격탄력성은 단위탄력적이다)

① 토지의 수요자가 실질적으로 세금을 모두 부담한다.
② 토지의 공급자가 실질적으로 세금을 모두 부담한다.
③ 토지의 수요자와 공급자가 모두 세금을 부담하지 않는다.
④ 토지의 수요자와 공급자가 모두 세금을 부담하지만 수요자가 더 많이 부담한다.
⑤ 토지의 수요자와 공급자가 모두 세금을 부담하지만 공급자가 더 많이 부담한다.

26 **다음 중 독점기업의 가격전략에 대한 설명으로 옳지 않은 것은?**

① 독점기업이 시장에서 한계수입보다 높은 수준으로 가격을 책정하는 것은 가격차별전략이다.

② 1급 가격차별의 경우 생산량은 완전경쟁시장과 같다.

③ 2급 가격차별은 소비자들의 구매수량과 같이 구매 특성에 따라서 다른 가격을 책정하는 경우 발생한다.

④ 3급 가격차별의 경우 재판매가 불가능해야 가격차별이 성립한다.

⑤ 영화관 조조할인은 3급 가격차별의 사례이다.

27 **다음 중 ㉠~㉢에 들어갈 내용을 바르게 연결한 것은?**

> 단기에 기업의 평균총비용곡선은 생산량 증가에 따라 평균총비용이 처음에는 하락하다가 나중에 상승하는 U자의 형태를 갖는다. 평균총비용이 처음에 하락하는 이유는 생산량이 증가함에 따라 ___㉠___하기 때문이다. 하지만 나중에 평균총비용이 상승하는 이유는 ___㉡___의 법칙에 따라 ___㉢___하기 때문이다.

	㉠	㉡	㉢
①	평균고정비용이 하락	한계생산 체감	평균가변비용이 증가
②	평균고정비용이 하락	규모수익 체감	평균가변비용이 증가
③	평균가변비용이 하락	한계생산 체감	평균고정비용이 증가
④	평균가변비용이 증가	규모수익 체감	평균고정비용이 감소
⑤	평균고정비용이 증가	한계생산 체감	평균가변비용이 감소

28 **일반적인 형태의 수요곡선과 공급곡선을 가지는 재화 X의 가격이 상승하고 생산량이 감소하였다면 재화 X의 수요곡선과 공급곡선은 어떻게 이동한 것인가?**

① 수요곡선이 하방이동하였다.

② 공급곡선이 하방이동하였다.

③ 수요곡선이 상방이동하였다.

④ 공급곡선이 상방이동하였다.

⑤ 수요곡선과 공급곡선이 동시에 하방이동하였다.

29 다음 중 빈칸에 들어갈 내용을 순서대로 바르게 나열한 것은?

> 농산물은 ________이므로 수요의 가격탄력성이 '비탄력적'이다. 이 경우 농산물의 공급이 증가하면 가격이 상대적으로 _____ 폭으로 하락할 뿐 아니라 가격 하락에도 불구하고 수요가 크게 늘지 않기 때문에 전체적으로 _________한다.

① 사치재 – 큰 – 수입이 감소
② 필수재 – 큰 – 비용이 증가
③ 사치재 – 작은 – 수입이 감소
④ 필수재 – 큰 – 수입이 감소
⑤ 사치재 – 작은 – 비용이 증가

30 다음 중 재화의 성질 및 무차별곡선에 대한 설명으로 옳지 않은 것은?

① 모든 기펜재(Giffen Goods)는 열등재이다.
② 두 재화가 대체재인 경우 두 재화 간 교차탄력성은 양(+)의 값을 가진다.
③ X축은 홍수를, Y축은 쌀을 나타내는 경우 무차별곡선은 우하향한다.
④ 두 재화가 완전보완재인 경우 무차별곡선은 L자 모형이다.
⑤ 두 재화가 완전대체재인 경우 두 재화의 한계대체율은 일정하다.

31 다음 상황과 관련이 있는 경제용어는 무엇인가?

> 지난 10여 년간 S국은 장기침체를 벗어나지 못하고 있다. 이에 대한 대책의 하나로 S국 정부는 극단적으로 이자율을 낮추고 사실상 제로금리정책을 시행하고 있으나, 투자 및 소비의 활성화 등 의도했던 수요확대 효과가 전혀 나타나지 않고 있다.

① 화폐 환상
② 유동성 함정
③ 구축효과
④ J커브 효과
⑤ 피셔 방정식

32 다음 중 불완전경쟁 시장구조에 대한 설명으로 옳지 않은 것은?

① 독점적 경쟁시장은 장기적으로 기업의 진입과 퇴출이 자유롭다.
② 시장수요곡선이 우하향하는 독점시장에서 독점가격은 한계수입보다 크다.
③ 쿠르노(Cournot) 모형에서 각 기업은 경쟁기업이 현 산출량을 그대로 유지할 것이라는 전제하에 행동한다.
④ 베르트랑(Bertrand) 모형에서 각 기업은 경쟁기업이 현 가격을 그대로 유지할 것이라는 전제하에 행동한다.
⑤ 슈타켈버그(Stackelberg) 모형에서 두 기업 중 하나 또는 둘 모두가 가격에 관해 추종자가 아닌 선도자의 역할을 한다.

33 다음 중 노사가 합의한 일정 연령이 지나면 임금이 줄어드는 제도로, 정년 연장과 관련해 장기 근속 직원에게 임금을 적게 주는 대신 정년까지 고용을 보장하는 제도는?

① 임금피크제
② 타임오프제
③ 최저임금제
④ 복수노조제
⑤ 기초생활보장제

34 자본이동 및 무역거래가 완전히 자유롭고 변동환율제도를 채택하고 있는 소규모 개방경제인 S국에서 확대재정정책이 실시되는 경우, IS-LM 모형에 의하면 최종 균형에서 국민소득과 환율은 정책 실시 이전의 최초 균형에 비해 어떻게 변하는가?(단, 물가는 고정되어 있다고 가정한다)

	국민소득	환율
①	불변	S국 통화 강세
②	증가	S국 통화 강세
③	감소	S국 통화 강세
④	불변	S국 통화 약세
⑤	감소	S국 통화 약세

35 다음 중 정부가 재정적자를 국채의 발행으로 조달할 경우 국채의 발행이 채권가격의 하락으로 이어지고, 시장이자율이 상승하여 투자에 부정적인 영향을 주는 것은 무엇인가?

① 피셔 방정식
② 구축효과
③ 유동성함정
④ 오쿤의 법칙
⑤ 화폐수량설

36 수요함수가 $q=10-p$로 주어진 생산물시장에서 두 기업 1과 2가 쿠르노 경쟁(Cournot Competition)을 하고 있다. 기업 1의 비용함수는 $c_1(q_1)=3q_1$이고 기업 2의 비용함수는 $c_2(q_2)=2q_2$라 할 때, 다음 중 이에 대한 설명으로 옳은 것은?

① 균형에서 시장생산량은 5이다.
② 균형에서 기업 1의 생산량은 기업 2의 생산량의 절반이다.
③ 만약 기업 1이 독점기업이면 시장생산량은 4이다.
④ 만약 두 기업이 완전경쟁기업으로 행동한다면 시장생산량은 6이다.
⑤ 만약 두 기업이 베르트랑 경쟁(Bertrand Competition)을 한다면 기업 1이 모든 시장수요를 차지할 것이다.

37 다음 글에서 설명하는 경제 개념으로 옳은 것은?

세수와 세율 사이의 역설적 관계를 나타내는 곡선이다. 이 곡선에 따르면 세율이 일정 수준을 넘으면 근로의욕이 감소하므로 세수가 줄어드는 현상이 나타난다. 즉, 세율이 $t(X)$보다 낮은 상태에서는 세율을 올리면 세수가 늘어나고, 반대로 세율이 $t(X)$보다 높은 상태에서는 세율을 낮춤으로써 세수를 증대시킬 수 있다. 이 곡선은 1980년대 미국 레이건 행정부의 조세인하정책의 이론적 근거가 되었으며, 이로 인해 미국 정부의 거대한 재정적자 증가를 초래하는 결과를 가져왔다.

① 래퍼 커브(Laffer Curve)
② 로렌츠 커브(Lorenz Curve)
③ 디맨드 커브(Demand Curve)
④ 필립스 커브(Philips Curve)
⑤ 쿠즈네츠 커브(Kuznets Curve)

38 다음 중 인플레이션에 대한 설명으로 옳은 것은?

① 피셔가설은 '(명목이자율)=(실질이자율)+(물가상승률)'이라는 명제로, 예상된 인플레이션이 금융거래에 미리 반영됨을 의미한다.
② 새케인스학파에 의하면 예상된 인플레이션의 경우에는 어떤 형태의 사회적 비용도 발생하지 않는다.
③ 실제 물가상승률이 예상된 물가상승률보다 더 큰 경우, 채권자는 이득을 보고 채무자는 손해를 본다.
④ 실제 물가상승률이 예상된 물가상승률보다 더 큰 경우, 고정된 명목임금을 받는 노동자와 기업 사이의 관계에서 노동자는 이득을 보고 기업은 손해를 보게 된다.
⑤ 예상하지 못한 인플레이션 발생의 불확실성이 커지면 장기계약이 활성화되고 단기계약이 위축된다.

39 다음 〈보기〉에서 내생적 경제성장이론에 대한 설명으로 옳은 것을 모두 고르면?

〈보기〉

가. 인적자본의 축적이나 연구개발은 경제성장을 결정하는 중요한 요인이다.
나. 정부의 개입이 경제성장에 중요한 역할을 한다.
다. 자본의 한계생산은 체감한다고 가정한다.
라. 선진국과 후진국 사이의 소득격차가 줄어든다.

① 가, 나
② 가, 다
③ 나, 다
④ 나, 라
⑤ 다, 라

40 다음은 X재에 대한 수요곡선이다. 이에 대한 설명으로 옳은 것은?(단, X재는 정상재이다)

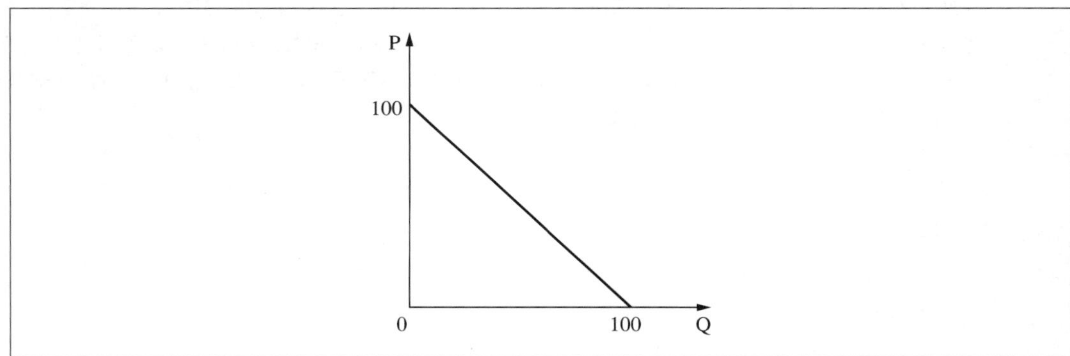

① 가격이 100원이면 X재의 수요량은 100이다.
② 가격에 상관없이 가격탄력성의 크기는 일정하다.
③ 소득이 증가하는 경우 수요곡선은 왼쪽으로 이동한다.
④ X재와 대체관계에 있는 Y재의 가격이 오르면 X재의 수요곡선은 왼쪽으로 이동한다.
⑤ X재 시장이 독점시장이라면 독점기업이 이윤극대화를 할 때 설정하는 가격은 50원 이상이다.

3권

제3회 서울교통공사 사무직

NCS 직업기초능력평가 +직무수행능력평가

〈문항 및 시험시간〉

평가영역	문항 수	시험시간	모바일 OMR 답안채점 / 성적분석 서비스
직업기초능력평가 + 직무수행능력평가 (행정학 / 경영학 / 법학 / 경제학)	80문항	100분	행정학 경영학 법학 경제학

서울교통공사 사무직 신입사원 필기시험

제3회 모의고사

문항 수 : 80문항
응시시간 : 100분

제 1 영역 직업기초능력평가

01 다음 글의 주제로 가장 적절한 것은?

우리는 주변에서 신호등 음성 안내기, 휠체어 리프트, 점자 블록 등의 장애인 편의 시설을 많이 볼 수 있다. 우리는 이런 편의 시설을 장애인들이 지니고 있는 국민으로서의 기본 권리를 인정한 것이라는 시각에서 바라보고 있다. 물론, 장애인의 일상생활 보장이라는 측면에서 이 시각은 당연한 것이다. 하지만 이를 바라보는 또 다른 시각이 필요하다. 그것은 바로 장애인만을 위한 것이 아니라 일상생활에서 활동에 불편을 겪는 모두를 위한 것이라는 시각이다. 편리하고 안전한 시설은 장애인뿐만 아니라 우리 모두에게 유용하기 때문이다. 예를 들어, 건물의 출입구에 설치되어 있는 경사로는 장애인들의 휠체어만 다닐 수 있도록 설치해 놓은 것이 아니라, 몸이 불편해서 계단을 오르내릴 수 없는 노인이나 유모차를 끌고 다니는 사람들도 편하게 다닐 수 있도록 만들어 놓은 시설이다. 결국 이 경사로는 우리 모두에게 유용한 시설인 것이다.
그런 의미에서 근래에 대두되고 있는 '보편적 디자인', 즉 '유니버설 디자인(Universal Design)'이라는 개념은 우리에게 좋은 시사점을 제공해 준다. 보편적 디자인이란 가능한 모든 사람이 이용할 수 있도록 제품, 건물, 공간을 디자인한다는 의미를 가지고 있기 때문이다. 이러한 시각으로 바라본다면 장애인 편의 시설이 우리 모두에게 편리하고 안전한 시설로 인식될 것이다.

① 우리 주변에서는 장애인 편의 시설을 많이 볼 수 있다.
② 보편적 디자인은 근래에 대두되고 있는 중요한 개념이다.
③ 어떤 집단의 사람들이라도 이용할 수 있는 제품을 만들어야 한다.
④ 보편적 디자인이라는 관점에서 장애인 편의 시설을 바라볼 필요가 있다.
⑤ 장애인들의 기본 권리를 보장하기 위해 장애인 편의 시설을 확충해야 한다.

02 S회사는 일정한 규칙에 따라 만든 암호를 팀별 보안키로 활용한다. $x+y$의 값은?

A팀	B팀	C팀	D팀	E팀	F팀
1938	2649	3576	6537	9642	2766
G팀	H팀	I팀	J팀	K팀	L팀
19344	21864	53193	84522	9023x	7y352

① 11
② 13
③ 15
④ 17
⑤ 19

03 A사원은 회사 근처 카페에서 거래처와 미팅을 갖기로 했다. 처음에는 4km/h로 걸어가다가 약속 시간에 늦을 것 같아서 10km/h로 뛰어서 24분 만에 미팅 장소에 도착했다. 회사에서 카페까지의 거리가 2.5km일 때, A사원이 뛴 거리는?

① 0.6km
② 0.9km
③ 1.2km
④ 1.5km
⑤ 1.8km

04 다음 스칸디나비아항공의 사례에서 기업의 직원들에게 필요한 역량은 무엇인가?

> 스칸디나비아항공은 고객이 예약 문의전화를 하고, 공항카운터를 방문하고, 티켓을 받은 후 탑승을 하고, 기내서비스를 받고, 공항을 빠져나오는 등의 모든 순간에 항공사와 함께 있다는 기분을 느낄 수 있도록 다양한 광고와 질 높은 서비스를 제공하는 MOT 마케팅을 도입함으로써 수년간의 적자경영을 흑자경영으로 돌려놓는 결과를 낳았다. MOT 마케팅은 고객이 여러 번에 걸쳐 최상의 서비스를 경험했다 하더라도 단 한 번의 불만족스러움을 느낀다면 결국 전체 서비스에 대한 만족도를 0으로 만들어버린다는 곱셈의 법칙(100−1=99가 아니라 100×0=0이라는 법칙)에 따라 고객과의 접점의 순간에서 최상의 서비스를 제공할 것을 강조한다.

① 근면
② 성실
③ 봉사
④ 책임감
⑤ 정직

05 다음 팔로워십의 유형에 대한 설명을 참고할 때 〈보기〉의 A와 B의 팔로워십 유형을 바르게 연결한 것은?

- 수동형
  - 의존적이고 비판적이지 않지만, 임무 역시 열심히 참여하지 않는다.
  - 책임감이 결여되어 지시하지 않으면 임무를 수행하지 않는다.
- 소외형
  - 개성이 강한 사람으로, 조직에 대해 독립적이고 비판적인 의견을 내며 임무 수행에서는 소극적이다.
  - 리더의 노력을 비판하면서, 스스로는 노력하지 않거나 불만스런 침묵으로 일관한다.
- 모범형
  - 스스로 생각하고 행동하며, 집단과 리더를 도와준다.
  - 독립심이 강하고 헌신적이며 건설적인 비판을 한다.
- 실무형
  - 비판적이지 않으며 리더의 지시에 의문이 생겨도 적극적으로 대립하지 않는다.
  - 지시한 일은 잘 수행하지만 그 이상을 하지 않는 등 개인의 이익을 따진다.
- 순응형
  - 독립적·비판적인 사고는 부족하지만 자신의 임무를 수행한다.
  - 리더의 지시나 판단에 지나치게 의존하는 경향이 있다.

〈보기〉

- 팀장은 평소 일에 대한 책임감이 적은 A에게 무엇을 시켜야 하는지, 어떻게 말해야 되는지 매일 생각하고 있다. A는 스스로 무엇을 할지 생각하지 않고, 해야 될 것을 알려달라고 하며 맡은 일을 제대로 하지 못해 감독이 필요하다.
- B는 사람들 사이에서 잔머리를 굴릴 줄 안다고 평가된다. B는 평소 업무를 수행하면서 가지고 있는 불만을 표현하지 않고 모두 수행하지만 더 능력이 있음에도 더 노력하지 않는다.

	A	B
①	수동형	실무형
②	소외형	순응형
③	모범형	수동형
④	실무형	소외형
⑤	순응형	모범형

06 다음 프로그램의 실행 결과로 옳은 것은?

```
#include <stdio.h>
void main() {
    int temp = 0;
    int i = 10;

    temp = i++;
    temp = i--;

    printf("%d, %d", temp, i);
}
```

① 11, 11
② 11, 10
③ 10, 11
④ 10, 10
⑤ 0, 10

07 다음은 S기업의 정수기 판매량에 따른 평균 수입과 평균 비용을 나타낸 자료이다. 현재 4개를 판매하고 있는 S기업이 이윤을 극대화하기 위한 판단으로 옳은 것은?

판매량(개)	1	2	3	4	5	6
평균 수입(만 원)	6	6	6	6	6	6
평균 비용(만 원)	6	4	4	5	6	7

※ (평균 수입)$=\frac{(총수입)}{(판매량)}$, (평균 비용)$=\frac{(총비용)}{(판매량)}$

① 이윤은 판매량이 1개 또는 5개일 때 극대화된다.
② 평균 수입이 평균 비용보다 높으므로 판매량을 늘려야 한다.
③ 평균 수입이 평균 비용보다 낮으므로 판매량을 줄여야 한다.
④ 판매량을 3개로 줄일 경우 이윤이 증가하므로 판매량을 줄여야 한다.
⑤ 판매량이 현재와 같이 유지될 때 이윤이 가장 크다.

※ 다음은 호텔별 연회장 대여 현황에 대한 자료이다. 이어지는 질문에 답하시오. [8~9]

〈호텔별 연회장 대여 현황〉

건물	연회장	대여료	수용 가능 인원	회사로부터 거리	비고
A호텔	연꽃실	140만 원	200명	6km	2시간 이상 대여 시 추가비용 40만 원
B호텔	백합실	150만 원	300명	2.5km	1시간 초과 대여 불가능
C호텔	매화실	150만 원	200명	4km	이동수단 제공
	튤립실	180만 원	300명	4km	이동수단 제공
D호텔	장미실	150만 원	250명	4km	–

08 총무팀에 근무하고 있는 이대리는 김부장에게 다음과 같은 지시를 받았다. 이대리가 연회장 예약을 위해 지불해야 하는 예약금은 얼마인가?

다음 주에 있을 회사창립 20주년 기념행사를 위해 준비해야 할 것들을 알려줄게요. 먼저 다음 주 금요일 오후 6시부터 8시까지 사용 가능한 연회장 리스트를 뽑아서 행사에 적합한 연회장을 예약해 주세요. 연회장 대여를 위한 예산은 160만 원이고, 회사에서의 거리가 가까워야 임직원들이 이동하기에 좋을 것 같아요. 행사 참석 인원은 240명이고, 이동수단을 제공해 준다면 우선적으로 고려하도록 하세요. 예약금은 대여료의 10%라고 하니 예약 완료하고 지불하도록 하세요.

① 14만 원
② 15만 원
③ 16만 원
④ 17만 원
⑤ 18만 원

09 회사창립 20주년 기념행사의 연회장 대여 예산이 200만 원으로 증액된다면, 이대리는 어떤 연회장을 예약하겠는가?

① A호텔 연꽃실
② B호텔 백합실
③ C호텔 매화실
④ C호텔 튤립실
⑤ D호텔 장미실

10 **다음은 동네 가게 주인 B씨에 대한 사례이다. 옆 가게 주인과 비교할 때 B씨에게 나타나는 협상의 문제점으로 가장 적절한 것은?**

> B씨는 동네 가게의 주인이다. 어느 날 한 청년이 헐레벌떡 들어와 "목이 마르니 콜라를 주세요."라고 말하였다. 하지만 며칠 동안 콜라 도매상이 들리지 않는 바람에 콜라가 다 떨어진 것을 확인한 B씨는 "죄송합니다. 지금 콜라가 다 떨어졌네요."라고 대답했다. 그러자 그 청년은 밖으로 나가더니 바로 옆 가게로 들어가는 것이 아닌가? B씨는 그 모습을 보고 옆 가게에도 도매상이 들리지 않았으니 청년이 빈손으로 나올 것이라고 예상했다. 하지만 예상과 달리 청년은 콜라 대신에 사이다를 가지고 나왔다. B씨는 어떻게 사이다를 팔았는지 궁금해서 옆 가게 주인에게 물어보자, 옆 가게 주인은 "난 그저 콜라가 없지만 사이다를 대신 마시는 것은 어떤지 물어본 걸세."라고 대답했다.

① 협상 당사자의 주장에 대해 적극적으로 경청하지 않았다.
② 협상에 대해 자신이 원하는 바에 대한 주장을 제시하지 못했다.
③ 협상을 위해 상대방이 제시하는 것을 일방적으로 수용하지 않았다.
④ 협상 당사자가 실제로 원하는 것을 확인하지 못했다.
⑤ 협상 당사자와의 인간관계를 중요하게 여기지 않았다.

11 **다음 상황에서 팀장의 지시를 수행하기 위하여 오대리가 거쳐야 할 부서를 순서대로 나열한 것은?**

> 오대리, 내가 내일 출장 준비 때문에 무척 바빠서 그러는데 자네가 좀 도와줘야 할 것 같군. 우선 박비서한테 가서 오후 사장님 회의 자료를 좀 가져다주게나. 오는 길에 지난주 기자단 간담회 자료 정리가 되었는지 확인해 보고 완료됐으면 한 부 챙겨오고. 다음 주에 승진자 발표가 있을 것 같은데 우리 팀 승진 대상자 서류가 잘 전달되었는지 그것도 확인 좀 해줘야겠어. 참, 오후에 바이어가 내방하기로 되어 있는데 공항 픽업 준비는 잘 해 두었지? 배차 예약 상황도 다시 한 번 점검해 봐야 할 거야. 그럼 수고 좀 해 주게.

① 기획팀 – 홍보팀 – 총무팀 – 경영관리팀
② 비서실 – 홍보팀 – 인사팀 – 총무팀
③ 인사팀 – 법무팀 – 총무팀 – 기획팀
④ 경영관리팀 – 법무팀 – 총무팀 – 인사팀
⑤ 회계팀 – 경영관리팀 – 인사팀 – 총무팀

※ 다음 글을 읽고 이어지는 질문에 답하시오. [12~13]

지오펜싱(Geofencing)이란 지리적(Geographic)과 울타리(Fencing)의 합성어로, GPS를 활용한 범위 기반의 가상 울타리 기반 응용 서비스를 말한다. 쉽게 말해 지오펜싱은 GPS 울타리를 설정하여 울타리 내의 사용자 출입 현황을 알려주는 서비스이다. 위치 추적의 핵심이 대상의 위치 파악이라면, 지오펜싱은 범위 및 구역을 중요시한다. 즉, 대상의 위치보다 대상이 범위 내에 존재하는지의 여부가 핵심이다.
현재 지오펜싱은 여러 산업 분야에서 다양하게 활용되고 있으며, 특히 마케팅 측면에서의 활용이 두드러진다. 이전에는 블루투스 기반의 비콘(Beacon) 기술을 활용했으나, 최근에는 지오펜싱 기반의 서비스가 ㉠ 빈번히 활용되고 있다. 블루투스를 사용하는 근거리 무선통신 기술인 비콘은 단말기가 내보내는 신호 범위 내의 사용자에게 메시지를 전송하거나 모바일 결제 등을 가능하게 해 준다. 즉, 비콘은 별도의 단말기를 필요로 하며, 설치 지점으로부터 최대 100m 거리 내에서만 사용이 가능하다. 그러나 지오펜싱은 별도의 단말기가 필요하지 않으며, 비콘에 비해 넓어진 도달 범위로 인해 비교적 거리 제한 없이 활용할 수 있다.

12 다음 중 지오펜싱의 활용 사례로 적절하지 않은 것은?

① 아이들이 일정 지역을 벗어날 경우 스마트폰 알람을 통해 부모에게 알려준다.
② 회사는 사무실 주위 지역을 설정하여 근로자의 출퇴근을 자동으로 확인한다.
③ 매장 200m 내에 위치한 고객의 스마트폰 앱으로 할인 쿠폰을 전송한다.
④ 비행 금지 구역으로 지정된 공항 시설 구역에 드론이 접근할 경우 경고음이 울린다.
⑤ 매장의 최대 70m 반경 내에 있는 고객은 스마트폰을 통해 음료를 주문 · 결제할 수 있다.

13 다음 중 밑줄 친 ㉠과 바꾸어 쓸 수 없는 것은?

① 자주
② 흔히
③ 때때로
④ 누누이
⑤ 수차

14 다음은 일상생활에서 자주 발견되는 논리적 오류에 대한 설명이다. (가) ~ (다)에 해당하는 논리적 오류 유형이 바르게 연결된 것은?

(가) 상대가 의도하지 않은 것을 강조하거나 허점을 비판하여 자신의 주장을 내세운다. 상대방의 주장과 전혀 상관없는 별개의 논리를 만들어 공격하는 경우도 있다.
(나) 적절한 증거 없이 몇몇 사례만을 토대로 결론을 내린다. 일부를 조사한 통계 자료나 대표성이 없는 불확실한 자료를 사용하기도 한다.
(다) 타당한 논거보다는 많은 사람들이 수용한다는 것을 내세워 어떤 주장을 정당화하려 할 때 발생한다.

	(가)	(나)	(다)
①	인신공격의 오류	애매성의 오류	대중에 호소하는 오류
②	인신공격의 오류	성급한 일반화의 오류	과대 해석의 오류
③	허수아비 공격의 오류	성급한 일반화의 오류	대중에 호소하는 오류
④	허수아비 공격의 오류	무지의 오류	대중에 호소하는 오류
⑤	애매성의 오류	무지의 오류	허수아비 공격의 오류

15 다음은 A ~ D사의 남녀 직원비율을 나타낸 자료이다. 이에 대한 설명으로 옳지 않은 것은?

〈회사별 남녀 직원비율〉

(단위 : %)

구분	A사	B사	C사	D사
남	54	48	42	40
여	46	52	58	60

① 여직원 대비 남직원 비율이 가장 높은 회사는 A이며, 가장 낮은 회사는 D이다.
② B, C, D사의 여직원 수의 합은 남직원 수의 합보다 크다.
③ A사의 남직원이 B사의 여직원보다 많다.
④ A, B사의 전체 직원 중 남직원이 차지하는 비율이 52%라면 A사의 전체 직원 수는 B사 전체 직원 수의 2배이다.
⑤ A, B, C사의 전체 직원 수가 같다면 A, C사 여직원 수의 합은 B사 여직원 수의 2배이다.

16 다음 글을 읽고 A에게 필요한 능력으로 가장 적절한 것은?

> 신입사원인 A는 최근 고민이 생겼다. 익숙하지 않은 업무조건으로 인해 충분히 해낼 수 있을 것으로 예상한 업무를 제시간에 완료하지 못했고, 이를 B과장으로부터 문책을 당했기 때문이다. 이 사건 이후 A사원은 크게 위축되어 자신의 능력에 회의감을 가지게 되었고, 주어진 업무를 완수할 수 없을 것 같다는 불안감에 더욱 업무효율이 떨어지게 되었다.

① 자기관리
② 자아존중감
③ 경력개발
④ 강인성
⑤ 낙관주의

17 다음은 산업재해를 예방하기 위해 제시되고 있는 하인리히의 법칙이다. 이를 참고할 때, 산업재해의 예방을 위해 조치를 취해야 하는 단계는 무엇인가?

> 1931년 미국의 한 보험회사에서 근무하던 하인리히는 회사에서 접한 수많은 사고를 분석하여 하나의 통계적 법칙을 발견하였다. '1 : 29 : 300 법칙'이라고도 부르는 이 법칙은 큰 사고로 인해 산업재해가 발생하면 이 사고가 발생하기 이전에 같은 원인으로 발생한 작은 사고 29번, 잠재적 사고 징후가 300번이 있었다는 것을 나타낸다.
> 하인리히는 이처럼 심각한 산업재해의 발생 전에 여러 단계의 사건이 도미노처럼 발생하기 때문에 앞 단계에서 적절히 대처한다면 산업재해를 예방할 수 있다고 주장했다.

① 사회 환경적 문제가 발생한 단계
② 개인 능력의 부족이 보이는 단계
③ 기술적 결함이 나타난 단계
④ 불안전한 행동 및 상태가 나타난 단계
⑤ 작업 관리상 문제가 나타난 단계

18 근면에는 외부로부터 강요당한 근면과 스스로 자진해서 하는 근면 두 가지가 있다. 다음 〈보기〉 중 스스로 자진해서 하는 근면을 모두 고르면?

〈보기〉

㉠ 생계를 유지하기 위해 기계적으로 작업장에서 하는 일
㉡ 승진을 위해 외국어를 열심히 공부하는 일
㉢ 상사의 명령에 의해 하는 야근
㉣ 영업사원이 실적향상을 위해 노력하는 일

① ㉠, ㉡
② ㉠, ㉢
③ ㉡, ㉢
④ ㉡, ㉣
⑤ ㉢, ㉣

19 다음은 어느 해 개최된 올림픽에 참가한 6개국의 성적이다. 이에 대한 설명으로 옳지 않은 것은?

〈국가별 올림픽 성적〉

(단위 : 명, 개)

국가	참가선수	금메달	은메달	동메달	메달 합계
A	240	4	28	57	89
B	261	2	35	68	105
C	323	0	41	108	149
D	274	1	37	74	112
E	248	3	32	64	99
F	229	5	19	60	84

① 획득한 금메달 수가 많은 국가일수록 은메달 수는 적었다.
② 금메달을 획득하지 못한 국가가 가장 많은 메달을 획득했다.
③ 참가선수의 수가 많은 국가일수록 획득한 동메달 수도 많았다.
④ 획득한 메달의 합계가 큰 국가일수록 참가선수의 수도 많았다.
⑤ 참가선수가 가장 적은 국가의 메달 합계는 전체 6위이다.

20 다음 글이 참일 때 항상 거짓인 것은?

기존의 형사 사법은 응보형론과 재사회화론을 기저에 두고 있다. 응보형론은 범죄를 상쇄할 해악의 부과를 형벌의 본질로 보는 이론으로, 형벌 자체가 목적이다. 그런데 지속적인 범죄의 증가 현상은 응보형론이 이미 발생한 범죄와 범죄인의 처벌에 치중하고 예방은 미약하다는 문제를 보여준다. 반면에 재사회화론은 형벌의 목적을 범죄인의 정상적인 구성원으로서의 사회 복귀에 두는 이론이다. 이것은 형벌과 교육으로 범죄인의 반사회적 성격을 교화하여 장래의 범법 행위를 방지하는 것에 주안점을 두지만 이도 증가하는 재범률로 인해 비판받고 있다. 또한, 응보형론이나 재사회화론에 입각한 형사 사법은 법적 분쟁에서 국가가 피해자를 대신하면서 국가와 범죄 행위자 간의 관계에 집중하기 때문에 피해자나 지역사회에 대한 관심이 적다는 문제점이 제기되었다.

회복적 사법은 기본적으로 범죄에 대해 다른 관점으로 접근한다. 기존의 관점은 범죄를 국가에 대한 거역이고 위법 행위로 보지만 회복적 사법은 범죄를 개인 또는 인간관계를 파괴하는 행위로 본다. 지금까지의 형사 사법은 주로 범인, 침해당한 법, 처벌 등에 관심을 두고 피해자는 무시한 채 가해자와 국가 간의 경쟁적 관계에서 대리인에 의한 법정 공방을 통해 문제를 해결해 왔다. 그러나 회복적 사법은 피해자와 피해의 회복 등에 초점을 두고 있다. 기본적 대응 방법은 피해자와 가해자, 이 둘을 조정하는 조정자를 포함한 공동체 구성원까지 자율적으로 참여하는 가운데 이루어지는 대화와 합의이다. 가해자가 피해자의 상황을 직접 듣고 죄책감이 들면 그의 감정이나 태도에 변화가 생기고, 이런 변화로 피해자도 상처를 치유받고 변화할 수 있다고 보는 것이다. 이러한 회복적 사법은 사과와 피해 배상, 용서와 화해 등을 통한 회복을 목표로 하며 더불어 범죄로 피해 입은 공동체를 회복의 대상이자 문제 해결의 주체로 본다.

회복적 사법이 기존의 관점을 완전히 대체할 수 있는 것은 아니다. 이는 현재 우리나라의 경우 형사 사법을 보완하는 차원 정도로 적용되고 있다. 그럼에도 회복적 사법은 가해자에게는 용서받을 수 있는 기회를, 피해자에게는 회복의 가능성을 부여할 수 있다는 점에서 의미가 있다.

① 응보형론은 형벌 자체를 통해 범죄를 상쇄하고자 한다.
② 응보형론과 재사회화론 모두 실질적인 범죄율 감소에 기여하지 못한다는 비판을 받는다.
③ 응보형론과 재사회화론 모두 범죄를 국가에 대한 거역으로 취급한다.
④ 기존의 관점과 달리 회복적 사법은 피해자를 우선시한다.
⑤ 회복적 사법은 재사회화론을 완전히 대체할 수 있는 방안으로 사용되고 있다.

21 S공사 관리팀에 근무하는 B팀장은 최근 부하직원 A사원 때문에 고민 중이다. B팀장이 보기에 A사원의 업무방법은 업무성과를 내기에 부적절해 보이지만, 자존감이 강하고 자기결정권을 중시하는 A사원은 자기 자신이 스스로 잘하고 있다고 생각하며 B팀장의 조언이나 충고에 대해 반발심을 표현하고 있기 때문이다. 이와 같은 상황에서 B팀장이 부하직원인 A사원에게 할 수 있는 가장 효과적인 코칭방법은 무엇이겠는가?

① 징계를 통해 조언을 듣도록 유도한다.
② 대화를 통해 스스로 자신의 잘못을 인식하도록 유도한다.
③ A사원에 대한 칭찬을 통해 업무 성과를 극대화시킨다.
④ A사원을 더 강하게 질책하여 업무방법을 개선시키도록 한다.
⑤ 스스로 업무방법을 고칠 때까지 믿어주고 기다려준다.

22 S사는 신약개발을 위해 Z바이러스에 대한 항체 유무에 따른 질병 감염 여부를 조사하였다. 조사 결과 질병에 양성 반응을 보인 확률은 95%이고, 이 중 항체가 있는 사람의 비율은 15.2%였다. 또한, 질병에 음성 반응을 보였지만 항체가 없는 사람의 비율이 4.2%라고 한다면 조사 참여자 중 항체를 보유한 사람의 비율은?(단, 양성은 질병에 감염된 것을 의미하고, 음성은 질병에 감염되지 않은 것을 의미한다)

① 14%
② 16%
③ 18%
④ 20%
⑤ 22%

23 다음 대화에서 A ~ E 중 1명만 거짓말을 하고 있을 때, 범인을 모두 고르면?

A : C가 범인입니다.
B : A는 거짓말을 하고 있습니다.
C : B가 거짓말을 하고 있습니다.
D : 저는 범인이 아닙니다.
E : A가 범인입니다.

① A
② A, B
③ A, C
④ C, D
⑤ D, E

24 다음 철도안전법 시행규칙을 이해한 내용으로 적절하지 않은 것은?

> **안전관리체계의 경미한 사항 변경(제3조)**
> ① 법 제7조 제3항 단서에서 국토교통부령으로 정하는 경미한 사항이란 다음 각 호의 어느 하나에 해당하는 사항을 제외한 변경사항을 말한다.
> 1. 안전 업무를 수행하는 전담조직의 변경(조직 부서명의 변경은 제외한다)
> 2. 열차운행 또는 유지관리 인력의 감소
> 3. 철도차량 또는 다음 각 목의 어느 하나에 해당하는 철도시설의 증가
>   가. 교량, 터널, 옹벽
>   나. 선로(레일)
>   다. 역사, 기지, 승강장 안전문
>   라. 전차선로, 변전설비, 수전실, 수·배전선로
>   마. 연동장치, 열차제어장치, 신호기장치, 선로전환기장치, 궤도회로장치, 건널목보안장치
>   바. 통신선로설비, 열차무선설비, 전송설비
> 4. 철도노선의 신설 또는 개량
> 5. 사업의 합병 또는 양도·양수
> 6. 유지관리 항목의 축소 또는 유지관리 주기의 증가
> 7. 위탁 계약자의 변경에 따른 열차운행체계 또는 유지관리체계의 변경
>
> ② 철도운영자등은 법 제7조 제3항 단서에 따라 경미한 사항을 변경하려는 경우에는 별지 제1호의3 서식의 철도안전관리체계 변경신고서에 다음 각 호의 서류를 첨부하여 국토교통부장관에게 제출하여야 한다.
> 1. 안전관리체계의 변경내용과 증빙서류
> 2. 변경 전후의 대비표 및 해설서
>
> ③ 국토교통부장관은 제2항에 따라 신고를 받은 때에는 제2항 각 호의 첨부서류를 확인한 후 별지 제1호의4 서식의 철도안전관리체계 변경신고확인서를 발급하여야 한다.
>
> **안전관리체계의 승인(제7조)**
> ③ 철도운영자등은 제1항에 따라 승인받은 안전관리체계를 변경하려는 경우에는 국토교통부장관의 변경승인을 받아야 한다. 다만, 국토교통부령으로 정하는 경미한 사항을 변경하려는 경우에는 국토교통부장관에게 신고하여야 한다.

① 철도노선의 신설은 경미한 사항이 아니다.
② 안전 업무를 수행하는 전담조직의 부서명 변경은 경미한 사항이다.
③ 경미한 사항을 변경하려면 변경 전의 대비표만 제출하면 된다.
④ 국토교통부장관이 철도안전관리체계 변경신고확인서를 발급한다.
⑤ 유지관리 항목의 축소는 경미한 사항 변경으로 신청할 수 없다.

25 남성 정장 전문 제조회사에서 20대를 타깃으로 한 캐주얼 SPA 시장에 진출하려고 한다. 귀하는 3C 분석 방법으로 다양한 자료를 조사했으며, 다음과 같은 분석 결과를 도출하였다. 자사에서 추진하려는 신규 사업 계획의 타당성에 대한 설명으로 가장 적절한 것은?

3C	상황분석
고객 (Customer)	• 40대 중년 남성을 대상으로 한 정장 시장은 정체 및 감소 추세 • 20대 캐주얼 및 SPA 시장은 매년 급성장
경쟁사 (Competitor)	• 20대 캐주얼 SPA 시장에 진출할 경우, 경쟁사는 글로벌 및 토종 SPA 기업, 캐주얼 전문 기업 외에도 비즈니스 캐주얼, 아웃도어 의류 기업도 포함 • 경쟁사들은 브랜드 인지도, 유통망, 생산 등에서 차별화된 경쟁력을 가짐 • 경쟁사 중 상위업체는 하위업체와의 격차 확대를 위해 파격적 가격 정책과 20대 지향 디지털마케팅 전략을 구사
자사 (Company)	• 신규 시장 진출 시 막대한 마케팅 비용 발생 • 낮은 브랜드 인지도 • 기존 신사 정장 이미지 고착 • 유통과 생산 노하우 부족 • 디지털마케팅 역량 미흡

① 20대 SPA 시장이 급성장하고, 경쟁이 치열해지고 있지만, 자사의 유통 및 생산 노하우로 가격경쟁력을 확보할 수 있으므로 신규 사업을 추진하는 것이 바람직하다.

② 40대 중년 정장 시장은 감소 추세에 있으므로 새로운 수요발굴이 필요하며, 기존의 신사 정장 이미지를 벗어나 20대 지향 디지털마케팅 전략을 구사하면 신규 시장의 진입이 가능하므로 신규 사업을 진행하는 것이 바람직하다.

③ 20대 SPA 시장이 급성장하고 있지만, 하위업체의 파격적인 가격정책을 이겨 내기에 막대한 비용이 발생하므로 신규 사업 진출은 적절하지 못하다.

④ 20대 SPA 시장은 계속해서 성장하고 매력적이지만, 경쟁이 치열하고 경쟁자의 전략이 막강하다. 이에 비해 자사의 자원과 역량은 부족하여 신규 사업 진출은 하지 않는 것이 바람직하다.

⑤ 브랜드 경쟁력을 유지하기 위해서는 20대 SPA 시장 진출이 필요하며, 파격적 가격정책을 도입하면 자사의 높은 브랜드 이미지와 시너지 효과를 낼 수 있기에 신규 사업을 진행하는 것이 바람직하다.

26 다음 엑셀 시트의 [B9] 셀에 「=DSUM(A1:C7, C1, A9:A10)」 함수를 입력했을 때, 결괏값으로 옳은 것은?

	A	B	C
1	이름	직위	상여금
2	장기동	과장	1,200,000
3	이승연	대리	900,000
4	김영신	차장	1,300,000
5	공경호	대리	850,000
6	표나리	사원	750,000
7	한미연	과장	950,000
8			
9	상여금		
10	>=1,000,000		

① 1,000,000
② 2,500,000
③ 3,450,000
④ 3,500,000
⑤ 5,950,000

27 다음 집단에서 공통적으로 볼 수 있는 특징으로 가장 적절한 것은?

스터디 모임	봉사활동 동아리	각종 친목회

① 조직의 공식적인 목표를 추구하기 위한 집단이다.
② 집단의 목표나 임무가 비교적 명확하게 규정되어 있다.
③ 참여하는 구성원들은 인위적으로 결정되는 경우가 많다.
④ 공식적인 업무수행 이외에 다양한 요구들에 의해 이루어진다.
⑤ 비교적 영속적이며, 명령체계를 가진다.

28 다음 중 데이터 유효성 검사에 대한 설명으로 옳지 않은 것은?

① 목록의 값들을 미리 지정하여 데이터 입력을 제한할 수 있다.
② 입력할 수 있는 정수의 범위를 제한할 수 있다.
③ 목록으로 값을 제한하는 경우 드롭다운 목록의 너비를 지정할 수 있다.
④ 유효성 조건 변경 시 변경 내용을 범위로 지정된 모든 셀에 적용할 수 있다.
⑤ 한 셀에 허용되는 텍스트의 길이를 제한할 수 있다.

29 대구에서 광주까지 편도운송을 하는 S사는 다음과 같이 화물차량을 운용한다. 수송비 절감을 통해 경영에 필요한 예산을 확보하기 위하여 적재효율을 기존 1,000상자에서 1,200상자로 높여 운행 횟수를 줄인다면, S사가 얻을 수 있는 월 수송비 절감액은?

〈S사의 화물차량 운용 정보〉

- 차량 운행대수 : 4대
- 1대당 1일 운행횟수 : 3회
- 1대당 1회 수송비 : 100,000원
- 월 운행일수 : 20일

① 3,500,000원
② 4,000,000원
③ 4,500,000원
④ 5,000,000원
⑤ 5,500,000원

30 자동차 부품을 생산하는 S기업은 반자동생산라인과 자동생산라인을 하나씩 보유하고 있다. 최근 일본의 자동차 회사와 수출계약을 체결하여 자동차 부품 34,500개를 납품하였다. 다음 S기업의 생산조건을 고려할 때, 일본에 납품할 부품을 생산하는 데 소요된 시간은?

〈자동차 부품 생산조건〉

- 반자동라인은 4시간에 300개의 부품을 생산하며, 그중 20%는 불량품이다.
- 자동라인은 3시간에 400개의 부품을 생산하며, 그중 10%는 불량품이다.
- 반자동라인은 8시간마다 2시간씩 생산을 중단한다.
- 자동라인은 9시간마다 3시간씩 생산을 중단한다.
- 불량 부품은 생산 후 폐기하고 정상인 부품만 납품한다.

① 230시간
② 240시간
③ 250시간
④ 260시간
⑤ 270시간

※ S호텔 뷔페에서는 백미, 잡곡, 현미밥을 고객의 취향대로 먹을 수 있도록 3대의 밥솥을 비치하였다. 다음 설명서를 읽고 이어지는 질문에 답하시오. **[31~33]**

■ **취사요령**

구분	백미	백미쾌속	잡곡	현미	죽	누룽지	만능 찜
취사시간	40 ~ 50분	30 ~ 35분	50 ~ 60분	70 ~ 80분	60분	40분	30분

1) 쌀을 인원수에 맞게 계량합니다.
2) 쌀을 깨끗이 씻어 물이 맑아질 때까지 헹굽니다.
3) 내솥에 씻은 쌀을 담고 물을 채웁니다.
4) 내솥을 밥솥에 넣고 뚜껑을 닫습니다.
5) 원하는 메뉴를 선택한 뒤 취사 버튼을 누릅니다.

※ 콩은 따로 씻어서 30분 이상 물에 불린 뒤 잡곡에 섞어 취사하도록 합니다.

■ **예약취사 방법**

1) 〈예약〉 버튼을 누른 뒤 〈메뉴〉 버튼으로 원하시는 메뉴를 선택합니다.
2) 〈시 / 분〉 버튼을 눌러 시간을 먼저 선택한 뒤, 분을 선택합니다.
3) 시간 설정이 완료되면 〈취사〉 버튼을 눌러 주세요.

※ 예약시간은 완료시간을 기준으로 합니다(저녁 6시에 12시간 예약을 할 경우 저녁 6시로부터 12시간 후인 아침 6시에 취사가 완료됩니다).

■ **문제해결방법**

증상	확인	해결방법
취사 시간이 너무 오래 걸려요.	취사 중 다른 조작을 하지는 않았나요?	취사 중 다른 버튼을 조작하지 마십시오.
뚜껑 틈으로 수증기가 나옵니다.	뚜껑 패킹이 찢어지지는 않았나요?	새 뚜껑 패킹으로 교환해 주세요.
	뚜껑 패킹과 내솥 사이에 이물질이 끼어있지 않나요?	이물질을 제거해 주세요.
밥물이 넘쳐요.	물의 양이 많지는 않나요?	물 눈금에 맞게 취사해 주세요.
예약이 안 돼요.	예약 가능한 메뉴를 확인하셨나요?	예약 가능한 메뉴는 백미, 잡곡, 현미 3가지입니다.
취사 후 밥을 뒤집으니 밥 밑면이 누렇게 됐어요.	쌀을 씻을 때 맑은 물이 나올 때까지 씻었나요?	쌀뜨물이 바닥으로 깔려 취사가 누렇게 될 수 있습니다. 맑은 물이 나올 때까지 헹궈 주세요.
	개봉한 지 오래된 쌀로 밥을 하셨나요?	개봉한 지 오래된 쌀은 바닥에 쌀겨가 많이 깔릴 수 있습니다. 맑은 물이 나올 때까지 헹궈 주세요.
보온이 잘 안 돼요.	12시간 이상 장시간 보온하셨나요?	12시간 이내로 보온하세요.
	취사 후 밥을 잘 섞어 주셨나요?	취사 후 밥을 섞어 주세요.

31 **뷔페의 저녁 타임 오픈 시간은 17시이다. 한식 구역을 배정받은 조리사 L씨는 오픈 준비를 위해 취사를 하였다. 다음 중 L씨의 취사 과정으로 옳은 것은?**

① 백미는 40 ~ 50분 소요되므로 15시에 '백미' 모드로 50분을 선택하여 예약하였다.

② 백미를 내솥에 담아 밥물을 맞춘 뒤 15시에 '백미쾌속' 모드로 2시간을 선택하여 예약하였다.

③ 콩은 따로 씻어서 30분 이상 물에 불린 뒤 잡곡에 섞어 '잡곡쾌속' 모드로 취사하였다.

④ 현미를 맑은 물이 나올 때까지 깨끗하게 헹궈서 내솥에 담았다.

⑤ 현미를 내솥에 담아 밥물을 맞춘 뒤 16시에 취사 버튼을 눌렀다.

32 **취사 도중 뚜껑 틈으로 수증기가 나왔다. 다음 중 설명서를 참고했을 때 뚜껑 틈으로 수증기가 나오는 원인이 될 수 있는 것은?**

① 취사 도중 실수로 보온 버튼이 눌러졌다.

② 밥물의 양이 많았다.

③ 12시간 이상 보온을 하였다.

④ 뚜껑 패킹과 내솥 사이에 이물질이 끼어 있었다.

⑤ 내솥 바닥에 이물질이 묻어 있었다.

33 **32번 문제에서 찾은 원인에 따라 조치를 취했지만 여전히 뚜껑 틈으로 수증기가 나왔다. 다음 중 추가적인 해결방법으로 가장 적절한 것은?**

① 물 눈금에 맞게 취사하였다.

② 내솥 및 내부 부품을 깨끗하게 닦았다.

③ 취사 후 밥을 골고루 섞었다.

④ 서비스센터로 문의하였다.

⑤ 새 뚜껑 패킹으로 교환하였다.

34 다음 중 적절하지 않은 직업관을 가지고 있는 사람은?

① 항공사에서 근무하고 있는 A는 자신의 직업에 대해 긍지와 자부심을 갖고 있다.
② IT 회사에서 개발 업무를 담당하는 B는 업계 최고 전문가가 되기 위해 항상 노력한다.
③ 극장에서 근무 중인 C는 언제나 다른 사람에게 봉사한다는 마음을 가지고 즐겁게 일한다.
④ 화장품 회사에 입사한 신입사원 D는 입사 동기들보다 빠르게 승진하는 것을 목표로 삼았다.
⑤ 회계팀에서 일하는 E는 회사의 규정을 준수하며, 공정하고 투명하게 업무를 처리하려고 노력한다.

35 다음 사례를 읽고 S전자가 TV 시장에서 경쟁력을 잃게 된 주요 원인으로 가장 적절한 것은?

평판 TV 시장에서 PDP TV가 주력이 되리라 판단한 S전자는 2007년에 세계 최대 규모의 PDP 생산설비를 건설하기 위해 3조 원 수준의 막대한 투자를 결정하였다. 당시 L전자와 K전자는 LCD와 PDP 사업을 동시에 수행하면서도 성장성이 높은 LCD TV로 전략을 수정하는 상황이었지만 S전자는 익숙한 PDP 사업에 더욱 몰입한 것이다. 하지만 주요 기업들의 투자가 LCD에 집중되면서, 새로운 PDP 공장이 본격 가동될 시점에 PDP의 경쟁력은 이미 LCD에 뒤처지게 되었다.
결국, 활용가치가 현저하게 떨어진 PDP 생산설비는 조기에 상각함을 고민할 정도의 골칫거리로 전락했다. S전자는 2011년에만 11조 원의 적자를 기록했으며, 2012년에도 10조 원 수준의 적자가 발생되었다. 연이은 적자는 S전자의 신용등급을 투기 등급으로 급락시켰고, S전자의 CEO는 '디지털 가전에서 패배자가 되었음'을 인정하며 고개를 숙였다. TV를 포함한 가전제품 사업에서 S전자가 경쟁력을 회복하기 어려워졌음은 말할 것도 없다.

① 사업 환경의 변화 속도가 너무나 빨라졌고, 변화의 속성도 예측이 어려워져 따라가지 못하였다.
② 차별성을 지닌 새로운 제품을 기획하고 개발하는 것에 대한 성공 가능성이 낮아져 주저했다.
③ 기존 사업영역에 대한 강한 애착으로 신사업이나 신제품에 대해 낮은 몰입도를 보였다.
④ 실패가 두려워 새로운 도전보다 안정적이며 실패 확률이 낮은 제품을 위주로 미래를 준비하였다.
⑤ 외부 환경이 어려워짐에 따라 잠재적 실패를 감내할 수 있는 자금을 확보하지 못하였다.

36 다음은 S공사에서 발생하는 작업 환경의 유해 원인을 작업장별로 나타낸 자료이다. 이에 대한 설명으로 옳은 것을 〈보기〉에서 모두 고르면?

구분	작업 환경의 유해 원인	사례 수(건)		
		A작업장	B작업장	합계
1	소음(물리적 요인)	3	1	4
2	분진(화학적 요인)	1	2	3
3	진동(물리적 요인)	3	0	3
4	바이러스(생물학적 요인)	0	5	5
5	부자연스러운 자세 (인간공학적 요인)	5	3	8
합계		12	11	23

〈보기〉

ㄱ. A작업장에서 발생하는 작업 환경의 유해 사례는 화학적 요인에서 가장 많이 발생되었다.
ㄴ. B작업장에서 발생하는 작업 환경의 유해 사례는 생물학적 요인에서 가장 많이 발생되었다.
ㄷ. A작업장과 B작업장에서 화학적 요인으로 발생되는 작업 환경의 유해 요인은 집진 장치를 설치하여 예방할 수 있다.

① ㄱ
② ㄴ
③ ㄱ, ㄷ
④ ㄴ, ㄷ
⑤ ㄱ, ㄴ, ㄷ

37 총무부에서 근무하던 B는 승진하면서 다른 부서로 발령이 났다. 기존에 같이 근무하던 D에게 사무인수인계를 해야 하는 상황에서 B와 D가 수행해야 할 사무인수인계 요령에 대한 설명으로 옳지 않은 것은?

① 기밀에 속하는 사항일수록 문서에 의함을 원칙으로 한다.
② 사무인수인계서는 기명날인 후 해당 부서에서 이를 보관한다.
③ 사무인수인계와 관련하여 편철된 부분과 오류의 수정이 있는 부분은 인수자와 인계자가 각각 기명날인을 한다.
④ 사무의 인수인계와 관련하여 인수자가 인계자에게 제증빙을 요구하였으나, 증빙이 미비 또는 분실 시에는 그 사실을 별지에 반드시 기재하도록 한다.
⑤ 사무인수인계서 1장을 작성하여 인계자와 인수자 및 입회자가 기명날인을 한 후 해당 부서에서 이를 보관한다.

38 다음은 조직목표의 특징에 대한 설명이다. 이 중 옳지 않은 것은 모두 몇 개인가?

〈조직목표의 특징〉

• 공식적 목표와 실제적 목표가 다를 수 있다.
• 다수의 조직목표를 추구할 수 있다.
• 조직목표 간에는 수평적 상호관계가 있다.
• 불변적 속성을 가진다.
• 조직의 구성요소와 상호관계를 가진다.

① 1개
② 2개
③ 3개
④ 4개
⑤ 5개

39 다음은 5개 업체에서 판매 중인 사이다를 비교한 자료이다. 어느 업체에서 사이다를 사는 것이 가장 저렴한가?(단, 소수점 셋째 자리에서 반올림한다)

〈업체별 사이다 용량 및 가격〉

구분	A업체	B업체	C업체	D업체	E업체
가격(원)	25,000	25,200	25,400	25,600	25,800
한 개당 용량(mL)	340	345	350	355	360
한 묶음 개수(개)	25	24	25	24	24

※ 사이다는 한 묶음으로만 판매한다.

① A업체
② B업체
③ C업체
④ D업체
⑤ E업체

40 다음은 정보공개 대상별 정보공개수수료에 대한 자료이다. 〈보기〉의 정보열람인 중 정보공개수수료를 가장 많이 낸 사람부터 순서대로 바르게 나열한 것은?(단, 정보열람인들이 열람한 정보는 모두 공개대상인 정보이다)

〈정보공개 대상별 정보공개 방법 및 수수료〉

공개 대상	열람 · 시청	사본(종이 출력물) · 인화물 · 복제물
문서 · 도면 · 사진 등	• 열람 – 1일 1시간 이내 : 무료 – 1시간 초과 시 30분마다 1,000원	• 사본(종이 출력물) – A3 이상 : 1장 300원(1장 초과 시 100원/장) – B4 이하 : 1장 250원(1장 초과 시 50원/장)
필름 · 테이프 등	• 녹음테이프(오디오자료)의 청취 – 1건이 1개 이상으로 이루어진 경우 : 1개(60분 기준)마다 1,500원 – 여러 건이 1개로 이루어진 경우 : 1건(30분 기준)마다 700원 • 영화필름의 시청 – 1편이 1캔 이상으로 이루어진 경우 : 1캔(60분 기준)마다 3,500원 – 여러 편이 1캔으로 이루어진 경우 : 1편(30분 기준)마다 2,000원 • 사진필름의 열람 – 1장 : 200원 – 1장 초과 시 50원/장	• 녹음테이프(오디오자료)의 복제 – 1건이 1개 이상으로 이루어진 경우 : 1개마다 5,000원 – 여러 건이 1개로 이루어진 경우 : 1건마다 3,000원 • 사진필름의 복제 – 1컷마다 6,000원 • 사진필름의 인화 – 1컷마다 500원
마이크로필름 · 슬라이드 등	• 마이크로필름의 열람 – 1건(10컷 기준) 1회 : 500원 – 10컷 초과 시 1컷마다 100원 • 슬라이드의 시청 – 1컷마다 200원	• 사본(종이 출력물) – A3 이상 : 1장 300원(1장 초과 시 200원/장) – B4 이하 : 1장 250원(1장 초과 시 150원/장) • 마이크로필름의 복제 – 1롤마다 1,000원 • 슬라이드의 복제 – 1컷마다 3,000원

〈보기〉

- A : 공시지가에 관련된 문서와 지가비공개 대상에 대한 문서를 하루 동안 각각 3시간 30분씩 열람하고, 공시지가 관련 문서를 A3 용지로 총 25장에 걸쳐 출력하였다.
- B : 한 캔에 포함된 두 편의 영화필름 중 20분짜리 독립유공자 업적 관련 한 편의 영화를 시청하고, 13컷으로 구성된 관련 슬라이드를 시청하였으며, 해당 슬라이드의 1컷부터 6컷까지를 복제하였다.
- C : S공사 사업연혁과 관련된 마이크로필름 2롤과 3건(1건이 1개)으로 이루어진 녹음테이프 자료를 복제하였고, 최근 해외협력사업과 관련된 사진필름 8장을 열람하였다.
- D : 하반기 S공사 입찰계약과 관련된 문서의 사본을 B4 용지로 35장을 출력하고, 작년 공사 관련 사진필름을 22장 열람하였다.

① A－B－C－D ② A－B－D－C

③ B－A－C－D ④ B－C－A－D

⑤ D－C－A－B

| 01 | 행정학

01 다음 중 킹던(John Kingdon)의 정책창 모형과 관련된 내용으로 옳은 것을 〈보기〉에서 모두 고르면?

〈보기〉

ㄱ. 방법론적 개인주의
ㄴ. 쓰레기통 모형
ㄷ. 정치의 흐름
ㄹ. 점화장치
ㅁ. 표준운영절차

① ㄱ, ㄴ, ㄷ
② ㄱ, ㄴ, ㄹ
③ ㄱ, ㄹ, ㅁ
④ ㄴ, ㄷ, ㄹ
⑤ ㄴ, ㄷ, ㅁ

02 다음 중 탈신공공관리론(Post－NPM)에서 강조하는 행정개혁 전략으로 옳지 않은 것은?

① 분권화와 집권화의 조화
② 민간－공공부문 간 파트너십 강조
③ 규제완화
④ 인사관리의 공공책임성 중시
⑤ 정치적 통제 강조

03 다음 중 정부의 결산 순서를 바르게 나열한 것은?

㉠ 감사원의 결산 확인
㉡ 중앙예산기관의 결산서 작성・보고
㉢ 국회의 결산심의
㉣ 국무회의 심의와 대통령의 승인
㉤ 해당 행정기관의 출납 정리・보고

① ㉡－㉠－㉣－㉢－㉤
② ㉡－㉤－㉠－㉢－㉣
③ ㉤－㉡－㉠－㉣－㉢
④ ㉤－㉡－㉣－㉢－㉠
⑤ ㉤－㉢－㉣－㉠－㉡

04 다음 중 빈칸 ㉠에 들어갈 내용으로 옳은 것은?

> 각 중앙관서의 장은 중기사업계획서를 매년 1월 31일까지 기획재정부 장관에게 제출하여야 하며, 기획재정부 장관은 국무회의 심의를 거쳐 대통령 승인을 얻은 다음 연도의 ______㉠______을/를 매년 3월 31일까지 각 중앙관서의 장에게 통보하여야 한다.

① 국가재정 운용계획
② 예산 및 기금운용계획 집행지침
③ 예산안편성지침
④ 총사업비 관리지침
⑤ 예산요구서

05 다음 중 점증주의에 대한 설명으로 옳지 않은 것은?

① 정책을 결정할 때 현존의 정책에서 약간만 변화시킨 대안을 고려한다.
② 고려하는 정책대안이 가져올 결과를 모두 분석하지 않고 제한적으로 비교·분석하는 방법을 사용한다.
③ 경제적 합리성보다는 정치적 합리성을 추구하여 타협과 조정을 중요시한다.
④ 일단 불완전한 예측을 전제로 하여 정책대안을 실시하고 그때 나타나는 결과가 잘못된 점이 있으면 그 부분만 다시 수정·보완하는 방식을 택하기도 한다.
⑤ 수단과 목표가 명확히 구분되지 않으므로 흔히 목표 – 수단의 분석이 부적절하거나 제한되는 경우가 많으며, 정책목표달성을 극대화하는 정책을 최선의 정책으로 평가한다.

06 다음 중 국가재정법 제16조에서 규정하고 있는 재정운영에 대한 내용으로 옳지 않은 것은?

① 재정건전성의 확보
② 국민부담의 최소화
③ 재정을 운영함에 있어 재정지출의 성과 제고
④ 예산과정에의 국민참여 제고를 위한 노력
⑤ 재정의 지속가능성 확보

07 다음 중 부패의 접근방법에 대한 설명으로 옳지 않은 것은?

① 권력문화적 접근법은 공직자들의 잘못된 의식구조를 공무원 부패의 원인으로 본다.
② 사회문화적 접근법은 특정한 지배적 관습이나 경험적 습성 등이 부패와 밀접한 관련이 있다고 본다.
③ 제도적 접근법은 행정통제 장치의 미비를 대표적인 부패의 원인으로 본다.
④ 체제론적 접근법은 문화적 특성, 제도상 결함, 구조상 모순, 행태 등 다양한 요인들에 의해 복합적으로 부패가 나타난다고 본다.
⑤ 도덕적 접근법은 개인의 성격 및 습성과 윤리문제가 부패와 밀접한 관련이 있다고 본다.

08 다음 중 국세이면서 간접세에 해당하는 것끼리 바르게 연결된 것은?

① 개별소비세, 인지세, 부가가치세, 주세
② 증권거래세, 증여세, 상속세, 관세
③ 취득세, 재산세, 자동차세, 등록면허세
④ 종합부동산세, 법인세, 소득세, 상속세
⑤ 농어촌특별세, 교육세, 레저세, 담배소비세

09 다음 중 갈등에 대한 설명으로 옳지 않은 것은?

① 집단 간 갈등의 해결은 구조적 분화와 전문화를 통해서 찾을 필요가 있다.
② 지위부조화는 행동주체 간의 교호작용을 예측 불가능하게 하여 갈등을 야기한다.
③ 갈등을 해결하기 위해서는 목표수준을 차별화할 필요가 있다.
④ 업무의 상호의존성이 갈등상황을 발생시키는 원인이 될 수 있다.
⑤ 행태주의적 관점은 조직 내 갈등은 필연적이고 완전한 제거가 불가능하기 때문에 갈등을 인정하고 받아들여야 한다는 입장이다.

10 **다음 중 정부실패의 원인으로 옳지 않은 것은?**

① 권력으로 인한 분배적 불공정성
② 정부조직의 내부성
③ 파생적 외부효과
④ 점증적 정책결정의 불확실성
⑤ 비용과 편익의 괴리

11 **다음 글의 가상 사례를 가장 잘 설명하고 있는 것은?**

> 요즘 한 지방자치단체 공무원들 사이에는 민원 관련 허가를 미루려는 A국장의 기이한 행동이 입방아에 오르내리고 있다. A국장은 자기 손으로 승인여부에 대한 결정을 해야 하는 상황을 피하기 위해 자치단체장에 대한 업무보고도 과장을 시켜서 하는 등 단체장과 마주치지 않기 위해 피나는 노력을 하고 있다고 한다. 최근에는 해외일정을 핑계로 아예 장기간 자리를 뜨기도 했다. A국장이 승인여부에 대한 실무진의 의견을 제대로 올리지 않자 안달이 난 쪽은 다름아닌 바로 단체장이다. 단체장이 모든 책임을 뒤집어써야 하는 상황이 될 수도 있기 때문이다. A국장과 단체장이 서로 책임을 떠넘기려는 웃지 못할 해프닝이 일어나고 있는 것이다. 한 공무원은 "임기 말에 논란이 될 사안을 결정할 공무원이 누가 있겠느냐."라고 말했다.
> 이런 현상은 중앙부처의 정책결정 과정이나 자치단체의 일선행정 현장에서 모두 나타나고 있다. 그 사이에 정부 정책의 신뢰는 저하되고, 신뢰를 잃은 정책은 표류할 수밖에 없다.

① 기관에 대한 정서적 집착과 같은 귀속주의나 기관과 자신을 하나로 보는 심리적 동일시 현상을 말한다.
② 관료제의 구조적 특성인 권위의 계층적 구조에서 상사의 명령까지 절대적으로 추종하는 행태를 말한다.
③ 관료들이 위험회피적이고 변화저항적이며 책임회피적인 보신주의로 빠지는 행태를 말한다.
④ 관료제에서 공식적인 규칙이나 절차가 본래의 목적을 상실하여 조직과 대상 국민에게 순응의 불편이나 비용을 초래하는 것을 말한다.
⑤ 업무수행지침을 규정한 공식적인 법규정만을 너무 고집하고 상황에 따른 유연한 대응을 하지 않는 행태를 말한다.

12 다음 중 공무원 정원에 대한 설명으로 옳은 것은?

① 공무원 숫자가 지속적으로 늘어나는 현상과 관련해 사이먼(Simon)은 '공무원 팽창의 법칙'을 주장하였다.
② 김영삼 – 김대중 – 노무현 – 이명박 정부를 거치면서 우리나라 공무원 정원은 매번 일관되게 증가해왔다.
③ 정부 규모 팽창과 관련하여 '부하배증의 법칙'과 '업무배증의 법칙'은 각각 별개로 작용하며 서로 영향을 주지는 않는다.
④ 행정기구의 팽창과 더불어 공무원 숫자가 증가하는 현상은 우리나라에만 해당하는 독특한 것이다.
⑤ '부하배증의 법칙'은 A라는 공무원이 과중한 업무에 허덕이게 될 때 자기의 동료 B를 보충받기보다는 자기를 보조해줄 부하 C를 보충받기를 원한다는 것이다.

13 다음 공익 개념을 설명하는 접근방법들 중에서 정부와 공무원의 소극적 역할과 관련 깊은 것은?

① 사회의 다양한 집단 간에 상호 이익을 타협하고 조정하여 얻어진 결과가 공익이다.
② 사회 구성원의 개별적 이익을 모두 합한 전체 이익을 최대화한 것이 공익이다.
③ 정의 또는 공동선과 같은 절대가치가 공익이다.
④ 특정인이나 집단의 특수이익이 아니라 사회 구성원이 보편적으로 공유하는 이익이 공익이다.
⑤ 아리스토텔레스, 플라톤, 롤스가 이 개념을 지지한 대표적인 학자이다.

14 다음 중 동기부여이론에 대한 설명으로 옳지 않은 것은?

① 매슬로(Maslow)의 욕구계층론에 의하면 인간의 욕구는 생리적 욕구, 안전 욕구, 사회적 욕구, 존중 욕구, 자기실현 욕구의 5개로 나누어져 있으며, 하위계층의 욕구가 충족되어야 상위계층의 욕구가 나타난다.
② 허즈버그(Herzberg)의 동기 – 위생이론에 의하면 욕구가 충족되었다고 해서 모두 동기부여로 이어지는 것이 아니고, 어떤 욕구는 충족되어도 단순히 불만을 예방하는 효과 밖에 없다. 이러한 불만 예방효과만 가져오는 요인을 위생요인이라고 설명한다.
③ 애덤스(Adams)의 형평성이론에 의하면 인간은 자신의 투입에 대한 산출의 비율이 비교 대상의 투입에 대한 산출의 비율보다 크거나 작다고 지각하면 불형평성을 느끼게 되고, 이에 따른 심리적 불균형을 해소하기 위하여 형평성 추구의 행동을 작동시키는 동기가 유발된다고 본다.
④ 앨더퍼(Alderfer)는 매슬로(Maslow)의 욕구계층론을 받아들여 한 계층의 욕구가 만족되어야 다음 계층의 욕구를 중요시한다고 본다. 그리고 이에 더하여 한 계층의 욕구가 충분히 채워지지 않는 상태에서는 바로 하위 욕구의 중요성이 훨씬 커진다고 주장한다.
⑤ 브룸(Vroom)의 기대이론에 의하면 동기의 정도는 노력을 통해 얻게 될 중요한 산출물인 목표달성, 보상, 만족에 대한 주관적 믿음에 의하여 결정되는데, 특히 성과와 보상 간의 관계에 대한 인식인 기대치의 정도가 동기부여의 주요한 요인이다.

15 **다음 중 조직이론에 대한 설명으로 옳지 않은 것은?**

① 고전적 조직이론에서는 조직 내부의 효율성과 합리성이 중요한 논의 대상이었다.
② 신고전적 조직이론은 인간에 대한 관심을 불러 일으켰고 조직행태론 연구의 출발점이 되었다.
③ 고전적 조직이론은 수직적인 계층제와 수평적인 분업체제, 명확한 절차와 권한이 중시되었다.
④ 현대적 조직이론은 동태적이고 유기체적인 조직을 상정하며 조직발전(OD)을 중시해왔다.
⑤ 신고전적 조직이론은 인간의 조직 내 개방적인 사회적 관계와 더불어 조직과 환경의 관계를 중점적으로 다루었다.

16 **교통체증 완화를 위한 차량 10부제 운행은 윌슨(Wilson)이 제시한 규제정치이론의 유형 중 어디에 해당하는가?**

① 대중정치
② 기업가정치
③ 이익집단정치
④ 고객정치
⑤ 소비자정치

17 **다음 근무성적평정의 오차 중 사람에 대한 경직적 편견이나 고정관념 때문에 발생하는 오차는?**

① 상동적 오차
② 연속화의 오차
③ 관대화의 오차
④ 규칙적 오차
⑤ 시간적 오차

18 **다음 설명에 해당하는 리더십의 유형으로 옳은 것은?**

- 추종자의 성숙단계에 따라 효율적인 리더십 스타일이 달라진다.
- 리더십은 개인의 속성이나 행태뿐만 아니라 환경의 영향을 받는다.
- 가장 유리하거나 가장 불리한 조건에서는 과업 중심적 리더십이 효과적이다.

① 변혁적 리더십
② 거래적 리더십
③ 카리스마적 리더십
④ 상황론적 리더십
⑤ 서번트 리더십

19 다음 중 성과주의 예산제도에 대한 설명으로 옳지 않은 것은?

① 정부가 무슨 일을 하느냐에 중점을 두는 제도이다.

② 기능별 예산제도 또는 활동별 예산제도라고 부르기도 한다.

③ 관리지향성을 지니며 예산관리를 포함하는 행정관리작용의 능률화를 지향한다.

④ 예산관리기능의 집권화를 추구한다.

⑤ 정부사업에 대한 회계책임을 묻는 데 유용하다.

20 다음 중 공무원의 신분보장의 배제에 대한 설명으로 옳은 것은?

① 직위해제 : 해당 공무원에 대해 직위를 부여하지 않음으로써 공무원의 신분을 박탈하는 임용행위이다.

② 직권면직 : 직제・정원의 변경으로 직위의 폐지나 초과정원이 발생한 경우에 임용권자가 직권으로 직무 수행의 의무를 면해 주되 공무원의 신분은 보유하게 하는 임용행위이다.

③ 해임 : 공무원의 신분을 박탈하는 중징계 처분의 하나이며, 퇴직급여액의 2분의 1이 삭감되는 임용행위이다.

④ 파면 : 공무원의 신분을 박탈하는 중징계 처분의 하나이며, 원칙적으로 퇴직금 감액이 없는 임용행위이다.

⑤ 정직 : 공무원의 신분은 보유하지만, 직무 수행을 일시적으로 정지시키며 보수를 전액 감하는 임용행위이다.

21 다음 중 주민의 참여가 확대됨으로써 예상되는 긍정적 기능으로 옳지 않은 것은?

① 행정적 비용의 감소

② 정책집행의 순응성 제고

③ 시민의 역량과 자질 증대

④ 정책의 민주성과 정당성 증대

⑤ 지방정부와 주민 간 협조 관계 강화

22 **다음 중 보너스 산정방식에서 스캔론 플랜(Scanlon Plan)에 대한 설명으로 옳은 것은?**

① 보너스 산정 비율은 생산액에 있어서 재료 및 에너지 등을 포함하여 계산한다.
② 노동비용을 판매액에서 재료 및 에너지, 간접비용을 제외한 부가가치로 나누어 계산한다.
③ 종업원의 참여는 거의 고려되지 않고 산업공학기법을 이용한 공식을 활용하여 계산한다.
④ 성과측정의 기준으로서 노동비용이나 생산비용, 생산 이외에도 품질 향상, 소비자 만족 등 각 기업이 중요성을 부여하는 부분에 초점을 둔 새로운 지표를 사용하여 계산한다.
⑤ 생산단위당 표준노동시간을 기준으로 노동생산성 및 비용 등 산정 조직의 효율성을 더 직접적으로 측정하여 계산한다.

23 **다음 중 우리나라 지방자치단체의 자치권에 대한 설명으로 옳지 않은 것은?**

① 자치사법권이 부여되어 있지 않다.
② 중앙과 지방의 기능배분에 있어서 포괄적 예시형 방식을 적용한다.
③ 중앙정부가 분권화시킨 결과가 지방정부의 자치권 확보라고 할 수 있다.
④ 행정기구의 설치는 대통령령이 정하는 범위 안에서 지방자치단체의 조례로 정한다.
⑤ 지방자치단체는 자치재정권이 인정되어 조례를 통해서 독립적인 지방 세목을 설치할 수 있다.

24 **다음 중 리더십에 대한 설명으로 옳지 않은 것은?**

① 행태론적 접근법은 효과적인 리더의 행동은 상황에 따라 다르다는 사실을 간과한다.
② 특성론적 접근법은 성공적인 리더는 그들만의 공통적인 특성이나 자질을 가지고 있다고 전제한다.
③ 상황론적 접근법은 리더의 어떠한 행동이 리더십 효과성과 관계가 있는가를 파악하고자 하는 접근법이다.
④ 거래적 리더십은 합리적 과정이나 교환 과정의 중요성을 강조한다.
⑤ 변혁적 리더십은 카리스마, 개별적 배려, 지적자극, 영감(Inspiration) 등을 강조한다.

25 **다음 〈보기〉 중 현행 우리나라 공무원 연금제도에 대한 설명으로 옳은 것을 모두 고르면?**

〈보기〉

ㄱ. 법령에 특별한 사유가 없는 한 2012년 신규 임용 후 10년 이상 근무한 일반행정직 공무원의 퇴직연금 수혜 개시 연령은 65세이다.
ㄴ. 원칙적으로 퇴직연금 산정은 평균기준소득월액을 기초로 한다.
ㄷ. 기여금은 납부기간이 33년을 초과해도 납부하여야 한다.
ㄹ. 퇴직급여 산정에 있어서 소득의 평균기간은 퇴직 전 5년으로 한다.

① ㄱ, ㄴ
② ㄱ, ㄷ
③ ㄴ, ㄷ
④ ㄴ, ㄹ
⑤ ㄱ, ㄹ

26 **다음 중 정부 성과평가에 대한 설명으로 옳지 않은 것은?**

① 성과평가는 개인의 성과를 향상시키기 위한 방법을 모색하기 위해서 사용될 수 있다.
② 총체적 품질관리(Total Quality Management)는 개인의 성과평가를 위한 도구로 도입되었다.
③ 관리자와 구성원의 적극적인 참여는 성과평가 성공에 있어서 중요한 역할을 한다.
④ 조직목표의 본질은 성과평가제도의 운영과 직접 관련성을 갖는다.
⑤ 성과평가에서는 평가의 타당성, 신뢰성, 객관성을 확보하는 것이 중요하다.

27 **다음 중 예산의 원칙에 대한 설명으로 옳지 않은 것은?**

① 공개성의 원칙에는 예외가 있다.
② 사전의결의 원칙에는 예외가 있다.
③ 통일성의 원칙은 회계장부가 하나여야 한다는 원칙이다.
④ 목적세는 예산원칙의 예외이다.
⑤ 총괄 예산제도는 명확성의 원칙과 관련이 있다.

28 **다음 지방재정과 관련된 지표 중 재정자주도에 대한 설명으로 옳은 것은?**

① 지방정부의 전체 재원에 대한 자주재원의 비율
② 통합재정수지상 자주재원의 비율
③ 기준재정수요액 대비 기준재정수입액의 비율
④ 지방정부 일반회계 세입에서 자주재원과 지방교부세를 합한 일반재원의 비중
⑤ 지방채를 자체재원에 포함시켜 계산한 지방재정자립도

29 **다음 중 신공공관리론에 대한 설명으로 옳은 것은?**

① 과정보다는 결과에 초점을 맞추고 있으며, 조직 내 관계보다 조직 간 관계를 주로 다루고 있다.
② 행정가가 책임져야 하는 것은 행정업무 수행에서 효율성이 아니라 모든 사람에게 더 나은 생활을 보장하는 것이다.
③ 정부의 정체성을 무시하고 정부와 기업을 동일시함으로써 기업경영 원리와 기법을 그대로 정부에 이식하려 한다는 비판이 있다.
④ 정부 주도의 공공서비스 전달 또는 공공문제 해결을 넘어 협력적 네트워크 구축 및 관리라는 대안을 제시한다.
⑤ 경제적 생산활동의 결과는 경제활동과 사회를 지배하는 정치적・사회적 제도인 일단의 규칙에 달려 있다.

30 다음 〈보기〉 중 행정가치에 대한 설명으로 옳은 것은 모두 몇 개인가?

〈보기〉

ㄱ. 실체설은 공익을 사익의 총합이라고 파악하며, 사익을 초월한 별도의 공익이란 존재하지 않는다고 본다.
ㄴ. 롤스(Rawls)의 사회정의의 원리에 의하면 정의의 제1원리는 기본적 자유의 평등원리이며, 제2원리는 차등조정의 원리이다. 제2원리 내에서 충돌이 생길 때에는 '차등원리'가 '기회균등의 원리'에 우선되어야 한다.
ㄷ. 과정설은 공익을 사익을 초월한 실체적, 규범적, 도덕적 개념으로 파악하며, 공익과 사익과의 갈등이란 있을 수 없다고 본다.
ㄹ. 베를린(Berlin)은 자유의 의미를 두 가지로 구분하면서, 간섭과 제약이 없는 상태를 적극적 자유라고 하고, 무엇을 할 수 있는 자유를 소극적 자유라고 하였다.

① 없음
② 1개
③ 2개
④ 3개
⑤ 4개

31 다음 중 우리나라의 지방자치제도에 대한 설명으로 옳지 않은 것은?

① 지방의회는 매년 1회 그 지방자치단체의 사무에 대하여 시・도에서는 14일의 범위에서, 시・군 및 자치구에서는 9일의 범위에서 감사를 실시한다.
② 지방의회 의장 또는 부의장에 대한 불신임의결은 재적의원 3분의 1 이상의 발의와 재적의원 과반수의 찬성으로 행한다.
③ 지방자치단체장은 주민투표의 전부 또는 일부 무효의 판결이 확정된 때에는 그 날부터 20일 이내에 무효로 된 투표구의 재투표를 실시하여야 한다.
④ 주민투표의 투표일은 주민투표 발의일로부터 23일 이후 첫 번째 수요일로 한다.
⑤ 지방자치단체의 조례는 지방자치단체장이 공포해야 효력을 가진다.

32 다음 중 지방자치법 및 주민소환에 관한 법률상 주민소환제도에 대한 설명으로 옳지 않은 것은?

① 시・도지사의 소환청구 요건은 주민투표권자 총수의 100분의 10 이상이다.
② 비례대표의원은 주민소환의 대상이 아니다.
③ 주민소환투표권자의 연령은 주민소환투표일 현재를 기준으로 계산한다.
④ 주민소환투표권자의 4분의 1 이상이 투표에 참여해야 한다.
⑤ 주민소환이 확정된 때에는 주민소환투표대상자는 그 결과가 공표된 시점부터 그 직을 상실한다.

33 다음 중 조직구성원들의 동기이론에 대한 설명으로 옳은 것을 〈보기〉에서 모두 고르면?

〈보기〉

ㄱ. ERG 이론 : 앨더퍼(C. Alderfer)는 욕구를 존재욕구, 관계욕구, 성장욕구로 구분한 후 상위욕구와 하위 욕구 간에 '좌절 – 퇴행' 관계를 주장하였다.
ㄴ. X – Y이론 : 맥그리거(D. McGregor)의 X이론은 매슬로(A. Maslow)가 주장했던 욕구계층 중에서 주로 상위욕구를, Y이론은 주로 하위욕구를 중요시하였다.
ㄷ. 형평이론 : 애덤스(J. Adams)는 자기의 노력과 그 결과로 얻어지는 보상을 준거인물과 비교하여 공정하다고 인식할 때 동기가 유발된다고 주장하였다.
ㄹ. 기대이론 : 브룸(V. Vroom)은 보상에 대한 매력성, 결과에 따른 보상, 그리고 결과발생에 대한 기대감에 의해 동기유발의 강도가 좌우된다고 보았다.

① ㄱ, ㄷ
② ㄱ, ㄹ
③ ㄴ, ㄷ
④ ㄷ, ㄹ
⑤ ㄱ, ㄴ, ㄷ

34 다음 중 예산원칙에 대한 설명으로 옳지 않은 것을 〈보기〉에서 모두 고르면?

〈보기〉

ㄱ. 예산총계주의 원칙이란 회계연도의 모든 수입은 세입으로 하고, 모든 지출은 세출로 하며, 세입과 세출은 예외 없이 모두 예산에 편입되어야 한다는 것을 의미한다.
ㄴ. 예산사전결의 원칙이란 예산은 예정적 계획이기 때문에 회계연도가 개시되기 전에 지방의회의 의결을 거쳐야 한다는 것을 의미한다.
ㄷ. 회계연도 독립의 원칙은 지방재정법에서 규정하고 있으며, 예외사항으로 계속비만을 규정한다.
ㄹ. 예산의 목적 외 사용금지 원칙의 예외사항으로는 예산의 이용 · 전용 · 이체 등이 있다.

① ㄱ, ㄴ
② ㄱ, ㄷ
③ ㄴ, ㄷ
④ ㄴ, ㄹ
⑤ ㄷ, ㄹ

35 다음 중 중앙행정기관의 장과 지방자치단체의 장이 사무를 처리할 때 의견을 달리하는 경우 이를 협의 · 조정하기 위하여 설치하는 기구는?

① 행정협의조정위원회
② 중앙분쟁조정위원회
③ 지방분쟁조정위원회
④ 행정협의회
⑤ 갈등조정협의회

36 **다음 중 개방형 인사관리에 대한 설명으로 옳지 않은 것은?**

① 충원된 전문가들이 관료집단에서 중요한 역할을 수행하게 한다.

② 승진기회의 제약으로, 직무의 폐지는 대개 퇴직으로 이어진다.

③ 정치적 리더십의 요구에 따른 고위층의 조직 장악력 약화를 초래한다.

④ 공직의 침체, 무사안일주의 등 관료제의 병리를 억제한다.

⑤ 민간부문과의 인사교류로 적극적 인사행정이 가능하다.

37 **다음 중 피터스(Peters)가 제시한 뉴거버넌스 정부개혁모형별 문제의 진단 기준과 해결방안으로 옳지 않은 것은?**

① 전통적 정부모형의 문제 진단 기준은 전근대적인 권위에 있으며, 구조 개혁 방안으로 계층제를 제안한다.

② 탈내부규제 정부모형의 문제 진단 기준은 내부규제에 있으며, 관리 개혁 방안으로 관리 재량권 확대를 제안한다.

③ 시장적 정부모형의 문제 진단 기준은 공공서비스에 대한 정부의 독점적 공급에 있으며, 구조 개혁 방안으로 분권화를 제안한다.

④ 참여적 정부모형의 문제 진단 기준은 관료적 계층제에 있으며, 구조 개혁 방안으로 가상조직을 제안한다.

⑤ 신축적 정부모형의 문제 진단 기준은 영속성에 있으며, 관리 개혁 방안으로 가변적 인사관리를 제안한다.

38 **다음 중 공무원 징계에 대한 설명으로 옳지 않은 것을 〈보기〉에서 모두 고르면?**

〈보기〉

ㄱ. 강임은 1계급 아래로 직급을 내리고, 공무원 신분은 보유하나 3개월간 직무에 종사하지 못하며 그 기간 중 보수의 2/3를 감하는 것이다.

ㄴ. 전직시험에서 3회 이상 불합격한 자로서 직무능력이 부족한 자는 직위해제 대상이다.

ㄷ. 금품수수나 공금횡령 및 유용 등으로 인한 징계의결요구의 소멸시효는 3년이다.

ㄹ. 징계에 대한 불복 시 소청심사위원회에 소청제기가 가능하나 근무성적평정결과나 승진탈락 등은 소청대상이 아니다.

① ㄱ, ㄴ

② ㄴ, ㄷ

③ ㄷ, ㄹ

④ ㄱ, ㄴ, ㄷ

⑤ ㄱ, ㄴ, ㄷ, ㄹ

39 다음 중 정책문제의 구조화기법과 〈보기〉의 설명을 바르게 연결한 것은?

A. 경계분석(Boundary Analysis)
B. 가정분석(Assumption Analysis)
C. 계층분석(Hierarchy Analysis)
D. 분류분석(Classification Analysis)

〈보기〉

ㄱ. 정책문제와 관련된 여러 구조화되지 않은 가설들을 창의적으로 통합하기 위해 사용하는 기법으로, 이전에 건의된 정책부터 분석한다.
ㄴ. 간접적이고 불확실한 원인으로부터 차츰 확실한 원인을 차례로 확인해 나가는 기법으로, 인과 관계 파악을 주된 목적으로 한다.
ㄷ. 정책문제의 존속기간 및 형성과정을 파악하기 위해 사용하는 기법으로, 포화표본추출(Saturation Sampling)을 통해 관련 이해당사자를 선정한다.
ㄹ. 문제상황을 정의하기 위해 당면문제를 그 구성요소들로 분해하는 기법으로, 논리적 추론을 통해 추상적인 정책문제를 구체적인 요소들로 구분한다.

	A	B	C	D
①	ㄱ	ㄷ	ㄴ	ㄹ
②	ㄱ	ㄷ	ㄹ	ㄴ
③	ㄷ	ㄱ	ㄴ	ㄹ
④	ㄷ	ㄱ	ㄹ	ㄴ
⑤	ㄷ	ㄹ	ㄱ	ㄴ

40 동기부여와 관련된 이론을 내용이론과 과정이론으로 나눠볼 때, 다음 중 과정이론에 해당하는 것은?

① 욕구계층이론
② 기대이론
③ 욕구충족요인 이원론
④ 성취동기이론
⑤ X－Y이론

| 02 | 경영학

01 다음 〈보기〉 중 피들러(Fiedler)의 리더십 상황이론에 대한 설명으로 옳지 않은 것을 모두 고르면?

〈보기〉

㉠ 과업지향적 리더십과 관계지향적 리더십을 모두 갖춘 리더가 가장 높은 성과를 달성한다.
㉡ 리더의 특성을 LPC 설문에 의해 측정하였다.
㉢ 상황변수로서 리더 – 구성원 관계, 과업구조, 부하의 성숙도를 고려하였다.
㉣ 리더가 처한 상황이 호의적인 경우, 관계지향적 리더십이 적합하다.
㉤ 리더가 처한 상황이 비호의적인 경우, 과업지향적 리더십이 적합하다.

① ㉠, ㉢
② ㉠, ㉣
③ ㉡, ㉣
④ ㉠, ㉢, ㉣
⑤ ㉢, ㉣, ㉤

02 다음 중 생산시스템 측면에서 신제품 개발 프로세스를 순서대로 바르게 나열한 것은?

ㄱ. 아이디어 창출
ㄴ. 제품선정
ㄷ. 최종설계
ㄹ. 설계의 평가 및 개선
ㅁ. 제품원형 개발 및 시험마케팅
ㅂ. 예비설계

① ㄱ → ㄴ → ㅂ → ㄹ → ㅁ → ㄷ
② ㄱ → ㄷ → ㅁ → ㄹ → ㄴ → ㅂ
③ ㄴ → ㄱ → ㄷ → ㅁ → ㄹ → ㅂ
④ ㄴ → ㅁ → ㄹ → ㄱ → ㄷ → ㅂ
⑤ ㄷ → ㄹ → ㄴ → ㅁ → ㄱ → ㅂ

03 **다음 중 조사방법에 대한 설명으로 옳지 않은 것은?**

① 횡단 조사는 한 사람이 아닌 패널(여러 사람으로 구성된 집단)을 조사하는 것으로, 시간 경과에 따라 패널의 특징 등을 반복적으로 측정한다.

② 시계열 조사는 조사 대상을 정하고, 여러 시점에 걸쳐 조사하면서 변화와 차이, 발생 원인 등을 분석한다.

③ 탐색 조사는 일종의 예비조사이다.

④ 확정적 조사는 확정된 문제나 가정의 참·거짓을 밝히기 위한 조사이다.

⑤ 종단 조사는 시간의 흐름에 따라 조사 대상이나 상황의 변화를 측정한다.

04 **다음 중 직무평가에 있어서 미리 규정된 등급 또는 어떠한 부류에 대해 평가하려는 직무를 배정함으로써 직무를 평가하는 방법은?**

① 서열법

② 분류법

③ 점수법

④ 요소비교법

⑤ 순위법

05 **다음 중 앤소프의 의사결정에 대한 설명으로 옳지 않은 것은?**

① 앤소프의 의사결정은 전략적, 운영적, 관리적 의사결정으로 분류된다.

② 단계별 접근법을 따라 체계적으로 분석 가능하다.

③ 단계별로 피드백이 이루어진다.

④ 분석 결과에 따라 초기 기업 목적, 시작 단계에서의 평가수정이 불가능하다.

⑤ 단계별 의사결정과정은 기업의 위상과 목표 간의 차이를 줄이는 과정이다.

06 **다음 중 작업성과의 고저에 따라 임금을 적용하는 단순 복률 성과급 방식과 달리 예정된 성과를 올리지 못하여도 미숙련 근로자들에게 최저 생활을 보장하는 방식은?**

① 테일러식 복률성과급

② 맨체스터 플랜

③ 메리크식 복률성과급

④ 할증성과급

⑤ 표준시간급

07 다음 중 선물거래에 대한 설명으로 옳은 것은?

① 계약당사자 간 직접거래가 이루어진다.
② 계약조건이 표준화되어 있지 않다.
③ 결제소에 의해 일일정산이 이루어진다.
④ 장외시장에서 거래가 이루어진다.
⑤ 계약불이행 위험이 커서 계약당사자의 신용이 중요하다.

08 다음 중 특정 작업계획으로 여러 부품들을 생산하기 위해 컴퓨터에 의해 제어 및 조절되며 자재취급 시스템에 의해 연결되는 작업장들의 조합은?

① 유연생산시스템
② 컴퓨터통합생산시스템
③ 적시생산시스템
④ 셀 제조시스템
⑤ 지능형생산시스템

09 다음 중 BCG 매트릭스에서 성장률이 낮고 시장점유율이 높은 상태의 사업을 지칭하는 것은?

① 수익주종사업
② 문제사업
③ 사양사업
④ 개발사업
⑤ 유치사업

10 다음 중 제품 및 제품계열에 대한 수년간의 자료 등을 수집하기 용이하고, 변화하는 경향이 비교적 분명하며 안정적일 경우에 활용되는 통계적인 예측방법은?

① 브레인스토밍법
② 시계열분석법
③ 인과모형
④ 델파이법
⑤ 회귀분석법

11 다음 중 성과급제에 대한 설명으로 옳은 것은?

① 노동자의 지급요청에 따라 합의하여 결정한 임금제도이다.
② 노동자가 실시한 작업량에 따라 지급하는 임금제도이다.
③ 업무의 성격에 따라 지급하는 임금제도이다.
④ 노동조합에서 결정한 임금제도이다.
⑤ 관리자의 권한에 의해 결정한 임금제도이다.

12 다음 중 마케팅 믹스의 4P에 해당하지 않는 것은?

① Picture
② Price
③ Promotion
④ Place
⑤ Product

13 다음 중 마케팅 전략 수립 단계를 순서대로 바르게 나열한 것은?

① 시장세분화 → 표적시장 선정 → 포지셔닝
② 표적시장 선정 → 포지셔닝 → 시장세분화
③ 포지셔닝 → 시장세분화 → 표적시장 선정
④ 시장세분화 → 포지셔닝 → 표적시장 선정
⑤ 표적시장 선정 → 시장세분화 → 포지셔닝

14 다음 중 소비자들에게 타사 제품과 비교하여 자사 제품에 대한 차별화된 이미지를 심어주기 위한 계획적인 전략접근법은 무엇인가?

① 포지셔닝 전략
② 시장세분화 전략
③ 가격차별화 전략
④ 제품차별화 전략
⑤ 비가격경쟁 전략

15 **다음 중 회수기간법에 대한 설명으로 옳은 것은?**

① 회수기간법은 투자에 소요되는 자금을 그 투자안의 현금흐름으로 회수하는 기간이 짧은 투자안을 선택하게 된다.

② 단일 투자안의 투자의사결정은 기업이 미리 설정한 최단기간 회수기간보다 실제 투자안의 회수기간이 길면 선택하게 된다.

③ 화폐의 시간가치를 고려하고 있지만 회수기간 이후의 현금흐름을 무시하고 있다는 점에서 비판을 받고 있다.

④ 회수기간법은 투자안을 평가하는 데 있어 방법이 매우 복잡하면서 서로 다른 투자안을 비교하기 어렵고 기업의 자금 유동성을 고려하지 않았다는 단점을 가지고 있다.

⑤ 회수기간법과 회계적 이익률법은 전통적 분석기법으로, 화폐의 시간가치를 고려한 기법이다.

16 **다음 마이클 포터(Michael E. Porter)가 제시한 가치사슬분석 중 본원적 활동에 속하지 않는 것은?**

① 구매물류활동
② 생산활동
③ 마케팅과 판매활동
④ R&D기술개발활동
⑤ 서비스활동

17 **다음 중 파산비용과 자본구조이론에 대한 설명으로 옳은 것은?**

① 기업의 자산을 채권자에게 넘겨주는 과정은 법적인 과정이기 때문에 여러 가지 법적 및 행정적 비용은 별도로 책정되는데 이때 사라지는 자산을 파산비용이라 한다.

② 부채를 사용하는 기업의 투자자들은 기업이 파산할 수도 있다는 것을 인식하고 있으며, 파산 시 발생하는 비용을 감안하여 기업의 시장가치를 높게 평가하게 된다.

③ 기업이 일정 수준 이하의 부채를 사용할 경우에는 파산의 가능성이 높기 때문에 감세효과만 존재하게 된다.

④ 자본비용의 사용에 따라 법인세 감소효과와 기대파산비용의 상충관계에 의해 기업별로 최적자본구조가 달리 결정되는 것을 자본구조의 상충이론이라고 한다.

⑤ 차입기업의 가치는 무차입기업의 가치에 파산비용의 현재가치와 이자세금방패의 현재가치를 차감하여 구할 수 있다.

18 **S투자안의 명목수익률이 15%이고, 기대인플레이션이 4%일 때 S투자안의 실질수익률은 얼마인가?**

① 4.2%
② 7%
③ 9.5%
④ 10.5%
⑤ 13.2%

19 **다음 중 관리도(Control Chart)에 대한 설명으로 옳지 않은 것은?**

① 관리도(Control Chart)는 품질의 산포를 관리하기 위하여 하나의 중심선과 두 개의 관리 한계선(관리 상한선, 하한선)을 설정한 그래프를 말한다.
② 관리도는 1개의 중심선과 3개의 관리한계선으로 구성되어 있다.
③ 공정이 안정상태에 있는 경우에 계량치의 데이터를 취하여 히스토그램을 그리면 좌우대칭의 정규분포(Normal Distribution)를 이룬다.
④ 정규분포의 어느 구간을 취할 때 그 속에 포함된 전체에 대한 비율을 알 수 있다.
⑤ 평균치(m)로부터 양측에 표준편차의 1배(1σ), 2배(2σ), 3배(3σ)로 구간의 폭을 취하면, 그 구간 내에 들어갈 부분의 전체에 대한 비율은 각각 68.26%, 95.46%, 99.73%가 된다.

20 **다음 중 투자안의 경제성 평가에 대한 설명으로 옳은 것은?**

① 투자안에서 발생하는 현금흐름은 대부분이 확실하기 때문에 기대현금흐름만을 반영한 할인율을 사용한다.
② 할인율은 자본기회비용으로 기업이 현재 추진하려고 하는 사업 대신 위험이 다른 사업을 추진하였을 때 기대할 수 있는 수익률이다.
③ 위험이 다른 사업안에 대해 투자자들이 기대하는 수익률과 일치할 것이기 때문에 기대수익률 또는 요구수익률이라고 부른다.
④ 내부수익률은 미래의 현금 유입액이 현재의 투자가치와 동일하게 되는 수익률이다.
⑤ 공분산은 개별자산의 수익률의 위험정도를 나타내는 척도이다.

21 다음 중 주로 편의품의 경우 많이 사용되는 유통경로 전략은?

① 집약적 유통
② 전속적 유통
③ 선택적 유통
④ 통합적 유통
⑤ 수직적 유통

22 다음 중 경영관리 과정을 순서대로 바르게 나열한 것은?

① 조직화 → 지휘 → 통제 → 계획수립
② 지휘 → 통제 → 계획수립 → 조직화
③ 계획수립 → 조직화 → 지휘 → 통제
④ 계획수립 → 통제 → 조직화 → 지휘
⑤ 통제 → 조직화 → 지휘 → 계획수립

23 다음 중 리더십의 상황적합이론에서 특히 하급자의 성숙도를 강조하는 리더십의 상황모형을 제시하는 이론은?

① 피들러의 상황적합이론
② 브룸과 예튼의 규범이론
③ 하우스의 경로－목표이론
④ 허시와 블랜차드의 3차원적 유효성이론
⑤ 베르탈란피의 시스템이론

24 다음 중 시산표에 기입하는 거래에 해당하는 것은?

① 해외에서 기계를 수입하기 위해 주문한 경우
② 단기차입금에 대한 이자를 수표로 지급한 경우
③ 건물의 매각을 위해 계약한 경우
④ 거래처와 물품 공급 계약을 체결한 경우
⑤ 건물을 임차하기 위해 임대인과 계약한 경우

25 다음 중 동일한 목표를 달성하고 새로운 가치창출을 위해 공급업체들과 자원 및 정보를 협력하여 하나의 기업처럼 움직이는 생산시스템은?

① 공급사슬관리(SCM)
② 적시생산시스템(JIT)
③ 유연제조시스템(FMS)
④ 컴퓨터통합생산(CIM)
⑤ 전사적품질경영(TQM)

26 다음 글에서 설명하는 가격정책은?

> 유표품(Branded Goods)의 제조업자가 도매상 및 소매상과의 계약에 의하여 자기회사제품의 도소매 가격을 사전에 설정해 놓고, 이 가격으로 자사제품을 판매하는 전략으로, 유표품이 도・소매상의 손실유인상품(Loss Leader)으로 이용되는 것을 방지하여 가격안정과 명성유지를 도모하고자 하는 정책이다.

① 상대적 저가격전략
② 상대적 고가격전략
③ 상층흡수가격정책
④ 재판매가격 유지정책
⑤ 침투가격정책

27 다음 중 재무제표 요소의 측정에 대한 설명으로 옳지 않은 것은?

① 재무제표를 작성할 때 기업이 가장 보편적으로 채택하고 있는 재무제표 요소의 측정기준은 역사적 원가이다.
② 재무제표를 작성할 때 합리적 추정을 사용하는 것은 신뢰성을 훼손하게 된다.
③ 부채에 현행원가 개념을 적용하면 현재시점에서 그 의무를 이행하는 데 필요한 현금이나 현금성자산의 할인하지 아니한 금액으로 평가한다.
④ 자산에 대하여 손상차손회계를 적용할 때 고려하는 사용가치는 그 자산의 공정가치와 다르다.
⑤ 재무제표 요소의 측정은 재무상태표와 포괄손익계산서에 인식되고 평가되어야 할 재무제표 요소의 화폐금액을 결정하는 과정으로, 특정 측정기준의 선택과정을 포함한다.

28 **다음 중 확정기여형 퇴직연금제도(DC)에 대한 설명으로 옳지 않은 것은?**

① 사용자가 납입할 부담금이 사전에 확정된 퇴직연금제도이다.

② 사용자가 근로자 개별 계좌에 부담금을 정기적으로 납입하면, 근로자가 직접 적립금을 운용함은 물론 근로자 본인의 추가 부담금 납입도 가능하다.

③ 근로자는 사용자가 납입한 부담금과 운용 손익을 최종 급여로 지급받는다.

④ 일시금 또는 연금으로 55세 이후에 수령할 수 있다.

⑤ 적립금 운용의 책임은 근로자에게 있으며, 기업 부담금은 근로자의 운용결과에 따라 달라진다.

29 **다음 중 주당 액면금액이 ₩5,000인 보통주 100주를 주당 ₩8,000에 현금 발행한 경우 재무제표에 미치는 영향으로 옳지 않은 것은?**

① 자산 증가

② 자본 증가

③ 수익 불변

④ 부채 불변

⑤ 이익잉여금 증가

30 **다음 중 직무분석에 대한 설명으로 옳은 것은?**

① 연공급 제도를 실시하기 위해서는 직무분석이 선행되어야 한다.

② 직무기술서와 직무명세서는 직무분석의 2차적 결과물이다.

③ 직무기술서는 특정 직무 수행을 위해 갖추어야 할 직무담당자의 자격요건을 정리한 문서이다.

④ 직무명세서는 직무분석의 결과로 얻어진 직무정보를 정리한 문서이다.

⑤ 직무명세서에는 직무의 명칭, 책임과 권한, 요구되는 육체적 능력이 기술되어 있다.

31 **다음 중 인플레이션에 의해 나타날 수 있는 현상으로 옳지 않은 것은?**

① 구두창 비용의 발생

② 메뉴비용의 발생

③ 통화가치 하락

④ 총요소생산성의 상승

⑤ 단기적인 실업률 하락

32 **다음 중 시장실패(Market Failure)의 원인으로 옳지 않은 것은?**

① 독과점의 존재
② 소비의 경합성
③ 외부경제의 존재
④ 비대칭 정보의 존재
⑤ 공유자원의 존재

33 **다음 사례에 해당하는 마케팅 기법은?**

> 올해 8월 무더운 더위 속 팀원 모두가 휴가를 떠난 사이 홀로 사무실에 남아 업무를 보고 있는 A씨는 휴가를 떠나지 못했지만 전혀 아쉽지 않다. 모두가 직장에 복귀하여 열심히 업무에 매진하는 9월에 A씨는 애인과 함께 갈 제주도 여행을 저렴한 가격으로 예약했기 때문이다.

① 디마케팅(Demarketing)
② 니치 마케팅(Niche Marketing)
③ 그린 마케팅(Green Marketing)
④ 노이즈 마케팅(Noise Marketing)
⑤ 동시화 마케팅(Synchro Marketing)

34 **다음 중 집약적 유통채널에 대한 설명으로 옳은 것은?**

① 특정 지역에서 단일의 유통업자와 거래한다.
② 주로 과자나 저가 소비재 등 소비자들이 구매의 편의성을 중시하는 품목에서 채택한다.
③ 고도의 상품지식을 필요로 하는 전문 품목에서 채택한다.
④ 제조업자의 통제력이 매우 높다.
⑤ 유통 비용이 비교적 저렴하다.

35 다음 중 동시설계(동시공학 : Concurrent Engineering)에 대한 설명으로 옳지 않은 것은?

① 제품의 설계, 기술, 생산, 마케팅, 서비스 등의 전 과정을 거쳐, 서로 다른 부서로부터 다기능팀(Multi – Functional Team)을 구성한다.

② 전반적인 제품개발과정을 단축시킨다.

③ 제품개발공정뿐만 아니라 기업의 경영관리 활동을 개선하는 접근 방법으로도 이용되어 경영프로세스혁신과 경영혁신을 도모한다.

④ 모든 프로세스를 동시에 진행하여 기간을 단축시키는 방법으로, 비용절감을 꾀할 수 있으나 품질개선은 어렵다는 단점이 있다.

⑤ 팀 – 관리 기법, 정보 시스템, 통합 데이터베이스 환경, 제품 또는 서비스의 정보 교환을 위한 표준으로 구성된다.

36 다음 중 조직차원의 공식적 커뮤니케이션에 해당하지 않는 것은?

① 군집형 커뮤니케이션

② 대각적 커뮤니케이션

③ 수평적 커뮤니케이션

④ 상향식 커뮤니케이션

⑤ 하향식 커뮤니케이션

37 다음 중 STP 전략의 시장세분화 단계에서 실시하는 내용으로 옳은 것은?

① 포지셔닝 맵을 작성한다.

② 자사와 경쟁사 간 경쟁적 위치를 조정한다.

③ 세분시장에 맞는 포지셔닝을 개발한다.

④ 시장의 매력도를 평가한다.

⑤ 시장 조사 및 분석을 통해 시장 프로필을 작성한다.

38 다음 중 직무분석 시 보완적으로 사용하는 분석법에 해당하는 것을 〈보기〉에서 모두 고르면?

〈보기〉

㉠ 면접법
㉡ 중요사건법
㉢ 워크샘플링법
㉣ 설문지법
㉤ 관찰법

① ㉠, ㉡
② ㉠, ㉤
③ ㉡, ㉢
④ ㉢, ㉣
⑤ ㉣, ㉤

39 다음 중 스키밍(Skimming) 가격전략의 시기와 책정 가격을 바르게 연결한 것은?

① 도입기 – 고가격
② 도입기 – 저가격
③ 성장기 – 고가격
④ 성숙기 – 저가격
⑤ 성숙기 – 고가격

40 다음 중 직무명세서를 통해 확인할 수 있는 정보가 아닌 것은?

① 학력, 전공
② 경험, 경력
③ 능력, 성적
④ 지식, 기술
⑤ 업무, 직급

| 03 | 법학

01 **다음 중 상법이 명시적으로 규정하고 있는 회사가 아닌 것은?**

① 유한회사
② 유한책임회사
③ 다국적회사
④ 합자회사
⑤ 합명회사

02 **다음 중 사회권적 기본권에 해당하는 것은?**

① 사유재산권
② 교육을 받을 권리
③ 국가배상청구권
④ 직업선택의 자유
⑤ 언론 출판의 자유

03 **다음 중 법률행위의 무효 및 취소에 대한 설명으로 옳은 것은?(단, 다툼이 있는 경우 판례에 따른다)**

① 법률행위의 일부분이 무효인 때에는 원칙적으로 그 부분만이 무효가 된다.
② 무효인 법률행위를 추인한 경우, 특별한 사정이 없는 한 소급하여 처음부터 그 효력이 생긴다.
③ 취소의 의사표시에는 조건을 붙일 수 있다.
④ 취소할 수 있는 법률행위는 취소한 후에는 무효행위의 추인요건을 갖추더라도 다시 추인할 수 없다.
⑤ 유동적 무효인 계약이 확정적으로 무효로 된 경우, 그에 관해 귀책사유가 있는 당사자도 계약의 무효를 주장할 수 있다.

04 다음은 행정입법에 대한 대법원 판결문의 일부이다. 이에 대한 설명으로 옳은 것은?

> 공공기관의 운영에 대한 법률(이하 "공공기관법"이라 한다) 제39조 제2항, 제3항 및 그 위임에 따라 기획재정부령으로 제정된 공기업·준정부기관계약사무규칙 제15조 제1항(이하 "이 사건 규칙 조항"이라 한다)의 내용을 대비해 보면, 입찰참가자격 제한의 요건을 공공기관법에서는 '공정한 경쟁이나 계약의 적정한 이행을 해칠 것이 명백할 것'으로 규정하고 있는 반면, 이 사건 규칙 조항에서는 '경쟁의 공정한 집행이나 계약의 적정한 이행을 해칠 우려가 있거나 입찰에 참가시키는 것이 부적합하다고 인정되는 자'라고 규정함으로써 이 사건 규칙 조항이 법률에 규정된 것보다 한층 완화된 처분 요건을 규정하여 그 처분대상을 확대하고 있다. 그러나 공공기관법 제39조 제3항에서 부령에 위임한 것은 '입찰참가자격의 제한기준 등에 관하여 필요한 사항'일 뿐이고, 이는 그 규정의 문언상 입찰참가자격을 제한하면서 그 기간의 정도와 가중·감경 등에 대한 사항을 의미하는 것이지 처분의 요건까지를 위임한 것이라고 볼 수는 없다. 따라서 이 사건 규칙 조항에서 위와 같이 처분의 요건을 완화하여 정한 것은 상위법령의 위임 없이 규정한 것이므로 이는 행정기관 내부의 사무처리준칙을 정한 것에 지나지 않는다.

① 공기업·준정부기관 계약사무규칙 제15조 제1항은 국민에 대하여 구속력이 있다.
② 법률의 위임이 없음에도 법률에 규정된 처분 요건을 부령에서 변경하여 규정한 경우에는 그 부령의 규정은 국민에 대하여 대외적 구속력은 없다.
③ 어떤 행정처분이 법규성이 없는 부령의 규정에 위배되면 그 처분은 위법하고, 또 그 부령에서 정한 요건에 부합하면 그 처분은 적법하다.
④ 입찰참가자격제한처분의 적법 여부는 공기업·준정부기관 계약사무규칙 제15조 제1항에서 정한 요건에 합치하는지 여부와 공공기관법 제39조의 규정을 기준으로 판단하여야 한다.
⑤ 법령에서 행정처분의 요건 중 일부 사항을 부령으로 정할 것을 위임한 데 따라 부령에서 이를 정하고 있는 경우에 그 부령의 규정은 국민에 대하여 구속력이 없다.

05 다음 중 사유재산권에 대한 설명으로 옳지 않은 것은?

① 사유재산제도는 개인의 소유욕을 제도적으로 보장해 사회의 생산적 자원이 보존·유지·증식되게 만든다.
② 공정하고 투명한 생산체계와 건전한 소비를 정착시켜 소비자 주권을 확대한다.
③ 사회 구성원들이 사유재산제도를 통해 부를 나눠 갖게 되면 이에 기반을 두어 다양한 가치가 만들어지고 의사결정의 권력도 분산된다.
④ 사유재산권이 인정되지 않는 공유재의 경우 아껴 쓸 유인이 없어 결국 자원이 고갈되는 '공유지의 비극'이 발생한다.
⑤ 20세기가 되면서 차츰 생산수단, 특히 천연자원이나 독점적인 기업시설에 대한 사유재산권을 적당하게 제한하는 경향이 생기게 되었다.

06 다음 중 공법과 사법의 구별에 대한 설명으로 옳지 않은 것을 〈보기〉에서 모두 고르면?(단, 다툼이 있는 경우 판례에 따른다)

〈보기〉

ㄱ. 공법과 사법의 구별기준에 대한 신주체설은 국가나 지방자치단체 등의 행정주체가 관련되는 법률관계를 공법관계로 보고 사인 간의 법률관계는 사법관계로 본다.
ㄴ. 대법원은 국가나 지방자치단체가 당사자가 되는 공공계약(조달계약)은 상대방과 대등한 관계에서 체결하는 공법상의 계약으로 본다.
ㄷ. 대법원은 행정재산의 목적 외 사용에 해당하는 사인에 대한 행정재산의 사용수익허가를 강학상 특허로 보고 있다.
ㄹ. 대법원은 석탄가격안정지원금 지급청구권은 석탄산업법령에 의하여 정책적으로 당연히 부여되는 공법상 권리이므로 지원금의 지급을 구하는 소송은 공법상 당사자소송의 대상이 된다고 본다.
ㅁ. 대법원은 지방자치단체가 공공조달계약 입찰을 일정기간 동안 제한하는 부정당업자 제재는 사법상의 통지행위에 불과하다고 본다.

① ㄴ, ㅁ
② ㄷ, ㄹ
③ ㄱ, ㄴ, ㅁ
④ ㄱ, ㄷ, ㄹ
⑤ ㄱ, ㄴ, ㄷ, ㅁ

07 다음 중 권리의 객체에 대한 설명으로 옳지 않은 것은?(단, 다툼이 있는 경우 판례에 따른다)

① 주물 자체의 효용과 직접 관계가 없는 물건은 종물이 아니다.
② 주물에 설정된 저당권의 효력은 특별한 사정이 없으면 종물에 미친다.
③ 입목에 대한 법률에 의하여 입목등기를 한 수목의 집단은 토지와 별개의 부동산이다.
④ 종물은 주물의 처분에 따르므로 당사자의 특약에 의하여 종물만을 별도로 처분할 수 없다.
⑤ 법정과실은 수취할 권리의 존속기간일수의 비율로 취득한다.

08 다음 중 선거에 대한 설명으로 옳지 않은 것은?

① 평등선거는 일정한 연령에 달한 모든 사람에게 선거권을 인정한다.
② 직접선거는 선거인단이 아닌 선거권자가 직접 후보자를 선택하는 것이다.
③ 우리나라 국회의원의 선거제도로는 소선거구제와 비례대표제를 채택하고 있다.
④ 무소속 입후보자에게 일정수 이상의 추천인을 요구하는 것은 평등선거에 위배되지 않는다.
⑤ 선거구 간의 인구편차가 너무 벌어지도록 선거구를 분할하는 것은 평등선거에 위배될 소지가 있다.

09 다음 중 청원권에 대한 설명으로 옳지 않은 것은?

① 공무원·군인 등은 그 직무와 관련하여 청원할 수 없다.
② 헌법은 청원의 수리·심사·통지의 의무를 규정하고 있다.
③ 정부에 제출된 청원의 심사는 국무회의를 경유하여야 한다.
④ 공무원의 비위시정의 요구·처벌·징계요구의 청원도 가능하다.
⑤ 사인간의 권리관계 또는 개인의 사생활에 대한 사항인 때에는 청원을 수리하지 않는다.

10 다음 중 대통령의 권한이 아닌 것은?

① 선전포고권
② 조약의 체결·비준권
③ 감사원장 임명권
④ 국가원로자문회의 의장
⑤ 위헌정당해산제소권

11 다음 중 국회 권한의 성격이 나머지와 다른 것은?

① 국정감사
② 법률 제정
③ 의원 제명
④ 조약체결 동의
⑤ 국회규칙 제정

12 다음 중 소멸시효의 중단사유가 아닌 것은?

① 청구
② 압류
③ 취소
④ 승인
⑤ 가처분

13 다음 중 형법상 책임무능력자의 기준으로 옳은 것은?

① 만 12세 미만의 미성년자
② 만 14세 미만의 미성년자
③ 만 16세 미만의 미성년자
④ 만 17세 미만의 미성년자
⑤ 만 18세 미만의 미성년자

14 다음 중 임대차에 대한 설명으로 옳은 것은?(단, 다툼이 있는 경우 판례에 따른다)

① 토지임차인이 지상물만을 타인에게 양도하더라도 임대차가 종료하면 그 임차인이 매수청구권을 행사할 수 있다.
② 건물임차인이 임대인의 동의 없이 건물의 소부분을 전대한 경우, 임대인은 임대차계약을 해지할 수 있다.
③ 임차인의 채무불이행으로 임대차계약이 해지된 경우, 임차인은 부속물매수청구권을 행사할 수 있다.
④ 임대인은 보증금반환채권에 대한 전부명령이 송달된 후에 발생한 연체차임을 보증금에서 공제할 수 없다.
⑤ 건물소유를 위한 토지임대차의 경우, 임차인의 차임연체액이 2기의 차임액에 이른 때에는 임대인은 계약을 해지할 수 있다.

15 다음 중 판례의 법원성에 대해 규정하고 있는 법은 무엇인가?

① 대법원 규칙
② 국회법
③ 법원조직법
④ 형법
⑤ 헌법

16 다음 중 타인이 일정한 행위를 하는 것을 참고 받아들여야 할 의무는?

① 작위의무
② 수인의무
③ 간접의무
④ 권리반사
⑤ 평화의무

17 다음 중 권리의 효력에 따른 분류에 속하지 않는 것은?

① 항변권
② 인격권
③ 형성권
④ 청구권
⑤ 지배권

18 다음 중 불명확한 사실에 대하여 공익 또는 기타 법정책상의 이유로 사실의 진실성 여부와는 관계없이 확정된 사실로 의제하여 일정한 법률효과를 부여하고 반증을 허용하지 않는 것은?

① 간주
② 추정
③ 준용
④ 입증
⑤ 원용

19 甲은 자신의 토지에 X건물을 신축하기로 하는 계약을 수급인 乙과 체결하면서 甲명의로 건축허가를 받아 소유권보존등기를 하기로 하는 등 완공된 X건물의 소유권을 甲에게 귀속시키기로 합의하였다. 乙은 X건물을 신축하여 완공하였지만 공사대금을 받지 못하고 있다. 다음 중 이에 대한 설명으로 옳은 것은?(단, 다툼이 있는 경우 판례에 따른다)

① X건물의 소유권은 乙에게 원시적으로 귀속된다.
② X건물에 대한 乙의 하자담보책임은 무과실책임이다.
③ 乙의 甲에 대한 공사대금채권의 소멸시효는 10년이다.
④ 乙은 甲에 대한 공사대금채권을 담보하기 위하여 X건물을 목적으로 한 저당권 설정을 청구할 수 없다.
⑤ X건물의 하자로 인하여 계약의 목적을 달성할 수 없는 경우, 甲은 특별한 사정이 없는 한 계약을 해제할 수 있다.

20 **소위 정의규정(定義規定)은 다음 중 어디에 해당하는가?**

① 행정해석
② 사법해석
③ 입법해석
④ 반대해석
⑤ 논리해석

21 **다음 중 반사회질서 또는 불공정한 법률행위에 대한 설명으로 옳은 것은?(단, 다툼이 있는 경우 판례에 따른다)**

① 소송사건에 증인으로서 증언에 대한 대가를 약정했다면 그 자체로 반사회질서행위로 무효이다.
② 민사사건에 관한 변호사의 성공보수약정은 선량한 풍속 기타 사회질서에 위배되어 무효이다.
③ 급부 간 현저한 불균형이 있더라도 폭리자가 피해 당사자 측의 사정을 알면서 이를 이용하려는 의사가 없다면 불공정한 법률행위가 아니다.
④ 경매 목적물이 시가에 비해 현저하게 낮은 가격으로 매각된 경우 불공정한 법률행위로 무효가 될 수 있다.
⑤ 반사회질서 법률행위에 해당되는 매매계약을 원인으로 한 소유권이전등기명의자의 물권적 청구권 행사에 대하여 상대방은 법률행위의 무효를 주장할 수 없다.

22 **다음 중 현행 헌법에 규정되어 있는 내용이 아닌 것은?**

① 국정감사권
② 국민소환권
③ 헌법소원
④ 긴급명령권
⑤ 탄핵소추

23 **다음 중 일반적인 법령공포 후 효력발생의 시기는?**

① 20일
② 30일
③ 40일
④ 50일
⑤ 60일

24 **甲은 乙로부터 금전을 빌렸고, 丙은 甲의 채무를 위해 보증인이 되었다. 다음 중 이에 대한 설명으로 옳은 것은?(단, 다툼이 있는 경우 판례에 따른다)**

① 甲의 乙에 대한 채무가 시효로 소멸되더라도 丙의 보증채무는 원칙적으로 소멸하지 않는다.

② 丙의 보증계약은 구두계약에 의하여도 그 효력이 발생한다.

③ 丙은 甲이 가지는 항변으로 乙에게 대항할 수 있으나, 甲이 이를 포기하였다면 丙은 그 항변으로 乙에게 대항할 수 없다.

④ 丙이 모르는 사이에 주채무의 목적이나 형태가 변경되어 주채무의 실질적 동일성이 상실된 경우에도 丙의 보증채무는 소멸되지 않는다.

⑤ 甲의 의사에 반하여 보증인이 된 丙이 자기의 출재로 甲의 채무를 소멸하게 한 때에는 甲은 丙에게 현존이익의 한도에서 배상하여야 한다.

25 **다음 중 생명 · 자유 · 재산에 대한 권리와 행복 · 안전을 추구하는 권리가 최초로 선언된 것은?**

① 1776년 6월 버지니아 권리장전

② 1776년 7월 미국의 독립선언

③ 1789년 프랑스 인권선언

④ 1779년 미연방헌법

⑤ 1838년 차티스트 운동

26 **다음 중 행정기관에 의하여 기본권이 침해된 경우의 구제수단으로 옳지 않은 것은?**

① 행정소송

② 형사재판청구권

③ 국가배상청구권

④ 이의신청과 행정심판청구

⑤ 손실보상청구권

27 **다음 중 행위자가 범행을 위하여 미리 술을 마시고 취한 상태에서 계획한 범죄를 실행한 경우에 적용되는 것은?**

① 추정적 승낙

② 구성요건적 착오

③ 원인에 있어서 자유로운 행위

④ 과잉방위

⑤ 정당방위

28 **다음 중 행정행위의 직권취소 및 철회에 대한 설명으로 옳지 않은 것은?(단, 다툼이 있는 경우 판례에 따른다)**

① 수익적 행정행위의 철회는 법령에 명시적인 규정이 있거나 행정행위의 부관으로 그 철회권이 유보되어 있는 등의 경우가 아니라면, 원래의 행정행위를 존속시킬 필요가 없게 된 사정변경이 생겼거나 또는 중대한 공익상의 필요가 발생한 경우 등의 예외적인 경우에만 허용된다.

② 행정행위의 처분권자는 취소사유가 있는 경우 별도의 법적 근거가 없더라도 직권취소를 할 수 있다.

③ 행정청이 행한 공사중지명령의 상대방은 그 명령 이후에 그 원인사유가 소멸하였음을 들어 행정청에게 공사중지명령의 철회를 요구할 수 있는 조리상의 신청권이 없다.

④ 외형상 하나의 행정처분이라 하더라도 가분성이 있거나 그 처분대상의 일부가 특정될 수 있다면 그 일부만의 취소도 가능하고 그 일부의 취소는 당해 취소부분에 관하여 효력이 생긴다.

⑤ 직권취소는 처분의 성격을 가지므로 이유제시절차 등의 행정절차법상 처분절차에 따라야 하며, 특히 수익적 행위의 직권취소는 상대방에게 침해적 효과를 발생시키므로 행정절차법에 따른 사전통지, 의견청취의 절차를 거쳐야 한다.

29 **다음 중 행정심판에 있어서 당사자와 관계인에 대한 설명으로 옳지 않은 것은?**

① 심판청구의 대상과 관계되는 권리나 이익을 양수한 자는 위원회의 허가를 받아 청구인의 지위를 승계할 수 있다.

② 법인이 아닌 사단 또는 재단으로서 대표자나 관리인이 정하여져 있는 경우에는 그 대표자나 관리인의 이름으로 심판청구를 할 수 있다.

③ 청구인이 피청구인을 잘못 지정한 경우에는 위원회는 직권으로 또는 당사자의 신청에 의하여 결정으로써 피청구인을 경정할 수 있다.

④ 행정심판의 경우 여러 명의 청구인이 공동으로 심판청구를 할 때에는 청구인들 중에서 3명 이하의 선정대표자를 선정할 수 있다.

⑤ 참가인은 행정심판 절차에서 당사자가 할 수 있는 심판절차상의 행위를 할 수 있다.

30 다음 중 청약과 승낙에 대한 설명으로 옳은 것은?

① 청약과 승낙의 의사표시는 특정인에 대해서만 가능하다.
② 승낙자가 청약에 변경을 가하지 않고 조건만을 붙여 승낙한 경우에는 계약이 성립된다.
③ 청약자는 청약이 상대방에게 도달하기 전에는 임의로 이를 철회할 수 있다.
④ 당사자 간에 동일한 내용의 청약이 상호교차된 경우에는 양 청약의 통지가 상대방에게 발송된 때에 계약이 성립한다.
⑤ 승낙의 기간을 정한 청약은 승낙자가 그 기간 내에 승낙의 통지를 발송하지 아니한 때에는 그 효력을 잃는다.

31 다음 중 해제와 해지에 대한 설명으로 옳은 것은?(단, 다툼이 있는 경우 판례에 따른다)

① 해제는 상대방에 대한 의사표시로 하고 상대방에게 도달한 때부터 그 효력이 생긴다.
② 계약이 합의해제되기 위해서는 명시적인 합의가 있어야 하며 묵시적인 합의해제는 인정되지 않는다.
③ 특별한 사정이 없는 한, 당사자의 일방 또는 쌍방이 수인인 경우에 해지나 해제의 권리가 당사자 1인에 대하여 소멸하여도 다른 당사자에게는 영향을 미치지 않는다.
④ 채무자의 책임 없는 사유로 채무의 이행이 불능하게 된 경우에도 채권자는 계약을 해제할 수 있다.
⑤ 계약이 해지된 경우, 계약은 소급적으로 그 효력을 잃기 때문에 이미 이행된 급부는 부당이득으로 상대방에게 반환하여야 한다.

32 다음 중 상법 제9조의 반대해석으로 소상인에 대해서도 적용하는 상법의 규정은?

① 지배인
② 상업장부
③ 상호
④ 영업양도
⑤ 상업등기

33 다음 중 국가형벌권의 발동과 관련하여 범죄인의 인권보장과 관계되는 것은?

① 보장적 기능
② 보호적 기능
③ 규제적 기능
④ 사회보전적 기능
⑤ 강제적 기능

34 다음 중 행정청이 건물의 철거 등 대체적 작위의무의 이행과 관련하여 의무자가 행할 작위를 스스로 행하거나 또는 제3자로 하여금 이를 행하게 하고 그 비용을 의무자로부터 징수하는 행정상의 강제집행수단은?

① 행정대집행
② 행정벌
③ 직접강제
④ 행정상 즉시강제
⑤ 행정조사

35 다음 중 행정기관에 대한 설명으로 옳은 것은?

① 행정청의 자문기관은 합의제이며, 그 구성원은 공무원으로 한정된다.
② 의결기관은 의사기관에 대하여 그 의결 또는 의사결정을 집행하는 기관이다.
③ 국무조정실, 각 부의 차관보·실장·국장 등은 행정조직의 보조기관이다.
④ 행정청은 행정주체의 의사를 결정하여 외부에 표시하는 권한을 가진 기관이다.
⑤ 보좌기관은 행정조직의 내부기관으로서 행정청의 권한 행사를 보조하는 것을 임무로 하는 행정기관이다.

36 다음 중 국정감사 및 조사에 관한 법률상 국정감사 및 조사에 대한 설명으로 옳지 않은 것은?

① 국정감사 또는 조사를 하는 위원회는 그 의결로 필요한 경우 2명 이상의 위원으로 별도의 소위원회나 반을 구성하여 감사 또는 조사를 하게 할 수 있다.
② 지방자치단체에 대한 감사는 둘 이상의 위원회가 합동으로 반을 구성하여 할 수 있다.
③ 위원회는 그 의결로 감사 또는 조사와 관련된 보고 또는 서류 등의 제출을 관계인 또는 그 밖의 기관에 요구하고, 증인·감정인·참고인의 출석을 요구하고 검증을 할 수 있다. 다만, 위원회가 감사 또는 조사와 관련된 서류 등의 제출을 요구하는 경우에는 재적위원 3분의 1 이상의 요구로 할 수 있다.
④ 위원회가 국정감사 또는 조사를 마쳤을 때에는 지체 없이 그 감사 또는 조사 보고서를 작성하여 의장에게 제출하여야 하며, 보고서를 제출받은 의장은 이를 지체 없이 본회의에 보고하여야 한다.
⑤ 국회는 국정전반에 관하여 소관 상임위원회별로 매년 정기회 집회일 이전 국정감사 시작일부터 30일 이내의 기간을 정하여 감사를 실시한다. 이때 감사는 상임위원장이 각 교섭단체 대표의원과 협의하여 작성한 감사계획서에 따라 한다.

37 **다음 중 재산권에 대한 설명으로 옳지 않은 것은?(단, 다툼이 있는 경우 판례에 따른다)**

① 보유기간이 1년 이상 2년 미만인 자산이 공용 수용으로 양도된 경우에도 중과세하는 구 소득세법 조항은 재산권을 침해하지 않는다.

② 법인이 과밀억제권역 내에 본점의 사업용 부동산으로 건축물을 신축하여 이를 취득하는 경우 취득세를 중과세하는 구 지방세법 조항은 인구유입이나 경제력집중의 유발 효과가 없는 신축 또는 증축으로 인한 부동산의 취득의 경우에도 모두 취득세 중과세 대상에 포함시키는 것이므로 재산권을 침해한다.

③ 계약의 이행으로 받은 금전을 계약 해제에 따른 원상회복으로서 반환하는 경우 그 받은 날로부터 이자를 지급하도록 한 민법 조항은 계약 해제의 경위・계약 당사자의 귀책사유 등 제반 사정을 계약 해제로 인한 손해배상의 범위를 정할 때 고려하게 되므로, 원상회복의 무자의 재산권을 침해하지 않는다.

④ 가축전염병의 확산을 막기 위한 방역조치로서의 도축장 사용정지・제한명령은 공익목적을 위하여 이미 형성된 구체적 재산권을 박탈하거나 제한하는 헌법 제23조 제3항의 수용・사용 또는 제한에 해당하는 것이 아니라, 도축장 소유자들이 수인하여야 할 사회적 제약으로서 헌법 제23조 제1항의 재산권의 내용과 한계에 해당한다.

⑤ 친일반민족행위자 재산의 국가귀속에 관한 특별법(이하 '친일재산귀속법'이라 한다)에 따라 그 소유권이 국가에 귀속되는 '친일재산'의 범위를 '친일반민족행위자가 국권침탈이 시작된 러・일전쟁 개전시부터 1945년 8월 15일까지 일본제국주의에 협력한 대가로 취득하거나 이를 상속받은 재산 또는 친일재산임을 알면서 유증 증여를 받은 재산'으로 규정하고 있는 친일재산귀속법 조항은 재산권을 침해하지 않는다.

38 **다음 중 취소소송의 판결의 효력에 대한 설명으로 옳지 않은 것은?**

① 거부처분의 취소판결이 확정되었더라도 그 거부처분 후에 법령이 개정・시행되었다면 처분청은 그 개정된 법령 및 허가기준을 새로운 사유로 들어 다시 이전 신청에 대하여 거부처분을 할 수 있다.

② 거부처분의 취소판결이 확정된 경우 그 판결의 당사자인 처분청은 그 소송의 사실심 변론 종결 이후 발생한 사유를 들어 다시 이전의 신청에 대하여 거부처분을 할 수 있다.

③ 취소판결의 기속력은 그 사건의 당사자인 행정청과 그 밖의 관계행정청에게 확정판결의 취지에 따라 행동하여야 할 의무를 지우는 것으로 이는 인용판결에 한하여 인정된다.

④ 취소판결의 기판력은 판결의 대상이 된 처분에 한하여 미치고 새로운 처분에 대해서는 미치지 아니한다.

⑤ 취소판결의 기판력은 소송의 대상이 된 처분의 위법성존부에 관한 판단 그 자체에만 미치기 때문에 기각판결의 원고는 당해 소송에서 주장하지 아니한 다른 위법사유를 들어 다시 처분의 효력을 다툴 수 있다.

39 **다음 중 공공의 영조물의 설치 · 관리의 하자로 인한 국가배상법상 배상책임에 대한 설명으로 옳지 않은 것은?(단, 다툼이 있는 경우 판례에 따른다)**

① 영조물의 설치 · 관리의 하자란 '영조물이 그 용도에 따라 통상 갖추어야 할 안정성을 갖추지 못한 상태에 있음'을 말한다.

② 영조물의 설치 · 관리상의 하자로 인한 배상책임은 무과실책임이고, 국가는 영조물의 설치 · 관리상의 하자로 인하여 타인에게 손해를 가한 경우에 그 손해방지에 필요한 주의를 해태하지 아니하였다 하여 면책을 주장할 수 없다.

③ 객관적으로 보아 시간적 · 장소적으로 영조물의 기능상 결함으로 인한 손해발생의 예견가능성과 회피가능성이 없는 경우에는 영조물의 설치 · 관리상의 하자를 인정할 수 없다.

④ 영조물의 설치 · 관리의 하자에는 영조물이 공공의 목적에 이용됨에 있어 그 이용상태 및 정도가 일정한 한도를 초과하여 제3자에게 사회 통념상 참을 수 없는 피해를 입히는 경우도 포함된다.

⑤ 광역시와 국가 모두가 도로의 점유자 및 관리자, 비용부담자로서의 책임을 중첩적으로 지는 경우 국가만이 국가배상법에 따라 궁극적으로 손해를 배상할 책임이 있는 자가 된다.

40 **다음 〈보기〉 중 甲의 의사표시 혹은 표현행위가 상대방에게 도달되지 않는 경우를 모두 고르면?**

〈보기〉

㉠ 매매계약을 취소한다는 甲의 내용증명 우편물이 상대방의 주소지에 배달되고 반송된 적이 없는 경우
㉡ 무권대리인의 대리행위를 추인한다는 甲의 등기우편물이 그 상대방의 주소지에 배달되고 전혀 반송된 바가 없는 경우
㉢ 매수인이 대금을 이행기에 지급하지 않아 그의 채무불이행을 이유로 매매계약을 해제한다는 매도인 甲의 우편물이 상대방에게 배달된 경우
㉣ 채권양도를 통지하는 등기우편물이 채무자의 주소나 사무소가 아닌 동업자의 사무소에서 신원이 분명치 않은 자에게 송달된 경우

① ㉠, ㉡　　② ㉢, ㉣
③ ㉠, ㉡, ㉢　　④ ㉠, ㉢, ㉣
④ ㉡, ㉢, ㉣

| 04 | 경제학

01 **다음 중 국제경제에 대한 설명으로 옳은 것은?**

① 만일 한 나라의 국민소득이 목표치를 넘을 경우 지출축소정책은 타국과 정책마찰을 유발한다.
② 경상수지적자의 경우 자본수지적자가 발생한다.
③ 중간재가 존재할 경우 요소집약도가 변하지 않으면 요소가격균등화가 이루어진다.
④ 재정흑자와 경상수지적자의 합은 0이다.
⑤ 규모에 대한 수확이 체증하는 경우 이종산업 간 교역이 활발하게 발생한다.

02 **다음은 비합리적 소비에 대한 설명이다. 빈칸 ㉠과 ㉡에 들어갈 효과를 바르게 연결한 것은?**

> • ㉠ 효과는 유행에 따라 상품을 구입하는 소비현상으로, 특정 상품에 대한 어떤 사람의 수요가 다른 사람들의 수요에 의해 영향을 받는다.
> • ㉡ 효과는 다른 보통사람과 자신을 차별하고 싶은 욕망으로 나타나는데, 가격이 아닌 다른 사람의 소비에 직접 영향을 받는다.

	㉠	㉡
①	외부불경제	베블런(Veblen)
②	외부불경제	밴드왜건(Bandwagon)
③	베블런(Veblen)	외부불경제
④	밴드왜건(Bandwagon)	외부불경제
⑤	밴드왜건(Bandwagon)	베블런(Veblen)

03 X재와 Y재에 대한 효용함수가 $U = min(X,\ Y)$인 소비자가 있다. 소득이 100이고 Y재의 가격(P_Y)이 10일 때, 이 소비자가 효용극대화를 추구한다면 X재의 수요함수는?(단, P_X는 X재의 가격이다)

① $X = \dfrac{10 + 100}{P_X}$

② $X = \dfrac{100}{P_X + 10}$

③ $X = \dfrac{100}{P_X}$

④ $X = \dfrac{50}{P_X + 10}$

⑤ $X = \dfrac{10}{P_X}$

04 다음 중 수요의 탄력성에 대한 설명으로 옳은 것은?

① 수요곡선의 기울기가 -1인 직선일 경우 수요곡선상의 어느 점에서나 가격탄력성은 동일하다.

② 수요의 가격탄력성이 탄력적이라면 가격인하는 총수입을 증가시키는 좋은 전략이다.

③ 수요의 소득탄력성이 비탄력적인 재화는 열등재이다.

④ 가격이 올랐을 때 시간이 경과될수록 적응이 되기 때문에 수요의 가격탄력성은 작아진다.

⑤ X재의 가격이 5% 인상되자 Y재 수요가 10% 상승했다면, 수요의 교차탄력성은 $\dfrac{1}{2}$이고 두 재화는 보완재이다.

05 다음 중 매일 마시는 물보다 다이아몬드의 가격이 비싸다는 사실을 통해 내릴 수 있는 결론으로 옳은 것은?

① 유용한 재화일수록 희소하다.
② 희소하지 않은 자원도 존재한다.
③ 희소하지 않지만 유용한 재화도 있다.
④ 재화의 사용가치가 높을수록 가격도 높아진다.
⑤ 재화의 가격은 희소성의 영향을 많이 받는다.

06 S기업의 생산함수는 $Q = L^2 K^2$이다. 단위당 임금과 단위당 자본비용은 각각 4원, 6원으로 주어져 있다. 이 기업의 총 사업자금이 120원일 때, 노동의 최적 투입량은?(단, Q는 생산량, L은 노동투입량, K는 자본투입량이며, 두 투입요소 모두 가변투입요소이다)

① 13
② 14
③ 15
④ 16
⑤ 17

07 S국 자동차시장의 독점기업인 B기업의 한계수입(MR)이 225, 수요의 가격탄력성이 4일 때, B기업이 판매하는 자동차의 1단위당 가격(P)은 얼마인가?

① 400
② 350
③ 300
④ 250
⑤ 200

08 **다음 중 시장경제체제에서 나타나는 사회 현상으로 옳지 않은 것은?**

① 자유경쟁에 의해 자원이 효율적으로 배분된다.
② 사유재산제도에 의해 생산이 증가하고 경제가 성장한다.
③ 가격이 생산자의 비용과 소비자의 편익에 대한 신호를 전달한다.
④ 경제력의 향상은 문화생활 수준 또한 향상시킬 수 있다.
⑤ 학연・지연・혈연에 의한 교환활동이 증가한다.

09 **다음은 리카도의 대등정리(Ricardian Equivalence Theorem)에 따라 어느 경제가 조세를 감면하고, 국채발행을 통해 지출재원을 조달하려고 할 때의 제1기와 제2기의 개인의 소비점과 부존점을 나타낸 그래프이다. 현재 제1기에 T_1만큼의 조세를 징수하여 재원을 조달할 때, 어떤 개인의 부존점이 A, 소비점은 E일 때, 제1기에 조세 T_1을 감면하고 국채발행을 통해 재원을 조달한 다음 제2기에 조세를 징수하여 충당하는 경우의 최적소비점으로 옳은 것은?(단, C는 소비, Y는 소득, T는 조세를 나타내며, 등가정리가 성립한다고 가정한다)**

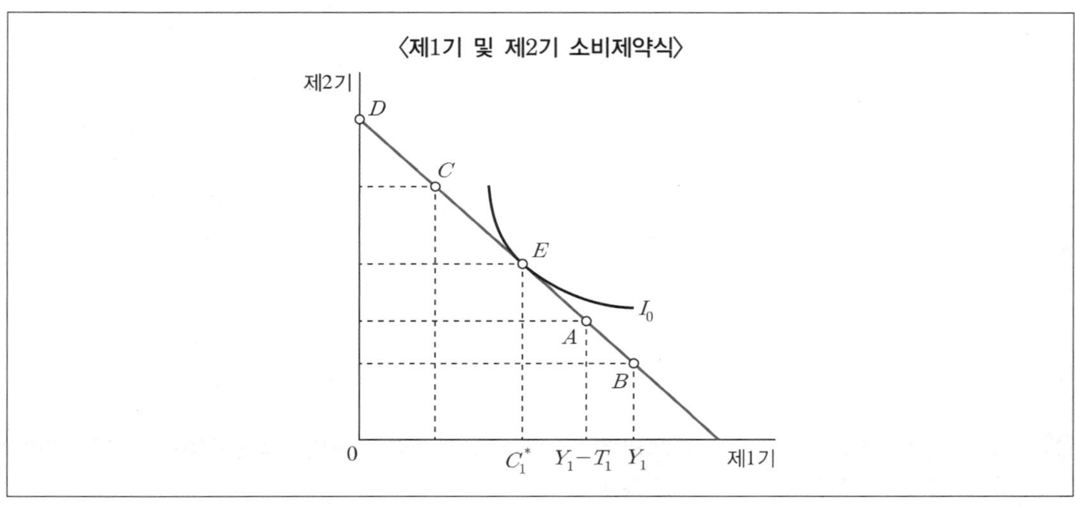

① A
② B
③ C
④ D
⑤ E

10 다음은 S국가의 국내총생산(GDP), 소비지출, 투자, 정부지출, 수입에 대한 자료이다. 아래 자료와 균형국민소득식을 통해 계산한 S국의 수출은 얼마인가?

- 국내총생산 : 900조 원
- 소비지출 : 200조 원
- 투자 : 50조 원
- 정부지출 : 300조 원
- 수입 : 100조 원

① 100조 원
② 250조 원
③ 300조 원
④ 450조 원
⑤ 550조 원

11 다음 중 수요견인 인플레이션(Demand – pull Inflation)이 발생하는 경우로 옳은 것은?

① 가계의 소비 증가
② 수입 자본재 가격의 상승
③ 임금의 삭감
④ 환경오염의 감소
⑤ 국제 원자재 가격의 상승

12 어느 폐쇄경제의 국가가 있다. 한계소비성향(MPC)이 0.5일 때 투자가 1조 원 증가하고, 조세가 0.5조 원 증가할 경우, 균형국민소득의 변화분은 얼마인가?

① −0.5조 원
② 0원
③ 0.5조 원
④ 1조 원
⑤ 1.5조 원

13 다음 중 소비성향과 저축성향에 대한 설명으로 옳은 것은?

① 평균소비성향(APC)는 항상 음(−)의 값을 가진다.
② 한계소비성향(MPC)는 항상 $MPC>1$의 값을 가진다.
③ $APC+MPC=1$
④ $MPC+MPS=-1$
⑤ $APS+APC=1$

14 다음 〈보기〉 중 케인스의 유동성 선호설에 대한 설명으로 옳은 것을 모두 고르면?

〈보기〉

㉠ 케인스의 유동성 선호설에 따르면 자산은 화폐와 채권 두 가지만 존재한다.
㉡ 케인스에 따르면 화폐공급곡선이 수평인 구간을 유동성함정이라고 한다.
㉢ 유동성함정구간에서는 화폐수요의 이자율탄력성은 무한대(∞)이다.
㉣ 케인스의 유동성 선호설에 따른 투기적 동기의 화폐수요(hr)는 화폐수요함수$\left(\frac{M^d}{P}\right)$와 비례관계에 있다.

① ㉠, ㉡
② ㉠, ㉢
③ ㉡, ㉢
④ ㉡, ㉣
⑤ ㉢, ㉣

15 다음은 S은행의 재무상태표를 나타낸 것이다. 법정지급준비율이 20%일 때, S은행이 보유하고 있는 초과지급준비금을 신규로 대출하는 경우 신용창조를 통한 최대 총예금창조액은 얼마인가?

〈S은행 재무상태표〉

자산		부채	
대출	80	예금	400
지급준비금	120		
국채	200		

① 100
② 120
③ 150
④ 180
⑤ 200

16 다음 중 수요의 가격탄력성에 대하여 바르게 말하는 사람을 모두 고르면?

> 보검 : 대학교 학생식당 음식에 대한 수요가 가격탄력적인 경우에는 가격을 올리면 매출이 증가할거야.
> 지철 : 캐나다행 비행기표의 수요곡선이 직선이라면, 가격에 상관없이 비행기표 수요의 가격탄력성은 일정할거야.
> 지현 : 명품 찻잔의 가격이 올라도 수요가 별로 줄지 않는 것은 사치재의 가격탄력성이 작기 때문이라고도 설명할 수 있어.
> 진솔 : 나처럼 용돈에서 아메리카노 사먹는 데 쓰는 돈이 차지하는 비중이 큰 사람의 커피 수요는 아메리카노 값에 탄력적으로 반응할거야.

① 보검, 지현
② 보검, 진솔
③ 지철, 지현
④ 지철, 진솔
⑤ 지현, 진솔

17 다음은 통화지표와 유동성지표의 범위를 나타낸 식이다. 빈칸 ㉠~㉢에 들어갈 단어로 옳은 것은?

> • $M1$(협의통화)=현금통화+ ___㉠___ +수시입출식 저축성 예금
> • $M2$(광의통화)=$M1$+시장형 상품+실배당형 상품+금융채+기타
> • Lf(금융기관 유동성)=$M2$+ ___㉡___ +생명보험계약준비금
> • L(광의유동성)=Lf+기타금융기관상품+ ___㉢___

	㉠	㉡	㉢
①	은행보유 시재금	국채·회사채·지방채	요구불예금
②	국채·회사채·지방채	은행보유 시재금	2년 이상 장기금융상품
③	요구불예금	2년 이상 장기금융상품	국채·회사채·지방채
④	2년 이상 장기금융상품	은행보유 시재금	요구불예금
⑤	요구불예금	국채·회사채·지방채	은행보유 시재금

18 다음 중 고정환율제도에 대한 설명으로 옳지 않은 것은?(단, 자본의 이동은 완전히 자유롭다)

① 환율이 안정적이므로 국제무역과 투자가 활발히 일어나는 장점이 있다.
② 고정환율제도하에서 확대금융정책을 실시할 경우 최종적으로 이자율은 변하지 않는다.
③ 고정환율제도하에서 확대금융정책의 경우 중앙은행의 외환매입으로 통화량이 증가한다.
④ 고정환율제도하에서 확대재정정책를 실시할 경우 통화량이 증가하여 국민소득이 증가한다.
⑤ 정부가 환율을 일정수준으로 정하여 지속적인 외환시장 개입을 통해 정해진 환율을 유지하는 제도이다.

19 다음 정보를 토대로 S국의 실업률과 고용률의 차이를 구하면 얼마인가?

〈S국의 경제인구 정보〉

• 취업자 수 : 1,200만 명
• 15세 이상 인구 : 4,800만 명
• 경제활동인구 : 2,000만 명

① 10%
② 15%
③ 20%
④ 25%
⑤ 30%

20 다음 〈보기〉 중 최저가격제에 대한 설명으로 옳은 것을 모두 고르면?

〈보기〉

가. 수요자를 보호하기 위한 제도이다.
나. 최저임금은 최저가격제의 한 사례이다.
다. 정부가 최저가격을 설정할 때 시장가격보다 높게 설정해야 실효성이 있다.
라. 정부가 경쟁시장에 실효성이 있는 최저가격제를 도입하면 그 재화에 대한 초과수요가 발생한다.
마. 아파트 분양가격, 임대료 등을 통제하기 위해 사용되는 규제방법이다.

① 가, 나
② 나, 다
③ 라, 마
④ 가, 다, 라
⑤ 나, 다, 마

21 다음 빈칸에 들어갈 용어를 순서대로 바르게 나열한 것은?

> 기업들에 대한 투자세액공제가 확대되면, 대부자금에 대한 수요가 _____한다. 이렇게 되면 실질이자율이 _____하고 저축이 늘어난다. 그 결과, 대부자금의 균형거래량은 _____한다(단, 실질이자율에 대하여 대부자금 수요곡선은 우하향하고, 대부자금 공급곡선은 우상향한다).

① 증가, 상승, 증가
② 증가, 하락, 증가
③ 증가, 상승, 감소
④ 감소, 하락, 증가
⑤ 감소, 하락, 감소

22 다음 중 독점기업에 대한 설명으로 옳은 것은?

① 독점기업은 장기와 단기에 항상 초과이윤을 얻는다.
② 독점기업은 가격차별을 통해 항상 사회적 후생의 증가를 가져올 수 있으므로 무조건적으로 제재를 가하고 경쟁을 활성화시키려는 것은 좋지 않다.
③ 독점기업이 직면하는 시장수요함수가 $Q=1-2P$라면, 한계수입은 $MR=\frac{1}{2}-Q$이다(여기서 Q와 P는 각각 수요량과 가격이다).
④ 독점기업의 경우는 자유롭게 놔두는 것이 효율적인 결과를 스스로 도출할 수 있으므로 독점기업에 정부가 개입하는 것은 시장의 비효율성을 초래할 뿐이다.
⑤ 독점의 폐해를 시정하기 위하여 물품세를 부과하면 생산자 잉여는 감소하지만 소비자 잉여와 경제적 총잉여는 증가한다.

23 미국의 이자율이 사실상 0%이고 우리나라 이자율은 연 10%이다. 현재 원화의 달러당 환율이 1,000원일 때, 양국 사이에 자본 이동이 일어나지 않을 것으로 예상되는 1년 후의 환율은?

① 1,025원/달러
② 1,050원/달러
③ 1,075원/달러
④ 1,100원/달러
⑤ 1,125원/달러

24 다음은 S국의 중앙은행이 준수하는 테일러 법칙(Taylor's Rule)이다. 실제 인플레이션율은 4%이고 실제 GDP와 잠재 GDP의 차이가 1%일 때, S국의 통화정책에 대한 설명으로 옳지 않은 것은?

$$r=0.03+\frac{1}{4}(\pi-0.02)-\frac{1}{4}\times\frac{Y^*-Y}{Y^*}$$

※ r은 중앙은행의 목표 이자율, π는 실제 인플레이션율, Y^*는 잠재 GDP, Y는 실제 GDP이다.

① 목표 이자율은 균형 이자율보다 낮다.
② 목표 인플레이션율은 2%이다.
③ 균형 이자율은 3%이다.
④ 다른 조건이 일정할 때, 인플레이션 갭 1%p 증가에 대해 목표 이자율은 0.25%p 증가한다.
⑤ 다른 조건이 일정할 때, GDP 갭 1%p 증가에 대해 목표 이자율은 0.25%p 감소한다.

25 다음 중 소득분배에 대한 설명으로 옳지 않은 것은?

① 로렌츠 곡선은 소득분배상태를 기수적으로 표현해 주므로 한눈에 소득분배상태의 변화를 알 수 있다.
② 지니계수는 0과 1 사이의 값을 가지며, 그 값이 작을수록 소득분배가 평등함을 나타낸다.
③ 쿠즈네츠의 U자 가설은 경제발전단계와 소득분배의 균등도의 관계를 설명하고 있다.
④ 10분위분배율은 최하위 40% 소득계층의 소득점유율을 최상위 20% 소득계층의 소득점유율로 나눈 비율이다.
⑤ 앳킨슨지수는 균등분배대등소득 개념을 도입하여 불평등에 대한 가치판단을 하기 위한 것이다.

26 다음 중 파레토 최적에 대한 설명으로 옳지 않은 것은?

① 파레토 효율성이란 일반적으로 한정된 자원의 효율적인 사용과 관련된 의미이다.
② 외부성이 존재해도 완전경쟁만 이루어진다면 파레토 최적의 자원배분은 가능하다.
③ 재화 간 소비자의 주관적 교환비율인 한계대체율이 생산자의 한계변환율과 서로 같아야 한다.
④ 후생경제학 제1정리에 의하여 시장실패요인이 없다면 일반경쟁균형하에서의 자원배분은 파레토 최적이다.
⑤ 파레토 효율성과 관련된 후생경제학의 제1정리와 제2정리에 있어서 소비자의 선호체계에 대한 기본 가정은 동일하지 않다.

27 다음 중 사회후생함수에 대한 설명으로 옳은 것은?(단, U_A와 U_B는 각각 사회구성원 A와 B의 후생수준을 나타낸다)

① 애로우(Arrow)의 불가능성 정리는 개인 간 후생수준의 비교가 가능하다는 것을 전제한다.

② 공리주의 사회후생함수의 경우 높은 수준의 효용을 누리고 있는 사람의 효용에는 작은 가중치를 부여한다.

③ 베르누이－내쉬(Bernoulli－Nash)의 사회후생함수는 최빈자의 후생을 가장 중요시하는 사회후생함수로 $SW=min[U_A, U_B]$으로 표현된다.

④ 롤스(J. Rawls)의 사회후생함수는 사회구성원 중 고소득층의 후생수준에 의하여 결정되며 $SW=max[U_A, U_B]$으로 표현된다.

⑤ 효용가능경계상의 두 점에서 A와 B의 후생수준이 각각 ($U_A=60$, $U_B=60$)과 ($U_A=70$, $U_B=30$)일 때 가중치가 동일한 공리주의 사회후생함수에서는 전자의 사회후생수준을 높게 평가한다.

28 기업의 총비용곡선과 총가변비용곡선은 다음과 같다. 이에 대한 설명으로 옳지 않은 것은?

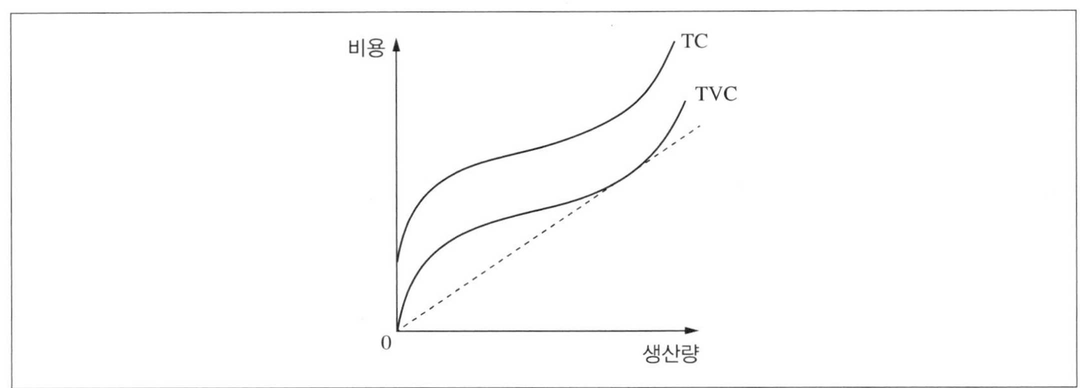

① 평균비용곡선은 평균가변비용곡선의 위에 위치한다.

② 평균비용곡선이 상승할 때 한계비용곡선은 평균비용곡선 아래에 있다.

③ 원점을 지나는 직선이 총비용곡선과 접하는 점에서 평균비용은 최소이다.

④ 원점을 지나는 직선이 총가변비용곡선과 접하는 점에서 평균가변비용은 최소이다.

⑤ 총비용곡선의 임의의 한 점에서 그은 접선의 기울기는 그 점에서의 한계비용을 나타낸다.

29 다음 〈보기〉 중 변동환율제도하에서 국내 원화의 가치가 상승하는 요인을 모두 고르면?

〈보기〉

㉠ 외국인의 국내 부동산 구입 증가
㉡ 국내 기준금리 인상
㉢ 미국의 확대적 재정정책 시행
㉣ 미국의 국채이자율의 상승

① ㉠, ㉡
② ㉠, ㉢
③ ㉡, ㉢
④ ㉡, ㉣
⑤ ㉢, ㉣

30 다음 〈보기〉 중 정부실패(Government Failure)의 원인이 되는 것을 모두 고르면?

〈보기〉

가. 이익집단의 개입
나. 정책당국의 제한된 정보
다. 정책당국의 인지시차 존재
라. 민간부문의 통제 불가능성
마. 정책 실행 시차의 부재

① 가, 나, 라
② 나, 다, 마
③ 가, 나, 다, 라
④ 가, 나, 라, 마
⑤ 가, 나, 다, 라, 마

31 다음 중 외부성 및 시장실패에 대한 설명으로 옳은 것은?

① 환경오염과 같은 부정적 외부성의 방출량은 0이 되어야 한다.

② 부정적인 외부성은 작을수록 좋으나 긍정적인 외부성은 클수록 좋다.

③ 외부성은 두 사람 사이에서 발생하고, 공공재는 다수의 사람들 사이에서 발생하는 현상이다.

④ 일반적으로 정부의 개입이 없다면 공공재는 과소 공급된다.

⑤ 공공재는 구매하지 않는 사람의 소비를 막기 어렵다는 배제성과 모든 사람이 소비하기 위해 경쟁할 필요가 없는 비경합성을 성격을 갖는다.

32 다음 중 실업에 대한 주장으로 옳은 것은?

① 정부는 경기적 실업을 줄이기 위하여 기업의 설비투자를 억제시켜야 한다.

② 취업자가 존재하는 상황에서 구직포기자의 증가는 실업률을 감소시킨다.

③ 전업주부가 직장을 가지면 경제활동참가율과 실업률은 모두 낮아진다.

④ 실업급여의 확대는 탐색적 실업을 감소시킨다.

⑤ 정부는 구조적 실업을 줄이기 위하여 취업정보의 제공을 축소해야 한다.

33 다음 중 칼도어(N.Kaldor)의 정형화된 사실(Stylized Facts)에 대한 설명으로 옳지 않은 것은?

① 자본수익률은 지속적으로 증가한다.

② 1인당 산출량(Y/L)이 지속적으로 증가한다.

③ 산출량 – 자본비율(Y/K)은 대체로 일정한 지속성(Steady)을 보인다.

④ 총소득에서 자본에 대한 분배와 노동에 대한 분배 간의 비율은 일정하다.

⑤ 생산성 증가율은 국가 간의 상당한 차이가 있다.

34 다음 〈보기〉는 우리나라의 경기종합지수를 나타낸 것이다. 각각의 지수를 바르게 구분한 것은?

〈보기〉

㉠ 비농림어업취업자수 ㉡ 재고순환지표
㉢ 건설수주액 ㉣ 코스피
㉤ 광공업생산지수 ㉥ 소매판매액지수
㉦ 취업자수

	선행종합지수	동행종합지수	후행종합지수
①	㉠, ㉡	㉢, ㉣, ㉤	㉥, ㉦
②	㉥, ㉦	㉠, ㉡, ㉢	㉣, ㉤
③	㉢, ㉣, ㉤	㉥, ㉦	㉠, ㉡
④	㉡, ㉢, ㉣	㉠, ㉤, ㉥	㉦
⑤	㉢, ㉣, ㉤	㉥, ㉦	㉠, ㉡

35 다음 중 사회보장제도의 공공부조에 대한 설명으로 옳지 않은 것은?

① 주어진 자원으로 집중적으로 급여를 제공할 수 있어 대상효율성이 높다.
② 기여 없이 가난한 사람에게 급여를 제공하기 때문에 소득재분배 효과가 크다.
③ 사회적으로 보호받아야 할 자에게 최소한의 인간다운 생활을 할 수 있도록 지원한다.
④ 정부가 투입하는 비용에 비해 빈곤해소의 효과가 크다.
⑤ 수급자의 근로의욕을 상승시킨다.

36 다음 중 국내총생산(GDP)이 증가하는 경우가 아닌 것은?

① 국세청이 세무조사를 강화함에 따라 탈세규모가 줄어들었다.
② 자동차 제조기업에서 판매되지 않은 재고증가분이 발생하였다.
③ 맞벌이 부부 자녀의 놀이방 위탁이 증가하였다.
④ 자가 보유주택의 귀속임대료가 상승하였다.
⑤ 금융구조조정이 성공적으로 마무리되어 은행들의 주가가 급등하였다.

37 **다음 중 통화승수에 대한 설명으로 옳지 않은 것은?**

① 통화승수는 법정지급준비율을 낮추면 커진다.

② 통화승수는 이자율 상승으로 요구불예금이 증가하면 작아진다.

③ 통화승수는 대출을 받은 개인과 기업들이 더 많은 현금을 보유할수록 작아진다.

④ 통화승수는 은행들이 지급준비금을 더 많이 보유할수록 작아진다.

⑤ 화폐공급에 내생성이 없다면 화폐공급곡선은 수직선의 모양을 갖는다.

38 **다음은 완전경쟁시장에서 어느 기업의 단기비용곡선이다. 제품의 시장 가격이 90원으로 주어졌을 때, 이 기업의 생산 결정에 대한 설명으로 옳은 것은?**

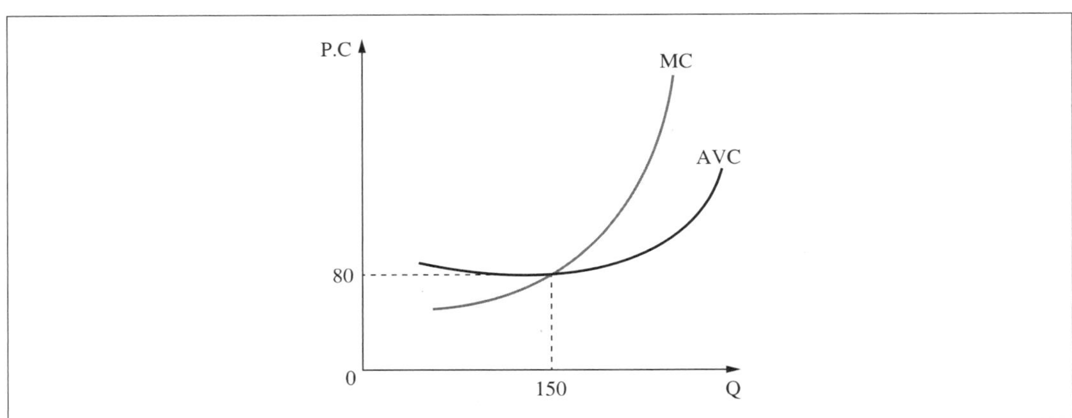

① 이 기업은 생산을 중단한다.

② 이 기업은 생산을 함으로써 초과 이윤을 얻을 수 있다.

③ 균형점에서 이 기업의 한계비용은 90원보다 작다.

④ 균형점에서 이 기업의 한계수입은 90원보다 크다.

⑤ 이 기업은 150개보다 많은 양을 생산한다.

39 **다음 중 정부의 가격통제에 대한 설명으로 옳지 않은 것은?(단, 시장은 완전경쟁이며 암시장은 존재하지 않는다)**

① 가격상한제란 정부가 설정한 최고가격보다 낮은 가격으로 거래하지 못하도록 하는 제도이다.
② 가격하한제는 시장의 균형가격보다 높은 수준에서 설정되어야 효력을 가진다.
③ 최저임금제는 저임금근로자의 소득을 유지하기 위해 도입하지만 실업을 유발할 수 있는 단점이 있다.
④ 전쟁 시에 식료품 가격안정을 위해서 시장균형보다 낮은 수준에서 최고가격을 설정하여야 효력을 가진다.
⑤ 시장 균형가격보다 낮은 아파트 분양가 상한제를 실시하면 아파트 수요량은 증가하고, 공급량은 감소한다.

40 **다음 〈보기〉 중 노동시장에 대한 설명으로 옳은 것을 모두 고르면?**

〈보기〉

ㄱ. 완전경쟁 노동시장이 수요 독점화되면 고용은 줄어든다.
ㄴ. 단기 노동수요곡선은 장기 노동수요곡선보다 임금의 변화에 비탄력적이다.
ㄷ. 채용비용이 존재할 때 숙련 노동수요곡선은 미숙련 노동수요곡선보다 임금의 변화에 더 탄력적이다.

① ㄱ
② ㄷ
③ ㄱ, ㄴ
④ ㄴ, ㄷ
⑤ ㄱ, ㄴ, ㄷ

합격의공식
시대
에듀

4권

서울교통공사 사무직

정답 및 해설

온라인 모의고사 무료쿠폰

쿠폰 번호		
	NCS통합	APCY-00000-B3DE7
	서울교통공사 사무직(행정학)	ASRI-00000-3D910
	서울교통공사 사무직(경영학)	ASRJ-00000-79C4F
	서울교통공사 사무직(법학)	ASRK-00000-A1683
	서울교통공사 사무직(경제학)	ASRL-00000-6B5EC

[쿠폰 사용 안내]

1. **합격시대 홈페이지**(www.sdedu.co.kr/pass_sidae_new)에 접속합니다.
2. 홈페이지 중앙 '1회 무료 이용권 제공' 배너를 클릭하고, 쿠폰번호를 등록합니다.
3. 내강의실 > 모의고사 > 합격시대 모의고사를 클릭하면 모의고사 응시가 가능합니다.

※ 본 쿠폰은 등록 후 30일간 이용 가능합니다.
※ iOS / macOS 운영체제에서는 서비스되지 않습니다.

무료서교공특강

[강의 이용 안내]

1. **시대에듀 홈페이지**(www.sdedu.co.kr)에 접속합니다.
2. '서울교통공사'로 검색 후 무료특강을 클릭합니다.
3. '신청하기'를 클릭하면 서울교통공사 7개년 기출특강 강의를 수강할 수 있습니다.

서울교통공사 사무직 신입사원 필기시험

제1회 모의고사 정답 및 해설

제 1 영역 직업기초능력평가

01	02	03	04	05	06	07	08	09	10
⑤	②	④	③	⑤	④	①	⑤	④	①
11	12	13	14	15	16	17	18	19	20
③	②	②	①	⑤	⑤	④	①	⑤	⑤
21	22	23	24	25	26	27	28	29	30
①	②	②	④	③	③	③	③	③	③
31	32	33	34	35	36	37	38	39	40
②	④	②	②	③	⑤	①	⑤	⑤	④

01

정답 ⑤

먼저 '빅뱅 이전에는 아무것도 없었다.'는 '영겁의 시간 동안 우주는 단지 진공이었을 것이다.'를 의미한다는 (라) 문단이 오는 것이 적절하며, 다음으로 '이런 식으로 사고하려면', 즉 우주가 단지 진공이었다면 왜 우주가 탄생하게 되었는지를 설명할 수 없다는 (다) 문단이 이어져야 한다. 다음으로 우주 탄생 원인을 설명할 수 없는 이유를 이야기하는 (나) 문단과 이와 달리 아예 다른 방식으로 해석하는 (가) 문단이 순서대로 오는 것이 적절하다. 따라서 (라) – (다) – (나) – (가) 순으로 나열해야 한다.

02

정답 ②

앞의 두 항의 합이 다음 항이 되는 피보나치수열이다. 따라서 빈칸에 들어갈 수는 5와 8의 합인 13이다.

03

정답 ④

(가) 하드 어프로치 : 하드 어프로치에 의한 문제해결방법은 상이한 문화적 토양을 가지고 있는 구성원을 가정하고, 서로의 생각을 직설적으로 주장하고 논쟁이나 협상을 통해 서로의 의견을 조정해 가는 방법이다.

(나) 퍼실리테이션 : 퍼실리테이션이란 '촉진'을 의미하며, 어떤 그룹이나 집단이 의사결정을 잘 하도록 도와주는 일을 의미한다. 퍼실리테이션에 의한 문제해결방법은 깊이 있는 커뮤니케이션을 통해 서로의 문제점을 이해하고 공감함으로써 창조적인 문제해결을 도모한다.

(다) 소프트 어프로치 : 소프트 어프로치에 의한 문제해결방법은 대부분의 기업에서 볼 수 있는 전형적인 스타일로, 조직 구성원들을 같은 문화적 토양을 가지고 이심전심으로 서로를 이해하는 상황을 가정한다.

04

정답 ③

각 조건을 논리기호로 나타내면 다음과 같다.

- ~투자조사부 → ~자원관리부
- ~사업지원부 → ~기획경영부
- 자원관리부 이전 확정
- 투자조사부, 사업지원부 중 한 부서만 이전
- 3개 부서 이상

세 번째 조건에 따라 자원관리부는 이전하고, 첫 번째 조건의 대우에 따라 자원관리부가 이전하면 투자조사부도 이전한다. 또한 네 번째 조건에 따라 투자조사부가 이전하므로 사업지원부는 이전하지 않으며, 두 번째 조건에서 사업지원부가 이전하지 않으므로 기획경영부도 이전하지 않는다. 마지막 조건에서 3개 이상의 부서가 이전한다고 했으므로 자원관리부, 투자조사부, 인사부가 이전하게 된다. 따라서 사업지원부, 기획경영부는 이전하지 않는다.

05

정답 ⑤

오답분석

① 직장이라는 공간 개념이 아닌 사용자의 지휘·명령의 범위 안에서 이루어지는 행위이다.

②·④ 직장 내 성희롱 피해자는 사업주를 제외한 모든 남녀 근로자(협력업체 및 파견근로자 포함), 모집·채용 과정에서의 구직자가 해당된다.

③ 업무시간 외에도 해당된다.

06

정답 ④

웹(World Wide Web)에 대한 설명이다. 웹은 3차 산업혁명에 큰 영향을 미쳤다.

오답분석

① 스마트 팜에 대한 설명이다.

② 3D프린팅에 대한 설명이다.

③ 클라우드 컴퓨팅에 대한 설명이다.

⑤ 사물인터넷에 대한 설명이다.

07
정답 ①

오답분석

② a → c → b 순서로 진행할 때 작업시간이 가장 많이 소요되며, 총작업시간은 10시간이 된다.
③·④ 순차적으로 작업할 경우 첫 번째 공정에서 가장 적게 걸리는 시간을 먼저 선택하고, 두 번째 공정에서 가장 적게 걸리는 시간을 맨 뒤에 선택한다. 따라서 b → c → a로 작업을 할 때 총작업시간이 최소화된다.
⑤ b제품 작업 후 1시간의 유휴 시간이 있어 1시간 더 용접을 해도 전체 작업시간에는 변함이 없다.

08
정답 ⑤

철도안전법 제2조 제10호 마목을 통해 철도차량의 운행선로를 지휘·감독하는 사람은 작업책임자임을 확인할 수 있다. 철도차량정비기술자는 철도안전법 제2조 제13호와 제14호에 따라 철도차량을 점검·검사, 교환 및 수리하는 행위를 하며, 철도차량정비에 관한 자격, 경력 및 학력 등을 갖추어 국토교통부장관의 인정을 받은 사람을 말한다.

오답분석

① 철도안전법 제2조 제10호 바목을 통해 알 수 있다.
② 철도산업발전기본법 제3조 제2호 다·마목을 통해 알 수 있다.
③ 철도산업발전기본법 제3조 제3호 다목을 통해 알 수 있다.
④ 철도안전법 제2조 제12호를 통해 알 수 있다.

09
정답 ④

프로젝트를 끝내는 전체 일의 양을 1이라고 가정해 보자. 혼자 할 경우 서주임이 하루에 할 수 있는 일의 양은 $\frac{1}{24}$이고, 김대리는 $\frac{1}{16}$이며, 함께 일할 경우 $\frac{1}{24}+\frac{1}{16}=\frac{5}{48}$만큼 할 수 있다. 함께 일한 기간은 3일이고, 김대리 혼자 일한 날을 x일이라 하면, 전체 일의 양에 대한 식은 다음과 같다.

$\frac{5}{48}\times 3+\frac{1}{16}\times x=1 \rightarrow \frac{5}{16}+\frac{1}{16}\times x=1 \rightarrow \frac{1}{16}\times x=\frac{11}{16}$

$\therefore\ x=11$

따라서 김대리가 혼자 일한 기간은 11일이고, 3일 동안 함께 일했으므로 보고서를 제출할 때까지 3+11=14일이 걸렸다.

10
정답 ①

(가) 적자 발생 : 예산을 실제 비용보다 낮게 책정하면 프로젝트 자체가 이익을 주는 것이 아니라 오히려 적자가 나는 경우가 발생할 수 있다.
(나) 경쟁력 손실 : 예산을 실제 비용보다 높게 책정하면 비용이 제품에 반영되어 경쟁력을 잃어버리게 된다.
(다) 이상적 상태 : 예산과 실제 비용이 비슷한 상태가 가장 이상적인 상태라고 할 수 있다.

11
정답 ③

교육프로그램에 따라 해당되는 지원 금액과 신청 인원은 다음과 같다.

구분	영어회화	컴퓨터 활용능력	세무회계
지원 금액	70,000×0.5 =35,000원	50,000×0.4 =20,000원	60,000×0.8 =48,000원
신청 인원	3명	3명	3명

따라서 각 교육프로그램에 3명씩 지원했으므로, 총 지원비는 (35,000+20,000+48,000)×3=309,000원이다.

12
정답 ②

오답분석

㉢ 우리 사회는 민주주의와 시장경제를 지향하고 있지만, 그것이 제대로 정착될 만한 사회적·정신적 토대를 아직 완전히 갖추지 못했다.

13
정답 ②

for 반복문은 i 값이 0부터 2씩 증가하면서 10보다 작을 때까지 수행하므로 i 값은 각 배열의 인덱스(0, 2, 4, 6, 8)를 가리키게 된다. num에는 i가 가르키는 배열 요소들에 대한 합이 저장되므로 i 값에 해당하는 배열 인덱스의 각 요소(1, 3, 5, 7, 9)의 합인 25가 출력된다.

14
정답 ①

장·단기를 구분하는 기준은 개인에 따라 중요한 생애전환기(결혼, 취직, 이직 등)를 기준으로 바뀔 수도 있으나 보통 장기목표는 5 ~ 20년 뒤를 설계하는 것을 의미하며, 단기목표는 1 ~ 3년 정도의 목표를 의미한다.

15
정답 ⑤

예산집행 조정, 통제 및 결산 총괄 등 예산과 관련된 업무는 ㉤ 자산팀이 아닌 ㉠ 예산팀이 담당하는 업무이다. 자산팀은 주로 물품 구매와 장비·시설물 관리 등의 업무를 담당한다.

16
정답 ⑤

공사의 자산정보를 관리하는 시스템의 구축·운영 업무는 정보화사업팀이 담당하는 업무로, 개인정보보안과 관련된 업무를 담당하는 정보보안전담반의 업무로 적절하지 않다.

17

정답 ④

제시된 조건을 정리하면 다음과 같다.

- 최소비용으로 가능한 많은 인원 채용
- 급여는 희망임금으로 지급
- 6개월 이상 근무하되, 주말 근무시간은 협의 가능
- 지원자들은 주말 이틀 중 하루만 출근하길 원함
- 하루 1회 출근만 가능

위 조건을 모두 고려하여 근무스케줄을 작성해 보면 다음과 같다.

<table>
<tr><th>근무시간</th><th>토요일</th><th>일요일</th></tr>
<tr><td>11:00 ~ 12:00</td><td rowspan="7">최지홍(7,000원)
3시간</td><td rowspan="4">박소다(7,500원)
3시간</td></tr>
<tr><td>12:00 ~ 13:00</td></tr>
<tr><td>13:00 ~ 14:00</td></tr>
<tr><td>14:00 ~ 15:00</td></tr>
<tr><td>15:00 ~ 16:00</td><td rowspan="5">우병지(7,000원)
3시간</td></tr>
<tr><td>16:00 ~ 17:00</td></tr>
<tr><td>17:00 ~ 18:00</td></tr>
<tr><td>18:00 ~ 19:00</td><td rowspan="4">한승희(7,500원)
2시간</td></tr>
<tr><td>19:00 ~ 20:00</td></tr>
<tr><td>20:00 ~ 21:00</td><td rowspan="2">김래원(8,000원)
2시간</td></tr>
<tr><td>21:00 ~ 22:00</td></tr>
</table>

이때, 김병우 지원자의 경우에는 희망근무기간이 4개월이므로 채용하지 못한다. 따라서 총 5명의 직원을 채용할 수 있다.

18

정답 ①

자기관리는 자신의 목표성취를 위해 자신의 행동과 자신의 업무수행을 관리하고 조정하는 것이다. 따라서 (가) 자기관리 계획, (마) 업무의 생산성 향상 방안, (아) 대인관계 향상 방안이 자기관리에 해당하는 질문으로 적절하다.

오답분석

- (나), (라), (자) : 자아인식에 해당하는 질문이다.
- (다), (바), (사) : 경력개발에 해당하는 질문이다.

19

정답 ⑤

제시된 사례는 과학적인 논리보다 동료나 사람들의 행동에 의해서 상대방을 설득하는 사회적 입증 전략의 사례로 가장 적절하다.

오답분석

① 상대방 이해 전략 : 상대방에 대한 이해를 바탕으로 갈등해결을 용이하게 하는 전략이다.
② 권위 전략 : 직위나 전문성, 외모 등을 활용하여 협상을 용이하게 하는 전략이다.
③ 희소성 해결 전략 : 인적·물적자원 등의 희소성을 해결함으로써 협상과정상의 갈등 해결을 용이하게 하는 전략이다.
④ 호혜 관계 형성 전략 : 서로에게 도움을 주고 받는 관계 형성을 통해 협상을 용이하게 하는 전략이다.

20

정답 ⑤

네 번째 문단에 따르면 클라우지우스는 열기관의 열효율은 열기관이 고온에서 열을 흡수하고 저온에 방출할 때의 두 작동 온도에만 관계된다는 카르노의 이론을 증명하였다. 이로써 열효율에 관한 카르노의 이론은 클라우지우스의 증명으로 유지될 수 있었다.

오답분석

① 두 번째 문단에 따르면 열기관은 높은 온도의 열원에서 열을 흡수하고 낮은 온도의 대기와 같은 열기관 외부에 열을 방출하며 일을 하는 기관이다.
② 두 번째 문단에 따르면 수력 기관에서 물이 높은 곳에서 낮은 곳으로 흐르면서 일을 할 때 물의 양과 한 일의 양의 비는 높이 차이에 의해서만 좌우된다.
③ 첫 번째 문단에 따르면 칼로릭은 질량이 없는 입자들의 모임이다. 따라서 가열된 쇠구슬의 질량은 증가하지 않는다.
④ 첫 번째 문단에 따르면 칼로릭은 온도가 높은 쪽에서 낮은 쪽으로 흐르는 성질이 있다.

21

정답 ①

세 번째 문단에 따르면 줄(Joule)은 '열과 일이 상호 전환될 때 열과 일의 에너지를 합한 양은 일정하게 보존된다.'는 사실(에너지 보존 법칙)을 알아냈다. 그런데 네 번째 문단에 나타난 칼로릭 이론에 입각한 카르노의 열기관에 대한 설명에 따르면 열기관은 높은 온도에서 흡수한 열 전부를 낮은 온도로 방출하면서 일을 한다. 이는 열기관이 한 일을 설명할 수 없다는 오류가 있다.

오답분석

② 세 번째 문단에 따르면 화학 에너지, 전기 에너지 등은 '등가성이 있으며 상호 전환될' 수 있다.
③ 다섯 번째 문단에 따르면 클라우지우스가 증명한 내용이다.
④ 네 번째 문단에 따르면 카르노의 이론에 대해 문제를 제기한 내용에 관해 클라우지우스가 증명한 것이다.
⑤ 네 번째 문단에 따르면 카르노의 이론에 대해 클라우지우스가 증명한 내용이다.

22

정답 ②

ㄴ. 기계장비 부문의 상대수준 기준은 일본이다.
ㄷ. 한국의 전자 부문 투자액은 301.6억 달러이고, 전자 외 부문 투자액의 총합은 $3.4+4.9+32.4+16.4=57.1$억 달러로, $57.1\times6=342.6>301.6$이다. 따라서 옳지 않다.

오답분석

ㄱ. 제시된 자료를 통해 한국의 IT서비스 부문 투자액은 최대 투자국인 미국 대비 상대수준이 1.7%임을 알 수 있다.
ㄹ. 일본의 투자액은 '전자 – 바이오·의료 – 기계장비 – 통신 서비스 – IT 서비스' 순서이고, 프랑스의 투자액은 '전자 – IT서비스 – 바이오·의료 – 기계장비 – 통신 서비스' 순서이다.

23

정답 ②

리더는 혁신을 신조로 가지며, 일이 잘 될 때에도 더 좋아지는 방법이 있다면 변화를 추구한다. 반면 관리자는 현재의 현상과 지금 잘하고 있는 것을 계속 유지하려 하는 모습을 보인다. 따라서 ②는 리더가 아닌 관리자의 행동으로 볼 수 있다.

리더와 관리자의 비교

리더	관리자
• 새로운 상황을 창조한다. • 혁신지향적이다. • 내일에 초점을 둔다. • 사람의 마음에 불을 지핀다. • 사람을 중시한다. • 정신적이다. • 계산된 리스크를 취한다. • '무엇을 할까?'를 생각한다.	• 상황에 수동적이다. • 유지지향적이다. • 오늘에 초점을 둔다. • 사람을 관리한다. • 체제나 기구를 중시한다. • 기계적이다. • 리스크를 회피한다. • '어떻게 할까'를 생각한다.

24

정답 ④

D는 물품을 분실한 경우로, 보관 장소를 파악하지 못한 경우와 비슷할 수 있으나, 분실한 경우에는 물품을 다시 구입하지 않으면 향후 활용할 수 없다는 점에서 차이가 있다. 물품을 분실한 경우 물품을 다시 구입해야 하므로 경제적인 손실을 가져올 수 있으며, 경우에 따라 동일한 물품이 시중에서 판매되지 않는 경우가 있을 수 있다.

25

정답 ③

K대리는 통화를 마칠 때, 전화를 건 상대방에게 감사의 표시를 하지 않았다. '네! 전화 주셔서 감사합니다. 이만 전화 끊겠습니다.'와 같이 전화를 건 상대방에게 감사의 표시를 하는 것이 적절하다.

26

정답 ③

우선 B사원의 대화 내용을 살펴보면, 16:00부터 사내 정기강연으로 2시간 정도 소요된다는 것을 알 수 있다. 또한 B사원은 강연 준비로 30분 정도 더 일찍 가야 하므로, 15:30부터는 가용할 시간이 없다. 그리고 기획안 작성업무는 두 시간 정도 걸릴 것으로 예상되는데, A팀장이 먼저 기획안부터 마무리 짓자고 하였으므로, 11:00부터 업무를 시작하는 것으로 볼 수 있다. 그런데 중간에 점심시간이 껴 있으므로, 기획안 업무는 14:00에 완료될 것이다. 따라서 A팀장과 B사원 모두 여유가 되는 14:00 ~ 15:00가 가장 적절한 시간이다.

27

정답 ③

자기개발은 교육기관 이외에도 실생활에서 이루어지며, 평생에 걸쳐서 이루어지는 과정이다. 우리의 직장생활을 둘러싸고 있는 환경은 끊임없이 변화하고 있으며, 이로 인해 특정한 사건과 요구가 있을 경우뿐만 아니라 지속적으로 학습할 것이 요구된다. 또한 우리는 날마다 다른 상황에 처하게 되는데, 이러한 상황에 대처하기 위해서는 학교교육에서 배우는 원리, 원칙을 넘어서 실생활에서도 지속적인 자기개발이 필요하다.

28

정답 ③

〈Alt〉+〈Enter〉는 하나의 셀에 두 줄 이상의 데이터를 입력할 때 사용한다.

29

정답 ③

(가), (다), (라)의 경우 외부로부터의 강요가 아니라 자진해서 행동하고 있다. 자진해서 하는 근면은 능동적이고 적극적인 태도가 우선시된다.

오답분석

- (나) : 팀장으로부터 강요당하였다.
- (마) : 어머니로부터 강요당하였다.

30

정답 ③

- (가) : 외부의 기회를 활용하면서 내부의 강점을 더욱 강화시키는 SO전략에 해당한다.
- (나) : 외부의 기회를 활용하여 내부의 약점을 보완하는 WO 전략에 해당한다.
- (다) : 외부의 위협을 회피하며 내부의 강점을 적극 활용하는 ST전략에 해당한다.
- (라) : 외부의 위협을 회피하고 내부의 약점을 보완하는 WT 전략에 해당한다.

따라서 분석 결과에 따른 전략을 순서대로 바르게 나열한 것은 ③이다.

31

정답 ②

제시문의 '잡다'는 '권한 따위를 차지하다.'의 의미로 쓰였으며, 이와 같은 의미로 사용된 것은 ②이다.

오답분석

① 실마리, 요점, 단점 따위를 찾아내거나 알아내다.
③ 일, 기회 따위를 얻다.
④ 계획, 의견 따위를 정하다.
⑤ 기세를 누그러뜨리다.

32

정답 ④

A ~ C는 각자 자신이 해야할 일이 무엇인지 잘 알고 있으며, 서로의 역할도 이해하는 모습을 볼 수 있다. 이처럼 효과적인 팀은 역할을 명확하게 규정한다.

33

정답 ②

- 누년 일련번호는 연도 구분과 관계없이 누년 연속되는 일련번호로 법규문서, 훈령, 예규 등이 해당된다.
- 연도별 일련번호는 연도별로 구분하여 매년 새로 시작되는 일련번호로, 연도 표시가 없는 번호로 일일명령 등이 해당된다.
- 연도 표시 일련번호는 연도 표시와 연도별 일련번호를 붙임표(-)로 이은 번호로 지시, 고시, 공고 등이 해당된다.

34

정답 ②

오답분석

① 금액을 표시할 때에는 아라비아 숫자로 쓰되, 숫자 다음에 괄호를 하고 한글로 기재한다.
③ 연호는 서기연호를 쓰되, '서기'는 표시하지 않는다.
④ 날짜는 숫자로 표기하되 년, 월, 일의 글자는 생략하고 그 자리에 마침표를 찍어 표시한다.
⑤ 시간은 시·분은 24시각제에 따라 숫자로 표기하되, 시·분의 글자는 생략하고 그 사이에 쌍점(:)을 찍어 구분한다.

35

정답 ③

SUM 함수는 인수들의 합을 구한다. 이를 토대로 [B7] 셀에 입력한 수식을 정리하면 다음과 같다.

=SUM(B2:CHOOSE(2,B3,B4,B5))
=SUM(B2:B4)
=SUM(23,45,12)
=80

따라서 표시되는 결괏값은 80이다.

36

정답 ⑤

타인의 부탁을 거절해야 할 경우 도움을 요청한 타인의 입장을 고려하여 인간관계를 해치지 않도록 신중하게 거절하는 것이 중요하다. 먼저 도움이 필요한 상대방의 상황을 충분히 이해했음을 표명하고, 도움을 주지 못하는 자신의 상황이나 이유를 분명하게 설명해야 한다. 그 후 도움을 주지 못하는 아쉬움을 표현하도록 한다.

37

정답 ①

현재 시간은 10시 30분+45분=11시 15분이며, 세 종류의 버스 배차간격은 14분, 18분, 21분이므로 세 버스가 동시에 출발하는 시간 간격은 각 버스 배차시간의 최소공배수이다. 14, 18, 21을 각각 소인수분해하면 $14=2\times7$, $18=2\times3\times3$, $21=3\times7$이므로 14, 18, 21의 최소공배수는 $2\times3\times3\times7=126$이다. 즉, 세 버스는 2시간 6분 간격으로 동시에 출발한다.

따라서 10시 30분 이후 세 버스가 동시에 출발하는 시간은 12시 36분, 14시 42분이다.

이때 택배발송사의 점심시간을 고려하면 14시 42분에 출발하는 고속버스를 이용하는 것이 적절하다. 또한 화물 택배의뢰 업무는 최대 15분이 걸리므로 J사원은 14시 42분에서 15분 전인 14시 27분까지는 터미널에 도착해야 한다.

38

정답 ⑤

조건을 순서대로 논리 기호화하여 표현하면 다음과 같다.

- 두 번째 조건 : 머그컵 → ~노트
- 세 번째 조건 : 노트
- 네 번째 조건 : 태블릿PC → 머그컵
- 다섯 번째 조건 : ~태블릿PC → (가습기 ∧ ~컵받침)

세 번째 조건에 따라 노트는 반드시 선정되며, 두 번째 조건의 대우(노트 → ~머그컵)에 따라 머그컵은 선정되지 않는다. 그리고 네 번째 조건의 대우(~머그컵 → ~태블릿PC)에 따라 태블릿PC도 선정되지 않으며, 다섯 번째 조건에 따라 가습기는 선정되고 컵받침은 선정되지 않는다. 따라서 총 3종류의 경품을 선정한다고 하였으므로, 노트, 가습기와 함께 펜이 경품으로 선정된다.

39

정답 ⑤

군인은 하나의 직업으로, 직업을 가진 사람이라면 누구나 반드시 지켜야 할 직업윤리를 가진다. 직업윤리는 기본적으로 개인윤리를 바탕으로 성립되는 규범이기는 하지만 상황에 따라 개인윤리와 직업윤리는 서로 충돌하는 경우가 발생한다. 즉, 사례의 경우 K씨의 입장에서 타인에 대한 물리적 행사가 절대 금지되어 있다고 생각되는 개인윤리와 군인의 입장에서 필요한 경우 물리적 행사가 허용된다는 직업윤리가 충돌하고 있다. 이러한 상황에서 직업인이라면 직업윤리를 개인윤리보다 우선하여야 한다는 조언이 가장 적절하다.

40

정답 ④

Index 뒤의 문자 SOPENTY와 File 뒤의 문자 ATONEMP에서 일치하는 알파벳의 개수를 확인하면, O, P, E, N, T로 총 5개가 일치한다. 따라서 판단 기준에 따라 빈칸에 들어갈 Final Code는 Nugre이다.

제2영역 직무수행능력평가

| 01 | 행정학

01	02	03	04	05	06	07	08	09	10
④	④	②	②	①	②	⑤	④	①	③
11	12	13	14	15	16	17	18	19	20
⑤	④	③	③	⑤	②	②	②	④	⑤
21	22	23	24	25	26	27	28	29	30
②	①	④	④	①	②	⑤	②	②	④
31	32	33	34	35	36	37	38	39	40
④	①	①	②	①	④	⑤	④	①	③

01

정답 ④

대표관료제는 한 사회의 모든 계층 및 집단을 공평하게 관료제에 반영하려는 것으로, 실적주의 이념에는 배치되는 특성을 갖는다.

02

정답 ④

ㄴ. 국가재정법 제17조에는 '한 회계연도의 모든 수입을 세입으로 하고, 모든 지출은 세출로 한다.'는 내용이 명시되어 있다.
ㄷ. 지방재정법 제34조 제3항에 따르면 지방자치단체가 현물로 출자하는 경우는 적용 예외사항으로 규정되어 있다.

오답분석

ㄱ. 명료성의 원칙에 대한 설명이다. 예산총계주의는 세입과 세출에 대해 누락 없이 예산에 계상해야 한다는 완전성에 대한 원칙이다.

03

정답 ②

재의요구권은 자치단체장의 권한에 속하는 사항으로, 단체장이 위법·부당한 지방의회의 의결사항에 재의를 요구하는 것이다. 지방자치단체장의 재의요구 사유는 다음과 같다.

- 조례안에 이의가 있는 경우
- 지방의회의 의결이 월권 또는 법령에 위반되거나 공익을 현저히 해한다고 인정된 경우
- 지방의회의 의결에 예산상 집행할 수 없는 경비가 포함되어 있는 경우이거나 의무적 경비나 비상재해복구비를 삭감한 경우
- 지방의회의 의결이 법령에 위반되거나 공익을 현저히 해한다고 판단되어 주무부장관 또는 시·도지사가 재의요구를 지시한 경우

오답분석

①·③·④·⑤ 지방의회의 의결사항이다.

지방의회 의결사항(지방자치법 제47조)

1. 조례의 제정·개정 및 폐지
2. 예산의 심의·확정
3. 결산의 승인
4. 법령에 규정된 것을 제외한 사용료·분담금·지방세 또는 가입금의 부과와 징수
5. 기금의 설치·운용
6. 대통령령으로 정하는 중요 재산의 취득·처분
7. 대통령령으로 정하는 공공시설의 설치·처분
8. 법령과 조례에 규정된 것을 제외한 예산 외의 의무부담이나 권리의 포기
9. 청원의 수리와 처리
10. 외국 지방자치단체와의 교류협력에 관한 사항
11. 그 밖에 법령에 따라 그 권한에 속하는 사항

04

정답 ②

중앙정부가 지방자치단체별로 지방교부세를 교부할 때 사용하는 기준지표는 지방재정자립도가 아닌 재정력지수[=(기준재정수입액)÷(기준재정수요액)]이다. 중앙정부는 지방자치단체의 재정력지수가 1보다 클 경우 보통교부세를 교부하지 않는다.

05

정답 ①

새로운 정책문제보다는 선례가 존재하는 일상화된 정책문제가 쉽게 정책의제화된다.

정책의제설정에 영향을 미치는 요인

요인	내용
문제의 중요성	중요하고 심각한 문제일수록 의제화 가능성이 크다.
집단의 영향력	집단의 규모·영향력이 클수록 의제화 가능성이 크다.
선례의 유무	선례가 존재하는 일상화된 문제일수록 의제화 가능성이 크다.
극적 사건	극적 사건일수록 의제화 가능성이 크다.
해결가능성	해결책이 있을수록 의제화 가능성이 크다.
쟁점화 정도	쟁점화된 것일수록 의제화 가능성이 크다.

06

정답 ②

발생주의 회계는 거래가 발생한 기간에 기록하는 원칙으로, 영업활동 관련 기록과 현금 유출입이 일치하지 않지만, 수익 및 비용을 합리적으로 일치시킬 수 있다는 장점이 있다.

오답분석

①·③·④·⑤ 현금흐름 회계에 대한 설명이다.

07

정답 ⑤

정책참여자의 범위는 이슈네트워크, 정책공동체, 하위정부모형 순으로 넓다.

08

정답 ④

50명의 취업이 성과지표에 해당한다. 성과지표는 정책의 산출에서 정책대상자에게 가져온 최종적·직접적인 변화를 말한다.

성과지표의 예
- 투입 : 도로 건설사업에 있어 투입된 인력 및 장비 규모
- 과정 : 사업진척률, 공사진척률
- 산출 : 도로 증가율
- 결과 : 통행속도 증가율, 사고 감소율
- 영향 : 산업 경쟁력 제고

09

정답 ①

강임은 현재보다 낮은 직급으로 임명하는 것이고, 승진은 현재보다 높은 직급으로 임명하는 것으로, 수직적 인사이동에 해당한다.

오답분석

ㄷ. 전보는 동일 직급 내에서 다른 관직으로 이동하는 것으로, 수평적 인사이동에 해당한다.

ㄹ. 전직은 직렬을 변경하는 것으로, 수평적 인사이동에 해당한다.

10

정답 ③

ㄱ. 행정통제는 통제시기의 적시성과 통제내용의 효율성이 고려되어야 한다(통제의 비용과 통제의 편익 중 편익이 더 커야 한다).

ㄴ. 옴부즈만 제도는 사법통제의 한계를 보완하기 위해 도입되었다.

ㄷ. 선거에 의한 통제와 이익집단에 의한 통제 등은 외부통제에 해당한다.

오답분석

ㄹ. 합법성을 강조하는 통제는 사법통제이고 부당한 행위에 대한 통제가 제한된다.

11

정답 ⑤

롤스는 정의의 제1원리(기본적 자유의 평등원리)가 제2원리(차등조정의 원리)에 우선하고, 제2원리 중에서는 기회균등의 원리가 차등의 원리에 우선되어야 한다고 보았다.

12

정답 ④

오답분석

ㄴ. 차관물자대(借款物資貸)의 경우 전년도 인출 예정분의 부득이한 이월 또는 환율 및 금리의 변동으로 인하여 세입이 그 세입예산을 초과하게 되는 때에는 그 세출예산을 초과하여 지출할 수 있다(국가재정법 제53조 제3항).

차관물자대(借款物資貸)

외국의 실물자본을 일정기간 사용하거나 대금결제를 유예하면서 도입하는 것이다. 차관물자대를 예산에 계상하도록 하되, 전년도 인출예정분의 부득이한 이월 또는 환율 및 금리의 변동으로 인하여 세입이 그 세입예산을 초과하게 되는 때에는 그 세출예산을 초과하여 지출할 수 있도록 하고 있다.

13

정답 ③

오답분석

ㄱ. 일시적이고 느슨한 형태의 집합체라는 것은 정책공동체와 비교되는 이슈네트워크의 특징이다.

ㄹ. 사회조합주의에 대한 설명이다.

정책공동체와 이슈네트워크 특징 비교

차원		정책공동체	이슈네트워크
구성원	참여자 수	• 매우 제한됨 • 일부 집단은 의식적으로 배제됨	• 다수
	이익 유형	• 경제적 및 또는 전문적 이해가 지배적임	• 다양한 범위의 이해관계를 모두 포함
통합	상호작용 빈도	• 정책이슈에 관련된 모든 사항에 대해 모든 집단이 빈번하고 높은 수준의 상호작용을 함	• 접촉빈도와 강도가 유동적임
	연속성	• 구성원, 가치, 결과가 장기간 지속됨	• 접근의 변화가 매우 유동적임
	합의	• 모든 참여자가 기본가치를 공유하고 결과의 정통성을 수용함	• 일정한 합의가 있으나 갈등이 역시 존재
자원	네트워크 내 자원배분	• 모든 참여자가 자원을 보유함 : 관계는 교환관계가 기본임	• 일부 참여자가 자원을 보유하지만 제한적 합의관계가 기본임
	참여조직 간 자원배분	• 계층적 : 지도자가 구성원에게 자원을 배분할 수 있음	• 구성원을 규제할 수 있는 자원과 능력의 배분이 다양하고 가변적임
권력		• 구성원 간 균형이 이루어짐 • 한 집단이 지배적일 수 있으나, 공동체가 유지되려면 포지티브섬 게임임	• 자원보유, 접근성 의 불균등을 반영하여 권력이 균등 하지 않음 • 권력은 제로섬 게임(승자와 패자가 있음)

14

정답 ③

측정도구를 구성하는 측정지표(측정문항) 간의 일관성은 신뢰도를 의미한다. 내용타당성이란 처치와 결과 사이의 관찰된 관계로부터 도달하게 된 인과적 결론의 적합성 정도를 말한다.

15

정답 ⑤

신공공관리론은 폭넓은 행정재량권을 중시하고, 신공공서비스론은 재량의 필요성은 인정하나 제약과 책임이 수반된다고 본다. 또한, 신공공관리론은 시장의 책임을 중시하고, 신공공서비스론은 행정책임의 복잡성과 다면성을 강조한다.

16

정답 ②

잘 개발된 BSC(균형성과표)는 조직구성원들에게 조직의 전략과 목적 달성에 필요한 성과가 무엇인지 알려주기 때문에 조직전략의 해석지침으로 적합하다.

17

정답 ②

정보의 비대칭성에 의한 시장실패는 보조금이나 정부규제로 대응한다.

오답분석

① 공공재로 인한 시장실패는 공적공급으로 대응한다.
③ 자연독점은 공적공급 또는 정부규제로 대응한다.
④ 관료의 사적 목표의 설정은 정부실패의 원인으로, 민영화가 필요하다.
⑤ 파생적 외부효과는 정부실패의 원인으로, 정부보조금 삭감 또는 규제완화가 필요하다.

18

정답 ②

규제 피라미드는 규제가 규제를 낳은 결과, 피규제자의 규제 부담이 점점 증가하는 현상이다.

오답분석

①·③·④·⑤ 규제의 역설에 대한 설명이다.

19

정답 ④

기관장의 근무기간은 5년의 범위에서 소속중앙행정기관의 장이 정하되, 최소한 2년 이상으로 하여야 한다. 이 경우 제12조 및 제51조에 따른 소속책임운영기관의 사업성과의 평가 결과가 우수하다고 인정되는 때에는 총 근무기간이 5년을 넘지 아니하는 범위에서 대통령령으로 정하는 바에 따라 근무기간을 연장할 수 있다(책임운영기관의 설치·운영에 관한 법률 제7조 제3항).

※ 행정자치부장관 → 행정안전부장관[정부조직법(2017.7.26. 시행)]

20

정답 ⑤

최고관리자의 관료에 대한 지나친 통제가 조직의 경직성을 초래하여 관료제의 병리현상이 나타난다고 주장한 학자는 머튼(Merton)이다.

21

정답 ②

BSC 방법론은 성과평가시스템으로, Renaissance Solutions사의 David. P Norton 박사와 Havard 경영대학의 Robert S. Kaplan 교수가 공동으로 개발한 균형성과측정 기록표를 의미한다. BSC는 독창적인 4가지 관점(재무적, 고객, 내부프로세스, 학습과 성장)에 의하여 조직의 전략과 비전을 가시화하고, 목표를 달성할 수 있게끔 이끌어 준다. 따라서 프로그램적 관점은 균형성과지표의 요소로 옳지 않다.

오답분석

① 재무적 관점 : 우리 조직은 주주들에게 어떻게 보일까?(매출신장률, 시장점유율, 원가절감률, 자산보유 수준, 재고 수준, 비용 절감액 등)
③ 고객 관점 : 재무적으로 성공하기 위해서는 고객들에게 어떻게 보여야 하나?(고객확보율, 고객만족도, 고객유지율, 고객불만 건수, 시스템 회복시간 등)
④ 내부프로세스 관점 : 프로세스와 서비스의 질을 높이기 위해서는 어떻게 해야 하나?(전자결재율, 화상회의율, 고객대응시간, 업무처리시간, 불량률, 반품률 등)
⑤ 학습과 성장 관점 : 우리 조직은 지속적으로 가치를 개선하고 창출할 수 있는가?(성장과 학습지표, 업무숙련도, 사기, 독서율, 정보시스템 활용력, 교육훈련 투자 등)

22

정답 ①

ㄱ. 인간관계론은 인간을 사회적·심리적 존재로 가정하기 때문에 사회적 규범이 생산성을 좌우한다고 본다.
ㄴ. 과학적 관리론은 과학적 분석을 통해 업무수행에 적용할 유일 최선의 방법을 발견할 수 있다고 전제한다.

오답분석

ㄷ. 체제론은 하위의 단순 체제는 복잡한 상위의 체제에 속한다고 이해함으로서 계서적 관점을 중시한다.
ㄹ. 발전행정론은 정치·사회·경제를 균형적으로 발전시키기 보다는 행정체제가 다른 분야의 발전을 이끌어 나가는 불균형적인 접근법을 중시한다.

23

정답 ④

관료제는 업무의 수행은 안정적이고 세밀하게 이루어져야 하며 규칙과 표준화된 운영절차에 따라 이루어지도록 되어 있다. 따라서 이념형으로서의 관료는 직무를 수행하는 데 증오나 애정과 같은 감정을 갖지 않는 비정의성(Impersonality)이며 형식 합리성의 정신에 따라 수행해야 한다.

오답분석

①·②·③·⑤ 관료제에 대한 옳은 설명이다.

24

정답 ④

근무성적평정은 과거의 실적과 능력에 대한 평가이며, 미래 잠재력까지 측정한다고 볼 수 없다. 미래 행동에 대한 잠재력 측정이 가능한 평가는 역량평가이다.

25

정답 ①

내용타당성은 시험이 특정한 직위에 필요한 능력이나 실적과 직결되는 실질적인 능력요소(직무수행지식, 태도, 기술 등)를 포괄적으로 측정하였는가에 대한 기준이다. 따라서 내용타당성을 확보하려면 직무분석을 통해 선행적으로 실질적인 능력요소를 파악해야 한다.

오답분석

② 구성타당성 : 시험이 이론적(추상적)으로 구성된 능력요소를 얼마나 정확하게 측정할 수 있느냐에 대한 기준이다. 즉, 추상적 능력요소를 구체적인 측정요소로 전환했을 때 구체적인 측정요소가 추상적 능력요소를 얼마나 잘 대변하는가의 문제이다.
③ 개념타당성 : 감정과 같은 추상적인 개념 또는 속성을 측정도구가 얼마나 적합하게 측정하였는가를 나타내는 타당성을 말한다.
④ 예측적 기준타당성 : 신규 채용자를 대상으로 그의 채용시험성적과 업무실적을 비교하여 양자의 상관관계를 확인하는 방법이다. 측정의 정확성은 높으나, 비용과 노력이 많이 소모된다는 점, 시차가 존재한다는 점, 성장효과 및 오염효과가 존재한다는 점이 한계이다.
⑤ 동시적 기준타당성 : 재직자를 대상으로 그들의 업무실적과 시험성적을 비교하여 그 상관관계를 보는 방법이다. 측정의 정확성은 낮으나, 신속하고 비용과 노력이 절감된다는 장점이 있다.

26

정답 ②

빈칸 ㉠인 재분배 정책에 대한 설명이다.

오답분석

①·④ 분배정책에 대한 설명이다.
③ 구성정책에 대한 설명이다.
⑤ 규제정책에 대한 설명이다.

27

정답 ⑤

합리모형에서 말하는 합리성은 경제적 합리성을 말한다. 정치적 합리성은 점증모형에서 중시하는 합리성이다.

합리모형과 점증모형

구분	합리모형	점증모형
합리성 최적화 정도	• 경제적 합리성 (자원배분의 효율성) • 전체적·포괄적 분석	• 정치적 합리성 (타협·조정과 합의) • 부분적 최적화
목표와 수단	• 목표 – 수단 분석을 함 • 목표는 고정됨 (목표와 수단은 별개) • 수단은 목표에 합치	• 목표 – 수단 분석을 하지 않음 • 목표는 고정되지 않음 • 목표는 수단에 합치
정책결정	• 근본적·기본적 결정 • 비분할적·포괄적 결정 • 하향적 결정 • 단발적 결정 (문제의 재정의가 없음)	• 지엽적·세부적 결정 • 분할적·한정적 결정 • 상향적 결정 • 연속적 결정 (문제의 재정의가 빈번)
정책특성	• 비가분적 정책에 적합	• 가분적 정책에 적합
접근방식과 정책 변화	• 연역적 접근 • 쇄신적·근본적 변화 • 매몰비용은 미고려	• 귀납적 접근 • 점진적·한계적 변화 • 매몰비용 고려
적용국가	• 상대적으로 개도국에 적용 용이	• 다원화된 선진국에 주로 적용
배경이론 및 참여	• 엘리트론 • 참여 불인정 (소수에 의한 결정)	• 다원주의 • 참여 인정 (다양한 이해관계자 참여)

28

정답 ②

공공선택론은 유권자, 정치가, 관료를 포함하는 정치제도 내에서 자원배분과 소득분배에 대한 결정이 어떻게 이루어지는지를 분석하고, 이를 기초로 하여 정치적 결정의 예측 및 평가를 목적으로 한다.

오답분석

① 과학적 관리론 : 최소의 비용으로 최대의 성과를 달성하고자 하는 민간기업의 경영합리화 운동으로, 객관화된 표준과업을 설정하고 경제적 동기 부여를 통하여 절약과 능률을 달성하고자 하는 고전적 관리연구이다.
③ 행태론 : 면접이나 설문조사 등을 통해 인간행태에 대한 규칙성과 유형성·체계성 등을 발견하여 이를 기준으로 종합적인 인간관리를 도모하려는 과학적·체계적인 연구를 말한다.
④ 발전행정론 : 환경을 의도적으로 개혁해 나가는 행정인의 창의적·쇄신적인 능력을 중요시한다. 또한, 행정을 독립변수로 간주해 행정의 적극적 기능을 강조한 이론이다.

⑤ 현상학 : 사회적 행위의 해석에 있어서 이러한 현상 및 주관적 의미를 파악하여 이해하는 철학적·심리학적·주관주의적 접근(의식적 지향성 중시)으로, 실증주의·행태주의·객관주의·합리주의를 비판하면서 등장하였다.

29

정답 ②

갈등 당사자들에게 공동의 상위목표를 제시하거나 공동의 적을 설정하는 것은 갈등의 해소 전략에 해당한다.

갈등의 조성 전략

- 공식적·비공식적 의사전달통로의 의도적 변경
- 경쟁의 조성
- 조직 내 계층 수 및 조직단위 수 확대와 의존도 강화
- 계선조직과 막료조직의 활용
- 정보전달의 통제(정보량 조절 : 정보전달억제나 과잉노출)
- 의사결정권의 재분배
- 기존구성원과 상이한 특성을 지닌 새로운 구성원의 투입(구성원의 유동), 직위 간 관계의 재설정

30

정답 ④

오답분석

기본권 보장은 국가권력의 남용으로부터 국민의 기본권을 보호하려는 것이기 때문에 국가의 입법에 의한 제한에도 불구하고 그 본질적인 내용의 침해는 금지된다. 우리 헌법은 본질적 내용의 침해를 금지하는 규정을 제37조 제2항에 명시하고 있다.

31

정답 ④

매트릭스 조직은 환경의 불확실성과 복잡성이 높은 경우 효과적이다.

32

정답 ①

자문위원회(의사결정의 구속력과 집행력 없음), 의결위원회(의사결정의 구속력 있음), 행정위원회(의사결정의 구속력과 집행력 있음)로 분류한다면 ①은 행정위원회에 해당한다. 의결위원회는 의결만 담당하는 위원회이므로 의사결정의 구속력은 가지지만 집행력은 가지지 않는다.

33

정답 ①

다원주의는 타협과 협상을 통해 이익집단 간 권력의 균형이 이루어진다고 보며, 특정 세력이나 개인이 정책을 주도할 수 없다.

34

정답 ②

ㄱ. 베버의 관료제론은 규칙과 규제가 조직에 계속성을 제공하여 조직을 예측 가능성 있는 조직, 안정적인 조직으로 유지시킨다고 보았다.

ㄴ. 행정관리론은 모든 조직에 적용시킬 수 있는 효율적 조직관리의 원리들을 연구하였다.

ㄷ. 호손실험으로 인간관계에서의 비공식적 요인이 업무의 생산성에 큰 영향을 끼친다는 것이 확인되었다.

오답분석

ㄹ. 조직군 생태이론은 조직과 환경의 관계에서 조직군이 환경에 의해 수동적으로 결정된다는 환경결정론적 입장을 취한다.

거시조직 이론의 유형

구분	결정론	임의론
조직군	• 조직군 생태론 • 조직경제학 (주인 – 대리인이론, 거래비용 경제학) • 제도화이론	• 공동체 생태론
개별조직	• 구조적 상황론	• 전략적 선택론 • 자원의존이론

35

정답 ①

오답분석

ㄷ. 예산결산특별위원회는 상설특별위원회이기 때문에 따로 활동기한을 정하지 않는다.

ㄹ. 예산결산특별위원회는 소관 상임위원회가 삭감한 세출예산의 금액을 증액하거나 새 비목을 설치하려는 경우에는 소관 상임위원회의 동의를 얻어야 한다.

36

정답 ④

국무총리 소속으로 설치한 국민권익위원회는 행정부 내에 소속한 독립통제기관이며, 대통령이 임명하는 옴부즈만의 일종이다.

37

정답 ⑤

오답분석

ㄱ. 일선관료의 재량권을 확대하는 것은 하향적 접근방법이 아닌 상향적 접근방법에 해당한다. 하향적 접근방법은 상급자가 정책을 일방적으로 결정하여 하급 구성원의 재량권을 축소시키는 접근방법이다.

38

정답 ④

비용이 소수 집단에게 좁게 집중되고 편익은 넓게 분산되는 것은 기업가정치 모형에 해당한다.

Wilson의 규제정치이론

<table>
<tr><th colspan="2" rowspan="2">구분</th><th colspan="2">감지된 편익</th></tr>
<tr><th>넓게 분산됨</th><th>좁게 집중됨</th></tr>
<tr><td rowspan="2">감지된 비용</td><td>넓게 분산됨</td><td>다수의 정치(대중정치)
(Majoritarian Politics)</td><td>고객정치
(Client Politics)</td></tr>
<tr><td>좁게 집중됨</td><td>기업가정치
(Entrepreneurial Politics)</td><td>이익집단정치
(Interest-group Politics)</td></tr>
</table>

39

정답 ①

프로슈머는 생산자와 소비자를 합한 의미로, 소비자가 단순한 소비자에서 나아가 생산에 참여하는 역할도 함께 수행하는 것을 말한다. 시민들이 프로슈머 경향을 띠게 될수록 시민들은 공공재의 생산자인 관료의 행태를 쇄신하려 하고 시민 자신들의 의견을 투입시키려 할 것이기 때문에, 이러한 경향은 현재의 관료주의적 문화와 마찰을 빚게 될 것이다. 따라서 프로슈머와 관료주의적 문화가 적절한 조화를 이루게 될 것이라는 내용은 옳지 않다.

40

정답 ③

사회자본은 사회 구성원들의 신뢰를 바탕으로 사회 구성원의 협력적 행태를 촉진시켜 공동목표를 효율적으로 달성할 수 있게 하는 자본을 말한다. 사회자본은 구성원의 창의력을 증진시켜 조직의 혁신적 발전을 이끌어 낼 수 있다.

오답분석

①·② 네트워크에 참여하는 당사자들이 공동으로 소유하는 자산이므로 한 행위자가 배타적으로 소유권을 주장할 수 없다.

④·⑤ '신뢰'를 기본으로 하기 때문에 사회적 관계에서 일어나는 불필요한 가외의 비용을 줄이고 거래비용을 감소시켜 준다.

02 경영학

01	02	03	04	05	06	07	08	09	10
①	④	③	⑤	①	①	③	①	①	⑤
11	12	13	14	15	16	17	18	19	20
②	①	④	①	③	①	②	①	③	⑤
21	22	23	24	25	26	27	28	29	30
③	③	③	③	⑤	⑤	②	③	④	⑤
31	32	33	34	35	36	37	38	39	40
④	②	①	②	③	⑤	②	⑤	①	⑤

01

정답 ①

기능 조직(Functional Structure)은 기능별 전문화의 원칙에 따라 공통의 전문지식과 기능을 지닌 부서단위로 묶는 조직 구조를 의미한다.

02

정답 ④

주식회사 설립 시 작성해야 하는 정관에는 절대적 기재사항, 상대적 기재사항, 임의적 기재사항이 있다. 반드시 기재해야만 하는 절대적 기재사항의 경우 기재가 누락되거나 적법하게 기재되지 않으면 정관 자체가 무효가 된다. 절대적 기재사항에는 사업목적, 상호, 발행할(예정) 주식 총수, 1주의 금액, 설립 시 발행 주식 수, 본점의 소재지, 회사가 공고를 하는 방법, 발기인의 성명·주민등록번호 및 주소의 8가지가 있다. 상대적 기재사항은 반드시 기재하여야 하는 것은 아니나 정관에 기재하지 아니하면 법률 효력이 없는 사항을 말한다. 반면, 임의적 기재사항은 단순히 기재하는 사항이다.

03

정답 ③

BCG 매트릭스는 보스턴 컨설팅 그룹(Boston Consulting Group)에 의해 1970년대 초반 개발된 것으로, 기업의 경영전략 수립에 있어 하나의 기본적인 분석도구로 활용되는 사업포트폴리오(Business Portfolio) 분석기법이다. BCG 매트릭스는 X축을 '상대적 시장점유율'로 하고, Y축을 '시장 성장률'로 한다. 미래가 불투명한 사업을 물음표(Question Mark), 점유율과 성장률이 모두 좋은 사업을 스타(Star), 투자에 비해 수익이 월등한 사업을 현금젖소(Cash Cow), 점유율과 성장률이 둘 다 낮은 사업을 개(Dog)로 구분했다. 현금젖소는 수익을 많이 내고 있으며, 시장확대는 불가능하다. 반면, 물음표는 시장성장률은 높지만 점유율은 낮은 상태이다. 따라서 현금젖소에서의 수익을 물음표에 투자하여 최적 현금흐름을 달성할 수 있다.

04

정답 ⑤

컨베이어 시스템은 모든 작업을 단순 작업으로 분해하고 분해된 작업의 소요시간을 거의 동일하게 하여 일정한 속도로 이동하는 컨베이어로 전체 공정을 연결해 작업을 수행하는 것으로, 포드가 주창한 것이다.

05

정답 ①

콘체른(Konzern)은 기업결합이라고 하며, 법률상으로 독립되어 있으나 지분 결합 등의 방식으로 경영상 실질적으로 결합되어 있는 기업결합형태를 말한다. 일반적으로는 거대기업이 여러 산업의 다수의 기업을 지배할 목적으로 형성된다.

오답분석

② 카르텔 : 한 상품 또는 상품군의 생산이나 판매를 일정한 형태로 제한하고자 경제적, 법률적으로 서로 독립성을 유지하며, 기업 간 상호 협정에 의해 결합하는 담합 형태이다.

③ 트러스트 : 카르텔보다 강력한 집중의 형태로, 시장독점을 위해 각 기업체가 독립성을 상실하고 합동한다.

④ 콤비나트 : 기술적으로 연관성 있는 생산부문이 가까운 곳에 입지하여 형성된 기업의 지역적 결합 형태이다.

⑤ 조인트 벤처 : 특정 경제적 목적을 달성하기 위해 2인 이상의 업자가 공동으로 결성한 사업체이다.

06

정답 ①

미국의 경영자 포드는 부품의 표준화, 제품의 단순화, 작업의 전문화 등 '3S 운동'을 전개하고 컨베이어 시스템에 의한 이동조립방법을 채택해 작업의 동시 관리를 꾀하여 생산능률을 극대화했다.

07

정답 ③

오답분석

① 전시 효과 : 개인이 사회의 영향을 받아 타인의 소비행동을 모방하려는 소비성향을 의미한다.

② 플라시보 효과 : 약효가 없는 가짜 약을 진짜 약으로 속여 환자에게 복용하도록 했을 때 환자의 병세가 호전되는 효과이다.

④ 베블런 효과 : 과시욕구 때문에 재화의 가격이 비쌀수록 수요가 늘어나는 수요증대 효과를 의미한다.

⑤ 데킬라 효과 : 한 국가의 금융·통화 위기가 주변의 다른 국가로 급속히 확산되는 현상을 의미한다.

08

정답 ①

오답분석

② 스캔론 플랜 : 생산의 판매가치에 대한 인건비 비율이 사전에 정한 표준 이하인 경우 종업원에게 보너스를 주는 제도이다.

③ 메리트식 복률성과급 : 표준생산량을 83% 이하, 83 ~ 100%, 그리고 100% 이상으로 나누어 상이한 임률을 적용하는 방식이다.

④ 테일러식 차별성과급 : 근로자의 하루 표준 작업량을 시간연구 및 동작연구에 의해 과학적으로 설정하고 이를 기준으로 하여 고·저 두 종류의 임률을 적용하는 제도이다.

⑤ 러커 플랜 : 조직이 창출한 부가가치 생산액을 구성원 인건비를 기준으로 배분하는 제도이다.

09

정답 ①

신제품 수용자 유형

- 혁신자(Innovators) : 신제품 도입 초기에 제품을 수용하는 소비자. 모험적, 새로운 경험 추구
- 조기수용자(Early Adopters) : 혁신소비자 다음으로 수용하는 소비자. 의견선도자 역할
- 조기다수자(Early Majority) : 대부분의 일반소비자. 신중한 편
- 후기다수자(Late Majority) : 대부분의 일반소비자. 신제품수용에 의심 많음
- 최후수용자(Laggards) : 변화를 싫어하고 전통을 중시하는 소비자. 변화를 거부하며 전통에 집착

10

정답 ⑤

학습조직은 구성원들에게 권한위임(Empowerment)을 강조한다. 따라서 개인보다는 팀 단위로 조직을 구성하고, 문제해결에 창의성과 혁신을 유도하기 위하여 권한을 부여하며 조직의 수평화 및 네트워크화를 유도한다. 학습조직은 결과만을 중시하는 성과 중심의 관리나 물질적 보상을 중시하는 전통적 관리와는 다르다.

11

정답 ②

정률법은 매년 감가하는 자산의 잔존가격에 일정률을 곱하여 매년의 감가액을 계산하는 방법이다.

오답분석

① 정액법 : 고정자산의 내용연수의 기간 중 매기 동일액을 상각해 가는 방법이다.

③ 선입선출법 : 매입순법이라고도 하며, 가장 먼저 취득된 것부터 순차로 불출하는 방법이다.

④ 후입선출법 : 나중에 사들인 상품 또는 원재료로 만든 물품부터 팔렸다고 보고 남은 상품과 원재료를 평가하는 방법이다.

⑤ 저가법 : 재고자산의 가액을 결정함에 있어서 원가법이나 시가법에 따르지 않고 원가와 시가 중 낮은 가액을 계산가액으로 하는 방법이다.

12

정답 ①

목표관리는 조직에서 권력을 강화하기 위한 전술이라기보다는 조직의 동기부여나 조직의 업적 향상과 관련이 깊다.

13

정답 ④

④는 재무상태표에 대한 설명이다.

14

정답 ①

델파이(Delphi) 기법은 예측하려는 현상에 대하여 관련 있는 전문가나 담당자들로 구성된 위원회를 구성하고 개별적 질의를 통해 의견을 수집하여 종합·분석·정리하며, 의견이 일치될 때까지 개별적 질의 과정을 되풀이하는 예측기법이다.

15

정답 ③

기업의 사회적 책임이란 기업의 의사결정 과정에서 모든 이해자 집단에 끼치게 될 의사결정의 영향력을 고려하고, 그 이해자 집단들에게 최선의 결과가 주어질 수 있는 의사결정을 내릴 수 있도록 하기 위한 노력이라 할 수 있다. 구체적인 내용으로 기업 유지 및 존속에 대한 책임, 이해자 집단에 대한 이해 조정 책임, 후계자 육성의 책임, 정부에 대한 책임, 지역사회 발전의 책임 등이 있다.

16

정답 ①

인원·신제품·신시장의 추가 및 삭감이 신속하고 신축적인 것은 기능별 조직에 대한 설명이다.

17

정답 ②

당기순이익은 선입선출법≥이동평균법≥총평균법≥후입선출법 순이다.

18

정답 ①

오답분석

다. 기업의 조직 구조가 전략에 영향을 미치는 것이 아니라 조직의 전략이 정해지면 그에 맞는 조직 구조를 선택하므로, 조직의 전략이 조직 구조에 영향을 미친다.

라. 대량생산 기술을 사용하는 조직은 기계적 조직 구조에 가깝게 설계해야 한다. 기계적 조직 구조는 효율성을 강조하며 고도의 전문화, 명확한 부서화, 좁은 감독의 범위, 높은 공식화, 하향식 의사소통의 특징을 갖는다. 반면, 유기적 조직 구조는 유연성을 강조하며 적응성이 높고 환경변화에 빠르게 적응하는 것을 강조한다.

19

정답 ③

자본자산가격결정모형(CAPM)은 자산의 균형가격이 어떻게 결정되어야 하는지를 설명하는 이론으로, 구체적으로 자본시장이 균형상태가 되면 위험과 기대수익률 사이에 어떤 관계가 성립하는지 설명한다. 세금과 거래비용이 발생하지 않는 완전 자본시장을 가정하고 있다.

CAPM의 가정

- 모든 투자자는 위험회피형이며, 기대효용을 극대화할 수 있도록 투자한다.
- 모든 투자자는 평균 – 분산 기준에 따라 투자한다.
- 모든 투자자의 투자기간은 단일기간이다.
- 자신의 미래 수익률분포에 대하여 모든 투자자가 동질적으로 기대한다.
- 무위험자산이 존재하며, 모든 투자자는 무위험이자율로 제한 없이 차입, 대출이 가능하다.
- 세금, 거래비용과 같은 마찰적 요인이 없는 완전자본시장을 가정한다.

20

정답 ⑤

마이클 포터는 원가우위 전략과 차별화 전략을 동시에 추구하는 것을 이도저도 아닌 어정쩡한 상황이라고 언급하였으며, 둘 중 한 가지를 선택하여 추구하는 것이 효과적이라고 주장했다.

21

정답 ③

순현가법에서는 내용연수 동안의 모든 현금흐름을 통해 현가를 비교한다.

오답분석

① 순현가는 현금유입의 현가에서 현금유출의 현가를 뺀 것이다.
④ 최대한 큰 할인율이 아니라 적절한 할인율로 할인한다.
⑤ 투자의 결과 발생하는 현금유입이 투자안의 내부수익률로 재투자될 수 있다고 가정하는 것은 내부수익률법이다.

22

정답 ③

오답분석

① 신뢰성에 대한 설명이다.
② 수용성에 대한 설명이다.
④ 구체성에 대한 설명이다.
⑤ 실용성에 대한 설명이다.

23

정답 ③

마케팅 활동은 본원적 활동에 해당한다.

오답분석

① 기업은 본원적 활동 및 지원 활동을 통하여 이윤을 창출한다.
② 물류 투입, 운영, 산출, 마케팅 및 서비스 활동은 모두 본원적 활동에 해당한다.
④ 인적자원관리, 기술 개발, 구매, 조달 활동 등은 지원 활동에 해당한다.
⑤ 가치사슬 모형은 기업의 내부적 핵심 역량을 파악하는 모형으로, 지원 활동에 해당하는 항목도 핵심 역량이 될 수 있다.

24

정답 ③

합자회사(合資會社)는 무한책임사원과 유한책임사원으로 이루어지는 회사로, 무한책임사원이 경영하고 있는 사업에 유한책임사원이 자본을 제공하고, 사업으로부터 생기는 이익의 분배에 참여한다.

25

정답 ⑤

콘체른(Konzern)은 가입기업이 법률적으로 독립성을 가지고 있으며, 동종 업종뿐만 아니라 이종 업종 간에도 결합되는 형태이다. 유럽, 특히 독일에 흔한 기업형태로, 법률적으로 독립되어 있으나, 경제적으로는 통일된 지배를 받는 기업 집단이다. 콘체른에 소속된 회사들은 계열사라고 불린다.

26

정답 ⑤

자원기반관점(RBV; Resource－Based View)은 기업을 자원집합체로 보는 것으로, 기업 경쟁력의 원천을 기업의 외부가 아닌 내부에서 찾는 관점이다.

27

정답 ②

역직승진은 주임, 계장, 과장, 부장 등으로 승진하는 것인데 이는 직무에 따른 승진이라기보다는 조직운영의 원리에 의한 승진방식으로, 이 경우 직무내용의 전문성이나 높은 수준의 직무를 추구하려는 노력이 상실될 위험이 있다.

오답분석

① 대용승진에 대한 설명이다.
③ 자격승진에 대한 설명이다.
④ 직무승진에 대한 설명이다.
⑤ 조직변화승진에 대한 설명이다.

28

정답 ③

시장지향적 마케팅은 고객지향적 마케팅의 장점을 포함하면서 그 한계점을 극복하기 위한 포괄적 마케팅 노력이며, 기업이 최종 고객들과 원활한 교환을 통하여 최상의 가치를 제공해 주기 위해 기업 내외의 모든 구성요소들 간 상호작용을 관리하는 총체적 노력이 수반되기도 한다. 그에 따른 노력 중에는 외부사업이나 이익기회들을 확인하고 다양한 시장 구성요소들이 완만하게 상호작용하도록 관리하며, 외부시장의 기회에 대해 적시에 정확하게 대응한다. 때에 따라 기존 사업시장을 포기하며 전혀 다른 사업부분으로 진출하기도 한다.

29

정답 ④

데이터 산출에 따른 의사결정이 필요하기는 하나, 이는 초기 세팅 과정이며 이후에는 자동적인 관리가 가능하다.

자재 관리 시스템(MRP; Manufacturing Resource Planning)의 특징

- 고객에 대한 서비스 개선
- 설비가동능률 증진
- 생산계획의 효과적 도구
- 적시에 최소비용으로 공급
- 의사결정 자동화에 기여

30

정답 ⑤

목표관리는 목표의 설정뿐 아니라 성과평가 과정에도 부하직원이 참여하는 관리기법이다.

오답분석

① 목표설정 이론은 명확하고 도전적인 목표가 성과에 미치는 영향을 분석한다.
② 목표는 지시적 목표, 자기설정 목표, 참여적 목표로 구분되며, 이 중 참여적 목표가 종업원의 수용성이 가장 높다.
③ 조직의 상·하 구성원이 모두 협의하여 목표를 설정한다.
④ 조직의 목표를 부서별, 개인별 목표로 전환하여 조직 구성원 각자의 책임을 정하고, 조직의 효율성을 향상시킬 수 있다.

31

정답 ④

IRP를 중도 해지하면 그동안 세액공제를 받았던 적립금은 물론 운용수익에 대해 16.5%의 기타소득세를 물어야 하므로, IRP는 입출금에서 자유롭지 못하다는 단점이 있다.

32

정답 ②

라인 확장(Line Extension)이란 기존 상품을 개선한 신상품에 기존의 상표를 적용하는 브랜드 확장의 유형이다. 라인 확장은 적은 마케팅 비용으로 매출과 수익성 모두 손쉽게 높일 수 있고, 제품의 타깃이 아닌 소비자층을 타깃팅함으로써 소비자층을 확대할 수 있다는 장점이 있다. 하지만 무분별한 라인 확장은 브랜드 이미지가 약해지는 희석효과나 신제품이 기존제품 시장을 침범하는 자기잠식효과를 유발하는 등 역효과를 일으킬 수도 있기 때문에 주의해야 한다.

33

정답 ①

변혁적 리더십은 장기적인 비전을 제시하여 구성원의 태도 변화를 통한 조직몰입과 초과성과를 달성하도록 하는 리더십이다. 변혁적 리더십의 특징으로는 카리스마, 개별적 배려, 지적자극 등이 있다.

오답분석

② 슈퍼 리더십 : 자신이 처한 상황을 스스로 효과적으로 처리해 갈 수 있도록 도움을 줌으로써 다른 사람들의 공헌을 극대화한다.

③ 서번트 리더십 : 부하와 목표를 공유하고 부하들의 성장을 도모하면서 리더와 부하 간 신뢰를 형성시켜 궁극적으로 조직성과를 달성하게 한다.
④ 카리스마적 리더십 : 긴급하고 어려운 환경에 적합하며, 비전을 제시하고 구성원들이 효과적으로 단기성과를 낼 수 있도록 한다.
⑤ 거래적 리더십 : 변혁적 리더십의 반대 개념으로, 부하직원들이 직무를 완수하고 조직의 규칙을 따르도록 한다.

34

정답 ②

공정성이론은 조직구성원이 자신의 투입에 대한 결과의 비율을 동일한 직무 상황에 있는 준거인의 투입에 대한 결과의 비율과 비교하여 자신의 행동을 결정하게 된다는 이론이다.

오답분석

① 기대이론 : 구성원 개인의 모티베이션의 강도를 성과에 대한 기대와 성과의 유의성에 의해 설명하는 이론이다.
③ 욕구단계이론 : 인간의 욕구는 위계적으로 조직되어 있으며, 하위 단계의 욕구 충족이 상위 계층 욕구의 발현을 위한 조건이 된다는 이론이다.
④ 목표설정이론 : 의식적인 목표나 의도가 동기의 기초이며 행동의 지표가 된다고 보는 이론이다.
⑤ 인지적평가이론 : 성취감이나 책임감에 의해 동기유발이 되어 있는 것에 외적인 보상(승진, 급여인상, 성과급 등)을 도입하면 오히려 동기유발 정도가 감소한다고 보는 이론이다.

35

정답 ③

오답분석

① 서열법 : 피평정자의 근무성적을 서로 비교해서 그들 간의 서열을 정하여 평정하는 방법이다.
② 평정척도법 : 관찰하려는 행동에 대해 어떤 질적 특성의 차이를 단계별로 구분하여 판단하는 방법이다.
④ 중요사건기술법 : 피평정자의 근무실적에 큰 영향을 주는 중요사건들을 평정자로 하여금 기술하게 하거나 주요 사건들에 대한 설명구를 미리 만들고 평정자로 하여금 해당되는 사건에 표시하게 하는 평정방법이다.
⑤ 목표관리법 : 전통적인 충동관리나 상사 위주의 지식적 관리가 아니라 공동목표를 설정・이행・평가하는 전 과정에서 아랫사람의 능력을 인정하고 그들과 공동노력을 함으로써 개인목표와 조직목표 사이, 상부목표와 하부목표 사이에 일관성이 있도록 하는 관리방법이다.

36

정답 ⑤

사업 다각화는 무리하게 추진할 경우 오히려 수익성에 악영향을 줄 수 있는 단점이 있다.

오답분석

① 지속적인 성장을 추구하여 미래 유망산업 참여와 구성원에게 더 많은 기회를 줄 수 있다.
② 기업이 한 가지 사업만 영위하는 데 따르는 위험에 대비할 수 있다.
③ 보유자원 중 남는 자원을 활용하여 범위의 경제를 실현할 수 있다.
④ 사업 다각화를 통해 공동으로 대규모 거래 또는 자금을 조달하거나 유통망을 장악하여 시장을 지배할 수 있다.

37

정답 ②

오답분석

① 헤일로 효과 : 현혹효과라고 하며, 대상의 한 가지 특성에 대한 평가가 다른 분야 평가에 영향을 미치는 것이다.
③ 항상오차 : 인사고과 평가자의 심리적 오차를 말하며, 평가 대상자의 실제 성과보다 높게 평가하려는 관대화 경향, 대부분의 평가를 평균치에 집중하는 중심화 경향, 실제 성과보다 낮게 평가하려는 가혹화 경향이 있다.
④ 논리오차 : 각 고과 요소 간에 논리적 상관관계가 있을 경우 어느 요소 하나가 특징적이면 다른 요소도 그럴 것이라고 평가하는 것이다.
⑤ 대비오차 : 직무평가 기준이 아닌 자신만의 기준으로 자신과 대상을 비교하여 평가하는 것으로, 이런 오류를 방지하기 위해 판단기준을 통일해야 한다.

38

정답 ⑤

페이욜은 기업활동을 기술활동, 영업활동, 재무활동, 회계활동, 관리활동, 보전활동 6가지 분야로 구분하였다.

오답분석

② 차별 성과급제, 기능식 직장제도, 과업관리, 계획부 제도, 작업지도표 제도 등은 테일러의 과학적 관리법을 기본이론으로 한다.
③ 포드의 컨베이어 벨트 시스템은 생산원가를 절감하기 위해 표준 제품을 정하고 대량 생산하는 방식을 정립한 것이다.
④ 베버의 관료제 조직은 계층에 의한 관리, 분업화, 문서화, 능력주의, 사람과 직위의 분리, 비개인성의 6가지 특징을 가지며, 이를 통해 조직을 가장 합리적이고 효율적으로 운영할 수 있다고 주장한다.

39
정답 ①

기계적 조직은 집권적이며 규칙과 절차가 많고 엄격하다. 반면 유기적 조직은 분권적이며 융통성이 높고 제약이 적은 편이다.

40
정답 ⑤

㉠은 클로즈드 숍, ㉡은 오픈 숍, ㉢은 유니온 숍에 대한 설명이다.

오답분석

- 프레퍼렌셜 숍 : 근로자 고용 시 노동조합의 조합원 가입을 우선순위로 두는 제도이다.
- 에이전시 숍 : 비조합원도 조합원과 동일하게 노동조합에 대해 재정적 지원을 부담하는 제도이다.
- 메인테넌스 숍 : 일정 기간 동안 노동조합의 조합원 지위를 유지해야 하는 제도이다.

03 법학

01	02	03	04	05	06	07	08	09	10
②	④	③	③	③	②	②	②	②	①
11	12	13	14	15	16	17	18	19	20
③	⑤	③	⑤	④	②	③	①	③	⑤
21	22	23	24	25	26	27	28	29	30
①	③	④	④	①	④	③	②	③	④
31	32	33	34	35	36	37	38	39	40
③	③	⑤	④	①	⑤	②	②	①	④

01
정답 ②

법률 용어로서의 선의(善意)는 어떤 사실을 알지 못하는 것을 의미하며, 악의(惡意)는 어떤 사실을 알고 있는 것을 의미한다.

오답분석

① 문리해석과 논리해석은 학리해석의 범주에 속한다.
③ 유추해석에 대한 설명이다.
④ · ⑤ 추정은 불명확한 사실을 일단 인정하는 것으로 정하여 법률효과를 발생시키되 나중에 반증이 있을 경우 그 효과를 발생시키지 않는 것을 말한다. 반면 간주는 법에서 '간주한다=본다=의제한다'로 쓰이며, 추정과는 달리 나중에 반증이 나타나도 이미 발생된 효과를 뒤집을 수 없는 것을 말한다. 예를 들어 어음법 제29조 제1항에 '말소는 어음의 반환 전에 한 것으로 추정한다.'라는 규정이 있는데, 만약, 어음의 반환 이후에 말소했다는 증거가 나오면 어음의 반환 전에 했던 것은 없었던 걸로 하고, 어음의 반환 이후에 한 것으로 인정한다. 그러나 만약 '말소는 어음의 반환 전에 한 것으로 본다.'라고 했다면 나중에 반환 후에 했다는 증거를 제시해도 그 효력이 뒤집어지지 않는다(즉, 원래의 판정과 마찬가지로 어음의 반환 전에 한 것으로 한다).

02
정답 ④

제5차, 제6차 개정헌법에서는 헌법개정의 제안은 국회의 재적의원 3분의 1 이상 또는 국회의원선거권자 50만 명 이상의 찬성으로 한다고 규정하였고, 헌정사에서 대통령에게 헌법개정 제안권이 없었던 유일한 시기였다.

오답분석

① 제헌헌법은 헌법개정은 대통령 또는 국회의 재적의원 3분의 1 이상의 찬성으로 한다고 규정하였다.
② · ③ 제2차 개헌에서 헌법개정의 제안은 대통령, 민의원 또는 참의원 재적의원 3분의 1 이상 또는 민의원선거권자 50만 명 이상의 찬성으로 한다고 규정하였고, 이는 제3차 개정헌법에서도 동일하다.
⑤ 제7차 개헌에서 헌법개정은 대통령 또는 국회 재적의원 과반수의 발의로 제안된다고 규정하였다.

03

정답 ③

민주주의의 적에게는 자유를 인정할 수 없다는 방어적 민주주의가 구체화된 것이다.

04

정답 ③

외국인에게 인정되지 않는 것은 참정권, 생존권 등이고, 제한되는 것은 평등권, 재산권, 직업선택의 자유, 거주・이전의 자유(출입국의 자유), 국가배상청구권(국가배상법 제7조의 상호보증주의) 등이다. 외국인에게도 내국인과 같이 인정되는 것은 형사보상청구권, 인간의 존엄과 가치, 신체의 자유, 양심의 자유, 종교의 자유 등이다.

05

정답 ③

공무원은 국민 전체에 대한 봉사자로서 국민에 대해서 책임을 진다. 따라서 공무원은 특정 정당에 대한 봉사자여서는 안 되며, 근로3권이 제약된다.

06

정답 ②

행정행위는 행정처분이라고도 하며, 행정의 처분이란 행정청이 행하는 구체적 사실에 관한 법 집행으로서의 공권력의 행사 또는 그 거부와 그 밖에 이에 준하는 행정작용을 말한다(행정절차법 제2조 제2호).

07

정답 ②

권리의 주체와 분리하여 양도할 수 없는 권리는 권리의 귀속과 행사가 특정주체에게 전속되는 일신전속권을 말한다. 이러한 일신전속적인 권리에는 생명권, 자유권, 초상권, 정조권, 신용권, 성명권 등이 있다.

08

정답 ②

채권자대위소송의 상대방은 채권자의 채무자에 대한 피보전채권이 시효로 소멸하였음을 원용할 수 없음이 원칙이다(대판 2008.1.31, 2007다64471 참고).

오답분석

① 소유권은 원칙적으로 소멸시효에 걸리지 않는다.
③ 1개월 단위로 지급되는 집합건물의 관리비채권은 민법 제163조 제1호에 포함되는 채권이다(대판 2007.2.22, 2005다65821).
④ 소멸시효를 원용할 수 있는 사람은 권리의 소멸에 의하여 직접 이익을 받는 사람에 한정되는 바, 채권담보의 목적으로 매매예약의 형식을 빌어 소유권이전청구권 보전을 위한 가등기가 경료된 부동산을 양수하여 소유권이전등기를 마친 제3자는 당해 가등기담보권의 피담보채권의 소멸에 의하여 직접 이익을 받는 자이므로, 그 가등기담보권에 의하여 담보된 채권의 채무자가 아니더라도 그 피담보채권에 대한 소멸시효를 원용할 수 있고, 이와 같은 직접수익자의 소멸시효 원용권은 채무자의 소멸시효 원용권에 기초한 것이 아닌 독자적인 것으로서 채무자를 대위하여서만 시효이익을 원용할 수 있는 것은 아니며, 가사 채무자가 이미 그 가등기에 기한 본등기를 경료하여 시효이익을 포기한 것으로 볼 수 있다고 하더라도 그 시효이익의 포기는 상대적 효과가 있음에 지나지 아니하므로 채무자 이외의 이해관계자에 해당하는 담보 부동산의 양수인으로서는 여전히 독자적으로 소멸시효를 원용할 수 있다(대판 1995.7.11, 95다12446).
⑤ 민법 제495조

3년 단기소멸시효 적용 대상(민법 제163조)	1년 단기소멸시효 적용 대상(민법 제164조)
1. 이자, 부양료, 급료, 사용료 기타 1년 이내의 기간으로 정한 금전 또는 물건의 지급을 목적으로 한 채권 2. 의사, 조산사, 간호사 및 약사의 치료, 근로 및 조제에 대한 채권 3. 도급받은 자, 기사 기타 공사의 설계 또는 감독에 종사하는 자의 공사에 대한 채권 4. 변호사, 변리사, 공증인, 공인회계사 및 법무사에 대한 직무상 보대한 서류의 반환을 청구하는 채권 5. 변호사, 변리사, 공증인, 공인회계사 및 법무사의 직무에 대한 채권 6. 생산자 및 상인이 판매한 생산물 및 상품의 대가 7. 수공업자 및 제조자의 업무에 대한 채권	1. 여관, 음식점, 대석, 오락장의 숙박료, 음식료, 대석료, 입장료, 소비물의 대가 및 체당금의 채권 2. 의복, 침구, 장구 기타 동산의 사용료의 채권 3. 노역인, 연예인의 임금 및 그에 공급한 물건의 대금채권 4. 학생 및 수업자의 교육, 의식 및 유숙에 대한 교주, 숙주, 교사의 채권

09

정답 ②

판례(대판 2008.7.10, 2008다12453)에 따르면 재단법인 정관에 기재한 기본재산은 재단법인의 실체이며 목적을 수행하기 위한 기본적인 수단으로서, 그러한 기본재산을 처분하는 것은 재단법인의 실체가 없어지는 것을 의미하므로 함부로 처분할 수 없고 정관의 변경 절차를 필요로 한다. 정관의 변경은 민법상 주무관청의 허가를 얻어야 효력이 있으므로 재단법인이 기본재산을 처분할 경우에는 주무관청의 허가를 얻어야 한다.

오답분석

① 재단법인의 설립은 유언으로 가능하다(민법 제48조 제2항 참고).
③ 재단법인의 출연자는 착오를 이유로 출연의 의사표시를 취소할 수 있다(대판 1999.7.9, 98다9045).

④ 재단법인의 설립자가 그 명칭, 사무소 소재지 또는 이사 임면의 방법을 정하지 아니하고 사망한 때에는 이해관계인 또는 검사의 청구에 의하여 법원이 이를 보충할 수 있다(민법 제44조). 목적에 대한 사항은 보충의 대상이 아니다.
⑤ 재단법인의 목적을 달성할 수 없는 경우, 이사는 주무관청의 허가를 얻어 그 목적을 변경할 수 있다(민법 제46조 참고).

10

정답 ①

헌법은 널리 일반적으로 적용되므로 특별법이 아니라 일반법에 해당한다.

11

정답 ③

대판 1995.12.22., 94다42129

오답분석

① 인지 청구권은 본인의 일신전속적인 신분관계상의 권리로서 포기할 수도 없으며 포기하였더라도 그 효력이 발생할 수 없는 것이고, 이와 같이 인지 청구권의 포기가 허용되지 않는 이상 거기에 실효의 법리가 적용될 여지도 없다(대판 2001.11.27., 2001므1353).
② 임대차계약에 있어서 차임불증액의 특약이 있더라도 그 약정 후 그 특약을 그대로 유지시키는 것이 신의칙에 반한다고 인정될 정도의 사정변경이 있다고 보여지는 경우에는 형평의 원칙상 임대인에게 차임증액청구를 인정하여야 한다(대판 1996.11.12., 96다34061).
④ 취득 시효완성 후에 그 사실을 모르고 당해 토지에 관하여 어떠한 권리도 주장하지 않기로 하였다 하더라도 이에 반하여 시효주장을 하는 것은 특별한 사정이 없는 한 신의칙상 허용되지 않는다(대판 1998.5.22., 96다24101).
⑤ 강행법규에 위반하여 무효인 수익보장약정이 투자신탁회사가 먼저 고객에게 제의를 함으로써 체결된 것이라고 하더라도, 이러한 경우에 강행법규를 위반한 투자신탁회사 스스로가 그 약정의 무효를 주장함이 신의칙에 위반되는 권리의 행사라는 이유로 그 주장을 배척한다면, 이는 오히려 강행법규에 의하여 배제하려는 결과를 실현시키는 셈이 되어 입법취지를 완전히 몰각하게 되므로, 달리 특별한 사정이 없는 한 위와 같은 주장이 신의성실의 원칙에 반하는 것이라고 할 수 없다(대판 1999.3.23., 99다4405).

12

정답 ⑤

가정법원은 질병, 장애, 노령, 그 밖의 사유로 인한 정신적 제약으로 사무를 처리할 능력이 지속적으로 결여된 사람에 대하여 본인, 배우자, 4촌 이내의 친족, 미성년후견인, 미성년후견감독인, 한정후견인, 한정후견감독인, 특정후견인, 특정후견감독인, 검사 또는 지방자치단체의 장의 청구에 의하여 성년후견개시의 심판을 한다(민법 제9조 제1항). 사무를 처리할 능력이 부족한 사람의 경우에는 한정후견개시의 심판을 한다(민법 제12조 제1항 참고).

13

정답 ③

사망한 것으로 간주된 자가 그 이전에 생사불명의 부재자로서 그 재산관리에 관하여 법원으로부터 재산관리인이 선임되어 있었다면 재산관리인은 그 부재자의 사망을 확인했다고 하더라도 선임결정이 취소되지 아니하는 한 계속하여 권한을 행사할 수 있다(대판 1991.11.26., 91다11810).

14

정답 ⑤

행정심판법 제30조 제2항에서는 집행정지의 요건 중 하나로 중대한 손해를 예방할 필요성에 관하여 규정하고 있는 반면, 행정소송법 제23조 제2항에서는 집행정지의 요건 중 하나로 회복하기 어려운 손해가 생기는 것을 예방할 필요성에 관하여 규정하고 있다.

오답분석

① 행정심판법 제30조 제1항 및 행정소송법 제23조 제1항
② 행정심판법 제30조 제3항 및 행정소송법 제23조 제3항
③ 집행정지의 결정 또는 기각의 결정에 대하여는 즉시항고할 수 있다. 이 경우 집행정지의 결정에 대한 즉시항고에는 결정의 집행을 정지하는 효력이 없다(행정소송법 제23조 제5항). 반면, 행정심판법은 집행정지결정에 대한 즉시항고에 관하여 규정하고 있지 아니하다.
④ 위원회의 심리·결정을 기다릴 경우 중대한 손해가 생길 우려가 있다고 인정되면 위원장은 직권으로 위원회의 심리·결정을 갈음하는 결정을 할 수 있다(행정심판법 제30조 제6항). 반면, 행정소송법은 법원의 결정에 갈음하는 재판장의 직권결정에 관한 규정을 두고 있지 아니하다.

15

정답 ④

이사가 없거나 결원이 있는 경우에 이로 인하여 손해가 생길 염려 있는 때에는 법원은 이해관계인이나 검사의 청구에 의하여 임시이사를 선임하여야 한다(민법 제63조).

16

정답 ②

급부와 반대급부 사이의 '현저한 불균형'은 단순히 시가와의 차액 또는 시가와의 배율로 판단할 수 있는 것은 아니고 구체적·개별적 사안에 있어서 일반인의 사회통념에 따라 결정하여야 한다. 그 판단에 있어서는 피해 당사자의 궁박·경솔·무경험의 정도가 아울러 고려되어야 하고, 당사자의 주관적 가치가 아닌 거래상의 객관적 가치에 의하여야 한다(대판 2010.7.15., 2009다50308).

17

정답 ③

유추해석은 규정이 없을 때 유사한 법규를 적용하는 것을 의미한다.

오답분석

① 반대해석에 대한 설명이다.
② 문리해석에 대한 설명이다.
④ 확장해석에 대한 설명이다.
⑤ 물론해석에 대한 설명이다.

18

정답 ①

조건이 법률행위의 당시 이미 성취한 것인 경우에는 그 조건이 정지조건이면 조건 없는 법률행위로 하고 해제조건이면 그 법률행위는 무효로 한다(민법 제151조 제2항).

19

정답 ③

오답분석

① 계약 당시 손해배상액을 예정한 경우에는 다른 특약이 없는 한 채무불이행으로 인하여 입은 통상손해는 물론 특별손해까지도 예정액에 포함되고 채권자의 손해가 예정액을 초과한다 하더라도 초과부분을 따로 청구할 수 없다(대판 1993.4.23., 92다41719).
② 계약 당시 당사자 사이에 손해배상액을 예정하는 내용의 약정이 있는 경우에는 그것은 계약상의 채무불이행으로 인한 손해액에 관한 것이고 이를 그 계약과 관련된 불법행위상의 손해까지 예정한 것이라고는 볼 수 없다(대판 1999.1.15., 98다48033).
④ 채무불이행으로 인한 손해배상액의 예정이 있는 경우에는 채권자는 채무불이행 사실만 증명하면 손해의 발생 및 그 액을 증명하지 아니하고 예정배상액을 청구할 수 있다(대판 2000.12.8., 2000다50350).
⑤ 당사자 사이의 계약에서 채무자의 채무불이행으로 인한 손해배상액이 예정되어 있는 경우, 채무불이행으로 인한 손해의 발생 및 확대에 채권자에게도 과실이 있더라도 민법 제398조 제2항에 따라 채권자의 과실을 비롯하여 채무자가 계약을 위반한 경위 등 제반 사정을 참작하여 손해배상 예정액을 감액할 수는 있을지언정 채권자의 과실을 들어 과실상계를 할 수는 없다(대판 2016.6.10., 2014다200763, 200770).

20

정답 ⑤

채권자대위권은 채권자가 채무자의 권리를 행사하는 것이므로, 乙의 丙에 대한 채권은 소멸시효가 중단된다.

21

정답 ①

반의사불벌죄는 피해자가 처벌을 희망하지 않는다는 의사를 명백히 한 때에는 처벌할 수 없는 죄를 말하며, 단순·존속폭행죄(형법 제260조), 과실치상죄(형법 제266조), 단순·존속협박죄(형법 제283조), 명예훼손죄(형법 제307조) 및 출판물 등에 의한 명예훼손죄(형법 제309조) 등이 있다.

22

정답 ③

취소권·해제권·추인권은 형성권에 속한다. 즉, 일방의 의사표시 또는 행위에 의하여 법률관계가 변동되는 것이다.

23

정답 ④

탄핵결정은 공직으로부터 파면함에 그친다. 그러나 이에 의하여 민·형사상의 책임이 면제되지는 않는다(헌법 제65조 제4항).

오답분석

① 헌법 제65조 제1항
② 헌법 제65조 제2항 단서
③ 헌법 제71조
⑤ 헌법 제65조 제3항

24

정답 ④

우리 헌법에서 제도적 보장의 성격을 띠고 있는 것은 직업공무원제, 복수정당제, 사유재산제의 보장, 교육의 자주성·전문성 및 정치적 중립성의 보장, 근로자의 근로3권, 지방자치제도, 대학자치, 민주적 선거제도 등이 있다.

25

정답 ①

노동기본권은 근로의 권리(헌법 제32조 제1항)와 근로3권(단결권·단체교섭권·단체행동권)을 포함하는 일체의 권리를 말한다.

근로3권

- 단결권 : 근로자가 자주적으로 단결하여 근로지위 향상·개선을 위하여 노동조합 등 단결체를 조직·가입하거나 운영할 권리이다.
- 단체교섭권 : 노동조합이 주체가 되어 근로조건의 향상·개선을 위하여 사용자와 자주적으로 교섭할 권리이다.
- 단체행동권 : 근로자가 근로조건의 향상·개선을 위해 사용자에 대해 단체적인 행동을 할 권리이다.

26

정답 ④

각급 선거관리위원회는 재적위원 과반수 출석으로 개의하고 출석위원 과반수 이상의 찬성으로 의결한다(선거관리위원회법 제10조 제1항).

27

정답 ③

재단법인의 기부행위나 사단법인의 정관은 반드시 서면으로 작성하여야 한다.

사단법인과 재단법인의 비교

구분	사단법인	재단법인
구성	2인 이상의 사원	일정한 목적에 바쳐진 재산
의사결정	사원총회	정관으로 정한 목적 (설립자의 의도)
정관변경	총사원 3분의 2 이상의 동의 요(要)	원칙적으로 금지

28

정답 ②

오답분석

① 채권자는 자기의 채무자에 대한 부동산의 소유권이전등기청구권 등 특정채권을 보전하기 위하여 채무자가 방치하고 있는 그 부동산에 관한 특정권리를 대위하여 행사할 수 있고 그 경우에는 채무자의 무자력을 요건으로 하지 아니하는 것이다(대판 1992.10.27, 선고 91다483).

③ 민법 제404조 소정의 채권자대위권은 채권자가 자신의 채권을 보전하기 위하여 채무자의 권리를 자신의 이름으로 행사할 수 있는 권리라 할 것이므로, 채권자가 채무자의 채권자취소권을 대위행사하는 경우, 제소기간은 대위의 목적으로 되는 권리의 채권자인 채무자를 기준으로 하여 그 준수 여부를 가려야 할 것이다. 따라서 채권자취소권을 대위행사하는 채권자가 취소원인을 안 지 1년이 지났다 하더라도 채무자가 취소원인을 안 날로부터 1년, 법률행위가 있은 날로부터 5년 내라면 채권자취소의 소를 제기할 수 있다(대판 2001.12.27, 선고 2000다73049).

④ 민법상 조합원은 조합의 존속기간이 정해져 있는 경우 등을 제외하고는 원칙적으로 언제든지 조합에서 탈퇴할 수 있고(민법 제716조), 조합원이 탈퇴하면 그 당시의 조합재산상태에 따라 다른 조합원과 사이에 지분의 계산을 하여 지분환급청구권을 가지게 되는 바(민법 제719조), 조합원이 조합을 탈퇴할 권리는 그 성질상 조합계약의 해지권으로서 그의 일반재산을 구성하는 재산권의 일종이라 할 것이고 채권자대위가 허용되지 않는 일신전속적 권리라고는 할 수 없다(대판 2007.11.30, 자 2005마1130).

⑤ 채권자가 자기의 금전채권을 보전하기 위하여 채무자의 금전채권을 대위행사하는 경우 제3채무자로 하여금 채무자에게 지급의무를 이행하도록 청구할 수도 있지만, 직접 대위채권자 자신에게 이행하도록 청구할 수도 있다(대판 2016.8.29, 선고 2015다236547).

29

정답 ③

도로・하천 등의 설치 또는 관리의 하자로 인한 손해에 대하여는 국가 또는 지방자치단체는 국가배상법 제5조의 영조물 책임을 진다.

오답분석

① 도로건설을 위해 토지를 수용당한 경우에는 위법한 국가작용이 아니라 적법한 국가작용이므로 개인은 손실보상청구권을 갖는다.

② 공무원이 직무수행 중에 적법하게 타인에게 손해를 입힌 경우 국가는 배상책임이 없다.

④ 공무원도 국가배상법 제2조나 제5조의 요건을 갖추면 국가배상청구권을 행사할 수 있다. 다만, 군인・군무원・경찰공무원 또는 예비군대원의 경우에는 일정한 제한이 있다.

⑤ 국가배상법에서 규정하고 있는 손해배상은 불법행위로 인한 것이므로 적법행위로 인하여 발생하는 손실을 보상하는 손실보상과는 구별해야 한다.

30

정답 ④

상사에 관하여는 상법에 규정이 없으면 상관습법에 의하고 상관습법이 없으면 민법의 규정에 의한다(상법 제1조)는 점을 주의하여야 한다. 따라서 상법의 적용순서는 '상법 → 상관습법 → 민사특별법 → 민법 → 민사관습법 → 조리'의 순이다.

31

정답 ③

현행 헌법상 근로의 의무가 있다고 하여도 직업을 가지지 않을 자유가 부인되는 것은 아니다.

32

정답 ③

지방자치법 제34조 조례 위반에 대한 과태료의 경우에는 과태료의 부과・징수에 관한 일반법인 질서위반행위규제법이 적용되므로 그에 대한 불복이 있으면 항고소송이 아니라 질서위반행위규제법에 따른 비송사건절차법의 절차에 의하여 과태료처분을 한다(질서위반행위규제법 제1조・제20조).

오답분석

① 질서위반행위규제법 제28조, 대판 1993.11.23, 93누16833

② 질서위반행위규제법 제7조

⑤ 대판 2012.10.11, 2011두19369

33

정답 ⑤

ㄱ. 전세권은 설정계약, 취득시효, 양도 또는 상속에 의하여 취득할 수 있다.

ㄴ. 민법 제319조

ㄷ. 후순위 전세권자가 경매를 신청하여 매각되면, 선순위 저당권과 후순위 전세권 모두 소멸한다.

ㄹ. 임대인과 임차인이 임대차계약을 체결하면서 임대차보증금을 전세금으로 하는 전세권설정등기를 경료한 경우 임대차보증금은 전세금의 성질을 겸하게 되므로, 당사자 사이에 다른 약정이 없는 한 임대차보증금 반환의무는 민법 제317조에 따라 전세권설정등기의 말소의무와도 동시이행관계에 있다(대판 2011.3.24., 2010다95062).

34

정답 ④

채권이 이중으로 양도된 경우의 양수인 상호 간의 우열은 통지 또는 승낙에 붙여진 확정일자의 선후에 의하여 결정할 것이 아니라, 채권양도에 대한 채무자의 인식, 즉 확정일자 있는 양도통지가 채무자에게 도달한 일시 또는 확정일자 있는 승낙의 일시의 선후에 의하여 결정하여야 한다(대판 1994.4.26, 93다24223).

오답분석

① 대판 1969.12.23., 69다1745

② 지명채권(이하 '채권'이라 한다)의 양도라 함은 채권의 귀속주체가 법률행위에 의하여 변경되는 것, 즉 법률행위에 의한 이전을 의미한다. 여기서 '법률행위'란 유언 외에는 통상 채권이 양도인에게서 양수인으로 이전하는 것 자체를 내용으로 하는 그들 사이의 합의(채권양도계약)를 가리키고, 이는 이른바 준물권행위 또는 처분행위로서의 성질을 가진다(대판 2011.3.24, 2010다100711).

③ 대판 2003.12.11, 2001다3771

⑤ 민법 제450조 제1항

35

정답 ①

질권에 대한 설명이다(민법 제329조).

오답분석

② 유치권 : 타인의 물건이나 유가증권을 점유한 자가 그 물건이나 유가증권에 관하여 생긴 채권이 변제기에 있는 경우에 그 채권을 변제받을 때까지 그 물건이나 유가증권을 유치할 수 있는 법정담보물권이다(민법 제320조).

③ 저당권 : 채권자가 채무자 또는 제3자로부터 점유를 옮기지 않고 그 채권의 담보로 제공된 부동산에 대하여 일반 채권자에 우선하여 변제를 받을 수 있는 약정담보물권이다(민법 제356조).

④ 양도담보권 : 채권담보의 목적으로 물건의 소유권을 채권자에게 이전하고 채무자가 이행하지 아니한 경우에는 채권자가 그 목적물로부터 우선변제를 받게 되지만, 채무자가 이행을 하는 경우에는 목적물을 다시 원소유자에게 반환하는 비전형담보물권이다.

⑤ 임차권 : 임대차계약에 의하여 임차인이 임차물을 사용·수익하는 권리이다(민법 제618조).

36

정답 ⑤

추인은 취소의 원인이 소멸된 후에 하여야만 효력이 있으나(민법 제144조 제1항), 법정대리인 또는 후견인이 추인하는 경우에는 취소원인이 소멸되지 않아도 추인할 수 있다(민법 제144조 제2항).

오답분석

① 취소된 법률행위는 처음부터 무효인 것으로 본다(민법 제141조).

② 불공정한 법률행위로서 무효인 경우에는 추인에 의하여 무효인 법률행위가 유효로 될 수 없다(대판 1994.6.24., 94다10900).

③ 취소된 법률행위에 기하여 이미 이행된 급부는 법률상 원인이 없게 되므로 민법 제741조에 따라 부당이득으로 반환되어야 한다.

④ 취소할 수 있는 법률행위는 제140조에 규정한 자가 추인할 수 있고 추인 후에는 취소하지 못한다(민법 제143조 제1항).

37

정답 ②

ㄱ. 헌법 제117조, 제118조가 제도적으로 보장하고 있는 지방자치의 본질적 내용은 '자치단체의 보장, 자치기능의 보장 및 자치사무의 보장'이라고 할 것이나, … 마치 국가가 영토고권을 가지는 것과 마찬가지로, 지방자치단체에게 자신의 관할구역 내에 속하는 영토, 영해, 영공을 자유로이 관리하고 관할구역 내의 사람과 물건을 독점적, 배타적으로 지배할 수 있는 권리가 부여되어 있다고 할 수는 없다(헌재결 2006.3.30., 2003헌라2).

ㄷ. 지방자치법은 지방자치단체장의 계속 재임을 3기로 제한하고 있는데, 지방자치단체의 폐지·통합 시 지방자치단체장의 계속 재임을 3기로 제한함에 있어 폐지되는 지방자치단체장으로 재임한 것까지 포함시킬지 여부는 입법자의 재량에 달려 있다. 이처럼 우리 헌법 어디에도 지방자치단체의 폐지·통합 시 새로 설치되는 지방자치단체의 장으로 선출된 자에 대하여 폐지되는 지방자치단체장으로 재임한 기간을 포함하여 계속 재임을 3기로 제한하도록 입법자에게 입법 위임을 하는 규정을 찾아볼 수 없으며, 달리 헌법 해석상 그러한 법령을 제정하여야 할 입법자의 의무가 발생하였다고 볼 여지 또한 없다. 따라서 이 사건 입법부작위에 대한 심판청구는 진정입법부작위에 대하여 헌법소원을 제기할 수 있는 경우에 해당하지 아니한다(헌재결 2010.6.24., 2010헌마167).

ㅁ. 감사원의 지방자치단체에 대한 감사는 합법성 감사에 한정되지 않고 자치사무에 대하여도 합목적성 감사가 가능하여, 국가감독권 행사로서 지방자치단체의 자치사무에 대한 감사원의 사전적·포괄적 감사가 인정된다(헌재결 2009.5.28., 2006헌라6).

오답분석

ㄴ. 지방자치단체의 폐지·분합은 지방자치단체의 자치권의 침해 문제와 더불어 그 주민의 헌법상 보장된 기본권의 침해 문제도 발생시킬 수 있다. 지방자치단체의 폐치·분합을 규정한 법률의 제정과정에서 주민 투표를 실시하지 아니하였다 하여 적법절차원칙을 위반하였다고 할 수 없다(헌재결 1995.3.23., 94헌마175).

ㄹ. 지방자치단체는 법령의 범위 안에서 그 사무에 관하여 조례를 제정할 수 있다. 다만, 주민의 권리 제한 또는 의무 부과에 관한 사항이나 벌칙을 정할 때에는 법률의 위임이 있어야 한다. 조례에 대한 법률의 위임은 법규명령에 대한 법률의 위임과 같이 반드시 구체적으로 범위를 정하여 할 필요가 없으며 포괄적인 것으로 족하다(헌재결 1995.4.20., 92헌마264).

38

정답 ②

실수는 과실로 볼 수 있으며, 면책사유에는 해당되지 않는다.

보험자의 면책사유

- 보험사고가 보험계약자 또는 피보험자나 보험수익자의 고의 또는 중대한 과실로 인하여 생긴 때에는 보험자는 보험금액을 지급할 책임이 없다(상법 제659조 제1항).
- 보험사고가 전쟁 기타의 변란으로 인하여 생긴 때에는 당사자간에 다른 약정이 없으면 보험자는 보험금액을 지급할 책임이 없다(상법 제660조).

39

정답 ①

헌법소원은 공권력의 행사 또는 불행사로 인하여 헌법상 보장된 자신의 기본권이 직접적·현실적으로 침해당했다고 주장하는 국민의 기본권침해구제청구에 대하여 심판하는 것이다. 이를 제기하기 위해서는 다른 구제절차를 모두 거쳐야 하므로 법원에 계류중인 사건에 대해서는 헌법소원을 청구할 수 없다.

40

정답 ④

하명은 명령적 행정행위이다.

법률행위적 행정행위와 준법률행위적 행정행위

법률행위적 행정행위		준법률행위적 행정행위
명령적 행위	형성적 행위	
하명, 면제, 허가	특허, 인가, 대리	공증, 통지, 수리, 확인

04 경제학

01	02	03	04	05	06	07	08	09	10
②	⑤	④	⑤	①	⑤	⑤	④	②	⑤
11	12	13	14	15	16	17	18	19	20
④	①	③	①	⑤	①	④	⑤	②	①
21	22	23	24	25	26	27	28	29	30
④	⑤	②	③	③	④	①	②	④	④
31	32	33	34	35	36	37	38	39	40
③	③	②	②	③	②	②	⑤	①	②

01

정답 ②

간접효과는 정책이 직접적으로 의도한 바가 아닌, 의도치 않은 파생적 효과를 의미한다. 정부 정책은 직접적인 효과 외에도 사람들의 유인 구조에 영향을 끼쳐 간접적인 효과를 낳는다. 때로는 간접효과가 가져온 손해가 긍정적인 직접 효과를 압도해 정책의 취지를 무색하게 만든다.

오답분석

① 속물 효과 : 특정 상품을 소비하는 사람이 많아질수록 그 상품에 대한 수요는 줄어들고, 값이 오르면 오히려 수요가 늘어나는 현상을 가리킨다. 스놉효과, 백로효과라고도 한다.

③ 베블런 효과 : 과시를 위해 가격이 비쌀수록 수요가 증가하는 현상을 가리킨다.

④ 밴드왜건 효과 : 소비자가 대중적으로 유행하는 정보를 쫓아 상품을 구매하는 현상을 말한다.

⑤ 기저 효과 : 경제지표 증가율을 해석할 때 기준시점과 비교시점의 상대적인 위치에 따라서 경제상황에 대한 평가가 실제보다 위축되거나 부풀려지는 등의 왜곡이 일어나는 것을 말한다.

02

정답 ⑤

햄버거 전문점에서 햄버거를 생산하기 위해서는 생산요소 구입에 따른 비용이 발생한다. 이 경우 평균비용은 총비용을 산출량으로 나누어 계산하고, 한계비용은 산출량을 한 단위 증가시킬 때 총비용의 증가분으로 계산하다. 햄버거 전문점에서 생산하는 햄버거 수량에 따른 비용을 보면 생산량이 0개일 때도 2,500원의 비용이 발생하므로 고정비용은 2,500원이다. 햄버거 1개를 생산하기 위한 평균비용은 4,000원이고, 이와 마찬가지로 햄버거 2개는 3,000원, 3개는 3,000원, 4개는 3,250원, 5개는 3,600원이다. 또한 햄버거 1개의 한계비용은 1,500원이고, 이와 마찬가지로 햄버거 2개째는 2,000원, 3개째는 3,000원, 4개째는 4,000원, 5개째는 5,000원이다. 햄버거 3개를 생산하는 경우 평균비용은 3,000원이고, 3개째 햄버거의 한계비용도 3,000원으로 평균비용과 한계비용이 같다.

03

정답 ④

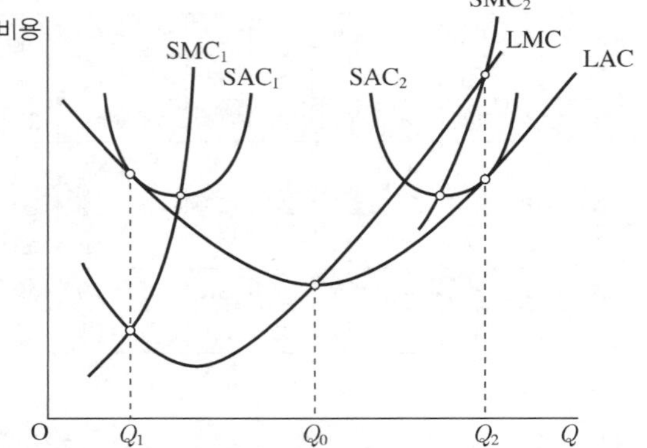

㉡ 단기한계비용곡선(SMC)은 장기한계비용곡선(LMC)보다 항상 가파른 기울기를 가진다.

㉣ 단기한계비용곡선(SMC)은 항상 단기평균비용곡선(SAC)이 최저가 되는 생산량 수준에서 장기평균비용곡선(LAC)과 만나지 않는다. 장기평균비용곡선(LAC)이 우하향하는 경우 단기평균비용곡선(SAC)의 최소점보다 왼쪽에서 단기한계비용곡선(SMC)과 장기한계비용곡선(LMC)이 교차하고, 장기평균비용곡선(LAC)이 우상향하는 경우에는 단기평균비용곡선(SAC)의 최소점보다 오른쪽에서 단기한계비용곡선(SMC)과 장기한계비용곡선(LMC)이 교차한다.

04

정답 ⑤

쿠즈네츠(Kuznets) 곡선은 사이먼 쿠즈네츠가 1950년대 내놓은 역(逆)유(U)자형 곡선으로, 소득 불평등 정도를 설명하는 그래프를 뜻한다. 쿠즈네츠는 산업화 과정에 있는 국가의 불평등 정도는 처음에 증가하다가 산업화가 일정 수준을 지나면 다시 감소한다고 주장했다. 쿠즈네츠는 이 연구로 1971년 노벨 경제학상을 받았다. 하지만 최근 『21세기 자본』의 저자 토마 피케티는 불평등이 감소한 이유로 산업화 진전이 아니라 대공황과 2차 세계대전에 따른 결과라고 주장했으며, 『왜 우리는 불평등해졌는가』를 쓴 브랑코 밀라노비치 뉴욕 시립대 교수는 최근 선진국에서는 세계화의 결과로 불평등이 다시 악화했다며 쿠즈네츠 곡선이 한 번 순환으로 끝나는 것이 아니라 불평등이 다시 상승하는 '파동' 형태를 가진다고 분석했다.

05

정답 ①

절대소득가설은 경제학자 케인스가 주장한 소비이론이다. 현재 소득이 소비를 결정하는 가장 중요한 요인으로 소득 이외 요인은 소비에 2차적인 영향만 미친다는 것이다. 하지만 현재 소비를 설명하기 위해 현재 소득에만 큰 비중을 두고 금융자산, 이자율, 장래소득의 기대 등 소비에 영향을 끼치는 다른 변수는 간과했다는 지적이 있다.

오답분석

② 항상소득가설 : 항상소득이 소비를 결정한다는 이론이다. 경제학자 밀턴 프리드먼은 소득을 정기적으로 확실한 항상소득과 임시적인 변동소득으로 구분해 항상소득이 소비에 영향을 미친다고 주장했다.

06

정답 ⑤

필립스 곡선은 영국의 경제학자 필립스가 찾아낸 실증 법칙으로, 실업률이 낮으면 임금상승률이 높고 실업률이 높으면 임금상승률이 낮다는 반비례 관계를 나타낸 곡선이다. 현재는 인플레이션율과 실업률 사이에 존재하는 역의 상관관계를 나타내는 곡선이다. S국 국민은 높은 실업률에 민감한 상태다. 필립스 곡선에 따르면 S국 정부는 실업률을 개선하기 위해 확장적 통화·재정정책을 시행해야 한다. 선택지의 다른 대책들과 달리 SOC 예산 축소는 투자를 축소시켜 실업률을 높일 수 있다.

07

정답 ⑤

보상적 임금격차는 선호하지 않는 조건을 가진 직장은 불리한 조건을 임금으로 보상해 줘야 한다는 것이다. 3D 작업환경에서 일하기 싫어하기 때문에 이런 직종에서 필요한 인력을 충원하기 위해서는 작업환경이 좋은 직종에 비해 더 높은 임금을 제시해야 한다. 이러한 직업의 비금전적인 특성을 보상하기 위한 임금의 차이를 보상적 격차 또는 평등화 격차라고 한다. 보상적 임금격차의 발생 원인에는 노동의 난이도, 작업환경, 명예, 주관적 만족도, 불안정한 급료 지급, 교육·훈련의 차이, 고용의 안정성 여부, 작업의 쾌적성, 책임의 정도, 성공·실패의 가능성 등이 있다.

08

정답 ④

비확률 표본추출(Non – Probability Sampling)은 모집단에 속한 모든 단위가 표본으로 선택받을 확률이 정확하게 결정되지 않은 상황의 표집 기법이다. 제시문에 해당하는 표본추출법인 판단표본추출법은 표집 편향에 영향을 받을 수 있어 모집단을 일반화하기 어렵다는 단점이 있다.

09

정답 ②

오답분석

나. 총공급곡선이란 각각의 물가 수준에서 기업 전체가 생산하는 재화의 공급량을 나타낸 곡선이다. 총공급곡선의 이동 요인으로는 생산 요소의 가격 변화, 기술 수준, 인구 증가 등이 있다. 신기술 개발은 총공급곡선을 오른쪽으로 이동시킨다.

다. 총수요(AD)는 국내에서 생산된 최종 생산물(실질 GDP)에 대한 수요로, 가계, 기업, 정부, 외국이 구입하고자 하는 재화의 양이다. 또한 각각의 물가 수준에서 실질 GDP에 대한 수요의 크기를 나타낸 곡선이 총수요곡선이다. 물가 수준이 주어져 있을 때 총수요의 구성 요소인 소비, 투자, 정부지출, 수출, 수입, 조세 등 일부가 변화하면 총수요곡선이 이동한다. 정부지출 감소는 총수요곡선을 왼쪽으로 이동시킨다.

10

정답 ⑤

예상한 인플레이션과 예상하지 못한 인플레이션의 경우 모두에서 메뉴비용이 발생한다. 물가변화에 따라 가격을 조정하려면 가격표 작성비용(메뉴비용)이 발생한다. 또한, 메뉴비용이 커서 가격조정이 즉각적으로 이루어지지 않은 경우에는 재화의 상대가격이 변화하고 이에 따라 자원배분의 비효율성이 발생한다.

11

정답 ④

이자율 평가설에 따르면 현물환율(S), 선물환율(F), 자국의 이자율(r), 외국의 이자율(r_f) 사이에 다음과 같은 관계가 성립한다.

$$(1+r)=(1+r_f)\frac{F}{S}$$

이때 식의 좌변은 자국의 투자수익률, 우변은 외국의 투자수익률을 의미한다. 즉, 균형에서는 양국 간의 투자수익률이 일치하게 된다. 주어진 정보를 식에 대입해 보면 $1.03<1.02\times\frac{1,200}{1,000}$ 으로, 미국의 투자수익률이 더 큰 상태이다. 이 상태에서 균형을 달성하기 위해서는 좌변이 커지거나 우변이 작아져야 한다. 따라서 한국의 이자율이 상승하거나, 미국의 이자율과 선물환율이 하락하거나, 현물환율이 상승해야 한다. 그리고 현재 미국의 투자수익률이 더 큰 상태이므로, 미국에 투자하는 것이 유리하다.

12

정답 ①

펭귄 효과는 여러 마리의 펭귄 무리에서 한 마리의 펭귄이 처음으로 바다에 뛰어들면 그 뒤를 이어 나머지 펭귄들도 바다에 뛰어드는 펭귄의 습성에서 비롯된 용어이다. 소비자가 특정 제품의 구매를 망설이고 있을 때, 지인이나 유명인이 먼저 구매하는 모습을 보고 본인도 선뜻 구매를 결정하게 되는 것으로, 이로 인해 구매가 폭발적으로 증가하게 된다.

오답분석

② 디드로 효과 : 하나의 물건을 갖게 되면 그것에 어울리는 다른 물건을 계속해서 사게 되는 현상을 뜻한다.
③ 스놉 효과 : 어떤 제품의 대중적인 수요가 증가하면 더 이상 그 제품을 구매하려 하지 않고, 희귀한 제품을 구매하고 싶어하는 현상으로, 속물 효과라고도 한다.
④ 베블런 효과 : 제품의 가격이 상승하면 그 제품을 특별한 것으로 생각하여 오히려 수요가 증가하는 현상을 뜻한다.
⑤ 립스틱 효과 : 경제적 불황기에 나타나는 특이한 소비패턴으로, 소비자 만족도가 높으면서도 가격이 저렴한 사치품(기호품)의 판매량이 증가하는 현상이다. 넥타이 효과라고도 한다.

13

정답 ③

상장지수펀드(ETF)는 지수연동형 펀드, 즉 인덱스펀드의 일종으로 거래소에 상장되어 일반적인 주식처럼 사고팔 수 있다는 것이 특징이다. 상장지수펀드를 매도할 때 증권거래세는 면제되나 배당소득 등에 대하여 배당소득세는 과세된다.

오답분석

나. 지수연동형 펀드이므로 지수를 추종하여 움직인다. 즉, 코스피 지수가 오르면 일반적으로 상장지수펀드의 가격도 올라간다.
다. 개별종목이 아닌 지수 전체에 투자하는 것이므로, 하나의 상장지수펀드에 투자하는 경우 큰 분산투자 효과를 누릴 수 있다.

14

정답 ①

가격이 변하기 전 예산선의 기울기는 -2, 무차별곡선의 기울기는 -0.5이므로 소비자 A는 자신의 소득 전부를 Y재를 구매하는 데에 사용한다. 그런데 X재 가격이 1로 하락하더라도 예산선의 기울기는 -1이므로 여전히 Y재만을 소비하는 것이 효용을 극대화한다. 따라서 가격이 변하더라도 X재와 Y재의 소비량은 변화가 없다.

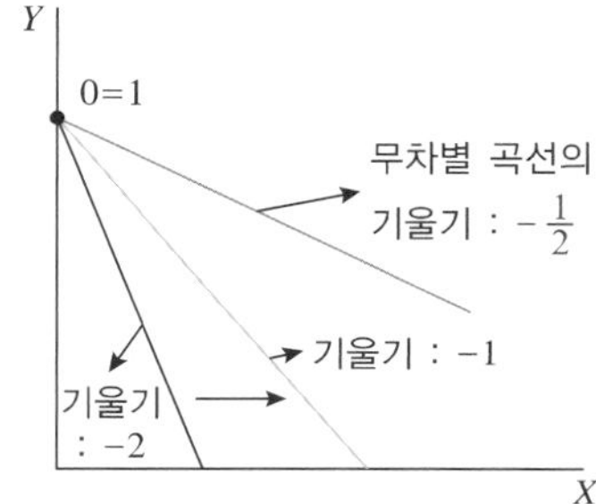

15

정답 ⑤

정책 실행시차의 존재로 인해 바람직하지 않은 결과를 초래하므로 정책 실행시차의 존재가 정부실패의 원인이 된다.

16

정답 ①

항상소득가설은 항상소득이 소비를 결정한다는 이론으로, 미국의 경제학자 밀턴 프리드먼이 주장했다. 프리드먼에 따르면 소득은 정기적이고 고정적인 항상소득과 임시적 수입인 변동소득(일시소득)으로 구분된다. 철수는 240만 원의 항상소득을 벌고 있지만 이번 달은 일시적으로 소득이 60만 원 줄었다. 항상소득가설에 따르면 일시적으로 소득이 60만 원 줄어든다고 해서 소비에 변화가 생기지는 않는다.

17

정답 ④

과점기업은 자신의 행동에 대한 상대방의 반응을 고려하여 행동을 결정하게 되는데, 상대방이 어떻게 반응할 것인지에 대한 예상을 추측된 변화 혹은 추측변이라고 한다. 베르트랑 모형에서는 각 기업이 상대방의 가격이 주어진 것으로 보기 때문에 가격의 추측된 변화가 1이 아닌 0이다. 한편, 굴절수요곡선 모형에서는 자신이 가격을 인상하더라도 상대방은 가격을 조정하지 않을 것으로 가정하므로 가격 인상 시에는 가격의 추측된 변화가 0이다. 그러나 가격을 인하하면 상대방도 가격을 낮추는 것을 가정하므로 가격인하 시의 추측변화는 0보다 큰 값을 갖는다.

18

정답 ⑤

다. 디플레이션이 발생하면 기업의 실질적인 부채부담이 증가한다.
라. 기업의 채무불이행이 증가하면 금융기관 부실화가 초래된다.

오답분석

가. 피셔효과에 따르면 '(명목이자율)=(실질이자율)+(예상인플레이션율)'의 관계식이 성립하므로 예상인플레이션율이 명목이자율을 상회할 경우 실질이자율은 마이너스(−) 값이 될 수 있다. 하지만 명목이자율은 마이너스(−) 값을 가질 수 없다.
나. 명목임금이 하방경직적일 때 디플레이션으로 인해 물가가 하락하면 실질임금은 상승하게 된다.

19

정답 ②

노동자가 10명일 때 1인당 평균생산량이 30단위이므로 총생산량은 300단위(=10×30)이다. 노동자가 11명일 때 1인당 평균생산량이 28단위이므로 총생산량은 308단위(=11×28)이다. 따라서 11번째 노동자의 한계생산량은 8단위이다.

20

정답 ①

케인스학파는 비용보다는 수익 측면에 초점을 맞추어 기업가들이 수익성 여부에 대한 기대에 입각해서 투자를 한다고 보고, 고전학파와는 달리 투자의 이자율 탄력성이 낮다고 보고 있다.

21

정답 ④

명목임금은 150만 원 인상되었으므로 10% 증가했지만, 인플레이션율 12%를 고려한 실질임금은 12−10=2% 감소하였다.

22

정답 ⑤

물가지수를 구할 때 상품에 대해 각각의 가중치를 부여한 후 합계를 내어 계산한다.

23

정답 ②

㉠ 생산비용 절감 또는 생산기술 발전 시 공급이 늘어나 공급곡선이 오른쪽으로 이동한다.
㉢ A의 가격이 높아지면 대체재인 B의 가격이 상대적으로 낮아져 수요가 늘어나 수요곡선이 오른쪽으로 이동한다.

오답분석

㉡ 정상재의 경우 수입이 증가하면 수요가 늘어나 수요곡선이 오른쪽으로 이동한다.
㉣ 상품의 가격이 높아질 것으로 예상되면 나중에 더 높은 가격에 팔기 위해 공급이 줄어들어 공급곡선이 왼쪽으로 이동한다.

24

정답 ③

한계비용(MC)은 생산량이 한 단위 증가할 때 평균총비용(AC)의 증가분을 나타내며, 평균총비용곡선의 기울기를 의미한다. 그러므로 평균총비용이 일정하면 한계비용은 0으로 일정하지만, 한계비용이 일정하더라도 평균비용은 일정하지 않을 수 있다.

25

정답 ③

역선택은 정보를 상대적으로 많이 가진 집단이 정보를 갖지 못한 집단에 대해 정보의 왜곡이나 오류를 통해 바람직하지 못한 거래를 하는 행위를 의미한다. 이와 마찬가지로 보험시장에서도 보험가입자가 보험회사보다 상대적으로 더 많은 정보를 가지고 있기 때문에 보험회사가 건강하지 않은 사람과 거래하는 역선택이 발생한다. 이러한 역선택 문제를 해결하기 위한 방안에는 선별과 신호발송이 있다. 이 중 선별이란 정보가 상대적으로 부족한 측에서 주어진 자료를 이용하여 상대방의 특성을 파악하는 것이다. 공기업 채용 시 자격증이나 어학성적을 원칙적으로 기입하지 못하게 하는 것은 역선택의 해결방법 중 선별을 포기하는 행위이다. 반면, 고용 시 감시 감독을 강화하거나 보수지급을 연기하는 것은 도덕적 해이를 줄이기 위한 방안이다.

26

정답 ④

무차별곡선은 소비자에게 동일한 만족을 주는 재화 묶음들을 연결한 곡선이다. 같은 무차별곡선상에서는 항상 같은 만족 수준을 느낀다. 위치가 다른 무차별곡선은 서로 다른 만족 수준을 나타낸다. 재화 소비량이 많을수록 만족 수준이 높아지기 때문에 원점에서 멀어질수록 만족 수준이 더 높다.

그래프는 같은 수준의 만족을 느끼는 A와 B묶음을 연결한 무차별곡선을 나타낸 것으로 점 a, b, c는 같은 만족을 주며 d는 원점에 더 가까우므로 만족 수준이 a, b, c에 비해 낮다. 무차별곡선의 기울기가 가파를수록 한계효용이 커지므로 a점에서는 B재 소비의 한계효용이 더 크다.

27

정답 ①

원자재 가격 폭등 등 부정적인 공급 충격으로 인해 비용 인상 인플레이션이 발생하면 총공급곡선이 왼쪽으로 이동하기 때문에 물가가 상승하고 산출량이 감소하여 실업률이 증가한다. 이는 단기 필립스 곡선의 우상방 이동을 의미한다($SP_1 \rightarrow SP_2$). 그러므로 단기적으로 경제의 균형점은 점 A에서 점 C로 이동한다. 정부가 개입하지 않는다면 점 C에서의 실업률은 자연 실업률보다 높은 상태이므로 임금이 낮아지게 되어 총공급곡선이 다시 오른쪽으로 이동하게 된다. 따라서 장기에는 필립스 곡선도 다시 좌하방으로 이동($SP_2 \rightarrow SP_1$)하므로 최초의 균형으로 복귀하게 되면서 장기적으로 균형점은 점 C에서 점 A로 이동한다.

28

정답 ②

국제유가가 상승하면 총공급곡선이 왼쪽으로 이동하므로 물가가 상승하고, 실질GDP가 감소하여 실업률이 높아진다. 실업률과 인플레이션이 모두 상승하면 단기 필립스 곡선은 우상방으로 이동하고(A → C), 장기에는 실제 실업률이 자연 실업률 수준으로 복귀하게 되므로 (C → A)로 이동한다.

29

정답 ④

경제활동인구란 일할 능력과 일할 의사가 있는 인구이다. 실망실업자의 경우에는 일할 능력은 있지만 일할 의사가 없으므로 비경제활동인구에 포함된다. 일자리를 구하는 중인 주부는 경제활동인구 중 실업자에 포함되며, 취업한 장애인, 일시적으로 휴직한 취업자, 부모가 운영하는 식당에서 유급으로 일한 대학생은 취업자에 해당하므로 경제활동인구에 포함된다.

30

정답 ④

보조금이 지급되어 공급곡선이 $S_1 \rightarrow S_2$로 이동하면, 재화의 시장가격이 $P_1 \rightarrow P_2$로 낮아지므로 소비자 잉여는 (d+e)만큼 증가한다. 보조금 지급 이후의 시장가격은 P_2이나 생산자는 공급곡선 S_1과 S_2의 수직거리에 해당하는 단위당 보조금을 지급받으므로 생산자가 실제로 받는 가격은 P_3이다. 보조금 지급으로 인해 생산자가 받는 가격이 $P_1 \rightarrow P_3$로 상승하면 생산자 잉여는 (a+b)만큼 증가한다. 한편, 단위당 보조금의 크기가 공급곡선 S_1과 S_2의 수직거리이고, 보조금 지급이후의 거래량은 Q_2이므로 정부가 지급한 보조금의 크기는 (a+b+c+d+e+f)이다. 정부가 지급한 보조금 중에서 소비자와 생산자에게 귀속되지 않은 부분인 (c+f)가 보조금 지급에 따른 사회적 후생손실에 해당한다.

구분	변화
소비자 잉여	(d+e)
생산자 잉여	(a+b)
보조금 지급액	−(a+b+c+d+e+f)
사회후생 변화	−(c+f)

31

정답 ③

S국의 실질 GDP, 명목 GDP, GDP 디플레이터를 2022년 기준으로 계산하면 다음과 같다.

연도	실질 GDP	명목 GDP	GDP 디플레이터
2023년	(2×16)+(4×12) =80	(4×16)+(2×12) =88	110
2022년	(2×20)+(4×10) =80	(2×20)+(4×10) =80	100

GDP 디플레이터는 명목 GDP를 실질 GDP로 나누어 100을 곱한 값이므로 2022년은 100이며, 2023년에는 110이다. 또한, 2022년 대비 2023년의 GDP 디플레이터 상승률은 10%이다.

32

정답 ③

준지대란 공장설비 등과 같이 단기적으로 고정된 생산요소에 대한 보수로, 총수입에서 총가변비용을 차감한 크기 또는 총고정비용에 초과이윤을 더한 크기이다.

X재의 가격은 40원이며, 균형에서 생산량이 100단위이므로 총수입은 4,000원이다. 생산량이 100단위일 때 평균비용은 24원, 평균고정비용이 10원이므로 총가변비용은 1,400원이다.

따라서 준지대는 4,000−1,400=2,600원이다.

총가변비용 공식

(총가변비용)=(평균가변비용*)×(생산량)

* (평균가변비용)=(평균비용)−(평균고정비용)

33

정답 ②

1년 동안 총 100개의 빵을 생산하였으므로 국내총생산(GDP)은 100×3달러=300달러이다. 국내소비는 빵 150달러(=50개×3달러)와 우유 50달러(=50통×1달러)로 총 200달러가 된다. 투자와 정부지출이 없으므로 200달러는 국내 경제주체들의 수요이다. 그러나 순수출이 빵 수출 150달러(=50개×3달러)에서 우유 수입 50달러(=50통×1달러)를 차감한 100달러이므로 총수요는 300달러가 된다.

34

정답 ②

생산가능인구는 경제활동인구와 비경제활동인구를 더한 인구 수이다.

실업률은 실업자 수를 경제활동인구로 나눠서 구할 수 있다.

$$\frac{(\text{실업자})}{(\text{경제활동인구})}=(\text{실업률})$$

고용률은 취업자 수를 생산가능인구로 나눠서 구할 수 있다.

$$\frac{(\text{취업자})}{(\text{생산가능인구})}=(\text{고용률})$$

따라서 S국의 실업률을 구하기 위해서 경제활동인구를 구하면 생산가능인구 2,500만 명 중 비경제활동인구가 500만 명이므로 경제활동인구는 2,000만 명이고, 그중 취업자가 1,800만 명이므로, 실업자는 200만 명이다. 따라서 실업률과 고용률을 계산하면 다음과 같다.

(실업률)$=\frac{200}{2,000}\times 100=10\%$

(고용률)$=\frac{1,800}{2,500}\times 100=72\%$

35

정답 ③

독점적 경쟁시장의 장기균형에서는 $P>SMC$가 성립한다.

오답분석

①·② 독점적 경쟁시장의 장기균형은 수요곡선과 단기평균비용곡선, 장기평균비용곡선이 접하는 점에서 달성된다.

④ 균형생산량은 단기평균비용의 최소점보다 왼쪽에서 달성된다.

⑤ 가격과 평균비용이 같은 지점에서 균형이 결정되므로, 장기 초과이윤은 0이다.

36

정답 ②

이자율 평가설(IRP)은 양국의 명목 이자율과 환율의 관계를 나타내며 이자율 평가설은 다음의 식으로 나타낼 수 있다.

[1+(국내 이자율)]=[1+(해외 이자율)]×[(예상환율)÷(현재환율)]

국내 이자율이 21%, 해외 이자율이 10%, 현재환율이 1,000원÷100엔이므로 앞서 계산한 값을 위의 식에 대입하면

(1+21%)=(1+10%)×[(예상환율)÷(100원/엔)]

따라서 예상환율은 1,100원/100엔이다.

37

정답 ②

독점기업의 경우 한계수입(MR)은

$MR=\frac{dTR}{dQ}=P\left(1-\frac{1}{E_p}\right)$이다.

주어진 값을 식에 대입해 보면 $MR=100\times\left(1-\frac{1}{2}\right)=50$이다.

이때 독점기업의 이윤극대화조건은 $MR=MC$이므로, 독점기업 S의 한계비용은 50임을 알 수 있다.

38

정답 ⑤

$$[\text{순현재가치(NPV)}]=-1,000+600/(1.1)+600/(1.1)(1.1)$$
$$=-1,000+1,041=41$$

즉, 1,000만 원을 투자하면 41만 원만큼 이득을 보는 것이므로 투자를 하는 것이 이득이다. 1,041만 원 미만을 투자하면 이득인 셈이다. 따라서 프로젝트 수행자가 시장에서 투자 자금을 공개적으로 모집한다면 이 프로젝트를 구입하려는 금액(가격)은 1,041만 원에 수렴할 것이다. 이처럼 미래에 현금수입이 발생하는 모든 수익성 자산의 가격은 미래에 들어올 현금유입액의 현재가치에 접근하게 된다. 주식 채권 상가 등 모든 자산의 이론가격은 미래 현금유입액의 현재가치라고 할 수 있다. 미래 현금이 영구적으로 들어온다면 연현금흐름을 시장이자율로 나눠주면 바로 그 자산의 가격이 된다.

39

정답 ①

경제적주문모형(Economic Order Quantity)

$$EOQ=\sqrt{\frac{2\times D\times S}{H}}$$

- D=연간수요량
- S=1회 주문비
- H=연간 재고 유지비

(D=연간수요량=19,200개, S=1회당 주문비=150원, H=연간 재고 유지비=16원)

$$\therefore EOQ=\sqrt{\frac{2\times 19,200\times 150}{16}}$$
$$=\sqrt{\frac{5,760,000}{16}}$$
$$=\sqrt{360,000}$$
$$=600\text{개}$$

40

정답 ②

비용함수는 생산량과 비용 사이의 관계를 나타내는 함수이다. 주어진 비용함수에서 생산량(Q)이 늘어날수록 총비용이 증가한다. 하지만 평균비용[(총비용)÷(생산량)]은 줄어든다. 예를 들어 생산량이 1, 2, 3개로 늘어날 경우 총비용(TQ)은 75, 100, 125로 증가하지만 평균비용은 75, 50(100÷2), 41.6(125÷3)으로 감소한다. 이는 평균 고정비[(고정비)÷(생산량)]가 생산량이 늘어날수록 줄어들기 때문이다. 고정비는 생산량과 관계없이 들어가는 비용으로, 주어진 함수에서는 50이다. 이처럼 생산량이 늘어날 때 평균비용이 줄어드는 것을 규모의 경제가 존재한다고 한다. 한계비용은 생산량이 하나 더 늘어날 때 들어가는 비용으로, 주어진 함수에서는 25(Q)로 일정하다. 따라서 평균비용은 생산량이 늘어날수록 증가한다는 설명은 옳지 않다.

서울교통공사 사무직 신입사원 필기시험

제2회 모의고사 정답 및 해설

제 1 영역 직업기초능력평가

01	02	03	04	05	06	07	08	09	10
③	②	③	②	①	①	③	⑤	③	②
11	12	13	14	15	16	17	18	19	20
③	②	①	⑤	③	①	②	②	②	③
21	22	23	24	25	26	27	28	29	30
④	③	①	③	③	⑤	②	②	①	①
31	32	33	34	35	36	37	38	39	40
③	②	③	④	④	④	⑤	②	④	③

01

정답 ③

'한국에서는 한 명의 변사가 영화를 설명하는 방식을 취하였으며, 영화가 점점 장편화되면서부터는 2명 또는 4명이 번갈아 무대에 등장하는 방식으로 바뀌었다.'라는 부분을 통해 ③이 적절한 내용임을 알 수 있다.

02

정답 ②

두 열차가 같은 시간 동안 이동한 거리의 합은 6km이다.
이때 두 열차가 이동한 시간을 x시간이라고 하자. KTX와 새마을호 속도의 비는 7 : 5이므로 KTX와 새마을호가 이동한 거리는 각각 $7x$km, $5x$km이다.
$7x+5x=6$
$\therefore x=0.5$
따라서 KTX가 이동한 거리는 3.5km이고, 새마을호가 이동한 거리는 2.5km이다.

03

정답 ③

지하철의 이동거리를 $x$km라 하면, 이상이 생겼을 때 지하철의 속력은 $60\times0.4=24$km/h이다. 평소보다 45분 늦게 도착하였으므로 다음 식이 성립한다.

$$\frac{x}{24}-\frac{x}{60}=\frac{45}{60} \rightarrow 5x-2x=90 \rightarrow 3x=90$$

$\therefore x=30$

04

정답 ②

A사원은 자사의 수익과 성과가 적은 이유를 단순히 영업에서의 문제로 판단하고, 타사의 근무하는 친구의 경험만을 바탕으로 이에 대한 해결방안을 제시하였다. 따라서 문제를 각각의 요소로 나누어 판단하는 분석적 사고가 부족한 사례로 볼 수 있다. A사원은 먼저 문제를 각각의 요소로 나누고, 그 요소의 의미를 도출한 후 우선순위를 부여하여 구체적인 문제해결방법을 실행해야 한다.

05

정답 ①

요금제별 추가요금을 표로 나타내면 다음과 같다.

구분	통화	데이터	문자	합계
A	0원	0원	0원	0원
B	70×120 =8,400원	2×5,000 =10,000원	0원	18,400원
C	10×120 =1,200원	4×5,000 =20,000원	25×220 =5,500원	26,700원
D	120×120 =14,400원	0원	5×220 =1,100원	15,500원
E	20×120 =2,400원	1×5,000 =5,000원	95×220 =20,900원	28,300원

각 통신상품의 기본요금과 추가요금의 합계를 구하면 다음과 같다.

- A : 75,000+0=75,000원
- B : 60,000+18,400=78,400원
- C : 50,000+26,700=76,700원
- D : 60,000+15,500=75,500원
- E : 50,000+28,300=78,300원

따라서 K사원에게는 A요금제가 가장 저렴하다.

06

정답 ①

데이터베이스(DB; Data Base)란 어느 한 조직의 여러 응용 프로그램들이 공유하는 관련 데이터들의 모임이다. 대학 내 서로 관련 있는 데이터들을 하나로 통합하여 데이터베이스로 구축하게 되면, 학생 관리 프로그램, 교수 관리 프로그램, 성적 관리 프로그램은 이 데이터베이스를 공유하며 사용하게 된다.

이처럼 데이터베이스는 여러 사람에 의해 공유되어 사용될 목적으로 통합하여 관리되는 데이터의 집합을 말하며, 자료항목의 중복을 없애고 자료를 구조화하여 저장함으로써 자료 검색과 갱신의 효율을 높인다.

오답분석

② 유비쿼터스 : 사용자가 네트워크나 컴퓨터를 의식하지 않고 장소에 상관없이 자유롭게 네트워크에 접속할 수 있는 정보통신 환경을 의미한다.
③ RFID : 극소형 칩에 상품정보를 저장하고 안테나를 달아 무선으로 데이터를 송신하는 장치를 말한다.
④ NFC : 전자태그(RFID)의 하나로, 13.56Mhz 주파수 대역을 사용하는 비접촉식 근거리 무선통신 모듈이며, 10cm의 가까운 거리에서 단말기 간 데이터를 전송하는 기술을 말한다.
⑤ 와이파이 : 무선접속장치(AP; Access Point)가 설치된 곳에서 전파를 이용하여 일정 거리 안에서 무선인터넷을 할 수 있는 근거리 통신망을 칭하는 기술이다.

07

정답 ③

기술 발전에 있어 환경 보호를 추구하는 점을 볼 때, 지속가능한 개발의 사례로 볼 수 있다. 지속가능한 개발은 경제 발전과 환경보전의 양립을 위하여 새롭게 등장한 개념으로 볼 수 있으며, 미래세대가 그들의 필요를 충족시킬 수 있는 가능성을 손상시키지 않는 범위에서 현재 세대의 필요를 충족시키는 개발인 것이다.

오답분석

① 개발독재 : 개발도상국에서 개발이라는 이름으로 행해지는 정치적 독재를 말한다.
② 연구개발 : 자연과학기술에 대한 새로운 지식이나 원리를 탐색하고 해명해서 그 성과를 실용화하는 일을 말한다.
④ 개발수입 : 기술이나 자금을 제3국에 제공하여 미개발자원 등을 개발하거나 제품화하여 수입하는 것을 말한다.

08

정답 ⑤

팀원 사이의 갈등을 발견하게 되면 제3자로서 빠르게 개입하여 중재해야 한다. 갈등을 일으키고 있는 팀원과의 비공개적인 미팅을 갖고, 다음과 같은 질문을 통해 의견을 교환하면 팀원 간의 갈등 해결에 도움이 된다.

- 내가 보기에 상대방이 꼭 해야만 하는 행동
- 상대방이 보기에 내가 꼭 해야만 하는 행동
- 내가 보기에 내가 꼭 해야만 하는 행동
- 상대방이 보기에 스스로 꼭 해야만 하는 행동

09

정답 ③

(나) 입시 준비를 잘 하기 위해서는 체력이 관건이다. → (가) 좋은 체력을 위해서는 규칙적인 생활관리와 알맞은 영양공급이 필수적이며, 특히 청소년기에는 좋은 영양상태를 유지하는 것이 중요하다. → (다) 그러나 우리나라 학생들의 식습관을 살펴보면 충분한 영양섭취가 이루어지지 못하고 있다.

10

정답 ②

각종 위원회 위원 위촉에 관한 전결규정은 없다. 따라서 ②가 옳지 않다. 단, 대표이사의 부재중에 부득이하게 위촉을 해야 하는 경우가 발생했다면 차하위자(전무)가 대결을 할 수는 있다.

11

정답 ③

투자비중을 고려하여 각각의 투자금액과 투자수익을 구하면 다음과 같다.

- 상품별 투자금액
  - A(주식) : 2,000만×0.4=800만 원
  - B(채권) : 2,000만×0.3=600만 원
  - C(예금) : 2,000만×0.3=600만 원
- 6개월 동안의 투자수익
  - A(주식) : $800\times\left[1+\left(0.10\times\frac{6}{12}\right)\right]=840$만 원
  - B(채권) : $600\times\left[1+\left(0.04\times\frac{6}{12}\right)\right]=612$만 원
  - C(예금) : $600\times\left[1+\left(0.02\times\frac{6}{12}\right)\right]=606$만 원

∴ 840+612+606=2,058만 원

12

정답 ②

- 평균 통화시간이 6분 초과 9분 이하인 여자 사원 수
  : $400\times\frac{18}{100}=72$명
- 평균 통화시간이 12분 초과인 남자 사원 수
  : $600\times\frac{10}{100}=60$명

따라서 $\frac{72}{60}=1.2$배 많다.

13

정답 ①

외부경영활동은 조직 외부에서 이루어지는 활동이므로, 기업의 경우 주로 시장에서 이루어지는 활동으로 볼 수 있다. 마케팅 활동은 시장에서 상품 혹은 용역을 소비자에게 유통시키는 데 관련된 대외적 이윤추구 활동이므로 외부경영활동으로 볼 수 있다.

오답분석

②·③·④·⑤ 인사관리에 해당되는 활동으로, 내부경영활동이다.

14

정답 ⑤

자기개발은 교육기관 이외에도 실생활에서 이루어지며, 평생에 걸쳐서 이루어지는 과정이다. 우리의 직장생활을 둘러싸고 있는 환경은 끊임없이 변화하고 있으며, 이로 인해 특정한 사건과 요구가 있을 경우뿐만 아니라 지속적으로 학습할 것이 요구된다. 또한 우리는 날마다 다른 상황에 처하게 되는데, 이러한 상황에 대처하

기 위해서는 학교교육에서 배우는 원리, 원칙을 넘어서 실생활에서도 지속적인 자기개발이 필요하다.

15
정답 ③

항목당 최하위 점수가 부여된 과제는 제외하므로, 중요도에서 최하위 점수가 부여된 B, 긴급도에서 최하위 점수가 부여된 D, 적용도에서 최하위 점수가 부여된 E를 제외한다. 나머지 두 과제에 대하여 주어진 조건에 의해 각 과제의 최종 평가 점수를 구하면 다음과 같다. 가중치는 별도로 부여되므로 추가 계산한다.

- A : $(84+92+96)+(84\times0.3)+(92\times0.2)+(96\times0.1)$
  $=325.2$점
- C : $(95+85+91)+(95\times0.3)+(85\times0.2)+(91\times0.1)$
  $=325.6$점

따라서 C를 가장 먼저 수행해야 한다.

16
정답 ①

먼저 AVERAGE 함수로 평균을 구하고, 천의 자릿수 자리 올림은 「ROUNDUP(수,자릿수)」로 구할 수 있다. 이때 자릿수는 소수점 이하 숫자를 기준으로 하여 일의 자릿수는 0, 십의 자릿수는 −1, 백의 자릿수는 −2, 천의 자릿수는 −3으로 표시한다.

17
정답 ②

도색이 벗겨진 차선과 지워지기 직전의 흐릿한 차선은 현재 직면하고 있으면서 바로 해결방법을 찾아야 하는 문제이므로, 눈에 보이는 발생형 문제에 해당한다. 발생형 문제는 기준을 이탈함으로써 발생하는 이탈 문제와 기준에 미달하여 생기는 미달 문제로 나누어 볼 수 있는데, 기사에서는 정해진 규격 기준에 미달하는 불량 도료를 사용하여 문제가 발생하였다고 하였으므로 이를 미달 문제로 분류할 수 있다. 따라서 기사에 나타난 문제는 발생형 문제로, 미달 문제에 해당한다.

18
정답 ②

전체 일의 양을 1이라고 하면 A, B가 각각 1시간 동안 일할 수 있는 일의 양은 $\frac{1}{2}$, $\frac{1}{3}$이다.

A 혼자 일하는 시간을 x시간, B 혼자 일하는 시간을 y시간이라고 하자.

$x+y=\frac{9}{4}$ ⋯ ㉠

$\frac{1}{2}x+\frac{1}{3}y=1$ ⋯ ㉡

㉠과 ㉡을 연립하면

$\therefore\ x=\frac{3}{2},\ y=\frac{3}{4}$

따라서 A가 혼자 일한 시간은 1시간 30분이다.

19
정답 ②

4차 산업혁명으로 대량실업 사태가 발생할 수 있다는 우려가 꾸준히 제기되고 있다는 마지막 문장을 통해 앞으로 4차 산업혁명의 부정적 영향에 대한 이야기가 이어질 것임을 추론할 수 있다.

20
정답 ③

관장하다 · 장관하다 : 일을 맡아서 주관하다.

오답분석

① 처리하다
  1. 사무나 사건 따위를 절차에 따라 정리하여 치르거나 마무리를 짓다.
  2. 일정한 결과를 얻기 위하여 화학적 또는 물리적 작용을 일으키다.

② 방관하다 : 어떤 일에 직접 나서서 관여하지 않고 곁에서 보기만 하다.

④ · ⑤ 권장하다 · 장권하다 : 권하여 장려하다.

21
정답 ④

오답분석

① 〈Home〉 : 커서를 행의 맨 처음으로 이동시킨다.
② 〈End〉 : 커서를 행의 맨 마지막으로 이동시킨다.
③ 〈Back Space〉 : 커서 앞의 문자를 하나씩 삭제한다.
⑤ 〈Alt〉+〈Page Up〉 : 커서를 한 쪽 앞으로 이동시킨다.

22
정답 ③

건물, 기계에 대한 점검 · 정비 · 보존의 불량은 산업재해의 기술적 원인으로 볼 수 있다.

오답분석

① · ④ 산업재해의 교육적 원인에 해당된다.
② · ⑤ 산업재해의 작업 관리상 원인에 해당된다.

23
정답 ①

일반적인 직업의 의미에서 직업은 경제적 보상받는 일이므로 예솔이의 이야기는 적절하지 않다.

일반적인 직업의 의미
- 직업은 경제적 보상을 받는 일이다.
- 직업은 노력이 소용되는 일이다.
- 직업은 계속적으로 수행하는 일이다.
- 직업은 사회적 효용성이 있는 일이다.
- 직업은 생계를 유지하는 일이다.

24

정답 ③

능력주의 문화는 조직요구의 분류에 속한다.

경력개발이 필요한 이유

환경변화	조직요구	개인요구
• 지식정보의 빠른 변화 • 인력난 심화 • 삶의 질 추구 • 중견사원 이직 증가	• 경영전략 변화 • 승진적체 • 직무환경 변화 • 능력주의 문화	• 발달단계에 따른 가치관, 신념 변화 • 전문성 축적 및 성장 요구 증가 • 개인의 고용시장 가치 증대

25

정답 ③

A사와 B사의 제품 판매가를 x원(단, $x>0$)이라 하면 두 번째 조건에 따라 A사와 B사의 어제 판매수량의 비는 4 : 3이므로 A사와 B사의 판매수량은 각각 $4y$개, $3y$개다. 세 번째 조건에 의하여 오늘 A사와 B사의 제품 판매가는 각각 x원, $0.8x$원이고, 네 번째 조건에 의하여 오늘 A사의 판매수량은 $4y$개, 오늘 B사의 판매수량은 $3y+150$개이다. 다섯 번째 조건에 의하여 두 회사의 오늘 전체 판매액은 동일하므로 다음 식이 성립한다.

$4xy=0.8x(3y+150) \rightarrow 4y=0.8(3y+150)$

$\therefore\ y=75$

따라서 오늘 B사의 판매수량은 $3\times75+150=375$개이다.

오답분석

①·⑤ $4xy=0.8x(3y+150)$에 y값을 대입하면 $300x=300x$이다. 즉, x에 어떤 수를 대입해도 식이 성립하므로 A사와 B사의 제품 판매 단가는 알 수 없다.

② • 오늘 A사의 판매수량 : $4\times75=300$개
 • 어제 B사의 판매수량 : $3\times75=225$개
 ∴ 오늘 A사의 판매수량과 어제 B사의 판매수량의 차이 : $300-225=75$개

④ 오늘 A사와 B사의 판매수량의 비는 300 : 375=4 : 5이므로 동일하지 않다.

26

정답 ⑤

많은 시간을 직장에서 보내는 일 중독자는 최우선 업무보다 가시적인 업무에 전력을 다하는 경향이 있다. 장시간 일을 한다는 것은 오히려 자신의 일에 대한 시간관리 능력의 부족으로 잘못된 시간관리 행동을 하고 있다는 것이다. 시간관리를 잘하여 일을 수행하는 시간을 줄일 수 있다면 업무 외에 다양한 여가를 즐길 수 있을 것이다.

27

정답 ②

[A1:A2] 영역을 선택한 뒤 채우기 핸들을 아래로 드래그하면 '월요일 – 수요일 – 금요일 – 일요일 – 화요일' 순서로 입력된다.

28

정답 ②

오답분석

① 분권화 : 의사결정 권한이 하급기관에 위임되는 조직 구조이다.

③ 수평적 : 부서의 수가 증가하는 것으로, 조직 구조의 복잡성에 해당된다.

④ 공식성 : 조직구성원의 행동이 어느 정도의 규칙성, 몰인격성을 갖는지에 대한 정도를 말한다.

⑤ 유기적 : 분권화된 조직 구조를 가지고 있으며, 지식의 통제 행위가 상층부가 아닌 구성원 수준에서 일어난다.

29

정답 ①

세 번째와 다섯 번째 근태 정보로부터 A사원은 야근을 3회, 결근을 2회 하였고, 네 번째와 여섯 번째 정보로부터 B사원은 지각을 2회, C사원은 지각을 3회 하였음을 알 수 있다. C사원의 경우 지각을 3회 하였으므로 결근과 야근을 각각 1회 또는 2회 하였는데, 근태 총점수가 −2점이므로 지각에서 −3점, 결근에서 −1점, 야근에서 +2점을 얻어야 한다. 마지막으로 B사원은 결근을 3회, 야근을 1회 하여 근태 총점수가 −4점이 된다. 이를 정리하면 다음과 같다.

(단위 : 회)

구분	A	B	C	D
지각	1	2	3	1
결근	2	3	1	1
야근	3	1	2	2
근태 총점수(점)	0	−4	−2	0

따라서 C사원이 지각을 가장 많이 하였다.

30

정답 ①

29번 해설을 통해 A사원과 B사원이 지각보다 결근을 많이 하였음을 알 수 있다.

31

정답 ③

전자레인지를 사용하면서 불꽃이 튀는 경우와 조리 상태가 나쁠 때 확인해야 할 사항에 사무실, 전자레인지의 전압을 확인해야 한다는 내용은 명시되어 있지 않다.

32

정답 ②

근로자가 업무에 관계되는 건설물, 설비, 원재료, 가스, 증기, 분진 등에 의하거나 직업과 관련된 기타 업무에 의하여 사망 또는 부상하거나 질병에 걸리게 되는 것을 산업재해로 정의하고 있기 때문에 휴가 중 일어나 사고는 업무와 무관하므로 산업재해가 아니다.

33

정답 ③

OJT(On the Job Training)는 조직 안에서 피교육자인 종업원이 직무에 종사하면서 받게 되는 교육 훈련방법이다. 집합교육으로는 기본적·일반적 사항 밖에 훈련시킬 수 없다는 것을 바꾸기 위해 나온 방법으로, 피교육자인 종업원이 업무수행의 중단되는 일이 없이 업무수행에 필요한 지식·기술·능력·태도를 교육훈련 받는 것을 말하며, 직장훈련·직장지도·직무상 지도 등이라고도 한다.

34

정답 ④

지하철이 A, B, C역에 동시에 출발하였다가 다시 동시에 도착하는 데까지 걸리는 시간은 3, 2, 4의 최소공배수인 12분이다. 따라서 세 지하철역에서 다섯 번째로 지하철이 동시에 도착한 시각은 12×4=48분 후인 오전 5시 18분이다.

35

정답 ④

조직의 경영자는 조직을 둘러싼 외부 환경에 대해 항상 관심을 가져야 하며, 외부 환경에 변화가 생겼을 경우 이를 조직에 전달하여야 한다.

경영자의 역할

- 대인적 역할 : 조직의 대표자, 조직의 리더, 상징자·지도자
- 정보적 역할 : 외부환경 모니터, 변화 전달, 정보전달자
- 의사결정적 역할 : 문제 조정, 대외적 협상 주도, 분쟁조정자·자원배분자·협상가

36

정답 ④

ㄴ. 모든 사람이 윤리적 가치보다 자신의 이익을 우선하여 행동한다면, 사회질서가 파괴될 수 있다.

ㄹ. 윤리적 행동의 당위성은 육체적 안락이나 경제적 이득보다 삶의 본질적 가치와 도덕적 신념에 근거한다.

오답분석

ㄱ. 모든 사람이 윤리적으로 행동할 때 나 혼자 비윤리적으로 행동을 하면 큰 이익을 얻을 수 있음에도 윤리적 규범을 지켜야 하는 이유는 어떻게 살 것인가 하는 가치관의 문제와도 관련이 있기 때문이다.

ㄷ. 사람이 윤리적으로 살아야 하는 이유는 윤리적으로 살 때 개인의 행복과 모든 사람의 행복을 보장할 수 있기 때문이다.

37

정답 ⑤

ㄱ. 자기개발은 크게 자아인식, 자기관리, 경력개발로 이루어진다.

ㄷ. 경력개발이 아닌 자기관리에 대한 설명이다.

ㄹ. 자기관리가 아닌 경력개발에 대한 설명이다.

오답분석

ㄴ. 자신의 가치, 신념, 흥미, 적성, 성격 등을 바르게 인식하는 자아인식은 자기개발의 첫 단계가 되며, 자신이 어떠한 특성을 가지고 있는지를 바르게 인식할 수 있어야 적절한 자기개발이 이루어질 수 있다.

38

정답 ②

제시문에서 옵트인 방식은 수신 동의 과정에서 발송자와 수신자 양자에게 모두 비용이 발생한다고 했으므로, 수신자의 경제적 손실을 막을 수 있다는 ②는 적절하지 않다.

39

정답 ④

개선 전 부품 1단위 생산 시 투입비용은 총 40,000원이었다. 생산비용 감소율이 30%이므로 개선 후 총비용은 28,000원이어야 한다. 따라서 ⓐ+ⓑ의 값은 28,000−(3,000+7,000+8,000)=10,000이다.

40

정답 ③

ㄴ. 어떤 기계를 선택해야 비용을 최소화할 수 있는지에 대해 고려하고 있는 문제이므로 적절한 설명이다.

ㄷ. • A기계를 선택하는 경우
  - 비용 : 8,000×10+10,000=90,000원
  - 이윤 : 100,000−90,000=10,000원
- B기계를 선택하는 경우
  - 비용 : 8,000×8+20,000=84,000원
  - 이윤 : 100,000−64,000=36,000원

따라서 합리적인 선택을 하는 경우는 B기계를 선택하는 경우이며, 36,000원의 이윤이 발생한다.

오답분석

ㄱ. B기계를 선택하는 경우가 A기계를 선택하는 경우보다 36,000−10,000=26,000원의 이윤이 더 발생한다.

ㄹ. A기계를 선택하는 경우 식탁을 1개 만드는 데 드는 비용은 90,000원이다.

제2영역 직무수행능력평가

| 01 | 행정학

01	02	03	04	05	06	07	08	09	10
①	②	⑤	⑤	③	④	③	⑤	②	③
11	12	13	14	15	16	17	18	19	20
④	④	③	①	④	⑤	⑤	②	①	⑤
21	22	23	24	25	26	27	28	29	30
⑤	⑤	④	③	④	③	②	⑤	⑤	②
31	32	33	34	35	36	37	38	39	40
②	④	②	③	③	③	④	④	①	①

01 정답 ①

앨리슨 모형은 1960년대 초 쿠바 미사일 사건과 관련된 미국의 외교정책 과정을 분석한 후 정부의 정책결정 과정을 설명하고 예측하기 위한 분석틀로, 세 가지 의사결정모형인 합리모형, 조직과정모형, 관료정치모형을 제시하여 설명한 것이다. 앨리슨은 이 중 어느 하나가 아니라 세 가지 모두 적용될 수 있다고 설명하였다.

02 정답 ②

오답분석

ㄱ. 허즈버그의 욕구충족요인 이원론에 의하면, 만족요인을 충족시켜줘야 조직원의 만족감을 높이고 동기를 유발할 수 있다.
ㄹ. 호손실험을 바탕으로 하는 인간관은 사회적 인간관이다.

03 정답 ⑤

품목별 예산제도는 지출대상 중심으로 분류를 사용하기 때문에 지출의 대상은 확인할 수 있으나, 지출의 주체나 목적은 확인할 수 없다.

04 정답 ⑤

예산의 이체는 정부조직 등에 관한 법령의 제정・개정 또는 폐지로 인하여 그 직무와 권한에 변동이 있는 경우 관련되는 예산의 귀속을 변경하여 예산집행의 신축성을 부여하는 제도이다. 사업내용이나 규모 등에 변경을 가하지 않고 해당 예산의 귀속만 변경하는 것으로, 어떤 과목의 예산부족을 다른 과목의 금액으로 보전하기 위하여 당초 예산의 내용을 변경시키는 예산의 이・전용과는 구분된다.
이체의 절차는 기획재정부장관이 중앙관서의 장의 요구에 따라 예산을 이체할 수 있도록 규정하고 있다. 정부조직법 개편 시 국회의 의결을 얻었기 때문에 이체 시 별도의 국회의 의결을 받을 필요는 없다.

오답분석

① 명시이월은 세출예산 중 경비의 성질상 연도내 지출을 끝내지 못할 것으로 예견되는 경우, 다음 연도로 이월할 수 있다는 취지를 명백히 하여 미리 국회의 의결을 거쳐 다음 연도에 이월하는 제도이다.
② 정부가 예비비로 사용한 금액의 총괄명세서를 다음 연도 5월 31일까지 국회에 제출하여 승인을 얻도록 한다(총액으로 사전에 의결을 받지만, 구체적인 사용 용도는 사후승인을 받는다. 이런 이유로 견해에 따라 사전의결의 원칙에 예외로 보는 견해도 있고, 예외가 아니라고 보는 견해도 있다).
③ 예산의 이용은 예산이 정한 장・관・항 간(입법과목)에 각각 상호 융통하는 것을 말한다. 예산 이용제도는 국가재정법 제45조에 따른 예산의 목적 외 사용금지 원칙의 예외로, 예산집행에 신축성을 부여하여 예산집행주체가 집행과정에서 발생한 여건변화에 탄력적으로 대응할 수 있도록 미리 국회의 의결을 받은 경우에 한하여 허용되고 있다.
④ 계속비는 완성에 수년도를 요하는 공사나 제조 및 연구개발사업은 그 경비의 총액과 연부액(年賦額)을 정하여 미리 국회의 의결을 얻은 범위 안에서 수년도에 걸쳐서 지출할 수 있는 제도로, 수년간의 예산이 안정적으로 집행되어 재정투자의 효율성을 높일 수 있는 제도이다.

05 정답 ③

ㄱ. 신공공관리론은 기업경영의 논리와 기법을 정부에 도입・접목하려는 노력이다.
ㄷ. 신공공관리론은 거래비용이론, 공공선택론, 주인 – 대리인이론 등을 이론적 기반으로 한다.
ㅁ. 신공공관리론은 가격과 경쟁에 의한 행정서비스 공급으로 공공서비스의 생산성을 강조하기 때문에 민주주의의 책임성이 결여될 수 있다.

오답분석

ㄴ. 신공공관리론은 법규나 규칙 중심의 관리보다는 임무와 사명중심의 관리를 강조한다.
ㄹ. 중앙정부의 감독과 통제를 강화하는 것은 전통적인 관료제 정부의 특징이다. 반면 신공공관리론은 분권을 강조한다.

06 정답 ④

제도화된 부패란 부패가 관행화되어버린 상태로, 부패가 실질적 규범이 되면서 조직 내의 공식적 규범은 준수하지 않는 상태가 만연한 경우를 의미한다. 이러한 조직에서는 지켜지지 않는 비현실적 반부패 행동규범의 대외적 발표를 하게 되며, 부패에 저항하는 자에 대한 보복이 뒤따르게 된다.

07 정답 ③

ㄱ. 보조금을 지급하는 것은 유인전략이다.
ㄴ. 안전장비 착용에 대한 중요성을 홍보하는 것은 설득전략이다.

ㄷ. 일반용 쓰레기봉투에 재활용품을 담지 못하도록 하는 것은 규제전략이다.
ㄹ. 주민지원을 촉진하는 촉진전략이다.

08

정답 ⑤

오답분석

ㄱ. 관세청은 기획재정부 소속이다.
ㄷ. 특허청은 산업통상자원부 소속이다.
ㄹ. 산림청은 농림축산식품부 소속이다.

09

정답 ②

암묵적 지식인 '암묵지'는 언어로 표현하기 힘든 개인적 경험, 주관적 지식 등을 이르는 말이다. 여기에는 조직의 경험, 숙련된 기술, 개인적 노하우 등이 해당된다. 형식지는 객관화된 지식, 언어를 통해 표현 가능한 지식을 말하는데, 여기에는 업무매뉴얼, 컴퓨터 프로그램, 정부 보고서 등이 포함된다.

10

정답 ③

저소득층을 위한 근로장려금 제도는 재분배정책에 해당한다.

오답분석

① 규제정책 : 제약과 통제를 하는 정책으로, 진입규제, 독과점규제가 이에 해당한다.
② 분배정책 : 서비스를 배분하는 정책으로, 사회간접자본의 건설, 보조금 등이 이에 해당한다.
④ 추출정책 : 환경으로부터 인적·물적 자원을 확보하려는 정책으로, 징세, 징집, 노동력동원, 토지수용 등이 이에 해당한다.

11

정답 ④

거래비용이론 중 현대적 이론에 대한 설명이다. 현대적 이론에서는 조직은 거래비용을 감소하기 위한 장치로 기능한다고 본다.

조직이론의 전개

구분	고전적 조직이론	신고전적 조직이론	현대적 조직이론
인간관	합리적 경제인관	사회인관	복잡인관
구조 체제	공식적 구조	비공식적 구조	유기체적 구조 (공식적 +비공식적)
기초 이론	과학적관리론, 행정관리론	인간관계론, 후기인간관계론	후기관료모형, 상황적응이론
가치	기계적 능률성	사회적 능률성	다원적 목표·가치
환경	폐쇄체제		개방체제
성격	정치·행정 이원론, 공·사행정 일원론	정치·행정이원론의 성격이 강함	정치·행정 일원론, 공·사행정 이원론

12

정답 ④

고객이 아닌 시민에 대한 봉사는 신공공서비스론의 원칙이다. 신공공관리론은 경쟁을 바탕으로 한 고객 서비스의 질 향상을 지향한다.

오답분석

①·②·③·⑤ 신공공관리론의 특징이다.

13

정답 ③

정책대안의 탐색은 정책문제를 정의하는 단계가 아니라 정책목표 설정 다음에 이루어진다.

정책문제의 정의
- 관련 요소 파악
- 가치 간 관계의 파악
- 인과관계의 파악
- 역사적 맥락의 파악

14

정답 ①

정책의 수혜집단이 강하게 조직되어 있는 집단이라면 정책집행은 용이해진다.

오답분석

② 집행의 명확성과 일관성이 보장되어야 한다.
③ 규제정책의 집행과정에서 실제로 불이익을 받는 자가 생겨나게 되는데 이때 정책을 시행하는 과정에서 격렬한 갈등이 발생할 수 있다.
④ '정책집행 유형은 집행자와 결정자와의 관계에 따라 달라진다.'는 나카무라(Nakamura)와 스몰우드(Smallwood)의 주장이다.
⑤ 정책의 집행에는 대중의 지지, 매스컴의 반응, 정책결정기관의 입장, 정치·경제·사회·문화적 흐름 등 많은 환경적 요인들이 영향을 끼친다.

15

정답 ④

책임운영기관은 정책기능으로부터 분리된 집행 및 서비스 기능을 수행하는 기관을 말한다. 주로 경쟁원리에 따라 움직일 수 있고 성과관리가 용이한 분야에서 이루어지며, 기관운영상에 상당한 자율권을 부여한다는 것이 특징이다. 따라서 책임운영기관은 성과관리가 용이한 분야에 주로 적용된다.

16 정답 ⑤

오답분석

① 매트릭스 조직은 기능구조와 사업구조를 절충한 형태로, 두 조직의 화학적 결합을 시도한 구조이다. 팀제와 유사한 조직으로는 수평조직이 있다.
② 정보통신의 발달은 통솔범위의 확대를 가져온다.
③ 기계적 조직 구조는 직무범위가 좁다.
④ 유기적인 조직은 환경의 변화에 유려하게 적응할 수 있도록 설계된 조직이다. 안정적인 환경에서 더 높은 성과를 내는 조직은 기계적 조직이다.

17 정답 ⑤

규칙적 오류는 어떤 평정자가 다른 평정자들보다 언제나 좋은 점수 혹은 나쁜 점수를 주는 것을 말한다.

근무평정상의 대표적 오류

연쇄효과	피평정자의 특정 요소가 다른 평정요소의 평가에까지 영향을 미치는 것
집중화의 오류	무난하게 중간치의 평정만 일어나는 것
규칙적 오류	한 평정자가 지속적으로 낮은 혹은 높은 평정을 보이는 것
시간적 오류	시간적으로 더 가까운 때에 일어난 사건이 평정에 더 큰 영향을 끼치는 것
상동적 오류	피평정자에 대한 선입견이나 고정관념이 다른 요소의 평정에 영향을 끼치는 것

18 정답 ②

다면평가제는 경직된 분위기의 계층제적 사회에서는 부하의 평정, 동료의 평정을 받는 것이 조직원들의 강한 불쾌감을 불러올 수 있고, 이로 인해 조직 내 갈등상황이 불거질 수 있다.

19 정답 ①

예산개혁의 경향은 '통제 지향 – 관리 지향 – 기획 지향 – 감축 지향 – 참여 지향'의 순서로 발달하였다.

20 정답 ⑤

특별지방행정기관은 국가사무의 통일적이고 전문적인 처리를 위하여 국가가 지방에 설치한 행정기관을 의미한다. 따라서 주민들의 직접 통제와 참여가 용이하지 않다.

오답분석

① 특별지방행정기관은 지역의 특수성보다는 사무의 통일적이고 전문적인 처리를 위하여 설치한다.
② 특별지방행정기관은 중앙정부에 의한 통제를 강조하므로 지방자치의 발전을 저해한다.
③ 특별지방행정기관은 불명확한 역할 배분(기능 중복)으로 인하여 행정의 낭비와 비효율성이 야기된다.
④ 특별지방행정기관은 지방자치단체와의 이원적 업무수행으로 인하여 지역별 책임행정을 저해할 수 있다.

21 정답 ⑤

오답분석

ㄱ. 보수주의 정부관에 따르면 정부에 대한 불신이 강하고 정부실패를 우려한다.
ㄴ. 공공선택론은 정부를 공공재의 생산자로 규정하고 있다. 그러나 대규모 관료제에 의한 행정은 효율성을 극대화하지 못한다고 비판하므로 옳지 않다.

보수주의 · 진보주의 정부관

구분	보수주의	진보주의
추구 가치	• 자유 강조 (국가로부터의 자유) • 형식적 평등, 기회의 평등 중시 • 교환적 정의 중시	• 자유를 열렬히 옹호 (국가에로의 자유) • 실질적 평등, 결과의 평등 중시 • 배분적 정의 중시
인간관	• 합리적이고 이기적인 경제인	• 오류가능성의 여지 인정
정부관	• 최소한의 정부 – 정부 불신	• 적극적인 정부 – 정부 개입 인정
경제 정책	• 규제 완화 • 세금감면 • 사회복지정책의 폐지	• 규제 옹호 • 소득재분배정책 • 사회보장정책
비고	• 자유방임적 자본주의	• 복지국가, 사회민주주의, 수정자본주의

22 정답 ⑤

방송통신위원회는 대통령 소속 위원회이다.

정부위원회의 소속별 종류

대통령 소속 위원회	방송통신위원회, 규제개혁위원회
국무총리 소속 위원회	국민권익위원회, 개인정보보호위원회, 공정거래위원회, 금융위원회, 원자력안전위원회
독립위원회	국가인권위원회

23 정답 ④

발생주의는 수입과 지출의 실질적인 원인이 발생하는 시점을 기준으로 하여 회계계리를 한다. 따라서 정부의 수입은 '납세고지' 시점을 기준으로, 정부의 지출은 '지출원인행위'의 발생 시점을 기준으로 계산한다.

24 정답 ③

제시문은 무의사결정이론에 대한 설명이다. 무의사결정(Non-Decision Making)은 의사결정자(엘리트)의 가치나 이익에 대한 잠재적이거나 현재적인 도전을 억압하거나 방해하는 결과를 초래하는 행위를 말한다. 무의사결정은 기존 엘리트세력의 이익을 옹호하거나 보호하는 데 목적이 있다.

오답분석

① 다원주의에 대한 설명이다. 다원주의에서는 사회를 구성하는 집단들 사이에 권력은 널리 동등하게 분산되어 있으며, 정책은 많은 이익집단의 경쟁과 타협의 산물이라고 설명한다.
② 공공선택론에 대한 설명이다.
④ 신국정관리론(뉴거버넌스)에 대한 설명이다.
⑤ 신공공서비스론에 대한 설명이다.

25 정답 ④

베버는 관료제의 부정적 병리 현상인 목표의 대치현상을 고려하지 못하였다. 목표의 대치현상은 목적보다는 수단을 중시하는 현상으로, 동조과잉이라고도 한다.

26 정답 ③

계획과 예산 간의 불일치를 해소하고 이들 간에 서로 밀접한 관련성을 갖게 하는 제도는 계획 예산제도(PPBS)이다.

27 정답 ②

(가) 1910년대 과학적 관리론 → (다) 1930년대 인간관계론 → (나) 1940년대 행정행태론 → (라) 1990년대 후반 신공공서비스론의 순서이다.

28 정답 ⑤

통합 방식은 일정한 광역권 안의 여러 자치단체를 포괄하는 단일의 정부를 설립하여 주도적으로 광역사무를 처리하는 방식으로, 선진국보다는 개발도상국에서 많이 채택한다.

29 정답 ⑤

윌슨의 정치행정이원론에 따르면 행정의 비정치성이란 행정은 정치적 이념 혹은 집안이나 특정 개인의 선호도를 고려하지 않고 중립적으로 이루어져야 한다는 것을 의미한다.

30 정답 ②

외부효과 발생 시 부정적 외부효과를 줄이도록 유도책 혹은 외부효과 감축지원책을 도입하여 문제를 해결할 수도 있다.

31 정답 ②

㉠ 정부가 시장에 대해 충분한 정보를 확보하는 데에 실패함으로 인해 정보 비대칭에 따른 정부실패가 발생한다.
㉢ 정부행정은 단기적 이익을 중시하는 정치적 이해관계의 영향을 받아 사회에서 필요로 하는 바보다 단기적인 경향을 보인다. 이처럼 정치적 할인율이 사회적 할인율보다 높기 때문에 정부실패가 발생한다.

오답분석

㉡ 정부는 독점적인 역할을 수행하기 때문에 경쟁에 따른 개선효과가 미비하여 정부실패가 발생한다.
㉣ 정부의 공공재 공급은 사회적 무임승차를 유발하여 지속가능성을 저해하기 때문에 정부실패가 발생한다.

32 정답 ④

ㄴ. 헌법 제57조
ㄷ. 국회법 제84조 제5항
ㅁ. 국회법 제79조의2 제2항

오답분석

ㄱ. 위원회는 세목 또는 세율과 관계있는 법률의 제정 또는 개정을 전제로 하여 미리 제출된 세입예산안은 이를 심사할 수 없다(국회법 제84조 제7항).
ㄹ. 예산결산특별위원회의 위원의 임기는 1년으로 한다. 하지만 예결특위는 다른 특별위원회와 달리 연중 가동되므로 활동기한이 없다(국회법 제45조 제5항).

33 정답 ②

공익, 자유, 복지는 행정의 본질적 가치에 해당한다.

행정가치

- 본질적 가치(행정을 통해 실현하려는 궁극적인 가치) : 정의, 공익, 형평, 복지, 자유, 평등
- 수단적 가치(본질적 가치 달성을 위한 수단적인 가치) : 합법성, 능률성, 민주성, 합리성, 효과성, 가외성, 생산성, 신뢰성, 투명성

34 정답 ③

㉠은 직급, ㉡은 직렬에 대한 설명이다.

- 직급 : 직무의 종류, 곤란도, 책임의 정도가 상당히 유사한 직위의 무리이다.
- 직렬 : 직무의 종류가 유사하고 그 책임과 곤란성의 정도가 서로 다른 직급의 무리이다.
- 직군 : 직업 분류에 있어서 직무의 성질이 유사한 직렬을 광범위하게 모아놓은 무리이다(직위분류제의 구조를 이루는 단위 중 가장 큰 단위이다).
- 직류 : 동일한 직렬 내에서의 담당분야가 동일한 직무의 군이다.

35

정답 ③

경제성질별 분류는 예산이 국민경제에 미치는 영향을 파악하기 위해 편성하며, 경제정책이나 재정정책의 수립에 유용하고 정부거래의 경제적 효과분석이 용이한 분류방식이다.

36

정답 ③

ㄴ. 1999년 김대중 정부는 대통령 소속의 중앙인사위원회를 설치해 대통령의 인사권 행사를 강화했다.
ㄹ. 2004년 노무현 정부는 법제처와 국가보훈처를 장관급 기구로 격상하고, 소방방재청을 신설했다.
ㄱ. 2008년 이명박 정부는 정부통신부를 폐지하고 방송통신위원회를 설치하였다.
ㄷ. 2013년 박근혜 정부 때 부총리제가 부활하고 외교통상부의 통상 교섭 기능이 산업통상자원부로 이관됐다.

37

정답 ④

정보의 공개를 청구하는 자는 해당 정보를 보유하거나 관리하고 있는 공공기관에 정보공개청구서를 제출하거나 말로써 정보의 공개를 청구할 수 있다. 다만, 정보공개는 모든 국민, 법인과 단체뿐만 아니라 일정한 조건하에서 외국인도 청구할 수 있다(공공기관의 정보공개에 관한 법률 제5조).

38

정답 ④

오답분석

ㄱ. 엽관주의는 정당에의 충성도와 공헌도를 기준으로 관직에 임용하는 방식의 인사제도이다.
ㄴ. 엽관주의는 국민과의 동질성 및 일체감을 확보하고, 선거를 통해 집권정당과 관료제의 책임성을 확보하고자 하는 민주주의의 실천원리로써 대두되었다.
ㅁ. 엽관주의는 국민에 대한 관료의 대응성을 높일 수 있다는 장점이 있다.

39

정답 ①

지역주민들의 소득 증가는 사회자본의 형성 모습과 직접적인 연관이 없다.

오답분석

②·⑤는 네트워크, ③은 신뢰, ④는 규범에 대한 설명으로 사회자본과 직접 연관되어 있는 개념이다.

40

정답 ①

총액배분 자율편성 예산제도는 중앙예산기관이 국가재정운용계획에 따라 각 부처의 지출한도를 하향식으로 설정해 주면 각 부처가 배정받은 지출한도 내에서 자율적으로 편성하는 예산제도이다.

02 경영학

01	02	03	04	05	06	07	08	09	10
⑤	⑤	①	①	②	③	⑤	⑤	③	④
11	12	13	14	15	16	17	18	19	20
②	③	⑤	①	④	①	②	③	②	④
21	22	23	24	25	26	27	28	29	30
①	⑤	①	④	①	⑤	③	⑤	③	②
31	32	33	34	35	36	37	38	39	40
⑤	①	①	③	②	②	④	③	②	②

01

정답 ⑤

대비오류(Contrast Error)는 대조효과라고도 하며, 연속적으로 평가되는 두 피고과자 간의 평가점수 차이가 실제보다 더 큰 것으로 느끼게 되는 오류를 말한다. 면접 시 우수한 후보의 바로 뒷순서에 면접을 보는 평범한 후보가 중간 이하의 평가점수를 받는 경우가 바로 그 예라고 할 수 있다.

02

정답 ⑤

주어진 매트릭스에서 시장 지위를 유지하며 집중 투자를 고려해야 하는 위치는 사업의 강점도 높고 시장의 매력도 또한 높은 프리미엄이다.
프리미엄에서는 성장을 위하여 적극적으로 투자하며, 사업 다각화 전략과 글로벌 시장 진출을 고려해야 하고, 또한 너무 미래지향적인 전략보다는 적정선에서 타협을 하는 단기적 수익을 수용하는 전략이 필요하다.

GE 매트릭스

3×3 형태의 매트릭스이며, Y축 시장매력도에 영향을 끼치는 요인은 시장 크기, 시장 성장률, 시장수익성, 가격, 경쟁강도, 산업평균 수익률, 리스크, 진입장벽 등이고, X축 사업강점에 영향을 끼치는 요인은 자사의 역량, 브랜드 자산, 시장 점유율, 고객충성도, 유통 강점, 생산 능력 등이 있다.

03

정답 ①

ㄱ. 변혁적 리더십은 거래적 리더십에 대한 비판에서 발생된 것으로, 현상 탈피, 변화 지향성, 내재적 보상의 강조, 장기적 관점이 특징이다.
ㄷ. 카리스마 리더십은 부하에게 높은 자신감을 보이며 매력적인 비전을 제시한다.

오답분석

ㄴ. 거래적 리더십은 전통적 리더십 이론으로, 현상 유지, 안정 지향성, 즉각적이고 가시적인 보상체계, 단기적 관점이 특징이다.

ㄹ. 슈퍼 리더십은 부하들이 역량을 최대한 발휘하여 셀프 리더가 될 수 있도록 환경을 조성해 주고 동기부여를 할 줄 아는 리더십이다.

04

정답 ①

주제품과 함께 사용되어야 하는 종속제품을 높은 가격으로 책정하여 마진을 보장하는 전략을 종속제품 가격결정이라고 한다.

오답분석

② 묶음 가격결정 : 몇 개의 제품들을 하나로 묶어서 할인된 가격으로 판매하는 전략이다.

③ 단수 가격결정 : 제품 가격의 끝자리를 단수로 표시하여 소비자들이 제품의 가격이 저렴하다고 느껴 구매하도록 하는 가격전략이다.

④ 침투 가격결정 : 빠른 시일 내에 시장에 깊숙이 침투하기 위해, 신제품의 최초가격을 낮게 설정하는 전략이다.

⑤ 스키밍 가격결정 : 신제품이 시장에 진출할 때 가격을 높게 책정한 후 점차적으로 그 가격을 내리는 전략이다.

05

정답 ②

수직적 통합은 원재료 획득에서부터 최종제품의 생산, 판매에 이르기까지의 제품의 전체적인 공급과정에서 기업이 어느 일정 부분을 통제하는 전략으로 다각화의 한 방법이며, 이는 전방통합과 후방통합으로 구분할 수 있다. 원재료를 공급하는 기업이 생산기업을 통합하거나, 생산기업이 유통채널을 가진 기업을 통합하는 것을 전방통합이라고 한다. 반면 유통기업이 생산기업을 통합하거나, 생산기업이 원재료 공급업체를 통합하는 것을 후방통합이라고 한다. 수직적 통합은 경쟁자 배제, 수익의 증대, 기술적 일관성 증가 등의 장점이 있다.

06

정답 ③

명성가격은 가격이 높아질수록 품질이 좋다고 인식되고, 소비자들은 제품의 가격과 자신의 권위가 비례한다고 생각한다. 따라서 이런 제품의 경우 가격이 떨어지면 초기 매출은 증가하겠지만 나중으로 갈수록 오히려 매출이 감소하게 된다.

07

정답 ⑤

상대평가는 피평가자들 간 비교를 통하여 평가하는 방법으로, 피평가자들의 선별에 초점을 두는 인사평가이다. 상대평가 기법으로는 서열법, 쌍대비교법, 강제할당법 등이 있다.

서열법은 피평가자의 능력·업적 등을 통틀어 그 가치에 따라 서열을 매기는 기법이고, 쌍대비교법은 두 사람씩 쌍을 지어 비교하면서 서열을 정하는 기법이다. 또한, 강제할당법은 사전에 범위와 수를 결정해 놓고 피평가자를 일정한 비율에 맞추어 강제로 할당하는 기법이다.

절대평가

피평가자의 실제 업무수행 사실에 기초하여 피평가자의 육성에 초점을 둔 평가방법이다. 절대평가 기법으로는 평정척도법, 체크리스트법, 중요사건기술법 등이 있다.

- 평정척도법 : 피평가자의 성과, 적성, 잠재능력, 작업행동을 평가하기 위해 평가요소들을 제시하고 이에 따라 단계별 차등을 두어 평가하는 기법
- 체크리스트법 : 직무상 행동들을 구체적으로 제시하고 평가자가 해당 서술문을 체크하는 기법
- 중요사건기술법 : 피평가자의 직무와 관련된 효과적이거나 비효과적인 행동을 관찰하여 기록에 남긴 후 평가하는 기법

08

정답 ⑤

인간관계론은 메이요(E. Mayo)와 뢰슬리스버거(F. Roethlisberger)를 중심으로 호손실험을 거쳐 정리된 것으로, 과학적 관리법의 비인간적 합리성과 기계적 도구관에 대한 반발로 인해 발생한 조직이론이다. 조직 내의 인간적 요인을 조직의 주요 관심사로 여겼으며, 심리요인을 중시하고, 비공식 조직이 공식 조직보다 생산성 향상에 더 중요한 역할을 한다고 생각했다.

09

정답 ③

동기부여이론

내용이론	과정이론
• 매슬로의 욕구단계설 • 앨더퍼의 ERG 이론 • 허즈버그의 2요인 이론 • 맥그리거의 X이론 – Y이론 • 맥클랜드의 성취동기 이론	• 브룸의 기대이론 • 포터와 로울러의 기대이론 • 애덤스의 공정성이론

10

정답 ④

오답분석

① 강제할당법에 대한 설명이다.

② 대조표법에 대한 설명이다.

③ 중요사건기술법에 대한 설명이다.

⑤ 에세이평가법에 대한 설명이다.

11

정답 ②

메인테넌스 숍은 조합원이 되면 일정 기간 동안 조합원의 신분을 유지하도록 하는 제도를 말한다. 조합원이 아닌 종업원에게도 노동조합비를 징수하는 제도는 에이전시 숍이다.

12

정답 ③

곱셈의 법칙이란 각 서비스 항목에 있어서 처음부터 점수를 우수하게 받았어도, 마지막 단계의 마무리에서 0이면 결과는 0으로 형편없는 서비스가 되는 것을 의미한다. 즉, 처음부터 끝까지 단계마다 잘해야 한다는 뜻이다.

13

정답 ⑤

Q-비율이 1보다 크다는 것은 시장에서 평가되는 기업의 가치가 자본량을 늘리는 데 드는 비용보다 더 큼을 의미하므로 투자를 하는 것이 바람직하고, 1보다 작을 경우에는 기업의 가치가 자본재의 대체비용에 미달함을 의미함으로 투자를 감소하는 것이 바람직하다. 또한, 이자율이 상승하면 주가가 하락하여 Q-비율 또한 하락하게 되므로 투자를 감소시키는 것이 바람직하다. 토빈의 Q-비율은 주식시장에서 평가된 기업의 시장가치(분자)를 기업의 실물자본의 대체비용(분모)으로 나눠서 도출할 수 있다.

14

정답 ①

직무현장훈련(OJT; On the Job Training)이란 업무와 훈련을 겸하는 교육훈련 방법을 의미한다. 실습장 훈련, 인턴사원, 경영 게임법 등은 (Off-JT; Off the Job Training)에 해당한다.

15

정답 ④

(결합레버리지도)=(영업레버리지도)×(재무레버리지도)

$=2\times1.5=3$

16

정답 ①

비유동자산은 재무상태표 작성일을 기준으로 1년 이내에 현금화할 수 없는 자산을 말한다. 비유동자산은 크게 투자자산, 유형자산, 무형자산으로 구분할 수 있고, 이때 투자자산은 기업의 본래 영업활동이 아닌 투자목적으로 보유하는 자산, 유형자산은 토지, 건물 등 부동산 자산과 기계장치, 설비 등을 말한다. 그리고 그 외 영업권, 산업재산권 등을 무형자산이라고 한다.

17

정답 ②

수익성 지수는 여러 투자안이 있을 때 어느 투자안이 경제성이 있는지 판단하기 위해 쓰인다.

18

정답 ③

기능별 전략(Functional Strategy)은 기업의 주요 기능 영역인 생산 및 마케팅, 재무, 인사, 구매 등을 중심으로 상위 전략인 기업 전략 내지 사업 전략을 지원하고 보완하기 위해 수립되는 전략이다. 예시로는 R&D 전략, 마케팅 전략, 생산 전략, 재무 전략, 구매 전략 등이 있다. 반면, 차별화 전략은 사업 전략에 해당한다.

기업 전략(Corporate Strategy)
조직의 사명(Mission) 실현을 위한 전략으로, 기업의 기본적인 대외경쟁방법을 정의한 것이다.
예 안정 전략, 성장 전략, 방어 전략 등

사업 전략(Business Strategy)
특정 산업이나 시장 부문에서 기업이 제품이나 서비스의 경쟁력을 확보하고 개선하기 위한 전략이다.
예 원가우위 전략, 차별화 전략, 집중화 전략 등

19

정답 ②

오답분석

① 주식공개매수는 불특정 다수인으로부터 주식을 장외에서 매수하는 형태이다.
③ 주식공개매수를 추진하는 인수기업은 대상기업의 주식 수, 매수기간, 매수가격 및 방법 등을 공개하고, 이에 허락하는 주주에 한해 대상회사의 주식을 취득하게 된다.
④ 공개매수에서 매수가격은 현재의 시장가격보다 대부분 높게 요구되는 것이 특징이다.
⑤ 대상기업의 기업지배권이 부실하고 경영도 제대로 되지 않아 주식이 하락된 대상기업의 경우, 인수기업은 직접 대상기업의 주주들로부터 주식을 인수하는 적대적인 방법을 이용하게 된다. 반대로 경영진의 기업지배권이 강하고 주가가 높은 대상기업의 경우 적대적 M&A가 쉽지 않다. 따라서 인수기업은 대상기업과 우호적인 방식으로 주식공개매수를 협상한다.

20

정답 ④

노조가입의 강제성의 정도에 따른 것이므로 '클로즈드 숍 – 유니언 숍 – 오픈 숍' 순서이다.

21

정답 ①

경제성장이란 생산요소의 부존량이나 생산성이 증대하여 국민 경제의 생산 능력이 증대하는 현상으로, 한 경제의 국내총생산(GDP)이 지속적으로 증가하는 현상을 말한다. 솔로우 경제성장모형에서는 규모에 대한 수익불변인 1차 동차생산함수를 사용하고 있으므로 자본의 한계생산물은 체감한다. 이 모형에 따르면 자본축적, 교육을 통한 인적자본 형성, 정부정책의 차이 등은 경제성장의 주요 원인이다. 솔로우 경제성장모형은 경제성장의 요인이 모형의 외부에서 결정되므로 외생적 성장모형이라고도 하는데, 이 모형에서 지속적인 경제성장은 외생적인 기술진보에 의해 가능하다. 또한 인구증가율이 높아지면 1인당 자본량과 1인당 생산량은 감소하지만, 경제 전체적으로 볼 때 생산요소의 양이 증가하므로 경제 전체의 총생산량은 오히려 증가한다.

22

정답 ⑤

대량생산·대량유통으로 규모의 경제를 실현하여 비용 절감을 하는 전략은 비차별화 전략으로, 단일제품으로 단일 세분시장을 공략하는 집중화 전략과는 반대되는 전략이다.

23

정답 ①

인과모형은 예측방법 중 가장 정교한 방식으로, 관련된 인과관계를 수학적으로 표현하는 연구모형이다.

24

정답 ④

1차 연도 이후부터 매년 1,000개씩 생산량이 감소하므로 추정 총생산량은 1차 연도 10,000개+2차 연도 9,000개+3차 연도 8,000개+4차 연도 7,000개+5차 연도 6,000개=40,000개이다.

$$(\text{생산량 단위당 감가상각비})=\frac{(\text{취득원가})-(\text{잔존가치})}{(\text{추정 총생산량})}$$

$=\frac{2,000,000-200,000}{40,000}=45$이므로 1차 연도의 감가상각비는 총 ₩450,000이다.

25

정답 ①

- (매출원가)=(기초재고액)+(당기매입액)−(기말재고액)
- (기말재고액)=(기초재고액)+(당기매입액)−(매출원가)
  =₩9,000+₩42,000−₩45,000
  =₩6,000

재고자산

기초재고액	₩9,000	매출원가	₩45,000
당기매입액	₩42,000	기말재고액(기말장부액)	₩6,000

∴ ₩6,000(기말장부액)−₩4,000(기말순실현가능가치)
=₩2,000(평가손실)

26

정답 ⑤

체계적 오차는 측정 과정에서 일정한 패턴이나 규칙성을 가지는 오차를 말하고, 측정 도구와 관계없이 측정상황에 따라 발생하는 오차는 비체계적 오차이다. 비체계적 오차가 적다는 것은 신뢰성이 높다고 볼 수 있다.

27

정답 ③

- 유형자산 계정 : 토지, 건물, 구축물, 기계장치, 선박, 차량운반구, 건설 중인 자산 등
- 무형자산 계정 : 영업권, 개발비, 산업재산권, 라이센스, 프랜차이즈, 저작권, 광업권 등

28

정답 ⑤

수평적 분화는 조직 내 직무나 부서의 개수를 의미하며, 전문화의 수준이 높아질수록 직무의 수가 증가하므로 수평적 분화의 정도는 높아지는 것이 일반적이다.

29

정답 ③

집중적 마케팅 전략은 전체 세분시장 중에서 특정 세분시장을 목표시장으로 삼아 집중 공략하는 전략으로, 해당 시장의 소비자 욕구를 보다 정확히 이해하여 그에 걸맞은 제품과 서비스를 제공함으로써 전문화의 명성을 얻을 수 있으며, 그로 인해 생산·판매 및 촉진활동을 전문화함으로써 비용을 절감시킬 수 있다.

30

정답 ②

오답분석

① 목적적합성과 충실한 표현은 근본적 질적 특성이다.
③ 정보이용자들이 미래 결과를 예측하기 위해 사용하는 절차의 투입요소로 재무정보가 사용될 수 있다면, 그 재무정보는 예측가치를 갖는다. 즉, 재무정보가 예측가치를 갖기 위해서 그 자체가 예측치 또는 예상치일 필요는 없다. 예측가치를 갖는 재무정보는 정보이용자 자신이 예측하는 데 사용된다.
④ 재무정보의 제공자와는 달리 이용자의 경우에는 제공된 정보를 분석하고 해석하는 데 원가가 발생한다.
⑤ 재무정보가 과거 평가를 확인하거나 변경시킨다면 확인가치를 갖는다.

31

정답 ⑤

오답분석

① 여가가 정상재일 때, 비례소득세 부과로 인한 대체효과가 소득효과보다 크면 노동공급은 감소한다.
② 여가가 정상재일 때, 비례소득세와 동일한 조세수입을 가져다주는 비왜곡적인 정액세를 부과하는 경우 노동공급은 증가한다.
③ 여가가 열등재일 때, 비례소득세 부과로 인한 대체효과가 소득효과보다 크면 노동공급은 감소한다.
④ 여가가 열등재일 때, 비례소득세와 동일한 조세수입을 가져다주는 비왜곡적인 정액세를 부과하는 경우 노동공급은 감소한다.

32

정답 ①

실물적 경기변동이론에서 경기변동은 실물적 충격이 발생했을 때 경제주체들의 최적화 행동의 결과로 인해 균형 자체가 변하는 현상이다. 또한, 경기변동과정에서 발생하는 실업은 모두 자발적 실업이라고 본다. 실물적 경기변동이론에서는 경기변동을 균형현상이라고 보기 때문에 경기변동이 발생하더라도 정부가 개입할 필요는 없다고 주장하며, 화폐의 중립성이 성립하므로 통화량의 변동은 경기에 아무런 영향을 미치지 않는다고 주장한다.

33
정답 ①

2부제 가격(이중요율) 전략은 제품의 가격체계를 기본가격과 사용 가격으로 구분하여 2부제로 부가하는 가격정책을 말한다. 즉, 제품의 구매량과는 상관없이 기본가격과 단위가격이 적용되는 가격 시스템을 의미한다.

34
정답 ③

오답분석

① 아웃소싱 : 일부의 자재, 부품, 노동, 서비스를 외주업체에 이전해 전문성과 비용 효율성을 높이는 것을 말한다.
② 합작투자 : 2개 이상의 기업이 공동으로 투자하여 새로운 기업을 설립하는 것을 말한다.
④ 턴키프로젝트 : 공장이나 생산설비를 가동 직전까지 준비한 후 인도해 주는 방식을 말한다.
⑤ 그린필드투자 : 해외 진출 기업이 투자 대상국에 생산시설이나 법인을 직접 설립하여 투자하는 방식으로, 외국인직접투자(FDI)의 한 유형이다.

35
정답 ②

제품 – 시장 매트릭스

구분	기존제품	신제품
기존시장	시장침투 전략	신제품개발 전략
신시장	시장개발 전략	다각화 전략

36
정답 ②

역선택은 감추어진 특성의 상황에서 정보 수준이 낮은 측이 사전적으로 바람직하지 않은 상대방을 만날 가능성이 높아지는 현상을 의미한다. 반면, 도덕적 해이는 감추어진 행동의 상황에서 어떤 거래 이후에 정보를 가진 측이 바람직하지 않은 행동을 하는 현상을 의미한다. 따라서 나, 라는 역선택에 해당하고, 가, 다, 마는 도덕적 해이에 해당한다.

37
정답 ④

정부가 소득세를 감면하는 등 확대 재정정책을 사용하면 민간 부분에서 총수요가 추가적으로 증가하는 승수효과가 발생한다. 정부가 확대 재정정책을 사용하여 이자율을 낮추면 신용제약이 완화되고, 기존에 은행으로부터 차입하기 어려웠던 소비자는 자금을 빌려 투자를 하는 등 소비효과가 더욱 커지게 된다.

오답분석

① 소득에 대한 한계소비성향이 낮으면 늘어난 자금이 소비로 이어지지 않아 승수효과가 커지지 않는다.
② 정부의 확대 재정정책은 장기적으로 화폐에 대한 수요를 증가시켜 이자율이 상승하게 되고, 이는 민간의 투자나 소비를 감소시키는 구축효과가 발생하게 된다.
③ 소비자가 미래 중심으로 소비에 임하면 소비보다 저축의 비율이 커지므로 승수효과가 커지지 않는다.
⑤ 소비자가 정부 부채 증가를 미래의 조세로 메울 것으로 기대하면 소비가 늘어나지 않아 승수효과가 커지지 않는다.

38
정답 ③

오답분석

① 규모의 경제를 활용하기 위해서는 하나의 공기업에서 생산하는 것이 바람직하다.
② 공공재를 아무런 규제 없이 시장원리에 맡겨둘 경우 과소 생산이 이루어져 사회적 최적생산량 달성을 이룰 수 없다.
④ 한계비용가격 설정을 사용하는 경우 해당 공기업은 손실을 입게 된다.
⑤ 평균비용가격 설정을 사용하는 경우 사회적 최적 생산량에 미달한다.

39
정답 ②

유지가능성이란 세분시장이 충분한 규모이거나 이익을 낼 수 있는 정도의 크기가 되어야 함을 말한다. 즉, 각 세분시장 내에는 특정 마케팅 프로그램을 지속적으로 실행할 가치가 있을 만큼의 가능한 한 동질적인 수요자들이 존재해야 한다.

40
정답 ②

㉠ 집약적 유통 : 가능한 많은 중간상들에게 자사의 제품을 취급하도록 하는 것이다.
㉡ 전속적 유통 : 일정 지역 내에서의 독점 판매권을 중간상에게 부여하는 방식이다.
㉢ 선택적 유통 : 집약적 유통과 전속적 유통의 중간 형태이다.

03 법학

01	02	03	04	05	06	07	08	09	10
③	②	③	⑤	④	②	①	⑤	⑤	④
11	12	13	14	15	16	17	18	19	20
①	②	③	②	②	④	④	②	④	①
21	22	23	24	25	26	27	28	29	30
③	③	④	⑤	②	④	④	④	⑤	④
31	32	33	34	35	36	37	38	39	40
②	①	②	①	④	①	③	②	①	②

01 정답 ③

민사・형사소송법은 절차법으로, 공법에 해당한다.

02 정답 ②

정당방위는 위법한 침해에 대한 방어행위이므로 상대방은 이에 대해 정당방위를 할 수는 없으나 긴급피난은 가능하다.

오답분석

① 자구행위는 이미 침해된 청구권을 보전하기 위한 사후적 긴급행위이다.
③ 긴급피난은 위법한 침해일 것을 요하지 않으므로 긴급피난에 대해서는 긴급피난을 할 수 있다.
④ 정당행위는 위법성이 조각된다(형법 제20조).
⑤ 처분할 수 있는 자의 승낙에 의하여 그 법익을 훼손한 행위는 위법성이 조각된다(형법 제24조).

03 정답 ③

작성요령은 법률의 위임을 받은 것이기는 하나 법인세의 부과징수라는 행정적 편의를 도모하기 위한 절차적 규정으로서 단순히 행정규칙의 성질을 가지는 데 불과하여 과세관청이나 일반국민을 기속하는 것이 아니다(대판 2003.9.5., 2001두403).

오답분석

① 국회는 법률에 저촉되지 아니하는 범위 안에서 의사와 내부규율에 관한 규칙을 제정할 수 있다(헌법 제64조 제1항).
② 대통령령은 총리령 및 부령보다 우월한 효력을 가진다. 대통령령은 시행령, 총리령과 부령은 시행규칙의 형식으로 제정된다.
④ '학교장・교사 초빙제 실시'는 학교장・교사 초빙제의 실시에 따른 구체적 시행을 위해 제정한 내부의 사무처리지침으로서 "행정규칙"이라고 할 것이다(헌재결 2001.5.31., 99헌마413).
⑤ 심사지침인 '방광내압 및 요누출압 측정 시 검사방법'은 불필요한 수술 등을 하게 되는 경우가 있어 이를 방지하고 적정진료를 하도록 유도할 목적으로, 법령에서 정한 요양급여의 인정기준을 구체적 진료행위에 적용하도록 마련한 건강보험심사평가원의 내부적 업무처리 기준으로서 행정규칙에 불과하다(대판 2017.7.11., 2015두2864).

04 정답 ⑤

영미법계 국가에서는 선례구속의 원칙에 따라 판례의 법원성이 인정된다.

05 정답 ④

제시된 명제는 법적 안정성과 관련된 법언(法諺)이다. 법적 안정성은 사회 구성원들이 법에 의하여 안심하고 사회적 활동을 할 수 있는 것을 의미한다. 따라서 법적 안정성은 법의 가장 중요한 가치 중 하나이다.

06 정답 ②

행정쟁송제도에서 행정기관에 대하여 위법・부당한 행정행위의 취소・변경을 구하는 절차는 행정심판이고, 행정심판에 의해 구제받지 못한 때 최종적으로 법원에 구제를 청구하는 제도는 행정소송이다.

07 정답 ①

국가는 정당에 대한 보조금으로 최근 실시한 임기만료에 의한 '국회의원 선거'의 선거권자 총수에 보조금 계상단가를 곱한 금액을 매년 예산에 계상하여야 한다(정치자금법 제25조 제1항 본문 전단).

오답분석

② 정치자금법 제27조 제1항・제2항
③ 정치자금법 제28조 제2항
④ 정치자금법 제29조 제1호
⑤ 정치자금법 제30조 제1항 제1호

08 정답 ⑤

허가권자가 신청내용에 구애받지 아니하고 조사 및 검토를 거쳐 관련 법령에 정한 기준에 따라 허가조건의 충족 여부를 제대로 따져 허가 여부를 결정하여야 하는 것은 맞지만, 그렇다고 신청인 측에서 의도적으로 법령에 정한 각종 규제를 탈법적인 방법으로 회피하려고 하는 것을 정당화할 수는 없다(대판 2014.11.27., 2013두16111).

오답분석

① 행정행위의 취소사유는 행정행위의 성립 당시에 존재하였던 하자를 말하고, 행정행위의 철회사유는 행정행위 성립 이후에 새로이 발생한 것으로, 행정행위의 효력을 존속시킬 수 없는 사유를 말한다. 사안의 경우 A의 건축허가취소는 행정행위의 성립 당시에 존재하였던 하자를 이유로 당해 행정행위의 효력을 소급적으로 소멸시키는 것이므로 행정행위의 철회가 아니라 행정행위의 직권취소에 해당한다.

② 수익적 처분의 하자가 당사자의 사실은폐나 기타 사위의 방법에 의한 신청행위에 기인한 것이라면 당사자는 그 처분에 의한 이익이 위법하게 취득되었음을 알아 그 취소가능성도 예상하고 있었다고 할 것이므로, 그 자신이 처분에 관한 신뢰이익을 원용할 수 없음은 물론 행정청이 이를 고려하지 아니하였다고 하여도 재량권의 남용이 되지 아니한다(대판 1996.10.25., 95누14190).
③ 행정행위를 한 처분청은 그 행위에 하자가 있는 경우에 별도의 법적 근거가 없더라도 이를 취소할 수 있는 것이다(대판 2006.5.25., 2003두4669).
④ 당사자의 사실은폐나 기타 사위의 방법에 의한 신청행위가 있었는지 여부는 행정청의 상대방과 그로부터 신청행위를 위임받은 수임인 등 관계자 모두를 기준으로 판단하여야 한다(대판 2014.11.27., 2013두16111).

09

정답 ⑤

무권대리행위에 대한 추인은 무권대리행위로 인한 효과를 자기에게 귀속시키려는 의사표시이니만큼 무권대리행위에 대한 추인이 있었다고 하려면 그러한 의사가 표시되었다고 볼 만한 사유가 있어야 하고, 무권대리행위가 범죄가 되는 경우에 대하여 그 사실을 알고도 장기간 형사고소를 하지 아니하였다 하더라도 그 사실만으로 묵시적인 추인이 있었다고 할 수는 없는 바, 권한 없이 기명날인을 대행하는 방식에 의하여 약속어음을 위조한 경우에 피위조자가 이를 묵시적으로 추인하였다고 인정하려면 추인의 의사가 표시되었다고 볼 만한 사유가 있어야 한다(대판 1998.2.10., 97다31113).

10

정답 ④

준법률행위적 행정행위에는 공증, 수리, 통지, 확인 등이 있고, 법률행위적 행정행위에는 명령적 행정행위(하명, 허가, 면제)와 형성적 행정행위(특허, 인가, 공법상 대리)가 있다.

11

정답 ①

사회법에서 사회란 의미는 약자보호를 의미하며, 산업재해보상보험법이 사회법에 해당한다.

- 공법 : 헌법, 행정법, 형법, 형사소송법, 민사소송법, 행정소송법, 국제법 등
- 사법 : 민법, 상법, 회사법, 어음법, 수표법 등
- 사회법 : 근로기준법, 연금법, 보험법, 사회보장법, 산업재해보상보험법 등

12

정답 ②

국내에 일정한 주소를 두고 거주하거나 학술 · 연구를 위하여 일시적으로 체류하는 외국인은 정보공개를 청구할 수 있다(공공기관의 정보공개에 관한 법률 제5조 · 시행령 제3조).

오답분석

① 정보의 공개에 관하여는 다른 법률에 특별한 규정이 있는 경우를 제외하고는 이 법에서 정하는 바에 따른다(공공기관의 정보공개에 관한 법률 제4조 제1항).
③ 회의록 공개에 의하여 보호되는 알권리의 보장과 비공개에 의하여 보호되는 업무수행의 공정성 등의 이익 등을 비교 · 교량해 볼 때, 위 회의록은 정보공개법에서 정한 '공개될 경우 업무의 공정한 수행에 현저한 지장을 초래한다고 인정할 만한 상당한 이유가 있는 정보'에 해당한다고 보아야 할 것이다(대판 2014.7.24., 2013두20301).
④ 행정안전부장관 소속으로 정보공개위원회를 둔다(공공기관의 정보공개에 관한 법률 제22조).
⑤ 행정안전부장관은 정보공개에 관하여 필요할 경우에 공공기관(국회 · 법원 · 헌법재판소 및 중앙선거관리위원회는 제외한다)의 장에게 정보공개 처리 실태의 개선을 권고할 수 있고, 전년도의 정보공개 운영에 관한 보고서를 매년 정기국회 개회 전까지 국회에 제출하여야 한다(공공기관의 정보공개에 관한 법률 제24조 제4항 · 제26조 제1항).

13

정답 ③

우리나라의 경우 고위공무원단제도는 노무현 정부 시기인 2006년 7월 1일에 도입하였다.

오답분석

⑤ 고위공무원단 인사규정 제7조 ~ 제12조

14

정답 ②

영업과 상호를 양수하면 양도인의 채권 · 채무도 양수한 것으로 보는 것이 원칙이다(상법 제42조 참조).

오답분석

① 상법 제25조 제2항
③ 상법 제25조 제1항

15

정답 ②

비록 행정행위에 하자가 있는 경우라도, 그 하자가 중대하고 명백하여 당연무효인 경우를 제외하고는 권한 있는 기관에 의해 취소되기 전까지 유효한 것으로 보는 것은 행정행위의 효력 중 공정력 때문이다.

행정행위의 효력

- 구성요건적 효력 : 유효한 행정행위가 존재하는 이상 모든 국가기관은 그 존재를 존중하고 스스로의 판단에 대한 기초로 삼아야 한다는 효력
- 공정력 : 비록 행정행위에 하자가 있는 경우에도 그 하자가 중대하고 명백하여 당연무효인 경우를 제외하고는, 권한 있는 기관에 의해 취소될 때까지는 일응 적법 또는 유효한 것으로 보아 누구든지(상대방은 물론 제3의 국가기관도) 그 효력을 부인하지 못하는 효력
- 구속력 : 행정행위가 그 내용에 따라 관계행정청, 상대방 및 관계인에 대하여 일정한 법적 효과를 발생하는 힘으로, 모든 행정행위에 당연히 인정되는 실체법적 효력
- 형식적 존속력
  - 불가쟁력(형식적 확정력)
    행정행위에 대한 쟁송제기기간이 경과하거나 쟁송수단을 다 거친 경우에는 상대방 또는 이해관계인은 더 이상 그 행정행위의 효력을 다툴 수 없게 되는 효력
  - 불가변력(실질적 확정력)
    일정한 경우 행정행위를 발한 행정청 자신도 행정행위의 하자 등을 이유로 직권으로 취소·변경·철회할 수 없는 제한을 받게 되는 효력
- 강제력
  - 제재력 : 행정법상 의무위반자에게 처벌을 가할 수 있는 힘
  - 자력집행력 : 행정법상 의무불이행자에게 의무의 이행을 강제할 수 있는 힘

16

정답 ④

행정심판청구의 기간에 관한 규정은 무효등확인심판청구와 부작위에 대한 의무이행심판청구에 적용하지 아니한다(행정심판법 제27조 제7항).

오답분석

① 행정소송법 제20조 제2항은 행정심판을 제기하지 아니하거나 그 재결을 거치지 아니하는 사건을 적용대상으로 한 것임이 규정 자체에 의하여 명백하고, 행정처분의 상대방이 아닌 제3자가 제기하는 사건은 같은 법 제18조 제3항 소정의 행정심판을 제기하지 아니하고 제소할 수 있는 사건에 포함되어 있지 않으므로 같은 법 제20조 제2항 단서를 적용하여 제소에 관한 제척기간의 규정을 배제할 수는 없다(대판 1989.5.9., 88누5150).

② 부작위위법확인의 소는 부작위상태가 계속되는 한 그 위법의 확인을 구할 이익이 있다고 보아야 하므로 원칙적으로 제소기간의 제한을 받지 않는다. 그러나 행정소송법 제38조 제2항이 제소기간을 규정한 같은 법 제20조를 부작위위법확인소송에 준용하고 있는 점에 비추어 보면, 행정심판 등 전심절차를 거친 경우에는 행정소송법 제20조가 정한 제소기간 내에 부작위위법확인의 소를 제기하여야 한다(대판 2009.7.23., 2008두10560).

③ 최초의 부작위위법확인의 소가 적법한 제소기간 내에 제기된 이상 그 후 처분취소소송으로의 교환적 변경과 처분취소소송에의 추가적 변경 등의 과정을 거쳤다고 하더라도 여전히 제소기간을 준수한 것으로 봄이 상당하다(대판 2009.7.23., 2008두10560).

⑤ 행정처분의 당연무효를 선언하는 의미에서 그 취소를 청구하는 행정소송을 제기하는 경우에도 소원의 전치와 제소기간의 준수 등 취소소송의 제소요건을 갖추어야 한다(대판 1983.5.10., 83누69).

17

정답 ④

(가)는 비례의 원칙, (나)는 자기구속의 원칙, (다)는 신뢰보호의 원칙, (라)는 부당결부금지의 원칙이다.

행정청의 행위에 대하여 신뢰보호의 원칙이 적용되기 위한 요건 중 공적견해의 표명이라는 요건 등 일부 요건이 충족된 경우라고 하더라도, 행정청이 앞서 표명한 공적인 견해에 반하는 행정처분을 함으로써 달성하려는 공익이 행정청의 공적견해표명을 신뢰한 개인이 그 행정처분으로 인하여 입게 되는 이익의 침해를 정당화할 수 있을 정도로 강한 경우에는 신뢰보호의 원칙을 들어 그 행정처분이 위법하다고 할 수는 없다(대판 2008.4.24., 2007두25060).

오답분석

① 자동차 등을 이용하여 범죄행위를 하기만 하면 그 범죄행위가 얼마나 중한 것인지, 그러한 범죄행위를 행함에 있어 자동차 등이 당해 범죄 행위에 어느 정도로 기여했는지 등에 대한 아무런 고려 없이 무조건 운전면허를 취소하도록 하고 있으므로 비난의 정도가 극히 미약한 경우까지도 운전면허를 취소할 수밖에 없도록 하는 것으로 최소침해성의 원칙에 위반된다고 할 것이다(헌재결 2005.11.24., 2004헌가28).

② 평등의 원칙은 본질적으로 같은 것을 자의적으로 다르게 취급함을 금지하는 것이고, 위법한 행정처분이 수차례에 걸쳐 반복적으로 행하여졌다 하더라도 그러한 처분이 위법한 것인 때에는 행정청에 대하여 자기구속력을 갖게 된다고 할 수 없다(대판 2009.6.25., 2008두13132).

③ 고속국도의 유지관리 및 도로확장 등의 사유로 접도구역에 매설한 송유시설의 이설이 불가피할 경우 그 이설 비용을 부담하도록 한 것은 고속국도 관리청이 접도구역의 송유관 매설에 대한 허가를 할 것을 전제로 한 것으로, 상대방은 공작물설치자로서 특별한 관계가 있다고 볼 수 있고, 관리청인 원고로부터 접도구역의 송유관 매설에 관한 허가를 얻게 됨으로써 접도구역이 아닌 사유지를 이용하여 매설하는 경우에 비하여는 공사절차 등의 면에서 이익을 얻는다고 할 수 있으며 처음부터 이러한 경제적 이해관계를 고려하여 이 사건 협약을 체결한 것이라고 할 것이므로 부당결부금지원칙에 위반된 것이라고 할 수는 없다(대판 2009.2.12., 2005다65500).

⑤ 대판 2009.2.12., 2005다65500

18

정답 ②

ㄱ. 행정청이 행정대집행의 방법으로 건물철거의무의 이행을 실현할 수 있는 경우에는 건물철거 대집행 과정에서 부수적으로 건물의 점유자들에 대한 퇴거 조치를 할 수 있다(대판 2017.4.28., 2016다213916).

ㄹ. 계고서라는 명칭의 1장의 문서로서 일정기간 내에 위법건축물의 자진철거를 명함과 동시에 그 소정기한 내에 자진철거를 하지 아니할 때에는 대집행할 뜻을 미리 계고한 경우라도 건축법에 의한 철거명령과 행정대집행법에 의한 계고처분은 독립하여 있는 것으로서 각 그 요건이 충족되었다고 볼 것이다. 또한, 위의 경우 철거명령에서 주어진 일정기간이 자진철거에 필요한 상당한 기간이라면 그 기간 속에는 계고 시에 필요한 '상당한 이행기간'도 포함되어 있다고 보아야 할 것이다(대판 1992.6.12., 91누13564).

오답분석

ㄴ. 점유자들이 적법한 행정대집행을 위력을 행사하여 방해하는 경우 형법상 공무집행방해죄가 성립하므로, 필요한 경우에는 경찰관 직무집행법에 근거한 위험발생 방지조치 또는 형법상 공무집행방해죄의 범행방지 내지 현행범체포의 차원에서 경찰의 도움을 받을 수도 있다(대판 2017.4.28., 2016다213916).

ㄷ. 행정청이 행정대집행법 제3조 제1항에 의한 대집행계고를 함에 있어서는 의무자가 스스로 이행하지 아니하는 경우에 대집행할 행위의 내용 및 범위가 구체적으로 특정되어야 하나, 그 행위의 내용 및 범위는 반드시 대집행계고서에 의하여서만 특정되어야 하는 것이 아니고 계고처분 전후에 송달된 문서나 기타 사정을 종합하여 행위의 내용이 특정되면 족하다(대판 1994.10.28., 94누5144).

19

정답 ④

오답분석

① 조건이 법률행위의 당시 이미 성취한 것인 경우에는 그 조건이 정지조건이면 조건없는 법률행위로 하고 해제조건이면 그 법률행위는 무효로 한다(민법 제151조 제2항).

② 조건이 법률행위의 당시에 이미 성취할 수 없는 것인 경우에는 그 조건이 해제조건이면 조건없는 법률행위로 하고 정지조건이면 그 법률행위는 무효로 한다(민법 제151조 제3항).

③ 조건이 선량한 풍속 기타 사회질서에 위반한 것인 때에는 그 법률행위는 무효로 한다(민법 제151조 제1항).

⑤ 어떠한 법률행위가 조건의 성취 시 법률행위의 효력이 발생하는 소위 정지조건부 법률행위에 해당한다는 사실은 그 법률행위로 인한 법률효과의 발생을 저지하는 사유로서 그 법률효과의 발생을 다투려는 자에게 주장, 입증책임이 있다고 할 것이다(대판 1993.9.28., 93다20832).

20

정답 ①

헌법 제12조 제1항에서 규정하고 있다.

오답분석

② 우리 헌법은 구속적부심사청구권을 인정하고 있다(헌법 제12조 제6항).

③ 심문은 영장주의 적용대상이 아니다(헌법 제12조 제3항).

④ 영장발부신청권자는 검사에 한한다(헌법 제12조 제3항).

⑤ 형사상 자기에게 불리한 진술을 강요당하지 않는다(헌법 제12조 제2항).

21

정답 ③

헌법 제111조 제1항 제4호에 해당하는 내용이다.

오답분석

①·⑤ 헌법재판소 재판관의 임기는 6년으로 하며, 법률이 정하는 바에 의하여 연임할 수 있다(헌법 제112조 제1항).

② 재판의 전심절차로서 행정심판을 할 수 있다(헌법 제107조 제3항).

④ 헌법재판소에서 법률의 위헌결정, 탄핵의 결정, 정당해산의 결정 또는 헌법소원에 관한 인용결정을 할 때에는 재판관 6인 이상의 찬성이 있어야 한다(헌법 제113조 제1항).

22

정답 ③

회사의 법인격은 법률이 부여한 것으로 그의 권리능력은 법률에 의하여 제한을 받는다. 즉, 상법 제173조에서는 '회사는 다른 회사의 무한책임 사원이 되지 못한다.'는 규정을 두어 정책적 제한을 하고 있다.

23

정답 ④

오답분석

① 계약의 합의해제는 명시적으로뿐만 아니라 당사자 쌍방의 묵시적인 합의에 의하여도 할 수 있으나, 묵시적인 합의해제를 한 것으로 인정되려면 계약이 체결되어 그 일부가 이행된 상태에서 당사자 쌍방이 장기간에 걸쳐 나머지 의무를 이행하지 아니함으로써 이를 방치한 것만으로는 부족하고, 당사자 쌍방에게 계약을 실현할 의사가 없거나 계약을 포기할 의사가 있다고 볼 수 있을 정도에 이르러야 한다(대판 2011.2.10., 2010다77385).

② 계약의 합의해제에 있어서도 민법 제548조의 계약해제의 경우와 같이 이로써 제3자의 권리를 해할 수 없다(대판 1991.4.12., 91다2601).

③ 계약이 합의해제된 경우에는 그 해제 시에 당사자 일방이 상대방에게 손해배상을 하기로 특약하거나 손해배상청구를 유보하는 의사표시를 하는 등 다른 사정이 없는 한 채무불이행으로 인한 손해배상을 청구할 수 없다(대판 1989.4.25., 86다카1147, 86다카1148).

⑤ 당사자 사이에 약정이 없는 이상 합의해제로 인하여 반환할 금전에 그 받은 날로부터의 이자를 가하여야 할 의무가 있는 것은 아니다(대판 1996.7.30., 95다16011).

24

정답 ⑤

1962년 제5차 개정헌법 때 정당의 추천을 받도록 하는 조항이 추가되었으나, 1972년 제7차 개정헌법에서 삭제되었으며 제8차 개정헌법에도 등장하지 않았다.

오답분석

① 헌법개정의 제안은 대통령, 민의원 또는 참의원의 재적의원 3분의 1 이상 또는 민의원의원선거권자 50만 인 이상의 찬성으로써 한다(제2차 개정헌법 제98조 제1항).
② 국회의원의 수는 150인 이상 200인 이하의 범위 안에서 법률로 정한다(제5차 개정헌법 제36조 제2항).
③ 제6차 개정헌법에서 대통령의 탄핵소추에는 국회의원 50인 이상의 발의와 재적의원 3분의 2 이상의 찬성이 필요하다는 요건이 추가되었다.
④ 국회에 제안된 헌법개정안은 20일 이상의 기간 이를 공고하여야 하며, 공고된 날로부터 60일 이내에 의결하여야 한다(제7차 개정헌법 제125조 제1항).

25

정답 ②

근로자가 노동조합을 결성하지 아니할 자유나 노동조합에 가입을 강제당하지 아니할 자유, 그리고 가입한 노동조합을 탈퇴할 자유는 근로자에게 보장된 단결권의 내용에 포섭되는 권리로서가 아니라 헌법 제10조의 행복추구권에서 파생되는 일반적 행동의 자유 또는 제21조 제1항의 결사의 자유에서 그 근거를 찾을 수 있다(헌재결2005.11.24., 2002헌바95).

오답분석

① 노동조합의 재정 집행과 운영에 있어서의 적법성, 민주성 등을 확보하기 위해서는 조합자치 또는 규약자치에만 의존할 수는 없고 행정관청의 감독이 보충적으로 요구되는 바, 이 사건 법률조항은 노동조합의 재정 집행과 운영의 적법성, 투명성, 공정성, 민주성 등을 보장하기 위한 것으로서 정당한 입법목적을 달성하기위한 적절한 수단이다(헌재결 2013.7.25. 2012헌바116).
③ 헌재결 2015.3.26. 2014헌가5
④ 사용종속관계하에서 근로를 제공하고 그 대가로 임금 등을 받아 생활하는 사람은 노동조합법상 근로자에 해당하고, 노동조합법상의 근로자성이 인정되는 한, 그러한 근로자가 외국인인지 여부나 취업자격의 유무에 따라 노동조합법상 근로자의 범위에 포함되지 아니한다고 볼 수는 없다(대판 2015.6.25. 2007두4995).
⑤ 노동조합 및 노동관계조정법상의 교섭창구단일화제도는 근로조건의 결정권이 있는 사업 또는 사업장 단위에서 복수 노동조합과 사용자 사이의 교섭절차를 일원화하여 효율적이고 안정적인 교섭체계를 구축하고, 소속 노동조합과 관계없이 조합원들의 근로조건을 통일하기 위한 것으로, 교섭대표노동조합이 되지 못한 소수 노동조합의 단체교섭권을 제한하고 있지만, 소수 노동조합도 교섭대표노동조합을 정하는 절차에 참여하게 하여 교섭대표노동조합이 사용자와 대등한 입장에 설 수 있는 기반이 되도록 하고 있으며, 그러한 실질적 대등성의 토대 위에서 이뤄낸 결과를 함께 향유하는 주체가 될 수 있도록 하고 있으므로 노사대등의 원리에 적정한 근로조건의 구현이라는 단체교섭권의 실질적인 보장을 위한 불가피한 제도라고 볼 수 있다. … 따라서 위 '노동조합 및 노동관계조정법' 조항들이 과잉금지원칙을 위반하여 청구인들의 단체교섭권을 침해한다고 볼 수 없다(헌재결 2012.4.24., 2011헌마338).

26

정답 ④

오답분석

① 민법 제758조 제1항은 일종의 무과실책임을 인정한 것이다(대판 1983.12.13., 82다카1038).
② 불법행위의 증명책임은 피해자가 부담한다.
③ 수인이 공동의 불법행위로 타인에게 손해를 가한 때에는 연대하여 그 손해를 배상할 책임이 있다(민법 제760조 제1항).
⑤ 타인의 명예를 훼손한 자에 대하여는 법원은 피해자의 청구에 의하여 손해배상에 갈음하거나 손해배상과 함께 명예회복에 적당한 처분을 명할 수 있다(민법 제764조).

27

정답 ④

건축법상의 이행강제금은 시정명령의 불이행이라는 과거의 위반행위에 대한 제재가 아니라, 의무자에게 시정명령을 받은 의무의 이행을 명하고 그 이행기간 안에 의무를 이행하지 않으면 이행강제금이 부과된다는 사실을 고지함으로써 의무자에게 심리적 압박을 주어 의무의 이행을 간접적으로 강제하는 행정상의 간접강제 수단에 해당한다(대판 2018.1.25., 2015두35116).

오답분석

① 대판 2017.4.28., 2016다213916
② 이행강제금과 대집행은 서로 다른 성질의 제도이므로, 이행강제금을 부과하였더라도 대집행을 집행할 수 있다.
③ 한국자산공사가 당해 부동산을 인터넷을 통하여 재공매(입찰)하기로 한 결정 자체는 내부적인 의사결정에 불과하여 항고소송의 대상이 되는 행정처분이라고 볼 수 없고, 또한 한국자산공사가 공매통지는 공매의 요건이 아니라 공매사실 자체를 체납자에게 알려주는 데 불과한 것으로서, 통지의 상대방의 법적 지위나 권리·의무에 직접 영향을 주는 것이 아니라고 할 것이므로 이것 역시 행정 처분에 해당한다고 할 수 없다(대판 2007.7.27., 2006두8464).
⑤ 제1차로 철거명령 및 계고처분을 한 데 이어 제2차로 계고서를 송달하였음에도 불응함에 따라 대집행을 일부 실행한 후 제3차로 철거명령 및 대집행계고를 한 경우, 행정대집행법상의 철거의무는 제1차 철거명령 및 계고 처분으로써 발생하였다고 할 것이고, 제3차 철거명령 및 대집행계고는 새로운 철거의무를 부과하는 것이라고는 볼 수 없으며, 단지 종전의 계고처분에 의한 건물철거를 독촉하거나 그 대집행기한을 연기한다는 통지에 불과하므로 취소소송의 대상이 되는 독립한 행정처분이라고 할 수 없다(대판 2000.2.22., 98두4665).

28

정답 ④

행정주체는 국가나 지방자치단체, 공공조합, 공재단, 영조물법인 등의 공공단체와 공무수탁사인을 말하며, 경찰청장은 행정관청에 해당한다.

29

정답 ⑤

후임 이사가 유효히 선임되었는데도 그 선임의 효력을 둘러싼 다툼이 있다고 하여 그 다툼이 해결되기 전까지는 후임 이사에게는 직무수행 권한이 없고 임기가 만료된 구 이사만이 직무수행권한을 가진다고 할 수는 없다(대판 2006.4.27., 2005도8875).

30

정답 ④

취소권, 추인권, 해제권과 같은 형성권에 있어서는 권리만 있고 그에 대응하는 의무는 존재하지 않는다.

31

정답 ②

법을 적용하기 위한 사실의 확정에서 확정의 대상인 사실은 자연적으로 인식한 현상 자체가 아닌 법적으로 가치 있는 구체적 사실이어야 한다.

사실의 확정방법

구분	내용
입증	사실의 인정을 위하여 증거를 주장하는 것으로, 이 입증책임(거증책임)은 그 사실의 존부를 주장하는 자가 부담한다. 그리고 사실을 주장하는 데 필요한 증거는 증거로 채택될 수 있는 자격, 즉 증거능력이 있어야 하고, 증거의 실질적 가치, 즉 증명력이 있어야 한다. 만일 이것이 용이하지 않을 경우를 위해 추정과 간주를 두고 있다.
추정	편의상 사실을 가정하는 것으로, '~한 것으로 추정한다.'라고 하며, 반증을 들어서 부정할 수 있다. 예를 들면 "처가 혼인 중에 포태한 자는 부의 자로 추정한다."라고 규정하고 있어 친생자관계를 인정하고 있으나, 부는 그 자가 친생자임을 부인하는 소를 제기할 수 있다고 하여 법률상의 사실은 반증을 들어 이를 부정할 수 있다.
간주	일정한 사실을 확정하는 것으로(간주하다=본다), '~한 것으로 간주한다, ~한 것으로 본다.'라고 하며, 반증을 들어서 이를 부정할 수 없다. 예를 들어 "대리인이 본인을 위한 것임을 표시하지 아니한 때에는 그 의사표시는 자기를 위한 것으로 본다."고 규정한 것은 '사실의 의제'의 예라 할 수 있다.

32

정답 ①

집세나 이자 등은 원물을 타인에게 사용시킨 대가로 얻는 과실이므로 법정과실이다(민법 제101조 제2항).

오답분석

② 유체물 및 전기 기타 관리할 수 있는 자연력은 물건인데(민법 제98조), 부동산(토지 및 그 정착물) 이외의 물건은 동산이므로(민법 제99조 제2항) 관리할 수 있는 자연력은 동산이다.
③·④ 토지 및 그 정착물은 부동산이므로 건물은 토지로부터 독립한 부동산으로 다루어질 수 있다(민법 제99조 제1항).
⑤ 물건의 사용대가로 받는 금전 기타의 물건은 법정과실로 한다(민법 제101조 제2항).

33

정답 ②

행정행위는 법률에 근거를 두어야 하고(법률유보), 법령에 반하지 않아야 한다(법률우위). 따라서 법률상의 절차와 형식을 갖추어야 한다.

34

정답 ①

일반적으로 조례가 법률 등 상위법령에 위배된다는 사정은 그 조례의 규정을 위법하여 무효라고 선언한 대법원의 판결이 선고되지 아니한 상태에서는 그 조례 규정의 위법 여부가 해석상 다툼의 여지가 없을 정도로 명백하였다고 인정되지 아니하는 이상 객관적으로 명백한 것이라 할 수 없으므로, 이러한 조례에 근거한 행정처분의 하자는 취소사유에 해당할 뿐 무효사유가 된다고 볼 수는 없다(대판 2009.10.29., 2007두26285).

오답분석

② 대판 1999.9.3., 98두15788
③ 주무부장관이나 시·도지사는 재의결된 사항이 법령에 위반된다고 판단됨에도 불구하고 해당 지방자치단체의 장이 소를 제기하지 아니하면 그 지방자치단체의 장에게 제소를 지시하거나 직접 제소 및 집행정지결정을 신청할 수 있다(지방자치법 192조 제5항). 제1항에 또는 제2항에 따른 지방의회의 의결이나 제3항에 따라 재의결된 사항이 둘 이상의 부처와 관련되거나 주무부장관이 불분명하면 행정안전부장관이 재의요구 또는 제소를 지시하거나 직접 제소 및 집행정지결정을 신청할 수 있다(지방자치법 제192조 제9항).
④ 대판 1991.8.27., 90누6613
⑤ 조례안 재의결의 내용전부가 아니라 그 일부만이 위법한 경우에도 대법원은 의결전부의 효력을 부인할 수밖에 없다. 왜냐하면 의결의 일부에 대한 효력배제는 결과적으로 전체적인 의결의 내용을 변경하는 것에 다름 아니어서 의결기관인 지방의회의 고유권한을 침해하는 것이 될 뿐 아니라, 그 일부만의 효력배제는 자칫 전체적인 의결내용을 지방의회의 당초의 의도와는 다른 내용으로 변질시킬 우려도 있기 때문이다(대판 1992.7.28., 92추31).

35

정답 ④

乙은 의무이행심판 청구를 통하여 관할행정청의 거부처분에 대해 불복의사를 제기할 수 있다. 의무이행심판이란 당사자의 신청에 대한 행정청의 위법 또는 부당한 거부처분이나 부작위에 대하여 일정한 처분을 하도록 하는 행정심판을 말한다(행정심판법 제5조 제3호).

36

정답 ①

손해배상은 위법한 침해이고, 손실보상은 적법한 침해에 대한 보상이다.

손실보상제도

국가나 지방자치단체가 공공의 필요에 의한 적법한 권력행사를 통하여 사인의 재산권에 특별한 희생을 가한 경우(예 정부나 지방자치단체의 청사 건설을 위하여 사인의 토지를 수용하는 경우)에 재산권의 보장과 공적 부담 앞의 평등이라는 견지에서 사인에게 적절한 보상을 해 주는 제도를 말한다.

손해배상제도

국가나 지방자치단체의 위법한 행위로 인하여 사인이 손해를 입은 경우에 그 사인이 국가에 대하여 손해의 배상을 청구할 수 있는 제도를 말한다.

37

정답 ③

수사는 수사기관이 범죄의 혐의가 있다고 판단하는 때에 개시되며, 범죄혐의는 수사기관의 주관적 혐의를 의미한다.

오답분석

① 기피에 대한 설명이다. 회피는 법관 스스로 기피의 원인이 있다고 판단할 때 자발적으로 직무집행에서 탈퇴하는 제도이다.
② 공소제기 전에 수사기관에 의하여 수사의 대상이 되는 자는 피의자이고 공소가 제기된 자는 피고인이다.
④ 규문주의에 대한 설명이다.
⑤ 판결은 법률에 다른 규정이 없으면 구두변론을 거쳐서 해야 한다.

38

정답 ②

법률은 특별한 규정이 없는 한 공포한 날부터 20일이 경과함으로써 효력을 발생한다(헌법 제53조 제7항).

39

정답 ①

사회법은 근대 시민법의 수정을 의미하며, 초기의 독점자본주의가 가져온 여러 가지 사회·경제적 폐해를 합리적으로 해결하기 위해서 제정된 법이다. 국가에 의한 통제, 경제적 약자의 보호, 공법과 사법의 교착 영역으로 사권의 의무화, 사법(私法)의 공법화 등 법의 사회화 현상을 특징으로 한다. 계약자유의 원칙은 그 범위가 축소되고 계약공정의 원칙으로 수정되었다.

40

정답 ②

법정과실은 반드시 물건의 사용대가로서 받는 금전 기타의 물건이어야 하므로 사용에 제공되는 것이 물건이 아닌 근로의 임금·특허권의 사용료, 사용대가가 아닌 매매의 대금·교환의 대가, 받는 것이 물건이 아닌 공작물의 임대료청구권 등은 법정과실이 아니다.

오답분석

①·③은 법정과실, ④·⑤는 천연과실에 해당한다.

04 경제학

01	02	03	04	05	06	07	08	09	10
⑤	②	③	③	③	①	①	⑤	①	③
11	12	13	14	15	16	17	18	19	20
③	⑤	⑤	②	⑤	①	③	④	②	③
21	22	23	24	25	26	27	28	29	30
④	⑤	③	③	②	①	①	④	④	③
31	32	33	34	35	36	37	38	39	40
②	⑤	①	①	②	①	①	①	①	⑤

01
정답 ⑤

이자율평가설이 성립하기 위해서는 국가 간 자본이동이 완전히 자유로워야 하며, 거래비용과 조세가 존재하지 않아야 한다.

02
정답 ②

엥겔지수는 가계 소비지출에서 차지하는 식비의 비율을 의미하며, 가계 소비지출은 소비함수[(독립적인 소비지출)+{(한계소비성향)×(가처분소득)}]로 계산할 수 있다. 따라서 주어진 자료를 대입하면 100만+(0.6×300만)=280만 원이 소비지출이 되고, 이 중 식비가 70만 원이므로, 엥겔지수는 70만÷280만=0.25이다.

03
정답 ③

오답분석

라. 장기한계비용곡선은 단기한계비용곡선의 포락선이 아니다. 다만, 장기한계비용곡선은 장기평균비용곡선의 최저점을 지난다.

04
정답 ③

공공재는 재화와 서비스에 대한 비용을 지불하지 않더라도 모든 사람이 공동으로 이용할 수 있는 재화 또는 서비스를 말한다. 공공재는 비경합성과 비배제성을 동시에 가지고 있다. 공공재의 비배제성에 따르면 재화와 서비스에 대한 비용을 지불하지 않더라도 공공재의 이익을 얻을 수 있는 '무임승차의 문제'가 발생한다. 한편, 공공재라도 민간이 생산하거나 공급할 수 있다.

05
정답 ③

노동수요에 대한 탄력성은 상품생산에 투입되는 다른 생산요소와의 대체가능성에 의해 영향을 받는다. 임금이 상승할 때 노동 대신 다른 생산요소로의 대체가능성이 높을수록, 즉 요소 간 대체가능성이 높을수록 노동수요에 대한 탄력성은 커지게 되므로 임금상승에 대하여 고용감소는 커진다.

06
정답 ①

가치의 역설은 사용가치가 높은 재화가 더 낮은 교환가치를 가지는 역설적인 현상으로, 희소가치가 높은 다이아몬드의 한계효용이 물의 한계효용보다 크기 때문에 다이아몬드의 가격이 물의 가격보다 비싸다고 설명한다.

오답분석

② 물은 필수재이고, 다이아몬드는 사치재이다.
③ 같은 물이라 해도 장소나 상황 등에 따라 가격이 달라질 수 있으므로 항상 다이아몬드보다 가격이 낮다고 할 수 없다.
④·⑤ 상품의 가격은 총효용이 아닌 한계효용에 의해 결정되며, 한계효용이 높아지면 상품의 가격도 비싸진다.

07
정답 ①

통화승수는 총통화량을 본원통화로 나눈 값으로, 총통화량을 구하는 공식은 다음과 같다.

- (총통화량)=(현금통화)+(예금통화)
- $(\text{통화승수})=\frac{(\text{총통화량})}{(\text{본원통화})}$
- $[\text{총통화량}(M)]=\frac{1}{c+\gamma(1-c)}B$

(c : 현금통화비율, γ : 지급준비율, B : 본원통화)

여기서 $c=\frac{150}{600}=0.25$, $\gamma=\frac{90}{450}=0.2$이므로

통화승수는 $\frac{1}{c+\gamma(1-c)}=\frac{1}{0.25+0.2(1-0.25)}=2.5$이다.

08
정답 ⑤

원화가치의 하락, 즉 환율상승은 수출기업의 채산성을 호전시키지만 수입물가 상승으로 인해 전반적으로 물가를 상승시킨다.

09
정답 ①

담합행위는 소수의 기업들이 이윤을 증대시키기 위해 명시적 또는 묵시적인 합의에 의하여 경쟁을 제한하고 가격이나 생산량을 조절하는 행위를 말한다. 담합행위에 참여한 기업들은 이익을 얻지만 담합으로 얻은 이익이 동일하게 분배되는 것은 아니다. 한편, 담합이 이루어지면 소비자들이 일방적으로 손해를 보는 구조이므로 정부는 리니언시 제도 등을 도입하여 담합행위를 규제하여야 한다. 리니언시 제도는 담합 자진신고자 감면제라고도 하며, 제재를 감면하는 당근을 제공하여 기업들의 자수를 유도하는 제도이다. 기업들의 불공정행위에 대한 조사의 효율성을 높이기 위해 많은 나라들이 도입하고 있다.

10
정답 ③

등량곡선은 동일한 산출량을 생산하는 데 필요한 노동과 자본의 투입량 조합을 나타낸다. 기술이 진보하면 같은 생산량을 갖는 등량곡선은 원점을 기준으로 바깥쪽에서 안쪽으로 이동한다. 이는 적은 생산요소를 투입해도 같은 수량을 생산할 수 있다는 것을 의미한다.

11
정답 ③

소국의 수입관세 부과 시 국내가격은 상승하고 생산량은 증가한다. 그에 따라 생산자 잉여도 증가하게 된다.

오답분석

① 부과한 관세만큼 국내가격이 상승하게 된다.
② 국내가격이 상승하므로 소비량은 감소하게 된다.
④ 수입관세 부과 시 정부는 관세 수입을 얻고, 관세 부과로 인한 가격 조정에 따른 사회적 후생손실이 발생한다.
⑤ 소국은 국제 시장에서의 가격설정능력이 없다. 따라서 관세를 부과해도 교역조건은 변화하지 않는다. 반면, 대국의 경우 수입관세 부과 시 교역조건이 개선된다.

12
정답 ⑤

산업 내 무역이론의 발생 원인으로는 규모의 경제, 독점적 경쟁 등이 있다.

오답분석

①·②·③ 산업 간 무역을 설명하는 이론이다.
④ 헥셔 – 올린 정리와 반대되는 레온티에프의 실증분석을 의미한다.

13
정답 ⑤

일반적으로 대기업의 임금은 중소기업보다 높으며, 이러한 임금격차를 설명하는 이론 중 대기업은 엄격한 규율로 종업원을 제재하므로 이에 보상하려는 것이라는 주장이 있다.

14
정답 ②

가. 지니계수의 크기는 0과 1 사이에 있다.
라. 지니계수와 경제성장률의 관계는 명확하지 않다.

15
정답 ⑤

개인들의 한계편익을 합한 사회적인 한계편익이 한계비용보다 작다면 공공재 공급을 감소시키는 것이 바람직하다.

16
정답 ①

정부지출의 효과가 크기 위해서는 승수효과가 커져야 한다. 승수효과란 확대 재정정책에 따른 소득의 증가로 인해 소비지출이 늘어나게 되어 총수요가 추가적으로 증가하는 현상을 말한다. 즉, 한계소비성향이 높을수록 승수효과는 커진다. 한계소비성향이 높다는 것은 한계저축성향이 낮다는 것과 동일한 의미이다.

17
정답 ③

GDP는 한 나라에서 일정 기간에 생산된 모든 최종 재화와 서비스의 시장가치다. GDP는 총생산, 총소득, 총지출의 세 측면에서 파악할 수 있는데 총지출의 경우 소비(C), 투자(I), 정부지출(G), 순수출(NX, 수출 – 수입)로 구성된다.

ㄱ. 정부지출의 증가로 인해 GDP가 증가한다.
ㄴ. 해외유입 관광객의 소비 증가로 인해 GDP가 증가한다.
ㄹ. 한국에서 생산된 중간재의 수출로 인한 순수출증가로 GDP가 증가한다.

오답분석

ㄷ. 주택가격의 상승은 GDP 증가에 직접적인 영향을 미치지 않는다.

18
정답 ④

(나)국의 지니계수는 점차 커지므로 로렌츠 곡선은 대각선에서 점차 멀어진다고 할 수 있다. 지니계수란 소득분배의 불평등도를 나타내는 수치로, 소득이 어느 정도 균등하게 분배되어 있는가를 평가하는 데 주로 이용된다. 지니계수는 로렌츠 곡선으로부터 도출된다. 로렌츠 곡선은 가로축에 저소득층부터 인원의 분포도를 표시하고 세로축에 저소득층부터 소득액 누적 백분율을 표시하면 그려지는 소득분배 그래프이다. 여기에 가상적인 소득분배균등선(45도 선)을 긋는다. 이때 지니계수는 대각선과 로렌츠 곡선 사이의 면적을 대각선과 종축, 횡축이 이루는 삼각형의 면적으로 나눈 비율이다. 따라서 지니계수는 0과 1 사이의 값을 갖고, 소득 불균형이 심할수록 1에 가깝게 된다.

19
정답 ②

기저 효과란 어떠한 결괏값을 산출하는 과정에서 기준이 되는 시점과 비교대상 시점의 상대적인 위치에 따라서 그 결괏값이 실제보다 왜곡되어 나타나게 되는 현상을 말한다. 즉, 경제지표를 평가하는 데 있어 기준시점과 비교시점의 상대적인 수치에 따라 그 결과에 큰 차이가 날 수 있음을 뜻한다.

20
정답 ③

- X재 수요의 가격탄력성 : '(X재 소비지출액)=(X재 가격)×(X재 수요량)'으로, X재 가격이 5% 상승할 때 소비지출액이 변화가 없는 것은 X재 수요량이 5% 감소함을 의미한다. 따라서 X재 수요의 가격탄력성은 단위탄력적이다.

- Y재 수요의 가격탄력성 : '(Y재 소비지출액)=(Y재 가격)×(Y재 수요량)'으로, Y재 가격이 10% 상승할 때 소비지출액이 10% 증가하였다. 이는 가격이 상승함에도 불구하고 Y재 수요량이 전혀 변하지 않았음을 의미한다. 따라서 Y재 수요의 가격탄력성은 완전비탄력적이다.

21

정답 ④

오답분석

① 매몰비용의 오류 : 이미 투입한 비용과 노력 때문에 경제성이 없는 사업을 지속하여 손실을 키우는 것이다.
② 감각적 소비 : 제품을 구입할 때, 품질, 가격, 기능보다 디자인, 색상, 패션 등을 중시하는 소비 패턴이다.
③ 보이지 않는 손 : 개인의 사적 영리활동이 사회 전체의 공적 이익을 증진시키는 것이다.
⑤ 희소성 : 사람들의 욕망에 비해 그 욕망을 충족시켜 주는 재화나 서비스가 부족한 현상이다.

22

정답 ⑤

독점적 경쟁시장은 광고, 서비스 등 비가격경쟁이 가격경쟁보다 더 활발히 진행된다.

23

정답 ③

소비자가 노트북에 대해 100만 원을 지불할 용의가 있다는 것은 노트북 구입 시 최소한 그만큼의 편익을 얻는다는 의미이다. 이 소비자가 노트북을 80만 원에 구입한다면 지불할 용의가 있는 금액보다 20만 원 적게 지불하였으므로 20만 원의 소비자 잉여를 얻는다. 그런데 물품세가 부과되어 노트북 가격이 110만 원으로 상승하면 소비자는 구입을 포기할 것이므로 소비자 잉여를 얻을 수 없게 된다. 따라서 조세부과에 따른 사회적인 후생손실은 20만 원이 된다.

24

정답 ③

조세정책을 시행하는 곳은 기획재정부이며, 한국은행은 통화신용정책을 시행한다.

오답분석

① 조세정책은 재정지출이나 소득재분배 등 중요한 역할을 담당한다.
② 소득세, 법인세 감면은 기업의 고용 및 투자를 촉진하는 대표적인 정부정책이다.
④ 래퍼 곡선에 대한 설명이다.
⑤ 지하경제 양성화, 역외탈세 근절 등은 조세정의뿐만 아니라 국가재정 확보에도 매우 중요한 문제이다.

25

정답 ②

토지공급이 완전비탄력적이라면 토지에 세금이 부과될 경우 세금은 조세발표 시점의 토지소유자(토지공급자)가 모두 부담하게 된다.

26

정답 ①

독점기업의 가격차별전략

- 제1급 가격차별 : 각 단위의 재화에 대하여 소비자들이 지불할 용의가 있는 최대금액을 설정하는 것(한계수입과 가격이 같은 점에서 생산량 결정)이다.
- 제2급 가격차별 : 재화 구입량에 따라 각각 다른 가격을 설정하는 것이다.
- 제3급 가격차별 : 소비자들의 특징에 따라 시장을 몇 개로 분할하여 각 시장에서 서로 다른 가격을 설정하는 것이다.

27

정답 ①

생산량이 증가할 때 초기에 단기평균비용이 낮아지는 것은 처음에는 생산량이 증가하면 평균고정비용이 급속히 낮아지는 효과가 크게 나타나기 때문이다. 그리고 생산량이 일정 수준을 넘어서면 평균비용이 증가하는 것은 생산량이 한계생산물 체감으로 인해 평균가변비용이 증가하는 정도가 크게 나타나기 때문이다.

28

정답 ④

수요곡선과 공급곡선의 일반적인 형태란 우하향하는 수요곡선과 우상향하는 공급곡선을 의미한다. 이때, 공급곡선이 상방으로 이동하면, 생산량(Q)이 감소하고 가격(P)이 상승한다.

오답분석

① 수요곡선이 하방으로 이동하면 생산량이 감소하고 가격도 하락한다.
② 공급곡선이 하방으로 이동하면 생산량이 증가하고 가격이 하락한다.
③ 수요곡선이 상방으로 이동하면 생산량이 증가하고 가격도 상승한다.
⑤ 수요곡선과 공급곡선이 모두 하방으로 이동하면 가격은 하락한다. 이때 생산량은 두 곡선의 하방이동 폭에 따라서 증가할 수도, 불변일 수도, 감소할 수도 있다.

29

정답 ④

농산물은 필수재이므로 수요의 가격탄력성이 낮다. 수요의 가격탄력성이 낮으면 공급이 증가할 때 가격이 상대적으로 큰 폭으로 하락하게 된다. 하지만 가격이 하락하더라도 수요가 크게 증가하지 않으므로 수입은 감소하게 된다.

30

정답 ③

X재가 한계효용이 0보다 작은 비재화이고, Y재가 정상재인 경우 X재의 소비가 증가할 때 효용이 동일한 수준으로 유지되기 위해서는 Y재의 소비도 증가하여야 한다. 따라서 무차별곡선은 우상향의 형태로 도출된다.

31

정답 ②

유동성 함정은 금리가 한계금리 수준까지 낮아져 통화량을 늘려도 소비·투자 심리가 살아나지 않는 현상을 말한다.

오답분석

① 화폐 환상 : 화폐의 실질적 가치에 변화가 없는데도 명목단위가 오르면 임금이나 소득도 올랐다고 받아들이는 현상이다.
③ 구축효과 : 정부의 재정적자 또는 확대 재정정책으로 이자율이 상승하여 민간의 소비와 투자활동이 위축되는 효과이다.
④ J커브 효과 : 환율의 변동과 무역수지와의 관계를 나타낸 것으로, 무역수지 개선을 위해 환율상승을 유도하면 초기에는 무역수지가 오히려 악화되다가 상당 기간이 지난 후에야 개선되는 현상이다.
⑤ 피셔 방정식 : 명목이자율은 실질이자율과 인플레이션율의 합이라는 관계를 나타낸 공식이다.

32

정답 ⑤

슈타켈버그(Stackelberg) 모형에서는 두 기업 중 하나 또는 둘 모두가 생산량에 관해 추종자가 아닌 선도자의 역할을 한다.

33

정답 ①

임금피크제는 워크셰어링(Work Sharing) 형태의 일종으로, 근로자가 일정 연령에 이르면 정년까지 고용을 보장하는 조건으로 근로자의 능력에 따라 임금을 삭감하는 제도이다. 현재 미국·유럽·일본 등 선진국에서는 이미 도입하여 시행 중이며, 우리나라에도 일부 금융회사를 중심으로 점차 도입되고 있다. 임금피크제의 유형에는 정년보장형, 정년연장형, 고용연장형이 있다. 임금피크제를 시행하면 사용자 측에서는 인건비 부담을 늘리지 않고 고용을 보장해 줄 수 있고, 근로자 측에서도 정년 연장에 따른 고용 보장 효과가 있다는 장점이 있다.

34

정답 ①

소규모 경제에서 자본이동과 무역거래가 완전히 자유롭고 변동환율제도를 채택한다면 확대 재정정책이 실시되더라도 국민소득은 불변이고, 이자율의 상승으로 S국 통화는 강세가 된다.

35

정답 ②

구축효과에 대한 설명이다.

채권가격 변화에 의한 구축효과의 경로
정부의 국공채 발행 → 채권의 공급 증가 → 채권가격 하락 → 이자율 상승(채권가격과 이자율은 음의 관계) → 투자 감소

36

정답 ①

$MR_A = MC_A$, $MR_B = MC_B$를 이용하여 기업 1과 기업 2의 반응곡선을 구한다.

$10 - 2q_1 - q_2 = 3$, $q_1 = -\frac{1}{2}q_2 + 3.5$

$10 - q_1 - 2q_2 = 2$, $q_2 = -\frac{1}{2}q_1 + 4$

쿠르노 모형의 균형은 두 기업의 반응곡선이 교차하는 점에서 이루어지므로 $q_1 = 2$, $q_2 = 3$이다. 따라서 균형에서의 시장생산량은 $q_1 + q_2 = 5$이다.

37

정답 ①

래퍼 커브(Laffer Curve)에 대한 설명이다.

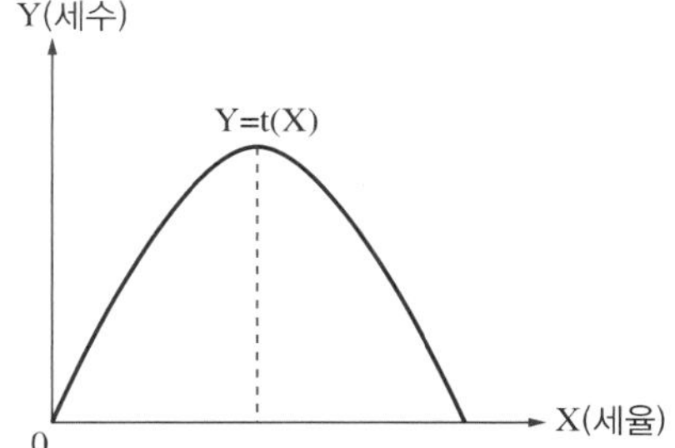

38

정답 ①

오답분석

② 새케인스학파는 비용인상 인플레이션을 긍정하였다.
③ 예상한 것보다 높은 인플레이션이 발생했을 경우에는 그만큼 실질이자율이 하락하게 되어 채무자가 이득을 보고 채권자가 손해를 보게 된다.
④ 예상치 못한 인플레이션이 발생했을 경우 실질임금이 하락하므로 노동자는 불리해지며, 고정된 임금을 지급하는 기업은 유리해진다.
⑤ 예상하지 못한 인플레이션 발생의 불확실성이 커지면 단기계약이 활성화되고 장기계약이 위축된다.

39

정답 ①

오답분석

다. 정부의 지속적인 교육투자정책으로 인적자본축적이 이루어지면 규모에 대한 수확체증이 발생하여 지속적인 성장이 가능하다고 한다. 이에 따라 자본의 한계생산은 일정하거나 증가한다고 본다.

라. 내생적 성장이론에서는 금융시장이 발달하면 저축이 증가하고 투자의 효율성이 개선되어 지속적인 경제성장이 가능하므로 국가 간 소득수준의 수렴현상이 나타나지 않는다고 본다.

40

정답 ⑤

수요의 가격탄력성이 1일 경우는 수용곡선상의 중점이므로 이때의 X재 가격은 50원이다. 독점기업은 항상 수요의 가격탄력성이 1보다 큰 구간에서 재화를 생산하므로 독점기업이 설정하는 가격은 50원 이상이다.

오답분석

① 수요곡선의 방정식은 $P=-Q+100$이다. 즉, 가격이 100원이면 X재의 수요량은 0이다.

② 수요곡선이 우하향의 직선인 경우 수요곡선상의 우하방으로 이동할수록 수요의 가격탄력성이 점점 작아진다. 그러므로 수요곡선상의 모든 점에서 수요의 가격탄력성이 다르게 나타난다.

③ X재는 정상재이므로 소득이 증가하면 수요곡선이 오른쪽으로 이동한다.

④ X재와 대체관계에 있는 Y재의 가격이 오르면 X재의 수요가 증가하므로 X재의 수요곡선은 오른쪽으로 이동한다.

서울교통공사 사무직 신입사원 필기시험

제3회 모의고사 정답 및 해설

제 1 영역 직업기초능력평가

01	02	03	04	05	06	07	08	09	10
④	①	④	④	①	②	④	②	④	④
11	12	13	14	15	16	17	18	19	20
②	⑤	③	③	③	②	④	④	③	⑤
21	22	23	24	25	26	27	28	29	30
②	②	③	③	④	②	④	③	②	③
31	32	33	34	35	36	37	38	39	40
④	④	⑤	④	③	④	①	②	③	④

01

정답 ④

제시문의 첫 문단에서 '장애인 편의 시설에 대한 새로운 시각'이 필요하다고 밝히고, 두 번째 문단에서 장애인 편의 시설이 '우리 모두에게 유용함'을 강조했으며, 마지막 부분에서 보편적 디자인의 시각으로 바라볼 때 '장애인 편의 시설은 우리 모두에게 편리하고 안전한 시설로 인식될 것'이라고 하였다.

02

정답 ①

모든 암호는 각 자릿수의 합이 21이 되도록 구성되어 있다.

- K팀 : $9+0+2+3+x=21 \rightarrow x=7$
- L팀 : $7+y+3+5+2=21 \rightarrow y=4$

$\therefore x+y=7+4=11$

03

정답 ④

A사원이 걸어간 시간을 x분, 뛴 시간을 y분이라고 하자.

$x+y=24 \cdots$ ㉠

$\frac{x}{60}\times4+\frac{y}{60}\times10=2.5 \cdots$ ㉡

㉠과 ㉡을 연립하면

$x=15$, $y=9$이다.

따라서 A사원이 뛴 거리는 $\frac{9}{60}\times10=1.5$km이다.

04

정답 ④

MOT 마케팅은 소비자와 접촉하는 극히 짧은 순간들이 브랜드와 기업에 대한 인상을 좌우하는 극히 중요한 순간이라는 것을 강조하는 마케팅이다. 소비자의 결정적 순간(MOT)이 기업에 대한 이미지와 상품의 품질, 서비스 등을 평가하기 때문에 직원이 소비자와 접촉하는 짧은 시간 동안 기업에 대한 긍정적인 이미지를 만들어야 한다.

스칸디나비아항공이 시행한 MOT 마케팅은 접촉한 직원의 역할이 크기 때문에 직원이 책임감을 가지고 임해야 긍정적인 결과를 낼 수 있다.

05

정답 ①

A는 일에 대한 책임감이 결여되어 있고, 스스로 일에 열심히 참여하지 않는다. 팀장이 지시하지 않으면 임무를 수행하지 않기 때문에 수동형 유형이다.

반면, B는 앞장서지는 않지만 맡은 일은 잘 하며, 일에 불만을 가지고 있어도 이를 표현해서 대립하지 않는다. 또한, 지시한 일 이상을 할 수 있음에도 노력하지 않는 실무형 유형이다.

06

정답 ②

증감 연산자(++, --)는 피연산자를 1씩 증가시키거나 감소시킨다. 수식에서 증감 연산자가 피연산자의 후에 사용되었을 때는 값을 먼저 리턴하고 증감시킨다.

temp=i++;은 temp에 i를 먼저 대입하고 난 뒤 i 값을 증가시키기 때문에 temp는 10, i는 11이 된다. temp=i--; 역시 temp에 먼저 i 값을 대입한 후 감소시키기 때문에 temp는 11, i는 10이 된다.

07

정답 ④

제시된 자료를 보면 판매량이 4개일 경우 평균 비용은 5만 원, 평균 수입은 6만 원이다. 그러므로 총비용은 20만 원, 총수입은 24만 원으로 이윤은 4만 원이다. 판매량을 3개로 줄일 경우 평균 비용은 4만 원, 평균 수입은 6만 원이다. 그러므로 총비용은 12만 원, 총수입은 18만 원으로 6만 원의 이윤이 발생한다. 따라서 이윤을 증가시키기 위해서는 판매량을 3개로 줄이는 것이 합리적이다.

오답분석

① 판매량이 1개일 때와 5개일 때는 이윤은 0원이다.
② 판매량을 늘리면 평균 수입은 변화가 없지만 평균 비용이 높아지므로 이윤이 감소한다.
③ 현재 평균 수입은 평균 비용보다 높다.
⑤ 판매량이 4개일 경우의 이윤은 $6\times4-5\times4=4$만 원이고, 판매량이 3개일 경우의 이윤은 $3\times6-3\times4=6$만원이다. 따라서 판매량을 줄여야 이윤이 극대화된다.

08

정답 ②

먼저 A호텔 연꽃실은 2시간 이상 사용할 경우 추가비용이 발생하고, 수용 인원도 부족하다. B호텔 백합실은 1시간 초과 대여가 불가능하며, C호텔 매화실은 이동수단을 제공하지만 수용 인원이 부족하다. 남은 C호텔 튤립실과 D호텔 장미실을 비교했을 때, C호텔의 튤립실은 예산초과로 예약할 수 없으므로 이대리는 대여료와 수용 인원의 조건이 맞는 D호텔 연회장을 예약해야 한다.
따라서 이대리가 지불해야 하는 예약금은 D호텔 대여료 150만 원의 10%인 15만 원이다.

09

정답 ④

예산이 200만 원으로 증액되었을 때, 조건에 부합하는 연회장은 C호텔 튤립실과 D호텔 장미실이다. 예산 내에서 더 저렴한 연회장을 선택해야 한다는 조건이 없고, 이동수단이 제공되는 연회장을 우선적으로 고려해야 하므로 이대리는 C호텔 튤립실을 예약할 것이다.

10

정답 ④

옆 가게 주인과 달리 B씨는 청년이 겉으로 원하는 것(콜라)만 확인하고, 실제로 원하는 것(갈증 해결)을 확인하지 못했다.

11

정답 ②

우선 박비서에게 회의 자료를 받아와야 하므로 비서실을 들러야 한다. 다음으로 대외 홍보 및 기자단 상대 업무를 맡은 홍보팀에서 기자단 간담회 자료를 정리할 것이므로 홍보팀을 거쳐야 하며, 승진자 인사 발표 소관 업무는 인사팀이 담당한다고 볼 수 있다. 또한, 회사의 차량 배차에 관한 업무는 총무팀과 같은 지원부서의 업무에 해당한다.

12

정답 ⑤

매장의 최대 70m 반경 내에서 모바일 결제가 가능한 시스템은 지오펜싱이 아닌 비콘의 활용 사례에 해당한다. 비콘은 최대 100m 거리 내에서만 사용이 가능하며, 모바일 결제를 가능하게 해 준다. 지오펜싱의 경우 비콘보다 더 넓은 범위에서도 사용이 가능하지만 결제 서비스의 가능 여부는 제시문을 통해 알 수 없다.

13

정답 ③

- 빈번히 : 번거로울 정도로 도수(度數)가 잦게
- 때때로 : 경우에 따라서 가끔

오답분석

① 자주 : 같은 일을 잇따라 잦게
② 흔히 : 보통보다 더 자주 있거나 일어나서 쉽게 접할 수 있게
④ 누누이 : 여러 번 자꾸
⑤ 수차 : 여러 차례

14

정답 ③

(가) 허수아비 공격의 오류 : 상대가 의도하지 않은 것을 강조하거나 허점을 비판하여 자신의 주장을 내세우는 오류이다.
(나) 성급한 일반화의 오류 : 적절한 증거가 부족함에도 불구하고 몇몇 사례만을 토대로 성급하게 결론을 내리는 오류이다.
(다) 대중에 호소하는 오류 : 타당한 논거를 제시하지 않고 많은 사람들이 그렇게 생각하거나 행동한다는 것을 논거로 제시하는 오류이다.

오답분석

- 인신공격의 오류 : 주장이 아닌 상대방을 공격하여 논박하는 오류이다.
- 애매성의 오류 : 여러 가지 의미로 해석될 수 있는 용어를 사용하여 혼란을 일으키는 오류이다.
- 무지의 오류 : 상대가 자신의 주장을 입증하지 못함을 근거로 상대를 반박하는 오류이다.

15

정답 ③

A사와 B사의 전체 직원 수를 알 수 없으므로, 비율만으로는 판단할 수 없다.

오답분석

① 여직원 비율이 높을수록, 남직원 비율이 낮을수록 값이 작아진다. 따라서 여직원 비율이 가장 높으면서, 남직원 비율이 가장 낮은 D사가 최저이고, 남직원 비율이 여직원 비율보다 높은 A사가 최고이다.
② B, C, D사 모두 남직원보다 여직원의 비율이 높다. 즉, B, C, D사 모두에서 남직원 수보다 여직원 수가 많다. 따라서 B, C, D사의 직원 수를 다 합했을 때 남직원 수는 여직원 수보다 적다.
④ A사의 전체 직원 수를 a명, B사의 전체 직원 수를 b명이라 하면, A사의 남직원 수는 $0.54a$명, B사의 남직원 수는 $0.48b$명이다.

$$\frac{0.54a+0.48b}{a+b}\times100=52$$

$$\rightarrow 54a+48b=52(a+b)$$

$$\therefore a=2b$$

⑤ A, B, C사의 전체 직원 수를 a명이라 하면, 여직원의 수는 각각 $0.46a$명, $0.52a$명, $0.58a$명이다. 따라서 $0.46a+0.58a=2\times0.52a$이므로 옳은 설명이다.

16
정답 ②

A사원은 충분히 업무를 수행할 능력은 있으나 B과장으로부터 문책을 당한 경험으로 인해 과제를 완수하고 목표를 달성할 수 있는 능력 차원에서의 자아존중감이 부족한 상태이다.

오답분석

① 자기관리 : 자신을 이해하고, 목표를 성취하기 위해 자신의 행동 및 업무수행을 관리하고 조정하는 것이다.
③ 경력개발 : 자신과 자신의 환경 상황을 인식하고 분석하여 합당한 경력 관련 목표를 설정하는 과정이다.
④ 강인성 : 개인이 세상을 대하는 기본적 태도로, 헌신, 통제 및 도전적 성향을 가지는 것이다.
⑤ 낙관주의 : 아직 현실화되지 않은 앞으로의 일을 좋은 방향으로 생각하는 태도이다.

자아존중감

개인의 가치에 대한 주관적인 평가와 판단을 통해 자기결정에 도달하는 과정이며, 스스로에 대한 긍정적 또는 부정적 평가를 통해 가치를 결정짓는 것이다.

- 가치 차원 : 다른 사람들이 자신을 가치 있게 여기며 좋아한다고 생각하는 정도
- 능력 차원 : 과제를 완수하고 목표를 달성할 수 있다는 신념
- 통제감 차원 : 자신이 세상에서 경험하는 일들과 거기에 영향을 미칠 수 있다고 느끼는 정도

17
정답 ④

하인리히의 법칙은 큰 사고로 인해 산업재해가 일어나기 전에 작은 사고나 징후인 '불안전한 행동 및 상태'가 보인다는 것이다.

18
정답 ④

오답분석

㉠·㉢ 외부로부터 강요당한 근면에 해당한다.

19
정답 ③

A국과 F국을 비교해 보면 참가선수는 A국이 더 많지만, 동메달 수는 F국이 더 많다.

오답분석

① 금메달은 F>A>E>B>D>C 순서로 많고, 은메달은 C>D>B>E>A>F 순서로 많다.
② C국은 금메달을 획득하지 못했지만 획득한 메달 수는 149개로 가장 많다.
④ 참가선수와 메달 합계의 순위는 동일하다.
⑤ 참가선수가 가장 적은 국가는 F로 메달 합계는 6위이다.

20
정답 ⑤

회복적 사법이 기존의 관점을 완전히 대체할 수 있는 것은 아니며, 우리나라는 현재 형사 사법을 보완하는 차원 정도로 적용되고 있다.

오답분석

① 응보형론은 범죄를 상쇄할 해악의 부과를 형벌의 본질로 보는 이론이다.
② 응보형론은 지속적인 범죄 증가 현상을, 재사회화론은 재범률을 줄이지 못한다는 비판을 받는다.
③ 기존의 관점인 응보형론과 재사회화론 모두 범죄를 국가에 대한 거역이고 위법 행위로 본다.
④ 기존의 관점이 가해자의 행동 교정에 초점을 맞췄다면 회복적 사법은 피해자와 피해자의 회복 등에 초점을 두고 있다.

21
정답 ②

대화를 통해 부하직원인 A사원 스스로 업무성과가 떨어지고 있고, 업무방법이 잘못되었음을 인식시켜서 이를 해결할 방법을 스스로 생각하도록 해야 한다. 이후 조언하며 독려한다면, A사원의 자존감과 자기결정권을 침해하지 않으면서 A사원 스스로 책임감을 느끼고 문제를 해결할 가능성이 높아지게 된다.

오답분석

① 징계를 통해 억지로 조언을 듣도록 하는 것은 자존감과 자기결정권을 중시하는 A사원에게 적절하지 않다.
③ 칭찬은 A사원으로 하여금 자신의 잘못을 인식하지 못하도록 할 수 있어 적절하지 않다.
④ 자존감과 자기결정권을 중시하는 A사원에게 강한 질책은 효과적이지 못하다.

22
정답 ②

질병에 양성 반응을 보인 사람은 전체 중 95%이고, 그중 항체가 있는 사람의 비율은 15.2%이므로 양성인데 항체가 없는 사람은 95−15.2=79.8%이다. 다음으로 질병에 음성 반응을 보인 사람은 100−95=5%이므로 음성인데 항체가 있는 사람의 비율은 5−4.2=0.8%이다. 이를 정리하면 다음과 같다.

구분	항체 ×	항체 ○	합계
양성	79.8%	15.2%	95%
음성	4.2%	0.8%	5%
합계	84%	16%	100%

따라서 조사 참여자 중 항체가 있는 사람의 비율은 16%이다.

23
정답 ③

거짓말을 하는 사람은 1명이기 때문에 B와 C 둘 중 한 명이 거짓말을 하고 있다.
C가 거짓말을 한다면 B는 진실을 말하므로 A도 거짓말을 하고 있다. 거짓말은 1명만 하고 있으므로 모순이 발생한다.
B가 거짓말을 한다면 A는 진실을 말하고 있다. A는 C가 범인이라고 했고, E는 A가 범인이라고 했으므로 A와 C가 범인이다.

24
정답 ③

철도안전법 시행규칙 제3조 제2항 제1호・제2호에 따르면 경미한 사항을 변경하려는 경우에는 안전관리체계의 변경내용과 증빙서류, 변경 전후의 대비표 및 해설서를 제출하여야 한다.

오답분석

① 철도안전법 시행규칙 제3조 제1항 제4호를 통해 알 수 있다.
② 철도안전법 시행규칙 제3조 제1항 제1호를 통해 알 수 있다.
④ 철도안전법 시행규칙 제3조 제3항를 통해 알 수 있다.
⑤ 철도안전법 시행규칙 제3조 제1항 제6호를 통해 알 수 있다.

25
정답 ④

오답분석

① 자사의 유통 및 생산 노하우가 부족하다고 분석하였으므로 적절하지 않다.
② 디지털마케팅 전략을 구사하기에 역량이 미흡하다고 분석하였으므로 적절하지 않다.
③ 경쟁자 중 상위업체가 하위업체와의 격차를 확대하기 위해서 파격적인 가격정책을 펼치고 있다고 하였으므로 적절하지 않다.
⑤ 브랜드 경쟁력을 유지하기 위해 20대 SPA 시장 진출이 필요하며, 자사가 높은 브랜드 이미지를 가지고 있다는 내용은 자사의 상황분석과 맞지 않는 내용이므로 적절하지 않다.

26
정답 ②

DSUM 함수는 지정한 조건에 맞는 데이터베이스에서 필드 값들의 합을 구하는 함수이다. 주어진 함수는 [A1:C7]에서 상여금이 1,000,000 이상인 값의 합계를 구하므로 2,500,000이 도출된다.

27
정답 ④

스터디 모임, 봉사활동 동아리, 각종 친목회는 조직구성원들의 요구에 따라 자발적으로 형성된 비공식적인 집단이다. 따라서 공식적인 업무수행 이외에 다양한 요구들에 의해 이루어진다.

오답분석

①・②・③・⑤ 공식적인 집단의 특징이며, 공식적 집단은 상설 혹은 임시위원회, 임무수행을 위한 작업팀 등이 있다.

28
정답 ③

유효성 검사에서 제한 대상을 목록으로 설정을 했을 경우, 드롭다운 목록의 너비는 데이터 유효성 설정이 있는 셀의 너비에 의해 결정된다.

29
정답 ②

기존의 운송횟수는 12회이므로 1일 운송되는 화물량은 12×1,000=12,000상자이다. 이때, 적재효율을 기존 1,000상자에서 1,200상자로 높이면 10회(=12,000÷1,200)로 운송횟수를 줄일 수 있다. 기존 방법과 새로운 방법의 월 수송비를 계산하면 다음과 같다.

(월 수송비)=(1회당 수송비)×(차량 1대당 1일 운행횟수)×(차량 운행대수)×(월 운행일수)

- 기존 월 수송비 : 100,000×3×4×20=24,000,000원
- 새로운 월 수송비 : 100,000×10×20=20,000,000원

따라서 월 수송비 절감액은 24,000,000−20,000,000=4,000,000원이다.

30
정답 ③

자동차 부품 생산조건에 따라 반자동라인과 자동라인의 시간당 부품 생산량을 구하면 다음과 같다.

- 반자동라인 : 4시간에 300개의 부품을 생산하므로, 8시간에 300개×2=600개의 부품을 생산한다. 하지만 8시간마다 2시간씩 생산을 중단하므로, 8시간+2시간=10시간에 600개의 부품을 생산하는 것과 같다. 따라서 시간당 부품 생산량은 $\frac{600개}{10시간}$=60개/h이다. 이때 반자동라인에서 생산된 부품의 20%는 불량이므로, 시간당 정상 부품 생산량은 60개/h×(1−0.2)=48개/h이다.
- 자동라인 : 3시간에 400개의 부품을 생산하므로, 9시간에 400개×3=1,200개의 부품을 생산한다. 하지만 9시간마다 3시간씩 생산을 중단하므로, 9시간+3시간=12시간에 1,200개의 부품을 생산하는 것과 같다. 따라서 시간당 부품 생산량은 $\frac{1,200개}{12시간}$=100개/h이다. 이때 자동라인에서 생산된 부품의 10%는 불량이므로, 시간당 정상 제품 생산량은 100개/h×(1−0.1)=90개/h이다.

따라서 반자동라인과 자동라인에서 시간당 생산하는 정상 제품의 생산량은 48개/h+90개/h=138개/h이므로, 34,500개를 생산하는 데 소요된 시간은 $\frac{34,500개}{138개/h}$=250시간이다.

31
정답 ④

쌀을 제대로 씻지 않을 경우 쌀뜨물이 바닥으로 깔려 취사 후 밥 밑면이 누렇게 될 수 있으므로 취사 전 맑은 물이 나올 때까지 헹궈야 한다.

오답분석

① 소요되는 취사시간과 상관없이 예약은 완료되는 시간을 기준으로 한다. 따라서 17시가 오픈이므로 15시에는 2시간으로 설정하여 예약하면 된다.
② '백미쾌속' 모드는 예약이 되지 않는다. 예약 가능한 메뉴는 백미, 잡곡, 현미 3가지 메뉴이다.

③ '잡곡쾌속' 모드는 취사 모드에 없다. 취사가 가능한 모드는 백미, 백미쾌속, 잡곡, 현미, 죽, 누룽지, 만능 찜 7개이다.
⑤ 현미는 소요되는 취사시간이 70 ~ 80분이다. 17시 오픈을 기준으로 하면 70 ~ 80분 전인 15시 40 ~ 50분에 취사 버튼을 눌러야 한다.

32

정답 ④

뚜껑 패킹과 내솥 사이에 이물질이 끼어있을 경우 취사 도중 수증기가 뚜껑 틈으로 나올 수 있다.

33

정답 ⑤

32번 문제에서 찾은 원인에 따라 뚜껑 패킹과 내솥 사이의 이물질을 제거하였는데도 여전히 뚜껑 틈으로 수증기가 나온다면 새 뚜껑 패킹으로 교환하는 방법이 있다.

34

정답 ④

직업생활에서의 목표를 단지 높은 지위에 올라가는 것이라고 생각하는 것은 잘못된 직업관으로, 입사 동기들보다 빠른 승진을 목표로 삼은 D는 잘못된 직업관을 가지고 있다.

바람직한 직업관

- 소명의식과 천직의식을 가져야 한다.
- 봉사정신과 협동정신이 있어야 한다.
- 책임의식과 전문의식이 있어야 한다.
- 공평무사한 자세가 필요하다.

35

정답 ③

제시문의 내용을 살펴보면 S전자는 성장성이 높은 LCD 사업 대신에 익숙한 PDP 사업에 더욱 몰입하였으나, 점차 LCD의 경쟁력이 높아짐으로써 PDP가 무용지물이 되었다는 것을 알 수 있다. 따라서 S전자는 LCD 시장으로의 사업전략을 수정할 수 있었지만, 보다 익숙한 PDP 사업을 선택하고 집중함으로써 시장에서 경쟁력을 잃는 결과를 얻게 되었다.

36

정답 ④

ㄴ. B작업장은 생물학적 요인(바이러스)에 해당하는 사례 수가 가장 많다.
ㄷ. 화학적 요인에 해당하는 분진은 집진 장치를 설치하여 예방할 수 있다.

오답분석

ㄱ. A작업장은 물리적 요인(소음, 진동)에 해당하는 사례 수가 가장 많다.

37

정답 ①

사무인수인계는 문서에 의함을 원칙으로 하나 기밀에 속하는 사항은 구두 또는 별책으로 인수인계할 수 있도록 한다.

38

정답 ②

'조직목표 간에는 수평적 상호관계가 있다.'와 '불변적 속성을 가진다.'는 옳지 않은 내용이다.

조직목표의 특징

- 공식적 목표와 실제적 목표가 다를 수 있다.
  - 조직목표는 조직이 존재하는 이유와 관련된 조직의 사명과 사명을 달성하기 위한 세부목표를 가지고 있다. 조직의 사명은 조직의 비전, 가치와 신념, 조직의 존재이유 등을 공식적인 목표로 표현한 것이다. 반면에 세부목표는 조직이 실제적인 활동을 통해 달성하고자 하는 것으로, 사명에 비해 측정 가능한 형태로 기술되는 단기적인 목표이다.
- 다수의 조직목표를 추구할 수 있다.
- 조직목표 간에는 위계적 상호관계가 있다.
  - 조직은 다수의 조직목표를 추구할 수 있으며, 이러한 조직목표들은 위계적 상호관계가 있어 서로 상하관계에 있으면서 영향을 주고받는다.
- 가변적 속성을 가진다.
  - 조직목표는 한번 수립되면 달성될 때까지 지속되는 것이 아니라, 환경이나 조직 내의 다양한 원인들에 의하여 변동되거나 없어지고, 새로운 목표로 대치되기도 한다.
- 조직의 구성요소와 상호관계를 가진다.
  - 조직목표들은 조직의 구조, 조직의 전략, 조직의 문화 등과 같은 조직체제의 다양한 구성요소들과 상호관계를 가지고 있다.

39

정답 ③

사이다의 용량 1mL에 대한 가격을 비교하면 다음과 같다.

- A업체 : $\frac{25,000}{340 \times 25} \fallingdotseq 2.94$원/mL
- B업체 : $\frac{25,200}{345 \times 24} \fallingdotseq 3.04$원/mL
- C업체 : $\frac{25,400}{350 \times 25} \fallingdotseq 2.90$원/mL
- D업체 : $\frac{25,600}{355 \times 24} \fallingdotseq 3.00$원/mL
- E업체 : $\frac{25,800}{360 \times 24} \fallingdotseq 2.99$원/mL

따라서 1mL당 가격이 가장 저렴한 업체는 C업체이다.

40

정답 ④

정보공개 대상별 정보공개수수료 자료를 바탕으로, 보기의 정보열람인들이 낸 금액을 정리하면 다음과 같다. 정보열람인들이 열람하거나 출력한 공개 대상의 첫 장만 가격이 다른 경우를 주의해야 한다.

구분	정보공개수수료(원)
A	[(5×1,000)×2]+[300+(25−1)×100]=12,700
B	2,000+(13×200)+(6×3,000)=22,600
C	(2×1,000)+(3×5,000)+[200+(8−1)×50]=17,550
D	[250+(35−1)×50]+[200+(22−1)×50]=3,200

따라서 정보공개수수료가 큰 사람부터 나열하면 'B−C−A−D' 순서이다.

제2영역 직무수행능력평가

| 01 | 행정학

01	02	03	04	05	06	07	08	09	10
④	③	③	③	⑤	⑤	①	①	①	④
11	12	13	14	15	16	17	18	19	20
③	⑤	①	⑤	⑤	①	①	④	⑤	⑤
21	22	23	24	25	26	27	28	29	30
①	①	⑤	③	①	②	③	④	③	①
31	32	33	34	35	36	37	38	39	40
②	④	②	②	①	③	④	④	③	②

01

정답 ④

ㄴ. 킹던의 정책창 모형은 쓰레기통 모형을 한층 발전시켜 우연한 기회에 이루어지는 결정을 흐름으로 설명하고 있다.

ㄷ·ㄹ. 킹던은 정책과정은 문제 흐름, 정책 흐름, 정치 흐름 등 세 가지 독립적인 흐름으로 개념화될 수 있으며, 각 흐름의 주도적인 행위자도 다르다고 보았다. 킹던은 정치 흐름과 문제 흐름이 합류할 때 정책의제가 설정되고, 정책 흐름에 의해서 만들어진 정책대안은 이들 세 개의 흐름이 서로 같이 만나게 될 때 정책으로 결정될 기회를 갖게 된다고 보았다. 이러한 복수 흐름을 토대로 정책의 창이 열리고 닫히는 이유를 제시하고 그 유형을 구분하였는데, 세 흐름을 합류시키는 데 주도적인 역할을 담당하는 정책기업가의 노력이 점화장치가 중요하다고 보았다.

오답분석

ㄱ. 방법론적 개인주의와 정책창 모형은 관련이 없다.

ㅁ. 표준운영절차는 회사모형을 설명하는 주요 개념이다.

02

정답 ③

탈신공공관리론은 신공공관리의 역기능적 측면을 교정하고 통치역량을 강화하여 정치행정 체제의 통제와 조정을 개선하기 위해 재집권화와 재규제를 주장한다. 규제완화는 신공공관리론에서 강조하는 전략이다.

03

정답 ③

정부의 결산 과정은 ㉤ 해당 행정기관의 출납 정리·보고 − ㉡ 중앙예산기관의 결산서 작성·보고 − ㉠ 감사원의 결산 확인 − ㉣ 국무회의 심의와 대통령의 승인 − ㉢ 국회의 결산심의 순서로 진행된다.

04

정답 ③

기획재정부 장관은 국무회의 심의를 거쳐 대통령 승인을 얻은 다음 연도의 예산안편성지침을 매년 3월 31일까지 각 중앙관서의 장에게 통보하여야 한다(국가재정법 제29조 제1항).

05

정답 ⑤

점증모형은 수단과 목표가 명확히 구분되지 않으므로 흔히 목표 – 수단의 분석이 부적절하거나 제한되는 경우가 많으며, 목표달성의 극대화를 추구하지 않는다. 정책 목표달성을 극대화하는 정책을 최선의 정책으로 평가하는 모형은 합리모형이다.

06

정답 ⑤

국가재정법 제16조는 예산의 편성 및 집행에 있어서 준수해야 할 사항을 규정하고 있고 재정건전성의 확보, 국민부담의 최소화, 재정을 운영함에 있어 재정지출의 성과 제고, 예산과정에의 국민참여 제고를 위한 노력을 규정하고 있지만 재정의 지속가능성 확보에 대한 내용은 규정하고 있지 않다.

예산의 원칙(국가재정법 제16조)

정부는 예산의 편성 및 집행에 있어서 다음 각 호의 원칙을 준수하여야 한다.

1. 정부는 재정건전성의 확보를 위하여 최선을 다하여야 한다.
2. 정부는 국민부담의 최소화를 위하여 최선을 다하여야 한다.
3. 정부는 재정을 운용할 때 재정지출 및 조세특례제한법 제142조의2 제1항에 따른 조세지출의 성과를 제고하여야 한다.
4. 정부는 예산과정의 투명성과 예산과정에의 국민참여를 제고하기 위하여 노력하여야 한다.
5. 정부는 예산이 여성과 남성에게 미치는 효과를 평가하고, 그 결과를 정부의 예산편성에 반영하기 위하여 노력하여야 한다.
6. 정부는 예산이 온실가스 감축에 미치는 효과를 평가하고, 그 결과를 정부의 예산편성에 반영하기 위하여 노력하여야 한다.

07

정답 ①

권력문화적 접근법은 권력남용에 의해 부패가 유발된다고 보는 접근이며, 공직자들의 잘못된 의식구조를 부패의 원인으로 보는 접근은 구조적 접근법에 해당한다.

08

정답 ①

오답분석

② 증여세, 상속세는 직접세에 해당한다.
③ 취득세, 재산세, 자동차세, 등록면허세는 지방세에 해당한다.
④ 종합부동산세, 법인세, 소득세, 상속세는 직접세에 해당한다.
⑤ 레저세, 담배소비세는 지방세에 해당한다.

09

정답 ①

구조적 분화와 전문화는 집단 간 갈등을 조성한다. 이때 분화된 조직을 통합하거나 인사교류를 통해 갈등을 해소할 수 있다.

10

정답 ④

점증적 정책결정은 지식과 정보의 불완전성, 미래예측의 불확실성을 전제하는 의사결정 모형으로, 그 자체가 정부실패 요인으로 거론되는 것은 아니다.

오답분석

①·②·③·⑤ 정부실패 요인에 해당한다.

11

정답 ③

해외일정을 핑계로 책임과 결정을 미루는 행위 등의 사례는 관료들이 위험회피적이고 변화저항적이며 책임회피적인 보신주의로 빠지는 행태를 말한다.

12

정답 ⑤

오답분석

① 공무원 팽창의 법칙(부하배증의 원칙)을 주장한 사람은 파킨슨(Parkinson)이다.
② 김대중, 이명박 정부 때의 작은 정부 시책으로 인해 공무원 정원이 일관되게 증가한 것은 아니다.
③ 업무배증의 원칙과 부하배증의 원칙이 서로 맞물리면서 조직이 점점 더 비대해지는 현상이 나타난다.
④ 파킨슨의 법칙은 우리나라에만 적용되는 것이 아니라 관료화된 조직이라면 어느 나라의 조직이든지 나타나게 되는 일반적 현상이다.

13

정답 ①

공익의 소극설인 과정설에 대한 설명으로, 과정설에서 공익은 많은 사익들 간의 갈등을 조정하여 얻은 타협의 소산물이라 본다.

오답분석

②·③·④ 공익의 실체설에 대한 설명이다.

공익

실체설(적극설)	과정설(소극설)
• 공익과 사익은 별개이며, 공익의 실체가 따로 존재한다. • 사익보다 공익이 우선시된다(전체주의 형성에 기여함). • 엘리트주의, 합리모형 • 대표 학자 : 아리스토텔레스, 플라톤, 롤스 등	• 공익과 사익의 구별은 상대적인 것이다. • 공익은 공유된 것이 아니라 합리성이나 적법한 절차를 준수하여 얻은 결과물 내지는 이해관계의 균형적인 반영이다. • 개인의 이익을 보호하고 증진시키는 것이 공익이다. • 대표 학자 : 홉스, 흄, 벤덤 등

14

정답 ⑤

성과와 보상 간의 관계에 대한 인식은 수단성에 해당되는 설명이다. 브룸(Vroom)의 기대이론에 의하면 기대치는 자신의 노력이 일정한 성과를 달성한다는 단계를 의미한다.

15

정답 ⑤

신고전적 조직이론의 대표적인 이론인 인간관계론은 인간의 조직 내 사회적 관계를 중시하였으나, 이를 지나치게 중시하여 환경과의 관계를 다루지 못한 한계가 있다. 즉, 신고전적 조직이론은 고전적 조직이론과 마찬가지로 폐쇄적인 환경관을 가진다.

16

정답 ①

교통체증 완화를 위한 차량 10부제 운행은 불특정 다수의 국민이 이익을 보고 불특정 다수의 국민이 비용을 부담하는 상황에 해당하기 때문에 대중정치 유형의 사례가 된다.

오답분석

② 기업가정치 유형은 고객정치 유형과 반대로 환경오염규제, 소비자보호입법 등과 같이 비용은 소수의 동질적 집단에 집중되어 있으나 편익은 불특정 다수에게 넓게 확산되어 있는 경우이다. 사회적 규제가 여기에 속한다.

③ 이익집단정치 유형은 정부규제로 예상되는 비용, 편익이 모두 소수의 동질적 집단에 귀속되고, 그 크기도 각 집단의 입장에서 볼 때 대단히 크다. 그러므로 양자가 모두 조직화와 정치화의 유인을 강하게 갖고 있고 조직력을 바탕으로 각자의 이익 확보를 위해 상호 날카롭게 대립하는 상황이다. 규제가 경쟁적 관계에 있는 강력한 두 이익집단 사이의 타협과 협상에 좌우되는 특징을 보이며 일반적으로 소비자 또는 일반국민의 이익은 거의 무시된다.

④ 고객정치 유형은 수혜집단은 신속히 정치조직화하며 입법화를 위해 정치적 압력을 행사하여 정책의제화가 비교적 용이하게 이루어진다. 경제적 규제가 여기에 속한다.

⑤ 윌슨의 규제정치모형에 소비자정치는 포함되지 않는다.

17

정답 ①

상동적 오차는 유형화의 착오로, 편견이나 선입견 또는 고정관념(Stereotyping)에 의한 오차를 말한다.

오답분석

② 연속화의 오차(연쇄효과) : 한 평정 요소에 대한 평정자의 판단이 다른 평정 요소에도 영향을 주는 현상이다.

③ 관대화의 오차 : 평정결과의 점수 분포가 우수한 쪽에 집중되는 현상이다.

④ 규칙적 오차 : 다른 평정자들보다 항상 후하거나 나쁜 점수를 주는 현상이다.

⑤ 시간적 오차 : 최근의 사건·실적이 평정에 영향을 주는 근접오류 현상이다.

18

정답 ④

- 추종자(부하)의 성숙단계에 따라 리더십의 효율성이 달라진다는 주장은 Hersey & Blanchard의 삼차원이론(생애주기이론)이다.
- 리더의 행동이나 특성이 상황에 따라 달라진다는 것은 상황론적 리더십에 대한 설명이다.
- 상황이 유리하거나 불리한 조건에서는 과업을 중심으로 한 리더십이 효과적이라는 것은 Fiedler의 상황조건론이다.

19

정답 ⑤

정부사업에 대한 회계책임을 묻는 데 유용한 예산제도는 품목별 예산제도(LIBS)이다. 성과주의 예산제도는 기능별·활동별 예산제도이므로 의회의 예산통제가 곤란하고, 회계책임을 묻기가 어렵다.

20

정답 ⑤

정직은 1개월 이상 3개월 이하의 기간으로 하고, 정직 처분을 받은 자는 그 기간 중 공무원의 신분은 보유하나 직무에 종사하지 못하며 보수는 전액을 감한다.

오답분석

① 직위해제 : 신분을 박탈하는 처분은 아니고, 신분은 유지하되 직위만을 해제한다.

② 직권면직 : 정원의 변경으로 직위의 폐지나 과원 등의 사유가 발생한 경우에 직권으로 신분을 박탈하는 면직처분을 말한다.

③ 해임 : 공무원을 강제로 퇴직시키는 처분으로, 3년간 재임용이 불가하다. 연금법에는 크게 영향을 주지 않으나 금품 및 향응 수수, 공금의 횡령·유용으로 징계 해임된 경우에는 퇴직급여의 1/8 내지는 1/4을 감한다.
④ 파면 : 공무원을 강제로 퇴직시키는 처분으로, 5년간 재임용 불가하고, 퇴직급여의 1/4 내지는 1/2을 지급 제한한다.

징계의 종류
- 견책 : 전과(前過)에 대하여 훈계하고 회개하게 한다.
- 감봉 : 1개월 이상 3개월 이하의 기간 동안 보수의 3분의 1을 감한다.
- 정직 : 1개월 이상 3개월 이하의 기간으로 하고, 정직 처분을 받은 자는 그 기간 중 공무원의 신분은 보유하나 직무에 종사하지 못하며 보수는 전액을 감한다.
- 강등 : 1계급 아래로 직급을 내리고(고위공무원단에 속하는 공무원은 3급으로 임용하고, 연구관 및 지도관은 연구사 및 지도사로 한다) 공무원 신분은 보유하나 3개월간 직무에 종사하지 못하며 그 기간 중 보수는 전액을 감한다.
- 해임 : 공무원을 강제로 퇴직시키는 처분으로, 3년간 재임용이 불가하다. 연금법에는 크게 영향을 주지 않으나, 금품 및 향응수수, 공금의 횡령·유용으로 징계 해임된 경우에는 퇴직급여의 1/8 내지는 1/4을 감한다.
- 파면 : 공무원을 강제로 퇴직시키는 처분으로, 5년간 재임용 불가하고, 퇴직급여의 1/4 내지는 1/2을 지급 제한한다.

21

정답 ①

주민참여의 확대는 행정적 비용과 시간의 증가를 초래하고, 행정지체와 비능률이 발생할 수 있다.

22

정답 ①

스캔론 플랜은 보너스 산정방식에 따라 3가지로 분류된다. 단일비율 스캔론 플랜은 노동비용과 제품생산액의 산출 과정에서 제품의 종류와 관계없이 전체 공장의 실적을 보너스 산출에 반영한다. 또한 분할비율 스캔론 플랜은 노동비용과 제품생산액을 산출할 때 제품별로 가중치를 둔다. 그리고 다중비용 스캔론 플랜은 노동비용뿐만 아니라 재료비와 간접비의 합을 제품생산액으로 나눈 수치를 기본비율로 사용한다. 이러한 모든 공식에는 재료 및 에너지 등을 포함하여 계산한다.

오답분석

② 러커 플랜(Rucker Plan) : 러커(Rucker)는 스캔론 플랜에서의 보너스 산정 비율은 생산액에 있어서 재료 및 에너지 등 경기 변동에 민감한 요소가 포함되어 있어 종업원의 노동과 관계없는 경기 변동에 따라 비효율적인 수치 변화가 발생할 수 있는 문제점이 있다고 제시하였다. 이는 노동비용을 판매액에서 재료 및 에너지, 간접비용을 제외한 부가가치로 나누는 것을 공식으로 하였다.
③ 임프로쉐어 플랜(Improshare Plan) : 회계처리 방식이 아닌 산업공학의 기법을 사용하여 생산단위당 표준노동시간을 기준으로 노동생산성 및 비용 등을 산정하여 조직의 효율성을 보다 직접적으로 측정하며, 집단성과급제들 중 가장 효율성을 추구한다.
④·⑤ 커스터마이즈드 플랜(Customized Plan) : 집단성과배분제도를 각 기업의 환경과 상황에 맞게 수정하여 사용하는 방식이다. 커스터마이즈드 플랜은 성과측정의 기준으로서 노동비용이나 생산비용, 생산 이외에도 품질 향상, 소비자 만족도 등 각 기업이 중요성을 부여하는 부분에 초점을 둔 새로운 지표를 사용한다. 성과를 측정하는 항목으로 제품의 품질, 납기준수실적, 생산비용의 절감, 산업 안전 등 여러 요소를 정하고, 분기별로 각 사업부서의 성과를 측정하고 성과가 목표를 초과하는 경우에 그 부서의 모든 사원들이 보너스를 지급받는 제도이다.

23

정답 ⑤

조세법률주의는 국세와 지방세 구분 없이 적용된다. 따라서 지방세의 종목과 세율은 국세와 마찬가지로 법률로 정한다.

24

정답 ③

리더의 어떠한 행동이 리더십 효과성과 관계가 있는가를 파악하고자 하는 접근법은 행태론적 리더십이다.

오답분석

① 행태론적 접근법에 대한 비판이다.
② 리더의 개인적 특성과 자질에 초점을 둔 연구는 특성론적 접근법이다.
④ 거래적 리더십은 상하간 교환적 거래나 보상관계에 기초하였다.
⑤ 변혁적 리더십은 리더의 카리스마, 개별적 배려, 지적자극, 영감이 부하에게 미치는 영향을 강조한다.

25

정답 ①

ㄱ. 공무원이 10년 이상 재직하고 퇴직한 경우에는 65세가 되었을 때부터 사망할 때까지 퇴직연금을 지급한다(공무원연금법 제43조 제1항 제1호).
ㄴ. 급여의 산정은 급여의 사유가 발생한 날이 속하는 달의 기준소득월액을 기초로 한다. 그러나 제43조 제1항·제2항에 따른 퇴직연금·조기퇴직연금 및 제54조 제1항 제1호에 따른 유족연금의 산정은 각 호의 금액을 기초로 한다. 이 경우 기준소득월액은 공무원 전체의 기준소득월액 평균액의 100분의 160을 초과할 수 없다(공무원연금법 제30조 참고).

오답분석

ㄷ. 기여금은 공무원으로 임명된 날이 속하는 달부터 퇴직한 날의 전날 또는 사망한 날이 속하는 달까지 월별로 내야 한다. 다만, 기여금 납부기간이 36년을 초과한 자는 기여금을 내지 아니한다(공무원연금법 제67조 제1항).
ㄹ. 퇴직급여의 산정에 있어서는 퇴직 전 5년이 아닌 재직기간 전체를 기반으로 산정한다.

26

정답 ②

총체적 품질관리(Total Quality Management)는 서비스의 품질은 구성원의 개인적 노력이 아니라 체제 내에서 활동하는 모든 구성원에 의하여 결정된다고 본다. 구성원 개인의 성과평가를 위한 도구는 MBO 등이 있다.

총체적 품질관리(TQM)의 특징

- 고객이 품질의 최종결정자
- 전체 구성원에 의한 품질 결정
- 투입과 절차의 지속적 개선
- 품질의 일관성(서비스의 변이성 방지)
- 과학적 절차에 의한 결정

27

정답 ③

회계장부가 하나여야 한다는 원칙은 단일성의 원칙을 말한다. 통일성의 원칙은 특정한 세입과 세출이 바로 연계됨이 없이 국고가 하나로 통일되어야 한다는 원칙이다.

오답분석

① 공개성의 원칙의 예외로는 국방비와 국가정보원 예산 등 기밀이 필요한 예산이 있다.
② 사전의결의 원칙의 예외는 사고이월, 준예산, 전용, 예비비지출, 긴급명령, 선결처분이 있다.
④ 목적세는 통일성의 원칙의 예외이다.
⑤ 총괄 예산제도는 명확성의 원칙의 예외이다.

28

정답 ④

지방정부의 일반회계 세입에서 자주재원과 지방교부세를 합한 일반재원의 비율을 재정자주도라고 한다.

오답분석

① 재정자립도에 대한 설명이다.
③ 재정력지수에 대한 설명이다.

주요 재정지표

- $(\text{재정자립도}) = \dfrac{(\text{지방세}) + (\text{세외수입})}{(\text{일반회계 세입총액})}$
- $(\text{재정자주도}) = \dfrac{(\text{지방세}) + (\text{세외수입}) + (\text{지방교부세}) + (\text{조정교부금}) + (\text{재정보전금})}{(\text{일반회계 세입총액})}$

29

정답 ③

오답분석

① 신공공관리론은 조직 간 관계보다 조직 내 관계를 주로 다루고 있다.
② 신공공서비스론(New Public Service)에 대한 설명이다. 신공공관리론은 행정의 효율성을 더 중시한다.
④ 정부 주도의 공공서비스 전달 또는 공공문제 해결을 넘어 협력적 네트워크 구축 및 관리라는 대안을 제시하는 것은 뉴거버넌스론(New Governance)에 대한 설명이다.
⑤ 경제적 생산활동의 결과가 일단의 규칙에 달려 있다는 것은 신제도주의에 대한 설명이다.

30

정답 ①

오답분석

ㄱ. 실체설이 아니라 과정설에 대한 설명이다.
ㄴ. 롤스의 사회정의의 원리에 따르면 제2원리 내에서 충돌이 생길 때에는 기회균등의 원리가 차등의 원리에 우선되어야 한다.
ㄷ. 실체설에 대한 설명이다.
ㄹ. 베를린은 간섭과 제약이 없는 상태를 소극적 자유라고 하고, 무엇을 할 수 있는 자유를 적극적 자유라고 하였다.

31

정답 ②

지방의회의 의장이나 부의장이 법령을 위반하거나 정당한 사유 없이 직무를 수행하지 아니하면 지방의회는 불신임을 의결할 수 있다. 불신임의결은 재적의원 4분의 1 이상의 발의와 재적의원 과반수의 찬성으로 행한다(지방자치법 제62조 제1항·제2항).

오답분석

① 지방자치법 제49조 제1항
③ 주민투표법 제26조 제1항
④ 주민투표법 제14조 제1항
⑤ 지방자치법 제32조

32

정답 ④

주민소환투표권자 총수의 3분의 1 이상의 투표와 유효투표 총수 과반수의 찬성으로 확정된다.

오답분석

① 시·도지사의 주민소환투표의 청구 서명인 수는 해당 지방자치단체 주민소환청구권자 총수의 100분의 10 이상이다.
② 주민이 직선한 공직자가 주민소환의 대상이다.
③ 주민소환투표권자는 주민소환투표인명부 작성기준일 현재 해당 지방자치단체의 장과 지방의회의원에 대한 선거권을 가지고 있는 자로 한다.
⑤ 주민소환이 확정된 때에는 주민소환투표대상자는 그 결과가 공표된 시점부터 그 직을 상실한다.

33

정답 ②

오답분석

ㄴ. X이론은 매슬로의 욕구계층 중 하위욕구를, Y이론은 상위욕구를 중요시한다.

ㄷ. 형평이론은 자신의 노력과 그에 따른 보상이 준거인물과 비교하였을 시 불공정할 때 동기가 유발된다고 보았다.

34

정답 ②

ㄱ. 예산총계주의 원칙은 회계연도의 모든 수입은 세입으로, 모든 지출은 세출로 해야 하는 원칙이다. 하지만 자치단체의 행정목적 달성, 공익상 필요에 의하여 재산을 보유하거나 특정 자금의 운용을 위한 기금 운영, 기타 손실부담금 및 계약보증금 등의 사무관리상 필요에 의하여 자치단체가 일시 보관하는 경비 등의 예외사항이 있다.

ㄷ. 회계연도 독립의 원칙이란 각 회계연도의 경비는 당해의 세입으로 충당해야 하며, 매 회계연도의 세출예산은 다음 해에 사용할 수 없다는 원칙이다. 하지만 계속비 외에 예산의 이월, 세계잉여금의 세입이입, 과년도 수입 및 지출 등의 예외사항이 있다.

35

정답 ①

중앙행정기관의 장과 지방자치단체의 장이 사무를 처리할 때 의견을 달리하는 경우 이를 협의·조정하기 위하여 신청에 의해 국무총리 소속으로 행정협의조정위원회를 설치한다. 단, 실질적인 구속력은 없다.

36

정답 ③

개방형 인사관리는 인사권자에게 재량권을 주어 정치적 리더십을 강화하고 조직의 장악력을 높여준다.

개방형 인사관리의 장단점

장점	단점
• 행정의 대응성 제고 • 조직의 신진대사 촉진 • 정치적 리더십 확립을 통한 개혁 추진 • 세력 형성 및 조직 장악력 강화 • 행정에 전문가주의적 요소 강화 • 권위주의적 행정문화 타파 • 우수인재의 유치 • 행정의 질적 수준 증대 • 공직침체 및 관료화의 방지 • 재직공무원의 자기개발 노력 촉진	• 조직의 응집성 약화 • 직업공무원제와 충돌 • 정실임용의 가능성 • 구성원 간의 불신 • 공공성 저해 가능성 • 민·관 유착 가능성 • 승진기회 축소로 재직공무원의 사기 저하 • 빈번한 교체근무로 행정의 책임성 저하 • 복잡한 임용절차로 임용비용 증가

37

정답 ④

참여적 정부모형의 문제 진단 기준은 관료적 계층제에 있으며, 구조 개혁 방안으로 평면조직을 제안한다.

38

정답 ④

ㄱ. 강임이 아닌 강등에 대한 설명이다. 강임은 징계가 아니라 직제·정원의 변경, 예산감소 등을 이유로 직위가 폐직되거나 하위의 직위로 변경되어 과원이 된 경우, 같은 직렬이나 다른 직렬의 하위 직급으로 임명하는 것이다.

ㄴ. 직위해제가 아닌 직권면직의 대상이다.

ㄷ. 징계의결요구의 소멸시효는 3년이지만, 금품 및 향응 수수, 공금의 횡령·유용의 경우에는 5년이다.

징계의 종류

• 경징계
  - 견책 : 전과에 대하여 훈계하고 회개하게 하고 6개월간 승급 정지
  - 감봉 : 1 ~ 3개월간 보수의 1/3을 삭감하고 1년간 승급 정지

• 중징계
  - 정직 : 1 ~ 3개월간 신분은 보유, 직무수행을 정지, 보수는 전액을 감하고 1년 6개월간 승급 정지
  - 강등 : 1계급 하향 조정, 신분은 보유, 3개월간 직무수행을 정지, 보수는 전액을 삭감하고 1년 6개월간 승급 정지
  - 해임 : 강제 퇴직, 3년간 공무원 재임용 불가
  - 파면 : 강제 퇴직, 5년간 공무원 재임용 불가, 퇴직급여의 1/4 ~ 1/2 지급 제한

39

정답 ③

ㄱ은 가정분석(B), ㄴ은 계층분석(C), ㄷ은 경계분석(A), ㄹ은 분류분석(D)에 해당한다.

40

정답 ②

기대이론은 과정이론에 해당하는 동기부여이론으로, 성과에 대한 기대성, 수단성, 유의성을 종합적으로 고려하여 구성원에 대한 동기부여의 정도가 나타난다는 이론이다.

오답분석

①·③·④·⑤ 동기부여이론 중 내용이론에 해당한다.

| 02 | 경영학

01	02	03	04	05	06	07	08	09	10
④	①	①	②	④	②	③	①	①	②
11	12	13	14	15	16	17	18	19	20
②	①	①	①	①	④	①	④	②	④
21	22	23	24	25	26	27	28	29	30
①	③	④	②	①	④	②	⑤	⑤	⑤
31	32	33	34	35	36	37	38	39	40
④	②	⑤	②	④	①	⑤	③	①	⑤

01

정답 ④

㉠ 피들러(Fiedler)의 리더십 상황이론에 따르면 리더십 스타일은 리더가 가진 고유한 특성으로, 한 명의 리더가 과업지향적 리더십과 관계지향적 리더십을 모두 가질 수 없다. 그렇기 때문에 어떤 상황에 어떤 리더십이 어울리는가를 분석한 것이다.

㉢ 상황이 호의적인지 비호의적인지를 판단하는 상황변수로 리더 – 구성원 관계, 과업구조, 리더의 직위권력을 고려하였다.

㉣ 상황변수들을 고려하여 총 8가지 상황을 분류하였고, 이를 다시 호의적인 상황, 보통의 상황, 비호의적인 상황으로 구분하였다. 상황이 호의적이거나 비호의적인 경우, 과업지향적 리더십이 적합하다. 반면, 상황이 보통인 경우에는 관계지향적 리더십이 적합하다.

오답분석

㉡ LPC 설문을 통해 리더의 특성을 측정하였다. LPC 점수가 낮으면 과업지향적 리더십, 높으면 관계지향적 리더십으로 정의한다.

㉤ 리더가 처한 상황이 호의적이거나 비호의적인 경우, 과업지향적 리더십이 적합하다.

02

정답 ①

생산시스템 측면에서 신제품 개발 프로세스는 아이디어 창출 → 제품선정 → 예비설계 → 설계의 평가 및 개선 → 제품원형 개발 및 시험마케팅 → 최종설계의 순서로 진행된다.

03

정답 ①

①은 기술 조사 중 패널 조사에 대한 설명이다. 횡단 조사는 보편적으로 사용되는 조사로, 조사 대상을 특정한 시점에서 분석·조사하여 차이점을 비교·분석하는 조사이다.

04

정답 ②

분류법은 직무평가의 방법 중 정성적 방법으로, 등급법이라고도 한다.

05

정답 ④

분석 결과에 따라 초기 기업 목적, 그리고 시작 단계에서의 평가수정이 가능하다는 것이 앤소프 의사결정의 장점이다.

앤소프의 의사결정 유형

- 전략적 의사결정
  - 기업의 목표 목적을 설정하고 그에 따른 각 사업에 효율적인 자원배분을 전략화한다.
  - 비일상적이며, 일회적 의사결정이라는 특징이 있다.
- 운영적 의사결정
  - 기업 현장에서 일어나는 생산 판매 등 구체적인 행위와 관련된 의사결정이다.
  - 일상적이면서 반복적이다.
- 관리적 의사결정
  - 결정된 목표와 전략을 가장 효과적으로 달성하기 위한 활동들과 관련되어 있다.
  - 전략적 의사결정과 운영적 의사결정의 중간 지점이다.

06

정답 ②

오답분석

① 테일러식 복률성과급 : 테일러가 고안한 것으로, 과학적으로 결정된 표준작업량을 기준으로 하여 고 – 저 두 종류의 임금률로 임금을 계산하는 방식이다.

③ 메리크식 복률성과급 : 메리크가 고안한 것으로, 테일러식 복률성과급의 결함을 보완하여 고 – 중 – 저 세 종류의 임금률로 초보자도 비교적 목표를 쉽게 달성할 수 있도록 자극하는 방법이다.

④ 할증성과급 : 최저한의 임금을 보장하면서 일정한 표준을 넘는 성과에 대해서 일정한 비율의 할증 임금을 지급하는 방법이다.

⑤ 표준시간급 : 비반복적이고 많은 기술을 요하는 과업에 이용할 수 있는 제도이다.

07

정답 ③

선물거래의 개념과 특징

- 선물거래의 개념 : 장래의 일정한 기일에 현품을 인수·인도할 것을 조건으로 하여 매매 약정을 맺는 거래이다.
- 선물거래의 특징
  - 거래조건이 표준화되어 있다.
  - 공인된 선물거래소에서 거래가 이루어진다.
  - 결제소에 의해 일일정산이 이루어진다.
  - 결제소가 계약이행을 보증해 주므로 계약불이행의 위험이 없다.
  - 시장상황의 변화에 따라 자유로이 중도청산이 가능하다.

08
정답 ①

유연생산시스템(FMS)은 소량의 다품종 제품을 짧은 납기로 하여 수요변동에 대한 재고를 지니지 않고 대처하면서 생산 효율의 향상 및 원가절감을 실현할 수 있는 생산시스템이다.

09
정답 ①

사업 포트폴리오 매트릭스는 1970년 보스턴 컨설팅 그룹(BCG)에 의하여 개발된 자원배분의 도구로, 전략적 계획수립에 널리 이용되어 왔다. 높은 시장경쟁으로 인하여 낮은 성장률을 가지고 있는 성숙기에 처해 있는 경우, 시장기반은 잘 형성되어 있으나 원가를 낮추어 생산해야 하는데 이러한 사업을 수익주종사업이라 칭한다.

10
정답 ②

시계열분석법은 제품 및 제품계열에 대한 수년간의 자료 등을 수집하기 용이하고, 변화하는 경향이 비교적 분명하며 안정적일 경우에 활용되는 통계적인 예측방법이다.

11
정답 ②

성과급제는 노동성과를 측정하여 측정된 성과에 따라 임금을 산정·지급하는 제도이다. 그러므로 이 제도에서 임금은 성과와 비례한다.

12
정답 ①

4P : Product, Price, Place, Promotion

13
정답 ①

마케팅 전략을 수립하는 순서는 STP, 즉 시장세분화(Segmentation) → 표적시장 선정(Targeting) → 포지셔닝(Positioning)이다.

14
정답 ①

포지셔닝 전략은 자사제품의 큰 경쟁우위를 찾아내어 선정된 목표시장의 소비자들의 마음 속에 자사의 제품을 자리잡게 하는 전략이다.

15
정답 ①

오답분석

② 단일 투자안의 투자의사결정은 기업이 미리 설정한 최장기간 회수기간보다 실제 투자안의 회수기간이 짧으면 선택하게 된다.
③ 화폐의 시간가치를 고려하지 못하고 회수기간 이후의 현금흐름을 무시하고 있다는 점에서 비판을 받고 있다.
④ 투자안을 평가하는 데 있어 방법이 매우 간단하면서 서로 다른 투자안을 비교하기 쉽고 기업의 자금 유동성을 고려하였다는 장점을 가지고 있다.
⑤ 두 기법 모두 화폐의 시간가치를 고려하지 않고 있다.

16
정답 ④

가치사슬은 기업활동에서 부가가치가 생성되는 과정을 의미한다. 그 과정은 본원적 활동과 지원 활동으로 구분하는데 본원적 활동은 제품 생산, 운송, 마케팅, 판매, 물류, 서비스 등과 같은 부가가치를 직접 창출하는 활동이며, 지원활동은 구매, 기술개발, 인사, 재무, 기획 등 현장활동을 지원하는 제반업무로 부가가치를 간접적으로 창출되도록 하는 활동으로, R&D기술개발활동은 지원활동에 속한다.

17
정답 ①

오답분석

② 파산 시 발생하는 비용을 감안하여 기업의 시장가치를 낮게 평가하게 된다.
③ 기업이 일정 수준 이하의 부채를 사용할 경우에는 파산의 가능성이 낮기 때문에 감세효과만 존재하게 된다.
④ 부채비용의 사용에 따라 법인세 감소효과와 기대파산비용의 상충관계에 의해 기업별로 최적자본구조가 달리 결정되는 것을 자본구조의 상충이론이라고 한다.
⑤ 차입기업의 가치는 무차입기업의 가치에 이자세금방패의 현재가치를 더한 후, 파산비용의 현재가치를 차감하여 구할 수 있다.

18
정답 ④

(실질수익률)=[1+(명목수익률)]÷[1+(기대인플레이션)]−1
=(1+0.15)÷(1+0.04)−1
≒10.5%

19
정답 ②

관리도는 1개의 중심선과 2개의 관리한계선으로 구성되어 있다.

20
정답 ④

오답분석

① 투자안에서 발생하는 현금흐름은 대부분이 불확실하기 때문에 기대현금흐름과 위험을 반영한 할인율을 사용한다.
② 할인율은 자본기회비용으로 기업이 현재 추진하려고 하는 사업 대신 위험이 같은 다른 사업을 추진하였을 때 기대할 수 있는 수익률이다.

③ 위험이 같은 사업안에 대해 투자자들이 기대하는 수익률과 일치할 것이기 때문에 기대수익률 또는 요구수익률이라고 부른다.
⑤ 공분산은 두 자산 사이의 수익률의 변동성이 서로 얼마만큼 관련이 있는지를 나타내는 척도이다.

21

정답 ①

집약적 유통은 포괄되는 시장의 범위를 확대시키려는 전략으로, 소비자는 제품 구매를 위해 많은 노력을 기울이지 않기 때문에 주로 편의품이 이에 속한다.

22

정답 ③

경영관리 과정은 계획수립 → 조직화 → 지휘 → 통제 순서이다.

23

정답 ④

허시와 블랜차드의 3차원적 유효성이론에 따르면 부하의 성숙수준이 증대됨에 따라 리더는 부하의 성숙수준이 중간 정도일 때까지 보다 더 관계지향적인 행동을 취하며, 과업지향적인 행동은 덜 취해야 한다.

24

정답 ②

기업에서 회계상 거래가 발생하면 변동된 자산이나 부채 등의 내역을 계정별로 마련된 장부에 기록하고 특정 시점에 모든 계정별 금액을 하나의 표로 옮기는데, 이를 시산표라 한다. 이때, 회계상에서의 거래는 회사의 재산 상태에 영향을 미쳐야 하고, 그 영향을 금액으로 측정할 수 있어야 한다.

25

정답 ①

공급사슬관리(SCM)는 공급업체, 구매 기업, 유통업체 그리고 물류회사들이 주문, 생산, 재고수준 그리고 제품과 서비스의 배송에 관한 정보를 공유하도록 하여 제품과 서비스를 효율적으로 구매, 생산, 배송할 수 있도록 지원하는 시스템이다.

26

정답 ④

재판매가격 유지정책에 대한 설명이다.

27

정답 ②

재무제표를 작성할 때는 합리적 추정을 사용해야 하는데, 이는 신뢰성을 훼손하는 것이 아니다.

28

정답 ⑤

확정기여형 퇴직연금제도에서 적립금 운용의 책임은 근로자에게 있으며, 기업 부담금은 사전에 확정되어 있다. 적립금 운용의 책임이 기업에 있는 경우는 확정급여형(DB; Defined Benefit)이다.

확정기여형형 퇴직연금제도(DC; Defined Contribution)

- 근로자는 자기책임의 투자기회, 사용자는 예측가능한 기업 운영의 이점이 있다.
- 사용자가 매년 근로자의 연간 임금총액의 1/12 이상을 근로자의 퇴직연금계좌에 적립하면 근로자가 적립금을 운용하고, 퇴직 시 기업이 부담한 금액과 운용결과를 합한 금액을 일시금 또는 연금형태로 받을 수 있다.
- 확정기여형 퇴직연금제도는 근로자의 운용실적에 따라 퇴직급여가 변동될 수 있다.

29

정답 ⑤

주식을 할증발행(액면금액을 초과하여 발행)하면 자본잉여금인 주식발행초과금이 발생한다. 주식발행초과금은 주식발행가액이 액면가액을 초과하는 경우 그 초과하는 금액으로, 자본전입 또는 결손보전 등으로만 사용이 가능하다. 따라서 자산과 자본을 증가시키지만 이익잉여금에는 영향을 미치지 않는다.

이익잉여금의 증감원인

증가 원인	감소 원인
• 당기순이익 • 전기오류수정이익 (중대한 오류) • 회계정책 변경의 누적효과 (이익)	• 당기순손실 • 배당금 • 전기오류수정손실 (중대한 오류) • 회계정책 변경의 누적효과 (손실)

30

정답 ⑤

직무명세서는 특정 직무를 수행함에 있어서 갖추어야 할 직무담당자의 자격요건을 정리한 문서로, 인적사항, 직무명세 정보 등이 기술되어 있다.

오답분석

① 직무급 제도의 기초 작업을 실시하기 위해서는 직무분석이 선행되어야 한다.
② 직무기술서와 직무명세서는 직무분석의 1차적 결과물이다.
③ 직무명세서는 특정 직무를 수행함에 있어서 갖추어야 할 직무담당자의 자격요건을 정리한 문서이다.
④ 직무기술서는 직무분석의 결과로 얻어진 직무정보를 정리한 문서이다.

31

정답 ④

인플레이션은 구두창 비용, 메뉴비용, 자원배분의 왜곡, 조세왜곡 등의 사회적 비용을 발생시켜 경제에 비효율성을 초래한다. 특히 예상하지 못한 인플레이션은 소득의 자의적인 재분배를 가져와 채무자와 실물자산소유자가 채권자와 화폐자산소유자에 비해 유리하게 만든다. 인플레이션으로 인한 사회적 비용 중 구두창 비용이란 인플레이션으로 인해 화폐가치가 하락한 상황에서 화폐보유의 기회비용이 상승하는 것을 나타내는 용어이다. 이는 사람들이 화폐보유를 줄이게 되면 금융기관을 자주 방문해야 하므로 거래비용이 증가하게 되는 것을 의미한다. 반면, 메뉴비용이란 물가가 상승할 때 물가 상승에 맞추어 기업들이 생산하는 재화나 서비스의 판매 가격을 조정하는 데 지출되는 비용을 의미한다. 또한, 예상하지 못한 인플레이션이 발생하면 기업들은 노동의 수요를 증가시키고, 노동의 수요가 증가하게 되면 일시적으로 생산량과 고용량이 증가하게 된다. 하지만 인플레이션으로 총요소생산성이 상승하는 것은 어려운 일이다.

32

정답 ②

소비의 경합성은 사적 재화의 특징으로, 시장에서 효율적 자원배분이 가능한 조건이다.

33

정답 ⑤

동시화 마케팅은 불규칙적 수요 상태에서 바람직한 수요의 시간 패턴에 실제 수요의 시간 패턴을 맞추기 위한 마케팅 기법으로, 모두가 휴가에서 돌아오는 9월에 비수기인 여행 산업에서 요금을 할인하여 저렴한 가격에 예약을 한 A씨의 사례에 해당한다.

34

정답 ②

집약적 유통은 가능한 많은 중간상들에게 자사의 제품을 취급하도록 하는 것으로, 과자, 저가 소비재 등과 같이 소비자들이 구매의 편의성을 중시하는 품목에서 채택한다.

오답분석

①·④ 전속적 유통채널에 대한 설명이다.
③·⑤ 선택적 유통채널에 대한 설명이다.

35

정답 ④

동시설계(동시공학 : Concurrent Engineering)는 제품과 서비스 설계, 생산, 인도, 지원 등을 통합하는 체계적이고 효율적인 접근 방법이다. 동시설계는 팀 – 관리 기법, 정보 시스템, 통합 데이터베이스 환경, 제품 또는 서비스의 정보 교환을 위한 표준으로 구성된다. 즉, 시장의 소비자, 소비 형태와 기호를 분석하고, 설계, 생산하며 이를 유통하고 판매하는 모든 프로세스를 거의 동시에 진행한다. 또한, 정부, 기업 등의 조직이 동시설계에 의한 민첩한 생산 및 서비스 활동을 통하여 경쟁력을 강화할 수 있고, 모든 프로세스를 동시에 진행하여 기간을 단축시키는 방법이면서 비용절감과 품질향상을 동시에 달성하고자 하는 설계방식이다.

36

정답 ①

군집형 커뮤니케이션은 비공식 커뮤니케이션에 해당한다. 비공식 커뮤니케이션은 종업원들은 조직도에 의해서 규정된 상대와만 대화를 나누려 하지 않고, 여러 가지 사회적인 욕구와 필요에 의해 직종과 계층을 넘어서 인간적 유대를 갖고 커뮤니케이션을 유지하려는 것으로, 단순형·확률형·한담형·군집형이 있다.

공식적 커뮤니케이션의 종류

- 상향식 커뮤니케이션 : 조직의 하위계층으로부터 상위계층에 정보가 전달되는 Bottom – up 방식
- 하향식 커뮤니케이션 : 조직의 위계(hierarchy)에 따라 상위계층에서 하위계층으로 정보가 전달되는 Top – down 방식
- 수평적 커뮤니케이션 : 계층 수준이 동일한 동료 간 정보교류, 업무의 조정(coordination) 역할
- 대각적 커뮤니케이션 : 계층이 다른 타 부서 구성원과의 정보 교류
- 대외적 커뮤니케이션 : 조직 외부의 주체자와 정보 교류

37

정답 ⑤

시장세분화 단계에서는 시장세분화 기준을 확인하여 시장을 분석하고 프로필을 작성한다.

오답분석

①·② 재포지셔닝 단계에 해당한다.
③ 포지셔닝 단계에 해당한다.
④ 표적시장 선정 단계에 해당한다.

38

정답 ③

㉡ 중요사건법 : 직무수행에 중요한 영향을 미친 사건 또는 사례를 중심으로 정보를 수집한다.
㉢ 워크샘플링법 : 직무담당자가 작성하는 작업일지 등을 통해 해당 직무정보를 정보를 수집한다.

오답분석

㉠ 면접법 : 업무흐름표, 분담표 등을 참고하여 직무담당자 또는 소속집단 대상 면접을 통해 정보를 수집한다.
㉣ 설문지법 : 표준화된 설문지를 활용하여 직무담당자가 관련 항목에 체크하도록 하여 정보를 수집한다.
㉤ 관찰법 : 훈련된 직무분석 담당자가 직무담당자를 직접 관찰하여 정보를 수집한다.

39

정답 ①

스키밍(Skimming) 가격전략이란 상품이 시장에 도입되는 초기 단계에 고가로 출시하여 점차 가격을 하락시켜 나가는 방법이다.

40

정답 ⑤

업무, 직급은 직무기술서를 통해 확인할 수 있는 정보이다.

오답분석

①·②·③·④ 직무명세서를 통해 학력, 전공, 경험, 경력, 능력, 성적, 지식, 기술, 자격 등의 정보를 확인할 수 있다.

03 법학

01	02	03	04	05	06	07	08	09	10
③	②	⑤	②	②	③	④	①	②	④
11	12	13	14	15	16	17	18	19	20
④	③	②	⑤	③	②	②	①	②	③
21	22	23	24	25	26	27	28	29	30
③	②	①	⑤	①	②	③	③	②	③
31	32	33	34	35	36	37	38	39	40
①	④	①	①	④	⑤	②	⑤	⑤	②

01

정답 ③

상법에서 명시적으로 규정하고 있는 회사의 종류는 합명회사, 합자회사, 유한책임회사, 주식회사, 유한회사이다. 사원의 인적 신용이 회사신용의 기초가 되는 회사를 인적 회사(예 개인주의적 회사, 합명회사·합자회사)라 하고, 회사재산이 회사신용의 기초가 되는 회사를 물적 회사(예 단체주의적 회사, 주식회사·유한회사)라 한다.

회사의 종류

구분	유형	내용
인적 회사	합명회사	무한책임사원만으로 구성되는 회사
	합자회사	무한책임사원과 유한책임사원으로 구성되는 복합적 조직의 회사
물적 회사	유한회사	사원이 회사에 대하여 출자금액을 한도로 책임을 질 뿐, 회사채권자에 대하여 아무 책임도 지지 않는 사원으로 구성된 회사
	유한책임회사	주주들이 자신의 출자금액 한도에서 회사채권자에 대하여 법적인 책임을 부담하는 회사로, 이사, 감사의 선임의무가 없으며 사원 아닌 자를 업무집행자로 선임할 수 있음
	주식회사	사원인 주주(株主)의 출자로 이루어지며, 권리·의무의 단위로서의 주식으로 나누어진 일정한 자본을 가지고 모든 주주는 그 주식의 인수가액을 한도로 하는 출자의무를 부담할 뿐, 회사채무에 대하여 아무런 책임도 지지 않는 회사

02

정답 ②

사회권적 기본권은 현대 사회의 복잡한 발전에 따라 전통적으로 개인 간의 관계라고 생각하던 분야에 국가가 적극 개입하게 됨에 따라 발생하게 된 권리로, 근로권·단결권·단체교섭권·단체행동권·보건권·모성을 보호받을 권리·교육을 받을 권리·인간다운 생활을 할 권리를 말한다.

오답분석

①은 경제적 기본권, ③은 청구권적 기본권, ④는 경제적 기본권, ⑤는 자유권적 기본권에 해당한다.

헌법상 기본권의 분류

포괄적 기본권	인간의 존엄과 가치, 행복추구권, 평등권	
자유권적 기본권	인신의 자유	생명권, 신체의 자유
	사생활의 자유	주거의 자유, 사생활의 비밀과 자유, 거주이전의 자유, 통신의 자유
	정신적 자유	양심의 자유, 종교의 자유, 학문의 자유, 예술의 자유, 언론 출판의 자유, 집회 및 결사의 자유
경제적 기본권	재산권, 직업선택의 자유, 소비자의 권리	
정치적 기본권	정치적 자유권, 참정권	
청구권적 기본권	청원권, 재판청구권, 형사보상청구권, 국가배상청구권, 범죄피해자구조청구권	
사회권적 기본권	인간다운 생활을 할 권리, 교육을 받을 권리, 근로의 권리, 근로3권(단결권·단체교섭권·단체행동권), 환경권, 보건권, 혼인의 자유와 모성의 보호를 받을 권리	

03

정답 ⑤

오답분석

① 법률행위의 일부분이 무효인 때에는 그 전부를 무효로 한다(민법 제137조).
② 무효인 법률행위는 추인하여도 그 효력이 생기지 않는다. 그러나 당사자가 그 무효임을 알고 추인한 때에는 새로운 법률행위로 본다(민법 제139조).
③ 취소 등의 단독행위는 조건을 붙이면 상대방의 지위를 불리하게 하므로 조건을 붙일 수 없는 것이 원칙이다.
④ 취소한 법률행위는 처음부터 무효인 것으로 간주되므로 일단 취소된 이상 그 후에는 취소할 수 있는 법률행위의 추인에 의하여 유효하게 할 수는 없고 다만 무효인 법률행위의 추인의 요건과 효력으로서 추인할 수는 있다.

04

정답 ②

법령의 위임이 없음에도 법령에 규정된 처분 요건에 해당하는 사항을 부령에서 변경하여 규정한 경우에는 그 부령의 규정은 행정청 내부의 사무처리 기준 등을 정한 것으로서 행정조직 내에서 적용되는 행정명령의 성격을 지닐 뿐 국민에 대한 대외적 구속력은 없다고 보아야 한다(대판 2013.9.12., 2011두10584).

오답분석

① 이 사건 규칙 조항이 법률에 규정된 것보다 한층 완화된 처분요건을 규정하여 그 처분대상을 확대하고 있다. 그러나 공공기관법 제39조 제3항에서 부령에 위임한 것은 '입찰참가자격의 제한기준 등에 관하여 필요한 사항'일 뿐이고, 이는 그 규정의 문언상 입찰참가자격을 제한하면서 그 기간의 정도와 가중·감경 등에 대한 사항을 의미하는 것이지 처분의 요건까지를 위임한 것이라고 볼 수는 없다. 따라서 이 사건 규칙 조항에서 위와 같이 처분의 요건을 완화하여 정한 것은 상위법령의 위임 없이 규정한 것이므로 이는 행정기관 내부의 사무처리준칙을 정한 것에 지나지 않는다(대판 2013.9.12., 2011두10584).
③ 어떤 행정처분이 그와 같이 법규성이 없는 시행규칙 등의 규정에 위배된다고 하더라도 그 이유만으로 처분이 위법하게 되는 것은 아니라 할 것이고, 또 그 규칙 등에서 정한 요건에 부합한다고 하여 반드시 그 처분이 적법한 것이라고 할 수도 없다(대판 2013.9.12., 2011두10584).
④ 처분의 적법 여부는 그러한 규칙 등에서 정한 요건에 합치하는지 여부가 아니라 일반 국민에 대하여 구속력을 가지는 법률 등 법규성이 있는 관계 법령의 규정을 기준으로 판단하여야 한다(대판 2013.9.12., 2011두10584).
⑤ 법령에서 행정처분의 요건 중 일부 사항을 부령으로 정할 것을 위임한 데 따라 시행규칙 등 부령에서 이를 정한 경우에 그 부령의 규정은 국민에 대해서도 구속력이 있는 법규명령에 해당한다(대판 2013.9.12., 2011두10584).

05

정답 ②

누구나 사용할 수 있는 공유재산은 누구의 재화도 아니라는 인식으로 인해 제대로 보존·유지되지 못하는 반면, 사유재산제도는 개인의 소유욕을 제도적으로 보장하여 사회의 생산적 자원이 보존·유지·증식되도록 한다. 또한, 부의 분산에 기반하여 다양한 가치가 만들어지고 의사결정의 권력도 분산된다.

소비자 주권은 소비자들이 어떤 물건을 얼마나 사느냐에 따라 기업들이 생산하는 물건의 종류와 수량이 정해지고, 이에 따라 사회적 자원 배분이 결정된다는 의미이다. 즉, 자본주의 체제에서는 무엇을 생산할 것인가가 소비자들의 선택에 달려 있다는 의미이므로 사유재산제도와는 직접적 연관이 없다.

06

정답 ③

ㄱ. 공법과 사법의 구별기준에 대한 신주체설은 공권력 주체로서의 행정주체에게만 배타적으로 권리·의무를 귀속시키는 경우에만 공법관계이고, 모든 권리주체에게 권리·의무를 귀속시키는 것은 사법관계라고 하는 견해이다. 국가나 지방자치단체 등의 행정주체가 관련되는 법률관계를 공법관계로 보고 사인 간의 법률관계는 사법관계로 보는 견해는 주체설이다.
ㄴ. 국가를 당사자로 하는 계약에 대한 법률에 따라 국가(지방자치단체)가 당사자가 되는 이른바 공공계약은 사경제 주체로서 상대방과 대등한 위치에서 체결하는 사법상 계약으로서 본질적인 내용은 사인간의 계약과 다를 바가 없으므로 그에 대한 법령에 특별한 정함이 있는 경우를 제외하고는 사적 자치와

계약자유의 원칙 등 사법의 원리가 그대로 적용된다(대판 2017.1.25., 2015다205796).

ㅁ. 도지사가 부정당업자 입찰참가자격의 제한처분을 하면서 입찰참가자격의 제한기간을 처분 다음날부터 5개월간으로 정하였다 하더라도 상대방에게 고지되어야 그 효력이 발생하며, 고지되기 이전의 제한기간에 대하여는 그 효력이 미치지 아니하는 바 입찰참가자격을 제한하는 부정당업자 제재는 권력적 행위로서 처분에 해당한다(대판 2012.11.15., 2011두31635). 반면 정부투자기관(한국토지개발공사, 수도권매립지관리공사)이 한 부정당업자에 대한 입찰참가자격 제한조치는 행정소송의 대상이 되는 행정처분이 아니라 단지 상대방을 그 공사가 시행하는 입찰에 참가시키지 않겠다는 뜻의 사법상의 효력을 가지는 통지행위에 불과하다(대판 2010.11.26., 2010무137).

오답분석

ㄷ. 국유재산 등의 관리청이 하는 행정재산의 사용・수익에 대한 허가는 순전히 사경제 주체로서 행하는 사법상의 행위가 아니라 관리청이 공권력을 가진 우월적 지위에서 행하는 행정처분으로서 특정인에게 행정재산을 사용할 수 있는 권리를 설정하여 주는 강학상 특허에 해당한다(대판 2006.3.9., 2004다31074).

ㄹ. 대판 1997.5.30., 95다28960

07 정답 ④

종물은 주물의 처분에 수반된다는 민법 제100조 제2항은 임의규정이므로 당사자는 주물을 처분할 때에 특약으로 종물을 제외할 수 있고 종물만을 별도로 처분할 수도 있다(대판 2012.1.26., 2009다76546).

08 정답 ①

사회적 신분・재산・납세・교육・신앙・인종・성별 등에 차별을 두지 않고 원칙적으로 모든 성년자에게 선거권을 부여하는 제도를 보통선거의 원칙이라고 한다.

09 정답 ②

청원의 심사의무는 헌법 제26조 제2항에서, 청원의 수리・심사・결과의 통지에 대해서는 청원법에서 규정하고 있다.

오답분석

① 공무원, 군인, 수형자도 청원을 할 수 있다. 다만, 직무와 관련된 청원이나 집단적 청원은 할 수 없다.

③ 정부에 제출된 청원의 심사는 국무회의를 경유하여야 한다(헌법 제89조 제15호).

④ 공무원의 위법・부당한 행위에 대한 시정이나 징계의 요구의 청원도 가능하다(청원법 제5조 제2호).

⑤ 사인간의 권리관계 또는 개인의 사생활에 대한 사항인 때에는 청원을 수리하지 않는다(청원법 제6조 제5호).

10 정답 ④

국가원로자문회의의 의장은 전직 대통령 중 전임 대통령이 되며 직전의 전임 대통령이 없을 때에는 대통령이 지명하게 된다.

대한민국 대통령의 권한

비상적 권한	긴급명령권 및 긴급재정경제처분・명령권, 계엄선포권, 국민투표부의권
행정적 권한	행정에 대한 최고결정권과 최고지휘권, 법률집행권, 외교에 대한 권한(조약체결・비준권, 선전포고 및 강화권, 외교권), 정부의 구성과 공무원임면권, 국군통수권, 재정에 대한 권한(예산안제출권, 예비비지출권), 영전수여권
입법적 권한	임시국회소집요구권, 국회출석발언권, 국회에 대한 서한에 의한 의사표시권, 헌법개정에 대한 권한, 법률안제출권, 법률안거부권, 법률안공포권, 행정입법권(위임명령・집행명령제정권)
사법적 권한	위헌정당해산제소권, 사면・감형・복권에 대한 권한

11 정답 ④

국회 내부사항에 대한 자율권

국회규칙 제정권, 의원의 신분에 대한 권한(의원의 제명・징계・자격심사), 내부조직권, 내부경찰권(의사자율권, 신분자율권, 규칙제정권) 등

12 정답 ③

소멸시효의 중단사유로는 청구・압류 또는 가압류・가처분・승인이 있다(민법 제168조).

소멸시효의 중단과 정지

- 정당한 권리자는 사실상태의 진행을 중단시켜 시효의 완성을 방지할 필요가 있는 바, 이를 시효의 중단이라 한다. 시효의 중단은 당사자 및 그 승계인 간에만 효력이 있다(민법 제169조).
- 시효의 중단사유로는 청구・압류 또는 가압류・가처분・승인이 있다.
- 시효의 정지는 시효완성 직전에 그대로 시효를 완성시켜서는 권리자에게 가혹하다는 사정이 있을 때 시효의 완성을 일정기간 유예하는 제도이다.

13 정답 ②

만 14세 미만의 미성년자는 책임무능력자로 지정되어 형사상 책임을 물을 수 없다(형법 제9조).

14

정답 ⑤

오답분석

① 지상물이 양도되었으므로 임차인은 매수청구권을 행사할 수 없다.
② 전3조의 규정은 건물의 임차인이 그 건물의 소부분을 타인에게 사용하게 하는 경우에 적용하지 아니한다(민법 제632조).
③ 임대차계약이 임차인의 채무불이행으로 인하여 해지된 경우에는 임차인은 민법 제646조에 의한 부속물매수청구권이 없다(대판 1990.1.23., 88다카7245, 88다카7252).
④ 임차보증금을 피전부채권으로 하여 전부명령이 있을 경우에도 제3채무자인 임대인은 임차인에게 대항할 수 있는 사유로서 전부채권자에게 대항할 수 있는 것이어서 건물임대차보증금의 반환채권에 대한 전부명령의 효력이 그 송달에 의하여 발생한다고 하여도 위 보증금반환채권은 임대인의 채권이 발생하는 것을 해제조건으로 하는 것이므로 임대인의 채권을 공제한 잔액에 관하여서만 전부명령이 유효하다(대판 1988.1.19., 87다카1315).

15

정답 ③

우리나라는 법원조직법에서 판례의 법원성에 대해 규정하고 있다.

16

정답 ②

다른 사람이 하는 일정한 행위를 승인해야 할 의무는 수인의무이다.

오답분석

① 작위의무 : 적극적으로 일정한 행위를 하여야 할 의무이다.
③ 간접의무 : 통상의 의무와 달리 그 불이행의 경우에도 일정한 불이익을 받기는 하지만, 다른 법률상의 제재가 따르지 않는 것으로, 보험계약에서의 통지의무가 그 대표적인 예이다.
④ 권리반사 또는 반사적 효과(이익) : 법이 일정한 사실을 금지하거나 명하고 있는 결과, 어떤 사람이 저절로 받게 되는 이익으로, 그 이익을 누리는 사람에게 법적인 힘이 부여된 것은 아니기 때문에 타인이 그 이익의 향유를 방해하더라도 그것의 법적 보호를 청구하지 못함을 특징으로 한다.
⑤ 평화의무 : 노동협약의 당사자들이 노동협약의 유효기간 중에는 협약사항의 변경을 목적으로 하는 쟁의를 하지 않는 의무이다.

17

정답 ②

인격권은 권리의 내용에 따른 분류에 속한다. 권리의 작용(효력) 따라 분류하면 지배권, 청구권, 형성권, 항변권으로 나누어진다.

권리의 작용(효력)에 따른 분류

구분	내용
지배권(支配權)	권리의 객체를 직접·배타적으로 지배할 수 있는 권리를 말한다(예 물권, 무체재산권, 친권 등).
청구권(請求權)	타인에 대하여 일정한 급부 또는 행위(작위·부작위)를 적극적으로 요구하는 권리이다(예 채권, 부양청구권 등).
형성권(形成權)	권리자의 일방적인 의사표시에 의하여 일정한 법률관계를 발생·변경·소멸시키는 권리이다(예 취소권, 해제권, 추인권, 해지권 등).
항변권(抗辯權)	청구권의 행사에 대하여 급부를 거절할 수 있는 권리로, 타인의 공격을 막는 방어적 수단으로 사용되며 상대방에게 청구권이 있음을 부인하는 것이 아니라 그것을 전제하고, 다만 그 행사를 배척하는 권리를 말한다(예 보증인의 최고 및 검색의 항변권, 동시이행의 항변권 등).

18

정답 ①

간주는 법의 의제를 말한다. 사실 여하를 불문하고 일정한 상태를 법에 의하여 사실관계로 확정하는 것으로, 법문상 '~(으)로 본다'라고 규정한 경우가 이에 해당한다. 또한, 반증을 허용하지 않는다는 점이 특징이다.

19

정답 ②

오답분석

① 일반적으로 자기의 노력과 재료를 들여 건물을 건축한 사람이 그 건물의 소유권을 원시취득하는 것이지만, 도급계약에 있어서는 수급인이 자기의 노력과 재료를 들여 건물을 완성하더라도 도급인과 수급인 사이에 도급인 명의로 건축허가를 받아 소유권보존등기를 하기로 하는 등 완성된 건물의 소유권을 도급인에게 귀속시키기로 합의한 것으로 보일 경우에는 그 건물의 소유권은 도급인에게 원시적으로 귀속된다(대판 2003.12.18., 98다43601).
③ 공사에 관한 채권의 소멸시효는 3년이다.
④ 부동산공사의 수급인은 전조의 보수에 관한 채권을 담보하기 위하여 그 부동산을 목적으로 한 저당권의 설정을 청구할 수 있다(민법 제666조).
⑤ 도급인이 완성된 목적물의 하자로 인하여 계약의 목적을 달성할 수 없는 때에는 계약을 해제할 수 있다(민법 제668조 본문).

20

정답 ③

입법해석은 입법기관이 입법권에 근거한 일정한 법규정이나 법개념의 해석을 당시 법규정으로 정해놓은 것이다. 즉, 법률의 규정으로 직접 법률의 정의 개념을 해석하는 것이다.

21

정답 ③

오답분석

① 소송사건에서 일방 당사자를 위하여 증인으로 출석하여 증언하였거나 증언할 것을 조건으로 어떤 대가를 받을 것을 약정한 경우, 증인은 법률에 의하여 증언거부권이 인정되지 않은 한 진실을 진술할 의무가 있는 것이므로 그 대가의 내용이 통상적으로 용인될 수 있는 수준(예컨대 증인에게 일당과 여비가 지급되기는 하지만 증인이 법원에 출석함으로써 입게 되는 손해에는 미치지 못하는 경우 그러한 손해를 전보해 주는 정도)을 초과하는 경우에는 그와 같은 약정은 금전적 대가가 결부됨으로써 선량한 풍속 기타 사회질서에 반하는 법률행위가 되어 민법 제103조에 따라 효력이 없다고 할 것이다(대판 1999.4.13, 선고 98다52483).

② 종래 이루어진 보수약정의 경우에는 보수약정이 성공보수라는 명목으로 되어 있다는 이유만으로 민법 제103조에 의하여 무효라고 단정하기는 어렵다. 그러나 대법원이 이 판결을 통하여 형사사건에 관한 성공보수약정이 선량한 풍속 기타 사회질서에 위반되는 것으로 평가할 수 있음을 명확히 밝혔음에도 불구하고 향후에도 성공보수약정이 체결된다면 이는 민법 제103조에 의하여 무효로 보아야 한다(대판 2015.7.23, 선고 2015다200111).

④ 적법한 절차에 의하여 이루어진 경매에 있어서 경락가격이 경매부동산의 시가에 비하여 저렴하다는 사유는 경락허가결정에 대한 적법한 불복이유가 되지 못하는 것이고 경매에 있어서는 불공정한 법률행위 또는 채무자에게 불리한 약정에 관한 것으로서 효력이 없다는 민법 제104조, 제608조는 적용될 여지가 없다(대결 1980.3.21, 80마77).

⑤ 거래 상대방이 배임행위를 유인·교사하거나 배임행위의 전 과정에 관여하는 등 배임행위에 적극 가담하는 경우에는 실행행위자와 체결한 계약이 반사회적 법률행위에 해당하여 무효로 될 수 있고, 선량한 풍속 기타 사회질서에 위반한 사항을 내용으로 하는 법률행위의 무효는 이를 주장할 이익이 있는 자는 누구든지 무효를 주장할 수 있다. 따라서 반사회질서 법률행위를 원인으로 하여 부동산에 관한 소유권이전등기를 마쳤더라도 그 등기는 원인무효로서 말소될 운명에 있으므로 등기명의자가 소유권에 기한 물권적 청구권을 행사하는 경우에 권리 행사의 상대방은 법률행위의 무효를 항변으로서 주장할 수 있다(대판 2016.3.24, 선고 2015다11281).

22

정답 ②

현행 헌법에서는 국민소환을 채택하고 있지 않다.

오답분석

① 헌법 제61조 제1항
③ 헌법 제111조 제1항
④ 헌법 제76조
⑤ 헌법 제65조

23

정답 ①

법률은 특별한 규정이 없으면 공포한 날로부터 20일을 경과함으로써 효력을 발생한다(헌법 제53조 제7항).

법의 시행과 폐지

- 법의 효력은 시행일로부터 폐지일까지만 계속되는데 이를 시행기간(또는 시효기간)이라 한다.
- 관습법은 성립과 동시에 효력을 가지나 제정법은 시행에 앞서 국민에게 널리 알리기 위하여 공포를 해야 하는데, 공포일로부터 시행일까지의 기간을 주지기간이라 한다.
- 법률은 특별한 규정이 없으면 공포한 날로부터 20일을 경과함으로써 효력을 발생한다.

24

정답 ⑤

오답분석

① 보증 채무에 대한 소멸시효가 중단되는 등의 사유로 완성되지 아니하였다고 하더라도 주채무에 대한 소멸시효가 완성된 경우에는 시효완성 사실로써 주채무가 당연히 소멸되므로 보증채무의 부종성에 따라 보증채무 역시 당연히 소멸된다(대판 2012.7.12, 선고 2010다51192).

② 보증은 그 의사가 보증인의 기명날인 또는 서명이 있는 서면으로 표시되어야 효력이 발생한다. 다만, 보증의 의사가 전자적 형태로 표시된 경우에는 효력이 없다(민법 제428조의2 제1항).

③ 주채무자의 항변포기는 보증인에게 효력이 없다(민법 제433조 제2항).

④ 보증계약이 성립한 후에 보증인이 알지도 못하는 사이에 주채무의 목적이나 형태가 변경되었다면, 그 변경으로 인하여 주채무의 실질적 동일성이 상실된 경우에는 당초의 주채무는 경개로 인하여 소멸하였다고 보아야 할 것이므로 보증채무도 당연히 소멸하고, 그 변경으로 인하여 주채무의 실질적 동일성이 상실되지 아니하고 동시에 주채무의 부담 내용이 축소·감경된 경우에는 보증인은 그와 같이 축소·감경된 주채무의 내용에 따라 보증 책임을 질 것이지만, 그 변경으로 인하여 주채무의 실질적 동일성이 상실되지는 아니하고 주채무의 부담내용이 확장·가중된 경우에는 보증인은 그와 같이 확장·가중된 주채무의 내용에 따른 보증 책임은 지지 아니하고, 다만 변경되기 전의 주채무의 내용에 따른 보증 책임만을 진다(대판 2000.1.21, 선고 97다1013).

25

정답 ①

개인주의와 자유주의 사상을 배경으로 한 근대적 기본권인 생명·자유·행복추구권 등은 미국의 독립선언(1776년)에 규정되어 있으나, 재산권의 보장 등을 최초로 규정한 것은 버지니아 권리장전(1776년)이다.

26

정답 ②

행정기관에 의한 기본권이 침해된 경우 행정쟁송(이의신청과 행정심판청구, 행정소송)을 제기하거나 국가배상·손실보상을 청구할 수 있다. 형사재판청구권은 원칙적으로 검사만이 가지고 일반국민은 법률상 이것을 가지지 아니하는 것이 원칙이다(형사소송법 제246조).

27

정답 ③

심신장애로 인하여 사물을 변별할 능력이 없거나 의사를 결정할 능력이 없는 자의 행위는 벌하지 아니하고 그 능력이 미약한 자의 행위는 형을 감경할 수 있지만(임의적 감경사유), 위험의 발생을 예견하고 자의로 심신장애를 야기한 자의 행위는 형을 면제하거나 감경하지 아니한다(형법 제10조).

28

정답 ③

행정청이 행한 공사중지명령의 상대방은 그 명령 이후에 그 원인사유가 소멸하였음을 들어 행정청에게 공사중지 명령의 철회를 요구할 수 있는 조리상의 신청권이 있다(대판 2005.4.14., 2003두7590).

오답분석

① 대판 2005.4.29. 2004두11954
② 원래 행정처분을 한 처분청은 그 처분에 하자가 있는 경우에는 원칙적으로 별도의 법적 근거가 없더라도 스스로 이를 직권으로 취소할 수 있지만, 그와 같이 직권취소를 할 수 있다는 사정만으로 이해관계인에게 처분청에 대하여 그 취소를 요구할 신청권이 부여된 것으로 볼 수는 없다(대판 2006.6.30., 2004두701).
④ 외형상 하나의 행정처분이라 하더라도 가분성이 있거나 그 처분대상의 일부가 특정될 수 있다면 그 일부만의 취소도 가능하고 그 일부의 취소는 당해 취소부분에 관하여 효력이 생긴다고 할 것인바, 이는 한 사람이 여러 종류의 자동차운전면허를 취득한 경우 그 각 운전면허를 취소하거나 그 운전면허의 효력을 정지함에 있어서도 마찬가지이다(대판 1995.11.16. 95누8850).
⑤ 직권취소의 절차에 관한 일반 규정은 존재하지 않으나, 직권취소는 독립된 행정행위의 성격을 가지므로 행정절차법상 처분절차의 적용을 받는다. 따라서 행정절차법 제23조의 이유제시(모든 처분), 행정절차법 제21조의 사전통지(불이익처분), 행정절차법 제22조 의견청취(불이익처분)의 절차를 거쳐야 한다.

29

정답 ②

법인이 아닌 사단 또는 재단으로서 대표자나 관리인이 정하여져 있는 경우에는 그 사단이나 재단의 이름으로 심판 청구를 할 수 있다(행정심판법 제14조).

오답분석

① 행정심판법 제16조 제1항
③ 행정심판법 제17조 제2항
④ 행정심판법 제15조 제1항
⑤ 행정심판법 제22조 제1항

30

정답 ③

오답분석

① 청약의 상대방은 특정인과 불특정인 모두 유효하다. 반면 승낙은 청약과 달리 반드시 특정인(청약자)에 대하여 해야 한다.
② 승낙자가 청약에 대하여 조건을 붙이거나 변경을 가하여 승낙한 때에는 그 청약의 거절과 동시에 새로 청약한 것으로 본다(민법 제534조).
④ 당사자간에 동일한 내용의 청약이 상호교차된 경우에는 양 청약이 상대방에게 도달한 때에 계약이 성립한다(민법 제533조).
⑤ 승낙의 기간을 정한 계약의 청약은 청약자가 그 기간 내에 승낙의 통지를 받지 못한 때에는 그 효력을 잃는다(민법 제528조 제1항).

31

정답 ①

오답분석

② 계약의 합의해제는 묵시적으로 이루어질 수도 있으나, 계약이 묵시적으로 합의해제되었다고 하려면 계약의 성립 후에 당사자 쌍방의 계약 실현 의사의 결여 또는 포기로 인하여 당사자 쌍방의 계약을 실현하지 아니할 의사가 일치되어야만 할 것이다(대판 1998.8.21. 98다17602).
③ 당사자의 일방 또는 쌍방이 수인인 경우에는 계약의 해지나 해제는 그 전원으로부터 또는 전원에 대하여 하여야 한다. 전항의 경우에 해지나 해제의 권리가 당사자 1인에 대하여 소멸한 때에는 다른 당사자에 대하여도 소멸한다(민법 제547조).
④ 채무자의 책임 있는 사유로 이행이 불능하게 된 때에는 채권자는 계약을 해제할 수 있다(민법 제546조).
⑤ 당사자 일방이 계약을 해지한 때에는 계약은 장래에 대하여 그 효력을 잃는다(민법 제550조).

32

정답 ④

지배인, 상호, 상업장부와 상업등기에 대한 규정은 소상인에게 적용하지 않는다(상법 제9조).

33

정답 ①

형법의 기능

보장적 기능	국가형벌권의 발동한계를 명확히 하여 국가형벌권의 자의적인 행사로부터 국민의 자유와 권리를 보장하는 기능을 한다.
보호적 기능	사회질서의 근본적 가치, 즉 법익과 사회윤리적 행위가치를 보호하는 형법의 기능을 말한다.
규제적 기능	행위규범 내지 재판규범으로, 일반국민과 사법 관계자들을 규제하는 기능을 한다.
사회보전적 기능	형벌수단을 통하여 범죄행위를 방지함으로써 범죄자로부터 사회질서를 유지·보호하는 기능을 한다.

34

정답 ①

행정상 강제집행수단 중 대체적 작위의무의 불이행에 대하여 행정청이 의무자가 행할 작위를 스스로 행하거나 제3자로 하여금 이를 행하게 하고 그 비용을 의무자로부터 징수하는 것은 행정대집행이다(행정대집행법 제2조).

35

정답 ④

오답분석

① 참여기관(의결기관)이 행정관청의 의사를 구속하는 의결을 하는 합의제 기관이다(경찰위원회, 소청심사위원회 등).
② 의결기관이 아닌 집행기관에 대한 설명이다.
③ 국무조정실, 각 부의 차관보·실장·국장 등은 행정조직의 보좌기관이다.
⑤ 행정조직의 내부기관으로서 행정청의 권한 행사를 보조하는 것을 임무로 하는 행정기관은 보조기관이다.

36

정답 ⑤

국회는 국정전반에 관하여 소관 상임위원회별로 매년 정기회 집회일 이전에 국정감사 시작일부터 30일 이내의 기간을 정하여 감사를 실시한다. 이때 감사는 상임위원장이 국회운영위원회와 협의하여 작성한 감사계획서에 따라 한다(국정감사 및 조사에 관한 법률 제2조 제1항·제2항).

오답분석

① 감사 또는 조사를 하는 위원회는 위원회의 의결로 필요한 경우 2명 이상의 위원으로 별도의 소위원회나 반을 구성하여 감사 또는 조사를 하게 할 수 있다(국정감사 및 조사에 관한 법률 제5조 제1항).
② 국정감사 및 조사에 관한 법률 제7조의2
③ 위원회, 제5조 제1항에 따른 소위원회 또는 반은 감사 또는 조사를 위하여 그 의결로 감사 또는 조사와 관련된 보고 또는 서류 등의 제출을 관계인 또는 그 밖의 기관에 요구하고, 증인·감정인·참고인의 출석을 요구하고 검증을 할 수 있다. 다만, 위원회가 감사 또는 조사와 관련된 서류 등의 제출 요구를 하는 경우에는 재적위원 3분의 1 이상의 요구로 할 수 있다(국정감사 및 조사에 관한 법률 제10조 제1항).
④ 감사 또는 조사를 마쳤을 때에는 위원회는 지체 없이 그 감사 또는 조사 보고서를 작성하여 의장에게 제출하여야 한다. 보고서를 제출받은 의장은 이를 지체 없이 본 회의에 보고하여야 한다(국정감사 및 조사에 관한 법률 제15조 제1항·제3항).

37

정답 ②

구 지방세법은 구법과 달리 인구유입과 경제력 집중의 효과가 뚜렷한 건물의 신축, 증축 그리고 부속토지의 취득만을 그 적용대상으로 한정하여 부당하게 중과세할 소지를 제거하였다. 최근 대법원 판결도 구체적인 사건에서 인구유입이나 경제력집중 효과에 관한 판단을 전적으로 배제한 것으로는 보기 어렵다. 따라서 이 사건 법률조항은 거주·이전의 자유와 영업의 자유를 침해하지 아니한다(헌재결 2014.7.24, 2012헌바408).

오답분석

① 단기보유자산이 공용수용에 의하여 양도된 경우에도 높은 세율로 중과세하는 것은 부동산 투기를 억제하여 토지라는 한정된 자원을 효율적으로 이용하기 위한 것으로 입법목적의 정당성이 인정되고, … 단기보유자산의 양도에 대하여 일률적으로 중과세함으로써 실현되는 공익이 그로써 제한되는 사익보다 결코 작다고 할 수 없으므로 법익의 균형성도 준수하고 있어 심판대상조항은 청구인들의 재산권을 침해하지 아니한다(헌재결 2015.6.25, 2014헌바256).
③ 계약상 급부의 상환성과 등가성은 계약 당사자의 이익을 공평하게 조정하기 위하여 계약 해제에 따른 원상회복 관계에서도 유지되어야 하므로, 원상회복범위는 당사자의 구체적이고 주관적인 사정과 관계없이 규범적·객관적으로 정해져야 할 필요가 있다. 계약 해제의 경위·계약 당사자의 귀책사유 등 제반 사정은 계약 해제로 인한 손해배상의 범위를 정할 때 고려된다. 따라서 민법 제548조 제2항은 원상회복의무자의 재산권을 침해하지 않는다(헌재결 2017.5.25, 2015헌바421).
④ 도축장 사용정지·제한명령은 구제역과 같은 가축전염병의 발생과 확산을 막기 위한 것이고, 도축장 사용정지·제한명령이 내려지면 국가가 도축장 영업권을 강제로 취득하여 공익 목적으로 사용하는 것이 아니라 소유자들이 일정기간 동안 도축장을 사용하지 못하게 되는 효과가 발생할 뿐이다. 이와 같은 재산권에 대한 제약의 목적과 형태에 비추어 볼 때, 도축장 사용정지·제한명령은 공익목적을 위하여 이미 형성된 구체적 재산권을 박탈하거나 제한하는 헌법 제23조 제3항의 수용·사용 또는 제한에 해당하는 것이 아니라, 도축장 소유자들이 수인하여야 할 사회적 제약으로서 헌법 제23조 제1항의 재산권의 내용과 한계에 해당한다(헌재결 2015.10.21, 2012헌바367).

⑤ 친일재산조항은 정의를 구현하고 민족의 정기를 바로 세우며 일제에 저항한 3·1운동의 헌법이념을 구현하기 위하여, 친일반민족행위로 축재한 재산을 친일재산으로 규정하여 국가에 귀속시킬 수 있도록 하기 위한 것으로서, 입법목적의 정당성 및 수단의 적합성이 인정된다. … 과거사 청산의 정당성과 진정한 사회통합의 가치를 고려할 때 이 사건 친일재산조항의 공익적 중대성은 막중하고, 이 사건 친일재산조항으로 인한 친일반민족행위자 등의 재산권에 대한 제한의 정도가 위 조항에 의하여 보장되는 공익에 비하여 결코 중하다고 볼 수 없으므로, 위 조항이 법익의 균형성에 반한다고 볼 수 없다. 따라서 친일재산조항이 과잉금지원칙을 위반하여 재산권을 침해한다고 할 수 없다(2018.4.26., 2016헌바454).

38

정답 ⑤

기판력은 사실심 변론 종결 시(표준시)를 기준으로 하여 발생한다. 기판력은 표준시에 있어서의 권리관계의 존부판단에 대하여 생기므로, 전소 변론 종결 시 이전에 제출(주장)할 수 있었으나 변론 종결 시까지 제출하지 않은 공격방어방법은 후소에서 제출하지 못한다(주장했던 공격방어방법은 당연히 차단된다).

오답분석

① 행정처분의 적법 여부는 그 행정처분이 행하여 진 때의 법령과 사실을 기준으로 하여 판단하는 것이므로 거부처분 후에 법령이 개정·시행된 경우에는 개정된 법령 및 허가기준을 새로운 사유로 들어 다시 이전의 신청에 대한 거부처분을 할 수 있으며 그러한 처분도 행정소송법 제30조 제2항에 규정된 재처분에 해당된다(대판 1998.1.7., 97두22).

② 행정소송법 제30조 제2항의 규정에 의하면 행정청의 거부처분을 취소하는 판결이 확정된 경우에는 그 처분을 행한 행정청이 판결의 취지에 따라 이전의 신청에 대하여 재처분할 의무가 있으나, 이때 확정판결의 당사자인 처분 행정청은 그 행정소송의 사실심 변론 종결 이후 발생한 새로운 사유를 내세워 다시 이전의 신청에 대한 거부처분을 할 수 있고 그러한 처분도 위 조항에 규정된 재처분에 해당된다(대판 1997.2.4., 96두70).

③ 처분 등을 취소하는 확정판결은 그 사건에 관하여 당사자인 행정청과 그 밖의 관계행정청을 기속한다(행정소송법 제30조 제1항). 기속력은 인용판결에 인정되며 기판력은 인용판결과 기각판결 모두에 인정된다.

④ 취소판결의 기판력은 소송물로 된 행정처분의 위법성 존부에 관한 판단 그 자체에만 미치는 것이므로 전소와 후소가 그 소송물을 달리하는 경우에는 전소 확정판결의 기판력이 후소에 미치지 아니한다(대판 1996.4.26., 95누5820).

39

정답 ⑤

원래 광역시가 점유·관리하던 일반국도 중 일부 구간의 포장공사를 국가가 대행하여 광역시에 도로의 관리를 이관하기 전에 교통사고가 발생한 경우, 광역시는 그 도로의 점유자 및 관리자, 도로법 제56조, 제55조, 도로법시행령 제30조에 의한 도로관리비용 등의 부담자로서의 책임이 있고, 국가는 그 도로의 점유자 및 관리자, 관리사무귀속자, 포장공사비용 부담자로서의 책임이 있다고 할 것이며, 이와 같이 광역시와 국가 모두가 도로의 점유자 및 관리자, 비용부담자로서의 책임을 중첩적으로 지는 경우에는, 광역시와 국가 모두가 국가배상법 제6조 제2항 소정의 궁극적으로 손해를 배상할 책임이 있는 자라고 할 것이고, 결국 광역시와 국가의 내부적인 부담 부분은 그 도로의 인계·인수 경위, 사고의 발생 경위, 광역시와 국가의 그 도로에 관한 분담비용 등 제반 사정을 종합하여 결정함이 상당하다(대판 1998.7.10., 96다42819).

오답분석

①·③ 국가배상법 제5조 제1항 소정의 영조물의 설치 또는 관리의 하자라 함은 영조물이 그 용도에 따라 통상 갖추어야 할 안전성을 갖추지 못한 상태에 있음을 말하는 것으로서, 안전성의 구비 여부를 판단함에 있어서는 당해 영조물의 용도, 그 설치 장소의 현황 및 이용 상황 등 제반 사정을 종합적으로 고려하여 설치 관리자가 그 영조물의 위험성에 비례하여 사회통념상 일반적으로 요구되는 정도의 방호조치의무를 다하였는지 여부를 그 기준으로 삼아야 할 것이며, 객관적으로 보아 시간적·장소적으로 영조물의 기능상 결함으로 인한 손해발생의 예견가능성과 회피가능성이 없는 경우, 즉 그 영조물의 결함이 영조물의 설치관리자의 관리행위가 미칠 수 없는 상황 아래에 있는 경우에는 영조물의 설치·관리상의 하자를 인정할 수 없다(대판 2007.9.21., 2005다65678).

② 국가배상법 제5조 소정의 영조물의 설치·관리상의 하자로 인한 책임은 무과실책임이고 나아가 민법 제758조 소정의 공작물의 점유자의 책임과는 달리 면책사유도 규정되어 있지 않으므로, 국가 또는 지방자치단체는 영조물의 설치·관리상의 하자로 인하여 타인에게 손해를 가한 경우에 그 손해의 방지에 필요한 주의를 해태하지 아니하였다 하여 면책을 주장할 수 없다(대판 1994.11.22., 94다32924).

④ 영조물이 그 용도에 따라 갖추어야 할 안전성을 갖추지 못한 상태, 즉 타인에게 위해를 끼칠 위험성이 있는 상태라 함은 당해 영조물을 구성하는 물적 시설 그 자체에 있는 물리적·외형적 흠결이나 불비로 인하여 그 이용자에게 위해를 끼칠 위험성이 있는 경우뿐만 아니라, 그 영조물이 공공의 목적에 이용됨에 있어 그 이용 상태 및 정도가 일정한 한도를 초과하여 제3자에게 사회통념상 수인할 것이 기대되는 한도를 넘는 피해를 입히는 경우까지 포함된다고 보아야 한다(대판 2005.1.27., 2003다49566).

40

정답 ②

㉢ 보통 우편물이 배달된 경우에 의사표시 등의 효과는 발생하지는 않는다. 우편법의 규정취지는 우편사업을 독점하고 있는 국가가 배달위탁을 받은 우편물의 방법을 구체적으로 명시하여 그 수탁업무의 한계를 명백히 한 것이다. 따라서 우편물이 배달되면 우편물이 정당하게 교부된 것으로 인정하여 국가의 배달 업무를 다하였다는 것일 뿐 우편물의 송달로써 달성하려고 하는 법률효과까지 발생하게 하는 것은 아니므로 위 규정에 따라 우편물이 배달되었다고 하여 언제나 상대방 있는 의사표시의 통지가 상대방에게 도달하였다고 볼 수는 없다(대판 1993. 11.26, 923누17478).

㉣ 우편법 소정의 규정에 따라 우편물이 배달되었다고 하여 언제나 의사표시의 통지가 상대방에게 도달하였다고 볼 수는 없으며, 등기우편물에 기재된 사무소에서 본인의 사무원임을 확인한 후 우편물을 교부하였다는 우편집배원의 진술이나 우편법 등의 규정을 들어 그 등기우편물의 수령인을 본인의 사무원 또는 고용원으로 추정할 수는 없다. 따라서 채권양도통지서가 채무자의 주소나 사무소가 아닌 동업자의 사무소에서 그 신원이 분명치 않은 자에게 송달된 경우에는 사회 관념상 채무자가 통지의 내용을 알 수 있는 객관적 상태에 놓였다고 인정할 수 없다.

04 경제학

01	02	03	04	05	06	07	08	09	10
①	⑤	②	②	⑤	③	③	⑤	⑤	④
11	12	13	14	15	16	17	18	19	20
①	⑤	⑤	②	⑤	⑤	③	③	②	②
21	22	23	24	25	26	27	28	29	30
①	③	④	①	①	②	①	②	①	③
31	32	33	34	35	36	37	38	39	40
④	②	①	④	⑤	⑤	②	⑤	①	③

01

정답 ①

경상수지와 저축 및 투자의 관계는 [순수출(X−M)]=[총저축(S_p−I)+정부수입(T−G)]으로 나타낼 수 있다. 저축과 투자의 양이 동일하여 총저축이 0이 되는 경우에는 재정흑자(T−G)와 경상수지적자의 합이 0이 되지만 항상 0이 되는 것은 아니다. 한편, 경상수지와 자본수지의 합은 항상 0이므로 경상수지가 적자이면 자본수지는 흑자가 되어야 한다. 요소집약도의 역전이 발생하거나 완전특화가 이루어지는 경우, 그리고 각국의 생산기술이 서로 다르거나 중간재가 존재하는 경우에는 요소가격균등화가 이루어지지 않는다. 규모의 경제가 발생하는 경우 각국이 동일한 산업 내에서 한 가지 재화생산에 특화하여 이를 서로 교환할 경우 두 나라의 후생수준이 모두 증가한다. 그러므로 규모에 대한 수확체증이 이루어지면 산업 내 무역이 활발해진다.

02

정답 ⑤

㉠ 밴드왜건 효과(편승 효과) : 유행에 따라 상품을 구입하는 소비현상으로, 특정 상품에 대한 어떤 사람의 수요가 다른 사람들의 수요에 의해 영향을 받는다.

㉡ 베블런 효과 : 다른 보통사람과 자신을 차별하고 싶은 욕망으로 나타나는데, 가격이 아닌 다른 사람의 소비에 직접 영향을 받는다.

오답분석

- 외부불경제 효과 : 시장실패와 관련된 효과로, 자원이 비효율적으로 배분되는 것을 의미하는 것이다. 자가용 운전자가 주변 사람들에게 배출가스 피해를 입히는 것도 하나의 예이다.

03

정답 ②

주어진 효용함수는 두 재화가 완전보완재일 때이다. 효용함수가 $U=min(X, Y)$이므로 효용을 극대화하려면 X재와 Y재를 항상 1 : 1로 소비해야 한다.

소득이 100이고 Y재의 가격이 10일 때, X재와 Y재의 양은 항상 같으므로 두 재화를 같은 양 X라고 설정하고 예산선식($M=P_X X+P_Y Y$)에 대입해 보면, $100=P_X\times X+10\times X$이다. 이를 정리하면, $X=\frac{100}{P_X+10}$임을 알 수 있다.

04

정답 ②

수요의 가격탄력성이 1보다 크다면 가격이 1% 하락할 때, 판매량은 1%보다 크게 증가하므로 판매자의 총수입은 증가한다. 따라서 수요의 가격탄력성이 탄력적이라면 가격인하는 총수입을 증가시키는 좋은 전략이다.

오답분석

① 수요곡선이 우하향하는 직선이면 수요곡선상에서 우하방으로 이동할수록 수요의 가격탄력성이 점점 작아진다.

③ 열등재는 수요의 소득탄력성이 1보다 작은 재화가 아니라 수요의 소득탄력성이 음수(−)인 재화이다.

④ 시간이 경과될수록 대체재가 생겨날 가능성이 크기 때문에 수요의 가격탄력성이 커진다.

⑤ 두 재화 수요의 교차탄력성은 $\varepsilon_{XY}=\dfrac{\dfrac{\Delta Q_Y}{Q_Y}}{\dfrac{\Delta P_X}{P_X}}=\dfrac{10\%}{5\%}=2$이고, 두 재화는 대체재이다.

05

정답 ⑤

물은 우리 삶에 필수적으로 필요한 유용하고 사용가치가 높은 재화이지만 다이아몬드의 가격이 더 비싸다. 이는 다이아몬드가 물보다 희소성이 크기 때문이다. 이때 희소성은 인간의 욕망에 비해 그것을 충족시키는 수단이 질적으로나 양적으로 한정되어 있거나 부족한 상태를 의미한다.

06

정답 ③

콥 − 더글라스 생산함수인 $Q=L^2K^2$를 미분하여 계산한 한계기술대체율($MRTS_{LK}$)은 $\dfrac{K}{L}$이다.

$MRTS_{LK}=\dfrac{K}{L}$에 등량곡선과 등비용선이 접하는 점에서 비용극소화가 달성되므로 $MRTS_{LK}=\dfrac{w}{r}$ → $\dfrac{w}{r}=\dfrac{4}{6}=\dfrac{K}{L}$이다.

식을 정리하면 $K=\dfrac{4}{6}L$이며,

예산제약식인 $TC=wL+rK=4L+6K$에 대입하면,

$120=4L+6K$

→ $120=4L+6\times\dfrac{4}{6}L$

→ $8L=120$

∴ $L=15$

07

정답 ③

한계수입과 수요의 가격탄력성이 주어져 있으므로 아모로소− 로빈슨(Amoroso − Robinson) 공식을 이용하여 자동차 가격을 구할 수 있다.

아모로소 − 로빈슨 공식 : $MR=P\left(1-\dfrac{1}{\varepsilon}\right)$

$225=P\left(1-\dfrac{1}{4}\right)$

∴ $P=300$

08

정답 ⑤

시장경제는 사적재산권 보호와 자유경쟁에 의해 자원이 효율적으로 배분되게 한다. 각 경제주체는 이기심으로 행동하지만 애덤 스미스가 말한 '보이지 않는 손'에 의해 경제 전체적으로 도움이 되는 결과를 가져온다. 시장경제체제하의 경제 발전은 문화수준의 향상과 정치의 민주화에 기여하는 측면이 있다. 학연 · 지연 · 혈연에 의한 교환활동은 시장경제체제와 무관하다.

09

정답 ⑤

리카도의 대등정리는 정부지출이 고정된 상태에서 조세를 감면하고, 국채발행을 통해 지출재원을 조달하더라도 경제의 실질변수에는 아무런 영향을 미칠 수 없음을 의미한다. 따라서 제1기에 조세를 감면하고 국채발행을 통해 재원을 조달한다 하더라도, 합리적인 소비는 저축을 증가시켜 미래의 조세증가에 대비하므로 국채발행은 민간저축에 영향을 미칠 뿐 소비에는 영향을 주지 않기 때문에 제2기에 최적소비점은 E로, 변하지 않는다.

〈제1기 및 제2기 소비제약식〉

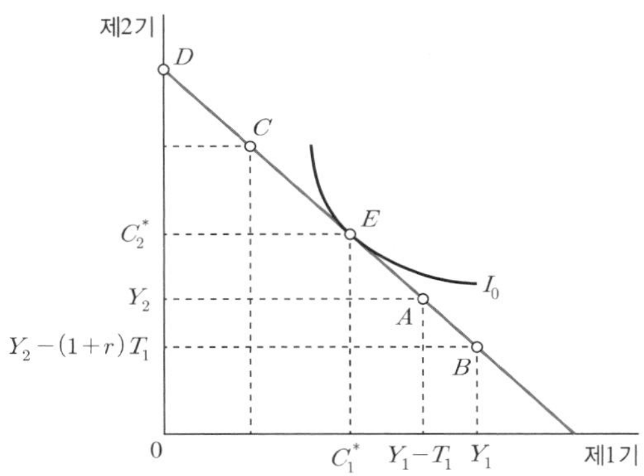

10

정답 ④

균형국민소득식은 $Y=C+I+G+X-M$이므로(Y : 국내총생산, C : 소비지출, I : 투자, G : 정부지출, X : 수출, M : 수입) 다음과 같이 계산할 수 있다.

$900=200+50+300+X-100$

∴ $X=450$

11

정답 ①

정부의 확장적 재정정책, 독립적인 민간 투자의 증가, 가계의 소비 증가, 확대금융정책으로 인한 통화량의 증가 등은 총수요곡선을 오른쪽으로 이동시키는 수요견인 인플레이션의 요인이다.

오답분석

②・⑤ 수입 자본재나 국제 원자재 가격의 상승은 총공급곡선을 왼쪽으로 이동시켜 비용인상 인플레이션이 발생하게 된다.
③ 임금이 하락하면 총공급곡선이 오른쪽으로 이동하므로 물가는 하락하게 된다.
④ 환경오염의 감소는 인플레이션과 직접적인 관련이 없다.

12

정답 ⑤

[한계소비성향(c)]=0.5

투자승수는 $\frac{1}{1-c(1-t)}$이므로 $\frac{1}{1-0.5(1-0)}=2$

(균형국민소득의 증가분)=1조 원×2=2조 원

조세승수는 $\frac{-c}{1-c(1-t)}$이므로 $\frac{-0.5}{1-0.5(1-0)}=-1$

(균형국민소득의 감소분)=0.5조 원×−1=−0.5조 원

따라서 균형국민소득은 2조 원−0.5조 원=1.5조 원 증가한다.

13

정답 ⑤

- [한계소비성향(MPC)]$=\frac{\Delta C}{\Delta Y_d}$, 처분가능소득이 1단위 증가할 때 소비가 증가하는 비율
- [한계저축성향(MPS)]$=\frac{\Delta S}{\Delta Y_d}$, 처분가능소득이 1단위 증가할 때 저축이 증가하는 비율
- [평균소비성향(APC)]$=\frac{C}{Y_d}$, 처분가능소득에서 소비가 차지하는 비중
- [평균저축성향(APS)]$=\frac{S}{Y_d}$, 처분가능소득에서 저축이 차지하는 비중

따라서 $APC+APS=1$이다.

오답분석

① 평균소비성향(APC)는 항성 정(+)의 값을 가진다.
② 한계소비성향(MPC)는 항상 $0<MPC<1$의 값을 가진다.
③ $APC+APS=1$
④ $MPC+MPS=1$

14

정답 ②

㉠ 케인스의 유동성 선호설에 따르면 자산은 화폐와 채권 두 가지만 존재한다고 가정하며, 화폐공급이 증가하더라도 증가된 통화량이 모두 화폐수요로 흡수되는 구간을 유동성함정이라고 한다.
㉢ 유동성함정에서의 화폐수요곡선은 수평형태를 가지고, 화폐수요의 이자율탄력성이 무한대인 상태이다.

오답분석

㉡ 유동성함정은 화폐수요곡선이 수평인 구간이다.
㉣ 케인스의 유동성 선호설에 따른 투기적 동기의 화폐수요는 화폐수요함수와 반비례관계에 있다.

$\left[\frac{M^d}{P}=kY\text{(거래적 동기의 화폐수요)}-hr\text{(투기적 동기의 화폐수요)}\right]$

15

정답 ⑤

예금이 400, 법정지급준비율이 20%일 때 법정지급준비금은 80이다. S은행의 경우 실제지급준비금 120을 보유하고 있으므로 초과지급준비금은 40이다. 따라서 초과지급준비금 40을 신규로 대출할 때 증가할 수 있는 최대 총예금창조액은

$200\left(=\frac{1}{z_l}\times 40=\frac{1}{0.2}\times 40\right)$이다.

※ z_l=법정지급준비율

16

정답 ⑤

- 지현, 진솔 : 필수재일수록 또한, 소득에서 차지하는 비중이 큰 지출일수록 가격에 대한 수요의 가격탄력성이 크다.

오답분석

- 보검 : 가격에 대한 수요가 탄력적인 경우에 가격이 인상되면, 가격 인상률보다 수요 하락률이 더 커지기 때문에 매출은 감소하게 된다.
- 지철 : 우하향하는 직선의 수요곡선상에서 가격탄력성은 무한대로 시작하여 가격이 낮아질수록 작아지다가 가격이 '0'일 때는 '0'의 값을 갖는다.

17

정답 ③

은행보유 시재금은 현금통화에 포함되지 않는다.

- $M1$(협의통화)
  =현금통화+요구불예금+수시입출식 저축성 예금
- $M2$(광의통화)
  $=M1$+시장형 상품+실배당형 상품+금융채+기타
- Lf(금융기관 유동성)
  $=M2$+2년 이상 장기금융상품+생명보험계약준비금
- L(광의유동성)
  $=Lf$+기타금융기관상품+국채・회사채・지방채

18

정답 ③

고정환율제도는 정부가 환율을 일정수준으로 정하고, 지속적인 외환시장 개입을 통해 정해진 환율을 유지하는 제도이다. 이 제도 하에서 확대금융정책의 경우 중앙은행의 외환매각으로 통화량이 감소한다.

19

정답 ②

실업률과 고용률은 다음 공식에 의해서 구할 수 있다.

- (실업률)=(실업자 수)÷[(취업자 수)+(실업자 수)]×100
- (고용률)=(취업자 수)÷(15세 이상인구)×100

경제활동인구는 취업자 수와 실업자 수를 더한 인구이다. 따라서 경제활동인구가 2,000만 명이고, 취업자 수가 1,200만 명이므로 실업자 수는 800만 명이다.

- 실업률 : 800만 명÷2,000만 명×100=40%
- 고용률 : 1,200만 명÷4,800만 명×100=25%

∴ 40−25=15%

20

정답 ②

오답분석

가. 최저가격제란 공급자를 보호하기 위하여 시장가격보다 높은 수준에서 최저가격을 설정하는 규제를 말한다.

라. 최저가격제를 실시하면 소비자의 지불가격이 높아져 소비자는 소비량을 감소시키기 때문에 초과공급이 발생하고 실업, 재고누적 등의 부작용이 발생한다.

마. 아파트 분양가격, 임대료, 금리, 공공요금 등을 통제하기 위해 사용되는 규제방법은 최고가격제이다.

21

정답 ①

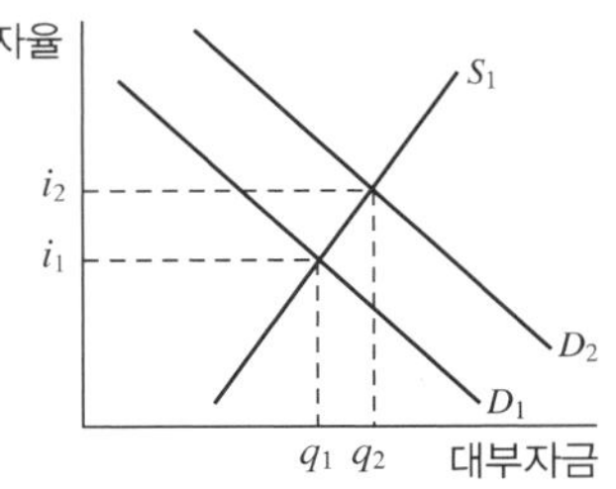

기업들에 대한 투자세액공제가 확대되면, 투자가 증가하므로 대부자금에 대한 수요가 증가(D_1 → D_2)한다. 이렇게 되면 실질이자율이 상승(i_1 → i_2)하고 저축이 늘어난다. 그 결과, 대부자금의 균형거래량은 증가(q_1 → q_2)한다.

22

정답 ③

오답분석

① 독점기업은 단기에 초과이윤을 얻을 수도 있지만 손실을 볼 수도 있다.

② 독점기업의 가격차별은 사회적 후생을 증가시키지 않는다.

④ 독점기업의 경우 시장은 때때로 효율적인 결과를 스스로 도출하지 못하므로 정부 개입은 필요하다.

⑤ 독점기업이 생산하는 재화에 단위당 T원의 물품세를 부과하면 한계비용이 T원 높아지므로 한계비용곡선이 T원만큼 상방으로 이동한다. 한계비용곡선이 상방으로 이동하면 독점기업의 생산량은 감소하고, 가격은 상승한다. 조세부과로 재화가격이 상승하면 소비자 잉여가 감소하고 생산자 잉여도 함께 감소한다. 물품세가 부과되어 생산량이 감소하면 자원배분이 비효율적으로 되므로 사회 전체의 총잉여도 감소한다.

23

정답 ④

두 나라 간 화폐의 교환비율인 환율을 결정하는 요소는 물가와 이자율 차이다. 빅맥지수로 잘 알려진 구매력평가설이 물가에 따른 환율결정이론이라고 한다면 이자율평가는 이자율에 따른 환율결정이론이라고 할 수 있다.

자본은 투자의 수익과 위험을 고려하여 동일한 위험에 대해 최대의 수익을 얻기 위해 국가 간에 이동한다. 이자율평가는 자본의 국가 간 이동이 자유로운 경우 국제 자본거래에서 이자율과 환율 간 관계를 나타내며, (국내금리)=(외국의 금리)+$\frac{(\text{미래환율})-(\text{현재환율})}{(\text{현재환율})}$로 표현된다.

따라서 $0.1=\frac{(\text{미래환율})-1,000}{1,000}$의 식에서 미래환율은 1,100원/달러임을 알 수 있다.

즉, 이자율이 높은 나라로 국제 자본이 유입하게 되는데, 이자율의 차이(10%)만큼 이자율이 높은 나라의 환율이 오르면(통화가치가 하락하면) 자본이 국가 간에 이동하지 않게 된다.

24

정답 ①

- (테일러 법칙)=(균형 이자율)+(인플레이션 갭)−(산출 갭)
- [(인플레이션 갭)=(실제 인플레이션율)−(목표 인플레이션율)]
- (목표 이자율)=$0.03+\frac{1}{4}$×[실제 인플레이션율(4%)−0.02]−$\frac{1}{4}$×[GDP 갭(1%)]

$=0.03+\frac{1}{4}\times(0.04-0.02)-\frac{1}{4}\times0.01=0.0325$

따라서 목표 이자율(3.25%)은 균형 이자율(3%)보다 높다.

25

정답 ①

로렌츠 곡선은 소득분배상태를 서수적으로 표현하고 있기 때문에 로렌츠 곡선이 대각선에 가까워지면 소득분배가 평등해진 것은 분명하지만 어느 정도 평등해졌는지를 판단하는 것은 불가능하다.

26

정답 ②

시장구조가 완전경쟁이라고 하더라도 불완전경쟁, 외부성, 공공재 등 시장실패 요인이 존재한다면 파레토 효율적인 자원배분이 이루어지지 않는다.

27

정답 ①

공리주의는 최대 다수의 최대 행복을 목적으로 하며, 공리주의 사회후생함수는 각 개인의 효용의 합으로 나타난다. 즉, $SW = U_A + U_B$(SW : 사회전체의 후생수준, U_A : A의 효용, U_B : B의 효용)로 표현된다. 사회무차별곡선은 기울기가 -1인 우하향의 직선으로 도출된다. 공리주의 사회후생함수에 따르면 사회후생은 사회구성원의 효용을 단순히 합한 것으로 가중치를 두지 않고 저소득층의 효용 1만큼과 고소득층의 효용 1만큼이 동일하게 평가된다. 베르누이 – 내쉬(Bernoulli – Nash)의 사회후생함수는 대표적인 평등주의 사회후생함수로써 고소득층보다 저소득층에 보다 높은 가중치를 부여하며, $SW = U_A \cdot U_B$로 표현된다. 롤스(J. Rawls)의 사회후생함수는 사회구성원 중 저소득층의 후생수준에 의해 결정되며, $SW = min[U_A,\ U_B]$으로 표현된다.

28

정답 ②

누적된 비용인 총비용을 단위생산량으로 나눈 평균이 평균비용이다. 반면에 한계비용은 총비용의 변화분에 따라서 생산량이 하나씩 늘어날 때마다 바뀌는 비용을 말한다. 그래서 한계비용이 하락하는 구간에서는 평균비용도 하락하는 것이고, 반대로 한계비용이 증가하면서부터는 바로 평균비용이 증가하진 않지만, 평균비용의 최저점에서 한계비용이 만나고 이후부터는 평균비용도 증가하게 된다. 이러한 이유는 고정비용의 존재 때문이다. 따라서 평균비용곡선이 상승하면 한계비용곡선은 상방에 위치한다.

29

정답 ①

㉠·㉡ 자본유입이 발생하므로 외환의 공급이 증가하여 환율이 하락한다(=원화가치 상승).

오답분석

㉢·㉣ 미국의 이자율이 상승하면서 자본유출이 발생하므로 외환의 수요가 증가하여 환율이 상승한다(=원화가치 하락).

30

정답 ③

오답분석

마. 정책 실행 시차가 부재한다면 정부정책이 더 효과적으로 시행된다.

31

정답 ④

일반적으로 정부의 개입이 없을 경우 공공재는 과소 공급된다.

오답분석

① 최적오염배출량은 0이 아니라 오염배출에 따른 한계편익과 한계비용이 일치하는 수준에서 결정된다.
② 외부성은 자원배분의 비효율성을 초래하므로 부정적 외부성과 긍정적 외부성이 모두 작을수록 좋다.
③ 다수의 경제주체의 경제활동은 다수의 다른 경제주체들에게 영향을 미칠 수 있으므로 외부성 문제도 다수의 경제주체들 간에 발생할 수 있다.
⑤ 공공재는 구매하지 않는 사람의 소비를 막기 어렵다는 비배제성과 한 개인이 소비에 참여하면서 다른 사람의 소비의 기회가 감소하지 않는다는 비경합성의 성격을 갖는다.

32

정답 ②

오답분석

① 경기적 실업은 경기가 침체함에 따라 발생하는 실업을 말하는 것으로, 기업의 설비투자와는 관련이 없다.
③ 전업주부가 직장을 가지는 경우 본래 비경제활동인구에서 경제활동인구가 되므로 경제활동참가율은 높아지게 된다. 실업률은 분모인 경제활동인구가 느는 것이므로 낮아지게 된다.
④ 실업급여가 확대되면 상대적으로 노동자들이 일자리를 탐색하는 데 여유가 생기므로 탐색적 실업을 증가시킬 수도 있다.
⑤ 구조적 실업은 경제구조의 변화에 따라 노동수요 구조가 변함에 따라 발생하는 실업을 말한다. 구조적 실업은 산업구조가 변화함에 따라 불가피한 면이 있으므로 노동자들에게 취업정보를 적극적으로 제공하고, 직업훈련을 받도록 함으로써 실업을 막을 수 있다.

33

정답 ①

칼도어(N.Kaldor)는 1958년 선진국을 대상으로 수행한 세계 경제성장과정의 연구를 통하여 다음과 같은 6가지 정형화된 사실(Stylized Facts)을 밝혔다.

- 1인당 산출량(Y/L)은 지속적으로 증가한다.
- 1인당 자본량(K/L)은 지속적으로 증가한다.
- 산출량 – 자본비율(Y/K)은 대체로 일정한 지속성(Steady)을 보인다.
- 자본수익율은 대체로 일정하다.
- 총소득에서 자본에 대한 분배와 노동에 대한 분배 간의 비율은 일정하다.
- 생산성 증가율은 국가 간 차이를 보인다.

34
정답 ④

제10차 경기종합지수

선행종합지수	• 재고순환지표 • 건설수주액(실질) • 코스피 • 경제심리지수 • 기계류내수출하지수 • 수출입물가비율 • 장단기금리차
동행종합지수	• 비농림어업취업자수 • 광공업생산지수 • 소매판매액지수 • 서비스업생산지수 • 내수출하지수 • 건설기성액(실질) • 수입액(실질)
후행종합지수	• 취업자수 • 생산자제품재고지수 • 소비자물가지수변화율(서비스) • 소비재수입액(실질) • CP유통수익률

따라서 ㉡·㉢·㉣은 선행종합지수이고, ㉠·㉤·㉥은 동행종합지수이며, ㉦은 후행종합지수이다.

35
정답 ⑤

공공부조는 빈곤자·장애자·노령자 등 사회적으로 보호해야 할 자에게 최소한의 인간다운 생활을 할 수 있도록 국가가 원조해 주는 사회보장제도를 말한다. 수급권자의 근로의욕을 저하시키고 수치심을 유발할 수 있다는 단점이 있다.

36
정답 ⑤

주가상승은 당해연도의 생산액 증가와는 무관하므로 주가가 상승하더라도 GDP는 변하지 않는다.

37
정답 ②

이자율 상승으로 요구불예금이 증가하면 시장에 있는 현금들이 예금 쪽으로 들어와서 민간 화폐보유성향이 낮아져 통화승수가 증가한다.

38
정답 ⑤

완전경쟁시장은 같은 상품을 취급하는 수많은 공급자·수요자가 존재하는 시장이다. 시장 참여자는 가격의 수용자일 뿐 가격 결정에 전혀 영향력을 행사하지 못한다. 기업들은 자유롭게 시장에 진입하거나 퇴출할 수 있다. 완전경쟁시장에서 기업의 이윤은 P(가격)=AR(평균수입)=MC(한계비용)인 균형점에서 극대화된다. 그래프에서 이 기업의 평균가변비용의 최소점은 80원이다. 시장가격이 90원으로 평균가변비용을 충당할 수 있어 이 기업은 계속해서 생산을 한다. 균형점(P=AR=MC=90원)에서 이윤을 얻을 수 있는지는 고정비용의 크기에 달려 있으므로 주어진 그래프만으로는 알 수 없다.

39
정답 ①

가격상한제란 정부가 시장가격보다 낮은 가격으로 상한선을 정하고 규제된 가격으로 거래하도록 하는 제도이다.

40
정답 ③

오답분석

ㄷ. 채용비용이 존재할 때는 숙련 노동수요곡선보다 미숙련 노동수요곡선이 임금의 변화에 더 탄력적이다.

www.sdedu.co.kr